EM DEFESA DO ENSINO DE HISTÓRIA

A DEMOCRACIA COMO VALOR

EM DEFESA DO ENSINO DE HISTÓRIA

A DEMOCRACIA COMO VALOR

Helenice Rocha

Marcelo Magalhães

ORGANIZADORES

FGV EDITORA

FAPERJ
Fundação Carlos Chagas Filho de Amparo à Pesquisa do Estado do Rio de Janeiro

Direitos desta edição reservados à
FGV EDITORA
Rua Jornalista Orlando Dantas, 9
22231-010 | Rio de Janeiro, RJ | Brasil
Tel.: 21-3799-4427
editora@fgv.br | www.editora.fgv.br

Impresso no Brasil | *Printed in Brazil*

1ª edição: 2022

Preparação de originais: Sandra Frank
Projeto gráfico de miolo e diagramação: Abreu's System
Revisão: Michele Mitie Sudoh
Capa: Aline Carrer

Dados Internacionais de Catalogação na Publicação (CIP)
Ficha catalográfica elaborada pela Biblioteca Mario Henrique Simonsen/FGV

Em defesa do ensino de história : a democracia como valor / Helenice Rocha, Marcelo Magalhães (orgs.). – Rio de Janeiro : FGV Editora, 2022.
412 p.

Inclui bibliografia.
ISBN: 978-65-5652-191-6

1. História – Estudo e ensino – Brasil. 2. Professores de história – Formação. 3. Historiografia. I. Rocha, Helenice Aparecida Bastos. II. Magalhães, Marcelo de Souza. III. Fundação Getulio Vargas. IV. Título.

CDD – 907

Elaborada por Márcia Nunes Bacha – CRB-7/4403

Sumário

TERCEIRA PARTE
A INTERLOCUÇÃO DA HISTÓRIA — HISTORIADORES E PROFESSORES — COM POLÍTICAS PÚBLICAS

Apresentação

Helenice Rocha
Marcelo Magalhães

Este livro se constitui em uma resposta do grupo Oficinas de História ao momento candente de crise democrática que vivemos. Uma resposta constituída ao longo dos quatro últimos anos, mas que só é possível a partir da história desse grupo, em seus 18 anos de existência, completados em 2022.

Se fosse uma pessoa, pelas leis brasileiras, o Oficinas de História (doravante Oficinas) teria chegado à maioridade. Sediado na Universidade do Estado do Rio de Janeiro, sob a liderança da professora Helenice Rocha, o grupo reúne 29 pesquisadores que, além da Uerj, estão distribuídos por 11 instituições: Colégio Pedro II, Pontifícia Universidade Católica do Rio de Janeiro, Universidad Nacional General Sarmiento, Universidade do Estado de Santa Catarina, Universidade Federal do Estado do Rio de Janeiro, Universidade Federal do Mato Grosso do Sul, Universidade Federal do Pará, Universidade Federal do Rio de Janeiro, Universidade Federal Fluminense, Universidade Federal de Ouro Preto e Universidade Federal Rural do Rio de Janeiro.

O Oficinas de História desenvolveu até aqui projetos de pesquisa coletivos, envolvendo, por vezes, outros grupos, sempre financiados pelo CNPq e/ou pela Faperj. De 2005 a 2009, desenvolveu o projeto "O livro didático como portador de um discurso historiográfico", com apoio financeiro do CNPq, por meio do Edital Universal, e da Faperj, por meio do Programa de Apoio às Entidades Estaduais de Ciência e Tecnologia. Esse projeto foi liderado pelos professores Magali Engel e Luís Reznik. De 2006 a 2009, participou como grupo emergente do projeto "Culturas políticas e usos do passado: memória, historiografia e ensino de história", liderado pelo professor Daniel Aarão Reis Filho (UFF) e representado pelo professor Marcelo Magalhães. O projeto foi financiado pela Faperj e pelo CNPq, por meio do Programa de Apoio aos Núcleos de Excelência (Pronex). Era a primeira vez que o Oficinas participava de um projeto que envolvia uma rede de pesquisadores de diferentes grupos de pesquisa. De 2008 a 2010, liderado pela professora Márcia Gonçalves, o Oficinas desenvolveu o projeto "Ensino de história e historiografia: narrativas, saberes e práticas", com o auxílio financeiro da Faperj, por meio do Programa de Grupos Emergentes (Pronem). De 2010 a 2013, mais uma vez sob a liderança de Reis Filho e representado por Magalhães, o Oficinas participou do projeto "Cultura histórica e usos do passado: política, patrimônio e ensino de história", como renovação do projeto de pesquisa do Pronex. Desde 2018, liderado por Helenice Rocha, pesquisadores do Oficinas desenvolvem o projeto "Usos do passado: história pública, ensino de história e formação de professores", financiado pelo CNPq e pela Faperj.

Em quase duas décadas, têm havido muitos encontros acadêmicos envolvendo os pesquisadores do Oficinas e seus orientandos de mestrado e doutorado. Tais encontros têm sempre por objetivo apresentar os resultados parciais e finais de cada projeto coletivo desenvolvido pelo grupo. Fizemos seminários abertos ao público na Uerj, na UFRJ, na PUC-Rio e na UniRio.

As coletâneas organizadas são o resultado mais duradouro desses projetos. Ao todo, o Oficinas (representado por parte de seus pesquisadores) publicou seis coletâneas, sempre com o selo da Editora FGV, são elas: (1) *A história na escola: autores, livros e impressos* (2009); (2) *A escrita da história escolar: memória e historiografia* (2009); (3) *Qual o valor da história hoje?* (2012); (4) *Ensino de história: usos do passado, memória e mídia* (2014); (5) *O ensino de história em questão: cultura histórica e usos do passado* (2015); e, por fim, (6) *Livros didáticos de história: entre políticas e narrativas* (2017).

Os títulos dos projetos e das coletâneas indicam os interesses dos pesquisadores do grupo Oficinas no campo do ensino de história. Trata-se de um grupo que consolidou uma trajetória de pesquisa na busca de sempre refletir sobre o ensino de história a partir da articulação com a história da historiografia e a teoria da história. Memória, cultura histórica, usos do passado estão presentes de forma recorrente nas pesquisas desenvolvidas pelo grupo. Outra recorrência é a preocupação com materiais escolares, livros didáticos, particularmente, currículos e formação de professores.

Em defesa do ensino de história: a democracia como valor, sétima coletânea organizada pelo Oficinas, fruto do atual projeto de pesquisa, é nossa resposta a uma crise da democracia que afeta a história e o ensino de história de forma peculiar no Brasil. Tanto o projeto em suas pesquisas quanto o livro em seus capítulos, são impactados pela conjuntura política brasileira dos últimos anos:

fake news, negacionismos, ataque ao conhecimento histórico, reabilitação do último período ditatorial brasileiro, movimento Escola Sem Partido, tentativa de criminalização da atuação profissional do professor, fragilização das instituições políticas da República, ataque às universidades etc.

Essa conjuntura fragilizou a nossa democracia e, no âmbito federal, desconstruiu políticas públicas voltadas para a educação que, em quase 30 anos, tinham se constituído a duras penas, como políticas de Estado e não de governo. Como em outras esferas, a educação básica e a superior sofrem de desmonte, falta de planejamento e projeto de futuro. Por isso, o título da coletânea contém a palavra defesa. A defesa é do ensino e da história como conhecimento, sempre tendo como valor a democracia.

No projeto de pesquisa que gerou essa coletânea, feito há quatro anos, o que chamamos de impacto conjuntural foi apresentado com um escopo mais amplo, para além do nacional. Vivemos em um contexto de dupla crise: a crise das humanidades, as quais têm sido questionadas sobre a utilidade e pertinência do conhecimento que produzem para a sociedade, o que repercute diretamente no ensino de história, como componente dessa grande área do conhecimento. Ao mesmo tempo, outro processo mundial a repercutir e desafiar o ensino de história é a crise da democracia (Levitsky e Ziblatt, 2018), que representou ao longo dos séculos uma direção para a narrativa acerca da política e da cidadania. E, diante disso, a disciplina história – na universidade e na escola – daria claros sinais de esgotamento e crise.

Segundo Rodrigo Turin (2018:186), vivemos em "uma conjuntura em que a cultura histórica se difunde por meio de diferentes mídias, nas quais se valorizam mais a fragmentação e a pluralização, via memória, do que uma homogeneização, via história disciplinar". Seu argumento principal é o de que ocorreu um esgotamento das condições originais de emergência da disciplina. Sabemos que o surgimento da história disciplinar respondeu à necessidade de formação da identidade dos cidadãos das nações europeias e a pretensões iluministas que passaram a ser, cada vez mais, criticadas no último século e, mais recentemente, na esteira da crítica ao eurocentrismo.

Concordando com tal diagnóstico, o projeto tinha como objetivo construir um panorama analítico a partir de lugares, práticas e textos que fazem usos diferentes do passado, para públicos também diversos, visando oferecer elementos para se repensar a formação de profissionais de história no Brasil – historiadores e professores que atuam na educação básica – no contexto de crise das humanidades e da democracia contemporânea, as quais têm sido questionadas sobre a utilidade e pertinência do conhecimento que produzem para a sociedade.

Defendemos a relevância e a urgência da história: acadêmica, escolar, pública, em suas conexões. No projeto, buscamos mapear e comparar as práticas de profissionais da história em busca de pontos em comum e diferenças entre elas quanto à tarefa de tornar o conhecimento sobre o passado – escrito em formas e produtos culturais diversos – inteligível a seus públicos, o que implica diferentes usos e recepções por parte desses públicos, na situação de comunicação acadêmica, destinada aos pares, ao grande público, ou ao público escolar, em contexto contemporâneo de demandas diversas sobre o passado e seus usos. Compreendemos que a operação historiográfica ocorre em lugares, práticas e textos diferenciados, com pontos de semelhança e diferença elaborados para públicos diversos.

Visando a esse conhecimento e sua publicização, o projeto colocou em diálogo um conjunto de pesquisas individuais que se debruçam sobre usos diversos do passado, distribuídas em três eixos: (1) Ensino escolar da história, práticas e materiais para ensinar; (2) Formação do professor de história e (3) História pública. A intenção era estabelecer interfaces entre a tarefa do profissional de história que realiza seu ofício buscando a produção de um conhecimento histórico sob a forma disciplinar, o que trabalha com ela em outros sentidos e dimensões, denominadas na contemporaneidade "história pública" e, especialmente, o que atua com a história em seu sentido escolar e com produtos destinados à mediação realizada no ensino e aprendizagem.

Nossa hipótese é que entre a história acadêmica (que forma os profissionais da história) e a história escolar (que forma estudantes no âmbito da educação básica) há mediações necessárias, nem sempre consideradas no processo de formação dos historiadores como professores. Acreditamos que os profissionais da história devem receber uma formação para o uso "didático" do passado.

Diante dos objetivos do projeto inicial e do impacto da conjuntura nacional e internacional, o livro *Em defesa do ensino de história: a democracia como valor* se divide em três partes, sendo que a primeira delas se intitula *Sentidos da história e de seu ensino*. Nela estão os capítulos em que os autores dialogam com questões tais como a importância da história como conhecimento explicativo no mundo de hoje, o tensionamento com a noção de verdade nos tempos de negacionismo, a proposta de enfrentamento poético do passado no ensino de história. Além desses temas candentes, estão na primeira parte a proposição da pergunta, do questionamento no ensino de história e a consideração sobre o quanto o passado se mostra movediço nesse ensino.

Essa parte, atravessada pela discussão acerca da verdade e do negacionismo na história e em seu ensino, tem como capítulo de abertura "Deixa os historiadores pra lá", de Rebeca Gontijo, que aborda nosso momento histórico, em que a história está sendo questionada quanto a seus sentidos e valor, com usos do passado elásticos e até contraditórios. Utilizando um episódio recente no Brasil, que pode ser tomado como exemplo do anti-intelectualismo vigente ou simplesmente expressão da história sendo construída pelo homem comum, atendendo a sua forma de ver o mundo, Gontijo faz uma reflexão acerca do papel dos historiadores no mundo atual.

Carmen Teresa Gabriel, no capítulo 2, indaga: "Que ensino de história para qual verdade? Desafios teórico-políticos em tempos de negacionismo". O texto nasceu da vontade da autora de trabalhar a aporia que atravessa os debates político-epistemológicos contemporâneos envolvendo a produção da "verdade científica", em particular nos campos da história e do ensino de história, constituindo um ensaio instigante acerca do tema.

Mantendo como pano de fundo a discussão sobre o negacionismo, indo além de problematizá-lo, combatê-lo, saindo do lugar do questionamento e deslocando-se para a defesa de um lugar para o ensino sobre o passado, Nilton Mullet Pereira, no capítulo 3, defende "A falta que o passado faz: uma poética do ensino de história". O autor ambiciona constituir esse lugar pela chave da inutilidade. A resposta ao "para que serve a história?" é dada pela via do entendimento da multiplicidade de compreensão do mundo.

Helenice Rocha enfrenta os desafios do ensino de história por outro caminho. No capítulo 4, intitulado "Por que será que? ... Evidências sobre a história, a memória e seu ensino", aborda o tema das narrativas sobre a história – na e fora da escola – e a ausência de consideração sobre a existência de lacunas, que podem gerar perguntas, hipóteses e interrogações. A autora defende que essas lacunas sempre estão lá e podem ser consideradas metodologicamente para produzir um ensino e aprendizagem que se distancie das aulas de história como as conhecemos.

"O passado movediço na aprendizagem histórica: entre afogamentos e respiros" aborda tema pouco visitado na produção sobre o ensino de história: a pesquisa sobre aprendizagem histórica. Letícia Mistura e Flávia Eloisa Caimi, no capítulo 5, apresentam de forma sistematizada pesquisas que desenvolvem o tema da aprendizagem. Buscam compreender quanto e como a escola e a história – enquanto veículos para a manutenção ou a disputa de relações de poder que tensionam o campo da pesquisa em ensino e aprendizagem históricos – afetam este campo, mais ou menos, como comunidade de sentido.

O capítulo 6, último da primeira parte do livro, também aborda a produção de sentidos no ensino de história, intitulado "Produzindo sentido para o passado: aprender história como caixa de ferramentas para a vida" de Sonia Wanderley. A autora discute o papel do conhecimento histórico-científico em uma cultura histórica marcada pela instantaneidade do tempo, temperada pela negação da racionalidade científica e, com a afirmação da cibercultura, incorporando o letramento digital. Aborda as disputas por narrativas do passado e o lugar dos profissionais de história nesse cenário, fechando a discussão aberta pelo primeiro capítulo.

Na segunda parte, "Diversidade das narrativas didáticas na história", reunimos reflexões diversas sobre tais narrativas, a começar com uma contribuição sobre as transformações ocorridas no ensino de história na Argentina, seguida pela reflexão sobre a escrita da história e o republicanismo na Primeira República no Brasil, o uso da biografia e as questões identitárias, tema candente no ensino de história hoje. Em seguida, retornamos à questão das aproximações e distanciamentos da história escolar e acadêmica na Argentina, encerrando essa parte com uma analogia de valor heurístico sobre a narrativa presente na literatura escolar da história e os sedimentos geológicos.

Silvia Finocchio, no capítulo 7, apresenta o "Balance de cuatro décadas de cambios en la historia como disciplina escolar (Argentina en democracia, 1983-2023)", contribuindo para a perspectiva diacrônica e deslocando-se para a Argentina em seu período democrático mais recente. Esse deslocamento, para além do que nos informa sobre a história da disciplina escolar naquele país, permite considerarmos as aproximações e distanciamentos entre nossas democracias e como a disciplina escolar história dialogou com tais realidades políticas.

No capítulo 8, "Escrita da história, usos políticos do passado e republicanismo no Brasil da Primeira República", Angela de Castro Gomes volta-se para os esforços desenvolvidos por um conjunto de intelectuais da Primeira República até os anos 1930/40, que produz narrativas históricas voltadas para um grande público de crianças e adultos. Tal produção vem sendo denominada "divulgação do conhecimento histórico", em um dos usos possíveis do passado.

Com uma abordagem original acerca das demandas identitárias, Maria da Glória de Oliveira, no capítulo 9, "Biografia, usos do passado e demandas identitárias", aborda os usos possíveis da biografia no ensino e aprendizagem da história na atualidade, avalia se permanecem vinculados à tradicional utilidade exemplar das vidas narradas com o propósito de inspirar valores morais virtuosos nos leitores e reflete sobre o quanto o uso da biografia corresponde ou não às demandas identitárias da contemporaneidade.

O capítulo 10, intitulado "Historiografia acadêmica e história escolar: convergências e distanciamentos na abordagem da última ditadura no ensino médio na Argentina", de María Paula González, complementa o capítulo que abre essa parte do livro, ao tratar novamente da história do ensino de história na Argentina nas últimas décadas, tematizando a última ditadura vivida naquele país. A autora analisa a história escolar no transcurso dos últimos 30 anos.

No capítulo 11, intitulado "O passado em sedimentos: currículo e cânone na narrativa histórica escolar – um ensaio de interpretação", Mauro Cezar Coelho constrói uma analogia entre a literatura escolar e a geologia com finalidade heurística. O autor demonstra existir um processo, ao longo do tempo, de sedimentação dos conteúdos curriculares em sua forma narrativa canônica nos livros didáticos de história.

Ana Maria Monteiro, Rafaela Albergaria Mello, Thays Merolla Piubel e Adriana Soares Ralejo, no capítulo 12, "Independência para quem? Espaços de (re)existência na Pequena África", refletem sobre a experiência de produzir um vídeo com fim de divulgação histórica. O vídeo é parte do projeto "História para você", que visa contribuir para uma camada mais ampla da sociedade pensar a história do Brasil. O capítulo descreve o processo e reflete sobre as especificidades dessa produção.

Encerrando a segunda parte, Marcelo Henrique Leite, no capítulo 13, "Mexendo em casa de marimbondos: a ditadura militar nas provas da Olimpíada Nacional em História do Brasil (ONHB)", apresenta a ONHB em sua dinâmica e funcionamento por meio do mapeamento e da sistematização das questões das provas entre 2009 e 2019, colocando o foco sobre o tratamento do tema da ditadura militar.

Na última parte do livro reunimos os capítulos que apresentam "A interlocução da história – historiadores e professores – com políticas públicas". Nessa parte são apresentados capítulos sobre práticas de professores e formadores como respostas a políticas e ações públicas, tais como o ensino remoto, em que professores atuaram de determinada forma para realizar as aulas de história, as escolhas docentes para concretizar a temática africana em sala de aula, a implementação do currículo de história nos estados, dando conta das alterações feitas pela BNCC ensino médio, e dois estudos sobre a formação do professor de história, acerca de seu currículo e dos estágios supervisionados.

No capítulo 14, que abre essa parte, intitulado "'No fim, sobraram as telas': corpos e vozes docentes em aulas remotas de história", Rafael Monteiro apresenta uma reflexão sobre pesquisa de campo de inspiração etnográfica realizada em pleno período da pandemia da Covid-19, com um professor da rede pública e sua compreensão sobre as melhores estratégias de interagir com os alunos do ensino médio através das telas. Aborda as dimensões do corpo e da voz docente no ambiente remoto, procurando traçar possíveis relações entre tais dimensões, reconhecendo sua importância para a expectativa docente do fenômeno "aula" e os aspectos sensíveis que a permeiam.

Karla Andrezza Vieira e Cristiani Bereta da Silva, no capítulo 15, "Que passados, que memórias? A temática africana e afro-brasileira sob tensão nas aulas de história", refletem como professores, também no período da pandemia, abordaram e fizeram escolhas relativas à temática africana e afro-brasileira nas aulas de história. A pesquisa visa perceber as tensões que atravessam as práticas pedagógicas e a produção de material didático de professores e professoras a partir das agências da Lei nº 10.639/2003. A reflexão procura ir além dos registros sobre o que é necessário e apontar por onde têm ido tais escolhas, em torno da apropriação de tempos e memórias para significar o presente e perspectivar futuros.

No capítulo 16, "Temporalidades e seleções no novo ensino médio: estudos de caso sobre os currículos estaduais (SP, MT e PE)", Mariana Guglielmo analisa, de forma preliminar, como os conhecimentos relativos à história aparecem em alguns organizadores curriculares. Qual é o lugar dado aos conteúdos escolares em materiais que devem ter como eixos estruturantes competências e habilidades? Recorta especificamente o papel da história do tempo presente, indagando qual seria sua função em documentos produzidos num contexto de crescente polarização política em nosso país.

O capítulo 17, "Licenciatura de história: percursos históricos e debates em torno da formação de professores", de Renata Augusta dos Santos Silva, apresenta aspectos de sua tese de doutoramento. A partir do contexto de grandes mudanças que buscam uma padronização na formação de professores, a autora aponta debates e tensões que envolvem resistência à tal padronização e a afirmação de um determinado *ethos* de formação, a partir das falas de professores de disciplinas específicas de cursos de história do Rio de Janeiro.

No diálogo com o capítulo anterior, pela preocupação com a formação docente, Maria Aparecida da Silva Cabral, no último capítulo do livro, intitulado "Experimentando o fazer docente: as potencialidades do estágio supervisionado em história", analisa o Curso de História da Faculdade de Formação de Professores da Uerj, demonstrando as tensões e os acordos que constituem as bases do currículo de uma licenciatura, especialmente no momento do estágio supervisionado, considerado como experimento do fazer docente, uma espécie de vivência do que é "estar professor" em uma sala de aula.

A coletânea é uma contribuição do grupo de pesquisa Oficinas de História para a reflexão, no tempo presente, sobre o ensino de história, o conhecimento histórico, a história pública e a formação de professores. Além disso, em momento crítico por que passa o país, que, apenas como exemplo, na efeméride dos 200 anos da Independência, tem como ponto alto da comemoração receber o coração de Pedro I, uma relíquia que nos remete ao Império e ao Estado e que distancia a festa do sentido de luta social por independência e liberdade, os pesquisadores do Oficinas se posicionam em defesa da democracia.

Referências

LEVITSKY, Steven; ZIBLATT, Daniel. *Como as democracias morrem*. Rio de Janeiro: Zahar, 2018.

TURIN, Rodrigo. Entre o passado disciplinar e os passados práticos: figurações do historiador na crise das humanidades. *Tempo*, Niterói, v. 24, n. 2, mai./ago. 2018, p. 186-205.

PRIMEIRA PARTE

Sentidos da história e de seu ensino

1. "Deixa os historiadores pra lá": crise das humanidades, crise de autoridade, novas possibilidades

Rebeca Gontijo

> *O Sr. Everyman trabalha com algo da liberdade de um artista criativo; a história que ele recria imaginativamente como uma extensão artificial de sua experiência pessoal será inevitavelmente uma mistura envolvente de fato e fantasia, uma adaptação mítica daquilo que realmente aconteceu. Em parte, isso será verdade, em parte falso; como um todo, talvez nem verdadeiro nem falso, mas apenas a forma mais conveniente de erro* [Becker, 1935:245, trad. livre].

A frase que dá título a este texto, "Deixa os historiadores pra lá", foi proferida pelo presidente da República do Brasil, Jair Bolsonaro, durante entrevista ao *Jornal Nacional* da Rede Globo de Televisão,[1] em meio à campanha eleitoral de 2018. Ao ser indagado pelo entrevistador sobre comentários do candidato a vice-presidente em sua chapa, o general Mourão, acerca da possibilidade de os militares imporem soluções, caso os poderes instituídos não fossem capazes de resolver os problemas do país, o então candidato Bolsonaro respondeu defendendo sua própria interpretação dos fatos ocorridos em 1964. E citou, como fonte de autoridade para seu argumento, o jornalista Roberto Marinho, cujo jornal, *O Globo*, em conhecido editorial do dia 7 de outubro daquele ano, defendeu a tomada de poder pelos militares como um movimento democrático. Em contraposição, o entrevistador evocou os "historiadores sérios", que interpretam tais fatos como um golpe militar. Diante disso, Bolsonaro propôs "deixar os historiadores pra lá", ou seja, ignorar a interpretação dos mesmos sobre a história recente do país,

[1] Entrevista exibida no *Jornal Nacional* da Rede Globo de Televisão no dia 28 de agosto de 2018.

mais especificamente, sobre o início do regime de exceção, recusando as pesquisas produzidas pelos historiadores profissionais de que tal período foi iniciado por uma ruptura da ordem democrática.

Esta frase pode ser compreendida como um pequeno exemplo do anti-intelectualismo contemporâneo. Mas também pode ser associada ao que Carl Becker (1935) apresentou, no início do século XX, como exemplo do homem comum que cria sua própria história. No caso, trata-se de alguém que é capaz de defender sua própria versão sobre um fato recente da história brasileira, citando uma fonte como referência para corroborar sua interpretação. É um tipo de uso político da história em defesa das próprias convicções. Seja uma coisa ou outra, podemos usá-la como mote para uma reflexão acerca do papel dos historiadores no mundo atual.

Uma das formas de compreender esse papel é identificar e analisar representações sobre o historiador e aquilo que ele faz, considerando a relação entre certas práticas e lugares de formação e atuação com a constituição de um *ethos* profissional. E essas representações estão relacionadas à própria história da história como conhecimento e disciplina, evidenciando um processo que, ao longo de séculos, definiu os parâmetros que permitiram identificar aquele que investiga o passado e escreve a história como um tipo de estudioso, cujo trabalho ora é visto como politicamente estratégico para os indivíduos, as sociedades e as nações, ora é visto como irrelevante.[2] Pensar as representações e o papel dos historiadores implica, portanto, considerar a crença na própria história enquanto conhecimento e disciplina (Hartog, 2017), visto que a relevância ou irrelevância daquele que investiga e narra a experiência humana no tempo está relacionada ao valor atribuído à história em cada sociedade, a cada momento. Isso remete à ordem do discurso e sua relação com o poder (Foucault, 2002a; 2002b.; 2002c).

O problema é complexo e, no espaço deste texto, será abordado mediante algumas escolhas. Partindo da constatação de uma crise das humanidades e considerando que há um intenso fluxo social de interpretação do passado e circulação de histórias, seja por meios tradicionais ou pelas novas mídias digitais, este texto propõe algumas questões relativas à autoridade do historiador enquanto especialista formado em instituições universitárias, promotor e herdeiro do processo de disciplinarização da história iniciado no século XIX. Autoridade é compreendida

2 Hayden White (1994) analisou as representações negativas e caricatas dos historiadores na literatura oitocentista, bem como da hostilidade contra a história nos anos 1960.

aqui como um conceito relacionado ao poder e à ordem do discurso disciplinar.[3] No caso, o discurso científico, instituído pelas práticas compartilhadas em um lugar social: a instituição universitária.[4] É um atributo que não apenas emana de um agente que, no caso, representa essa ordem disciplinar – a da história enquanto uma forma organizada de saber a partir de objetivos pedagógicos, mas conta com o consentimento *a priori* daqueles que criam e cumprem as regras dessa disciplina.[5] A autoridade do historiador e do professor de história indica idealmente a capacidade de ser percebido como representante de um ordenamento discursivo passível de reconhecimento e de adesão. Essa autoridade se exprime por meio de uma operação de comunicação escrita e, também, falada, desenvolvida e transformada mediante o progresso das ciências e o avanço da disciplinarização e especialização dos saberes, bem como da ampliação da alfabetização e dos meios de comunicação e acesso à informação.

Considerando a ideia de que uma certa autoridade foi construída paralelamente à disciplinarização da história e está relacionada à ascensão dos especialistas nas sociedades contemporâneas, o que estaria em jogo hoje, quando se constata a ampliação e diversificação dos agentes produtores de discursos sobre a história, assim como dos meios e dos espaços de difusão?

Crise das humanidades, crise de autoridade

Em artigo recente, Rodrigo Turin apresentou um panorama dos critérios que balizaram a emergência da história como disciplina, identificando os sinais de seu esgotamento e crise na atualidade. Considerando uma conjuntura em que

3 Neste texto, considera-se a aplicação do conceito de autoridade na esfera científica e, mais especificamente, no domínio da disciplina acadêmica história bem como nos lugares onde o conhecimento histórico é produzido e/ou mobilizado, sobretudo a universidade, a escola e a internet. O conceito de autoridade aqui está relacionado, portanto, à constituição do campo científico, à ascensão dos especialistas e ao reconhecimento do saber formal e da ciência como fontes de autoridade sobre determinados assuntos. Pensar a autoridade como mediadora das relações entre historiadores e entre esses especialistas e seus públicos implica não reduzir a autoridade a um epifenômeno do poder para considerá-la a partir de duas dimensões: a do reconhecimento e a da responsabilidade do cientista em geral e do historiador em particular. Sobre o conceito de autoridade, ver: Stoppino (1986); Arendt (2000a); Revault D'Allones (2006).

4 Sobre a relação entre um lugar social, as práticas compartilhadas e um texto (o historiográfico), que é produto dessas relações entre o lugar e as práticas, a referência é Certeau (1982).

5 Sobre a noção de disciplina, ver Passeron, Boutier e Revel (2006).

a cultura histórica se difunde por meio de diversas mídias e na qual o passado é matéria abordada por vários agentes, o autor investiga os modos pelos quais os historiadores de hoje redefinem sua própria identidade, levando em conta a tradição disciplinar herdada e as demandas da sociedade contemporânea. Por isso, é fundamental refletir sobre as condições de emergência e de crise da história como disciplina no seio das humanidades, observando as tensões que cercam a disciplina hoje. Seu argumento principal é o de que ocorreu um esgotamento das condições originais de emergência da disciplina, o que acabou por levá-la a enfrentar uma dupla pressão, tanto interna como externa (Turin, 2018).

No plano externo, as novas configurações entre Estado, sociedade e universidade no mundo globalizado e acelerado do capitalismo tardio, resultaram em políticas específicas de avaliação e desvalorização da produção historiográfica e das humanidades em geral. No plano interno, essas novas configurações conduziram ao "esvaziamento das bases e das fronteiras que conformaram a identidade disciplinar" (Turin, 2018:188). Por isso a constatação de que a história disciplinar atualmente sofre de um déficit teórico de autolegitimação, gerando dúvidas sobre sua função no mundo contemporâneo.

Nesse cenário onde há várias mídias disponíveis aos diferentes agentes sociais, o historiador vê sua autoridade questionada na arena pública, mediante o enfraquecimento da distinção entre profissionais e amadores, tal qual foi estabelecida no século XIX. Por isso, passou a ser cada vez mais importante que a comunidade acadêmica de historiadores busque novas formas de atuação no espaço público (Turin, 2018:192).

Quanto ao *ethos* desse historiador profissional contemporâneo, destaca-se o uso preponderante de virtudes epistêmicas herdadas da tradição disciplinar, como a objetividade e o distanciamento. Além disso, a antiga tópica do historiador como leitor por vezes é retomada, vinculando sua identidade profissional a um trabalho de exegese documental (Turin, 2018:198).

Em síntese, segundo Turin, há um movimento de defesa da formação específica do historiador, centrada nas habilidades técnicas vinculadas ao trabalho com documentos e nas virtudes epistêmicas capazes de proporcionar conhecimentos históricos objetivos e verdadeiros sobre o passado. Em suas palavras, trata-se de um esforço destinado à "persuasão de agentes políticos e determinadas camadas da sociedade acerca da legitimidade e da necessidade de regulamentar a profissão, frente a outros modos não especializados de trabalho com o passado" (Turin, 2018:193).

E esses "outros modos não especializados de trabalho com o passado" articulam-se à percepção de que todos têm e fazem história no sentido indicado por Valdei Lopes de Araújo: cada vez mais, diversos sujeitos fazem história, produzem e difundem narrativas e representações sobre o passado. E assim, cabe perguntar como os historiadores poderiam ampliar suas funções tradicionais ligadas à expectativa de "aprender com a história". E o que Araújo propõe é que a historiografia produzida por esses historiadores de ofício se torne um espaço de acolhimento, amplificação e crítica das mais diversas apresentações históricas produzidas pelos distintos atores sociais. Isto significa subverter a ideia, tão cara à disciplina história, de que o campo historiográfico é o irradiador do conhecimento sobre o passado, para transformá-lo naquilo que Araújo define como um "espaço de acolhimento e convergência crítica da pluralidade de histórias" (Araújo, 2017:192).

Há que se considerar ainda que, diante da expansão do uso de ambientes virtuais, o historiador ficou mais exposto e precisa negociar sua autoridade. Além disso, ele fala como cidadão, especialista e panfletário, sem necessariamente mobilizar os protocolos discursivos de sua disciplina, justamente aqueles que até então serviam para diferenciar e autorizar seu ponto de vista (Araújo, 2017:194).

Diante desse quadro, Araújo considera importante não tomar como absoluta a oposição entre historiografia disciplinar e outras formas de discurso mobilizando um esquema binário, do tipo prático *versus* teórico, ou, podemos dizer, profissional *versus* amador. Isso porque, em suas palavras, "nem o mais cientificista projeto historiográfico esteve desprovido de dimensões e objetivos práticos, éticos e políticos", visto que a história só pode se tornar uma ciência na medida em que os historiadores conseguirem convencer a sociedade e o Estado acerca das vantagens práticas e estratégicas do tipo de conhecimento que poderiam produzir, desde a orientação na conjuntura, passando pela ampliação de novas identidades políticas até a mediação de conflitos internacionais (Araújo, 2017:206).

Diante da democratização do acesso não tanto ao ensino superior – que ainda está longe de viver um *boom*, ao menos no Brasil –, mas à internet, e da multiplicação de agentes no espaço público reivindicando uma cidadania que quer ser polo ativo na produção de uma história socialmente significativa, não parece ser suficiente apenas reforçar a tradição da produção de conhecimento científico especializado, embora isso seja importante. Para enfrentar tais pressões, o historiador poderia exercer aquilo que Araújo propõe como uma nova e distinta função social: a função de "curador de histórias". Caberia a este curador acolher de forma crítica, selecionar, editar, representar histórias compartilhadas, bem como capacitar para o exercício dessas funções (Araújo, 2017:192).

As proposições de Araújo aproximam-se de algumas ideias propostas por Zygmunt Bauman, no livro *Legisladores e intérpretes* (1987). Diante de um pluralismo irreversível e da dúvida crescente acerca da função dos intelectuais no mundo atual, Bauman chama a atenção para aquilo que tem sido, aberta ou implicitamente, apontado como seu novo papel: o de intérprete. Considerando que "a comunicação entre tradições se torna o maior problema do nosso tempo", o autor argumenta que tal problema exige especialistas em tradução de tradições culturais, destinados a ocupar um "lugar dos mais centrais entre os peritos que a vida contemporânea possa exigir". E sua especialidade residiria no domínio da "arte da conversação civilizada": um tipo de reação ao conflito entre valores para o qual os intelectuais dotados de habilidades discursivas estariam bem-preparados. A ordem seria: "conversar ou sucumbir" (Bauman, 2010:197-199). Conversar podendo ser compreendido como um trabalho de interpretação que busca, por um lado, fazer-se entender; por outro, traduzir o outro e torná-lo compreensível.

Tal qual o historiador curador, o intelectual intérprete, definido por preocupações com um mundo comum e por um vocabulário compartilhado, poderá compor uma comunidade, conceito que, segundo Bauman, é central para a filosofia e a ciência social pós-modernas. Supostamente, é na comunidade – e não no progresso universal do gênero humano – que os intelectuais do Ocidente tendem a buscar os fundamentos de seu novo papel profissional. E este papel pode variar entre o exercício da função de intérprete e a de legislador, ainda que o mundo contemporâneo seja impróprio a este último. O problema, alertou Bauman no fim dos anos 1980, é que, durante parte de sua história, os intelectuais do Ocidente traçaram planos de um mundo melhor, mais civilizado e racional. Mas esse "mundo melhor" correspondia a uma sociedade bem adaptada ao seu próprio desempenho, ao florescimento do modo de vida intelectual (Bauman, 2010:202).

Diante da perda da esperança de que esse mundo seguro e confortável possa ser alcançado e da constatação de que não há nenhum suposto déspota esclarecido buscando conselhos ou, podemos supor, nenhum Mr. Everyman ou Mrs. Everywoman à espera de orientação ou explicação, o que fazer?

Como observou Bauman, os intelectuais legisladores tradicionais encontram dificuldade para reconhecer pontos de convergência entre as novas demandas e suas qualificações e ambições convencionais. Foram expropriados pelas rotinas burocráticas das funções e qualificações que viam como suas, incluindo o domínio da cultura. A especialização e a profissionalização da vida intelectual, incentivada pela expansão do acesso à universidade, contribuíram para que os intelectuais se ocupassem cada vez mais de suas carreiras e de atividades burocráticas. Seus atributos tradicionais – a autonomia, a intervenção pública e a defesa de valores e conceitos universais – foram questionados, contribuindo para que perdessem o papel de legisladores culturais e viessem a assumir o papel de intérpretes da cultura (Bauman, 2010:170; 199). No entanto, apesar de observar sinais de que a função moderna dos intelectuais, que lhes conferia certa autoridade – representada pela metáfora dos legisladores –, está esgotada, o próprio Bauman (2010:174-175 expressa dúvidas sobre essas transformações. Seriam revogáveis ou momentâneas?

Historiadores obsoletos?

A suposta crise que afeta os historiadores, minando sua autoridade enquanto especialistas na representação do passado, manifesta-se na dificuldade para convencer o Estado e os diversos públicos de que sua forma de pensar historicamente e de produzir história é diferente, em sentido qualitativo, da forma como outros produtores culturais, mediante certa capacidade de investigação, de leitura e comunicação (oral e escrita), disponibilizam no mercado. Por conseguinte, observa-se a dificuldade dos historiadores de ofício para alcançar públicos amplos e variados, a produção historiográfica universitária sendo dirigida, sobretudo, aos pares. Por isso é possível concordar com Bauman quando observa que: "quem quer que insista em continuar a fornecer tais serviços [especializados] só porque é bem qualificado e eficiente na sua produção deve estar percebendo a situação como crítica" (Bauman, 2010:171). Ou seja, é possível dizer que a autoridade do historiador se tornou um problema porque foi constatada sua ineficácia na prática. Ineficácia em comunicar com os não historiadores e em participar da vida pública.[6]

---

[6] A esse respeito, ver Malerba (2014; 2017).

Mas a visão de Carl Becker, em 1935, sobre todo homem ser seu próprio historiador, estaria correta? Segundo Pablo Sánchez León, a resposta é negativa. Os cidadãos não se comportam como historiadores na vida cotidiana. As regras próprias ao lugar social de produção ainda são válidas para o reconhecimento da autoridade dos historiadores, ao menos entre seus pares, ainda que o saber histórico não seja exclusivo dos especialistas. O que está em jogo, segundo León, é a disponibilidade e a distribuição social de recursos para produzir conhecimento sobre a história. Não se trata da divulgação dos métodos utilizados pelos historiadores de ofício, na seleção, interpretação e ordenação narrativa dos vestígios do passado, mas de recursos imaginativos e/ou reflexivos que permitam incorporar a esse "intangível presente", de que fala Carl Becker, as interpretações não vividas pessoalmente. E para León, esses recursos imaginativos consistem em imagens do tempo, em representações convencionais da relação entre passado e presente com as quais, supostamente, seria possível moldar todas as interpretações e narrativas históricas. Em outras palavras, a questão central seria a distribuição social dos recursos capazes de favorecer a atividade de pensar historicamente, de interpretar o passado, o que não significa apenas o aumento do volume do conhecimento histórico e o ensino de um método, mas a melhoria de uma atividade associada ao bem-estar moral dos cidadãos. Nesse sentido, a ideia de um cidadão historiador, criada por Becker nos anos 1930, parece ser algo impossível de alcançar e provavelmente desnecessária (León, 2008:134).

Mas algo mudou nas últimas décadas do século XX e início do século XXI. Inclusive nas universidades. O reconhecimento da coexistência de grupos sociais com tradições culturais distintas em uma mesma comunidade política nacional, assim como a maior visibilidade dos problemas que envolvem raça, gênero e classe social ajudaram a dar forma ao que tem sido definido como "democracias multiculturais" (León, 2008:135).

A mobilização maior de agentes e grupos de interesse, cuja articulação manifesta e influi sobre a configuração de identidades coletivas e estabelece agendas próprias na esfera da opinião pública, permite dizer que os movimentos ocorridos em várias partes do mundo desde os anos 1960 resultaram, em parte, de uma apropriação crescente dos recursos disponíveis para pensar historicamente, ainda que de forma variada e desequilibrada. Em decorrência disso, torna-se mais difícil elaborar uma síntese capaz de representar todos os grupos envolvidos.

Em certo sentido, isso afeta a autoridade do historiador. Nas palavras de Pablo Sanchéz León:

> O historiador dos séculos XIX e XX pode erigir-se em intérprete único de uma história que dava protagonismo às nações ou às classes sociais na medida em que ambas eram definidas a partir de um único referente, a nação-povo, ou no máximo a um binômio de referentes comparáveis entre si, como o formado pelos conceitos trabalho-propriedade. Na era da globalização, em vez disso, os relatos históricos que podem ser demandados pelas minorias culturais dentro ou fora de um mesmo estado se apoiam em referentes tão variados como frequentemente incomensuráveis [León, 2008:136].

Para alguns autores, essa dificuldade para elaborar sínteses capazes de dar conta desse mundo multicultural é acompanhada pela perda de prestígio da história disciplinada. Contudo, seu objeto de estudo, o passado, está no centro das disputas políticas atuais que reivindicam reconhecimento e reparação pública da memória.[7] Essas disputas motivam intelectuais, formadores de opinião e cidadãos engajados em causas coletivas a questionar as narrativas transmitidas pela história nacional, bem como pelo ensino de história, ao longo dos séculos XIX e XX. Narrativas que, com frequência, assumiram um ponto de vista eurocêntrico, androcêntrico e linear. Por isso a importância do debate sobre os sentidos e os usos políticos do passado na atual ordem democrática.

Esse cenário favorece a multiplicação de interpretações sobre o passado histórico por parte daqueles que até então estavam excluídos dos debates públicos. Mas, segundo León, essas interpretações por vezes constituem formas de representação do tempo "naturalizadoras", que projetam no passado os valores com os quais se identificam, por vezes construindo uma espécie de "épica mistificadora" sobre sua crescente emancipação contra a coerção dos poderes estabelecidos. E isso pode ocorrer tanto por iniciativa de cidadãos que reclamam a revisão de episódios do passado quanto por parte de coletivos em luta por direitos humanos, que necessitam da revisão para afirmar a natureza ontológica de suas reivindicações. E, ainda segundo León, por vezes tais reivindicações incorrem no mesmo equívoco das gerações anteriores ao demandar uma história definitiva sobre determinados

---

7 Ver, por exemplo, Bevernage (2018).

aspectos, tidos como valiosos, porque reforçam a identidade de seu grupo. É nesse sentido que o autor considera que "o cidadão historiador do século XXI nasce com os mesmos pés de barro que seus antecessores" (León, 2008:138).

Mas, apesar da demanda por objetividade e sentido, que os historiadores profissionais supostamente poderiam atender, o que se observa é justamente o contrário: a autoridade desse historiador parece ser constantemente minada. Em parte, isso pode ser compreendido pela proliferação de narrativas elaboradas em outros lugares sociais, por outros agentes, assim como pela ascensão no espaço público de novos "mestres da verdade".[8]

No Brasil, o sucesso de público das chamadas obras fronteiriças (*bondary-work*) estimula o mercado de livros sobre temas históricos destinados ao grande público, alguns dos quais utilizando antigas fórmulas de sucesso, como o uso de anedotas e o desfecho exemplar e moralizante.[9] Para o bem ou para o mal, jornalistas passaram a ser reconhecidos como autoridades em assuntos históricos.[10]

Sejam quais forem os "mestres da verdade" na atualidade, é bem possível que as figuras do influenciador digital e do intelectual midiático – misto de intelectual, apresentador de programa de auditório e palestrante – estejam entre eles. Entre os influenciadores digitais, um dos mais notórios no Brasil talvez tenha sido o ex-astrólogo e filósofo autodidata Olavo de Carvalho, com certa influência na vida política. Quanto aos palestrantes, os mais famosos atraem grande público e movimentam cifras milionárias, exercendo alguma influência, difícil de ser medida, sobre temas e problemas contemporâneos, tais como administração do tempo, conjuntura nacional, ética e cidadania, gestão do conhecimento e empreendedorismo. E há várias subcategorias de palestrante: o ambientalista, o analista político, o atleta vencedor, o humorista, o economista, o educador, o empreendedor, o consultor especialista em determinado ramo, o executivo de sucesso, o tipo "gente vencedora", o "grande motivador", o "iniciante bom e barato", o jornalista e colunista, o mágico, o pesquisador de mercado, o psicólogo, o vendedor de sucesso, o promotor do ministério público, o filósofo (como Luiz Felipe Pondé) e até o historiador de ofício, que no palco exerce função similar à

---

8 Por analogia ao estudo de Detienne (2013).

9 Refiro-me às obras de Eduardo Bueno e Leandro Narloch. Ver: Glezer e Albieri (2009). Ver também: Malerba, (2014; 2017).

10 Ver: Malerba (2014; 2017); Nicolazzi (2021).

do filósofo, cujo exemplo é Leandro Karnal. São tipos de autoridade que contribuem para a formação da opinião pública, atuando na internet, na imprensa, na televisão e, às vezes, também no meio acadêmico.

Além desses nomes conhecidos, existe uma variedade de nomes produzindo e divulgando conteúdos relacionados à história nos canais da internet, alguns deles com formação e atuação nos cursos superiores. Um exemplo é o Café História, criado por Bruno Leal, historiador por formação e professor universitário, que cumpre papel importante na divulgação da produção acadêmica.[11]

Nesse cenário, com atores diversos construindo opinião sobre tudo ou quase tudo, qual seria o papel do professor de história atuante na escola ou na universidade e do historiador de ofício, aquele formado nos cursos universitários de história e que lá encontra seu lugar principal de atuação?

O problema torna-se mais complexo se considerarmos o papel das novas mídias. Se, por um lado, elas contribuíram ao longo dos últimos 50 anos, para popularizar o conhecimento e conferir fama pública a seus portadores (Figueiras, 2012), por outro lado, colocam novos desafios relacionados à forma como o conhecimento é produzido, coletado, preservado e disseminado (Noiret, 2015; Bresciano, 2015; Laitano, 2020). Esses desafios estão no bojo da reflexão sobre a chamada história digital, inicialmente relacionada ao uso de novas tecnologias na pesquisa histórica, mas que aos poucos dá lugar a outras formas de trabalho e de autoria.[12] O próprio local de trabalho do pesquisador foi modificado pela internet, pela digitalização e criação de novos tipos de documentos.[13]

11 Alguns exemplos de páginas dedicadas a conteúdos históricos: Café História (www.cafehistoria.com.br/); Canal Nostalgia (www.youtube.com/nostalgia); Leitura Obriga História (www.youtube.com/c/obrigahistoria); História do Brasil pelo Brasil (www.youtube.com/watch?v=75bDvwYANj0&list=PLIdiUrsoqaXOofR0sJ-xWjzbAfJilJnFl).

12 Cito como exemplo o *crowdsourcing*, prática de articular o trabalho de voluntários ou trabalhadores por tempo parcial em um ambiente virtual no qual cada colaborador, por iniciativa própria, adiciona uma pequena contribuição para uma pesquisa e produção de conteúdos.

13 Chartier chama atenção para a dificuldade de distinguir e classificar os discursos com o advento da digitalização, que elimina a materialidade dos textos. Se, ao longo de séculos, a identificação de uma obra seria possível por meio de sua materialidade (cartas, jornais, livros, diários etc.), assim como uma estética podia ser definida pelo nome do autor, com a digitalização isso foi modificado, pois uma variedade de textos, antes distribuídos por objetos diferentes, agora pode ser lida no mesmo suporte, e isso faz com que não seja possível diferenciá-los por sua forma, tornando mais difícil classificar os discursos. Além disso, o acesso às fontes digitalizadas afeta as técnicas tradicionais de prova (a nota de rodapé, as citações, as referências), que pressupunham a confiança do leitor no autor (Chartier, 2009).

Apesar dos problemas detectados, num contexto em que os historiadores almejam não apenas manter sua autoridade – conferida pela formação em cursos universitários, pela avaliação dos pares e pela produção acadêmica – mas também tornar suas pesquisas mais atrativas para diversos públicos, a internet oferece algumas opções de atuação, que já começaram a ser estudadas.[14] Há historiadores produzindo *blogs*, atuando em fóruns virtuais, respondendo a questões do público, divulgando pesquisas e estimulando discussões.

O estudo de Tiago Gil, por exemplo, divide essa atuação dos historiadores na internet em três seções: a vitrine, o balcão e a cozinha. A vitrine seria destinada à divulgação de produtos – no caso, pesquisas, materiais didáticos, fontes etc., oferecendo a possibilidade de consulta ou *download* de conteúdos pelos usuários. O balcão é aquele espaço que permite alguma interação unilateral, visto que os criadores oferecem atividades *on-line* ou ferramentas para produção de material didático, sem dar lugar à interatividade. Já os *sites* do tipo cozinha seriam aqueles que abrem a possibilidade de interação, pois os usuários podem participar da elaboração de conteúdos e também dos debates sobre pesquisas e publicações.[15]

Uma experiência do tipo "cozinha" é a Wikipédia, cujo potencial de difusão de conteúdos históricos já começou a ser explorado por historiadores de ofício. Por exemplo, Flávia Varella e Rodrigo Bonaldo consideram que as práticas historiográficas na Wikipédia estão localizadas na intersecção entre a história pública e a história digital. Indagando se a Wikipédia é ou pode se tornar confiável ou legítima, enquanto lugar de escrita e leitura da história (Varella e Bonaldo, 2020),[16] os historiadores coordenam um projeto de extensão na plataforma, cujo objetivo é orientar estudantes da graduação e da pós-graduação na produção de verbetes sobre teoria da história e história da historiografia. O projeto concebe uma história produzida *com* o público, "uma história colaborativa, na qual a ideia de 'autoridade compartilhada' é central" (Santhiago apud Varella e Bonaldo,

---

14 Ver Foster (2014).

15 Ver apresentação do estudo de Tiago Gil em Andrade (2018:36).

16 Varella e Bonaldo informam que, desde 2010, existem projetos que envolvem universidades brasileiras na reformulação de verbetes da Wikipédia. Em 2011, Juliana Bastos Marques (Unirio) iniciou um projeto de revisão e produção de verbetes sobre a história romana. O projeto de Varella e Bonaldo é desenvolvido na UFSC desde 2018 e nos dois primeiros anos contou com a colaboração de 18 wikipedistas, que editaram 97 verbetes na versão lusófona da enciclopédia.

2020:149).[17] Trata-se de um tipo de produção de conhecimento histórico em que se observa a constante negociação de autoridade entre os coordenadores, bolsistas e voluntários do projeto com a comunidade de usuários da plataforma (Varella e Bonaldo, 2020).

Considerando, como Varella e Bonaldo, que o propósito de uma escrita da história é elaborar um "discurso *legítimo* sobre determinada experiência histórica" e que os critérios que legitimam essa escrita são negociados a partir da relação entre "um autor, um relato e um receptor" (Nicolazzi, 2019:207-208), fundada em uma espécie de pacto historiográfico guiado, por um lado, pela "busca honesta e metódica da verdade histórica" (Baets, 2013:27); e, por outro, pelos imperativos de um lugar social, que autorizam e interditam o que pode ser dito (Certeau, 1982), como conciliar essas práticas relacionadas a um lugar acadêmico com as demandas de um público diversificado em um espaço aberto, como é o mundo digital?

Diante das possibilidades de interação abertas pela Web 2.0, a questão de saber quem tem autoridade e quem tem o direito de falar sobre o passado está colocada, assim como o problema da verdade. A internet permite que um número cada vez maior de pessoas sem formação especializada em história, busque documentos e elabore representações sobre o passado, impondo-se a necessidade de delimitar as diferenças entre história, memória, conhecimento, informação e opinião.

Cabe lembrar que o problema da autoridade do historiador na atualidade, como antes, também está relacionado à tarefa de encontrar a verdade factual, que é a verdade que conta para a história, assim como para a política, para o jornalismo e, também, para a comunicação entre os seres humanos. Nas palavras de Eugênio Bucci:

> A tarefa de encontrar a verdade factual, especialmente quando o que está em pauta são fatos menos imediatos, menos recentes, parece uma estranha arqueologia do simbólico, num movimento de revolver e remover camadas de tempo enrijecido

---

17 Segundo Ricardo Santhiago, a história pública é uma área de estudo e ação com quatro tipos de engajamentos, passíveis de entrecruzamento: a história feita *para* o público, que prioriza a ampliação de audiências; a história feita *com* o público, que é uma história colaborativa, guiada pela noção de *autoridade compartilhada*; a história feita *pelo* público, que incorpora formas institucionais de história e memória; e ainda, história *e* público, que abarca a reflexividade e a autorreflexividade do campo. Ver Santhiago (2016:28).

> que contrariam a gramática cibernética das redes e perfuram os chãos imaginários. Isso tem a ver com o ofício dos historiadores, assim como tem a ver com a lida diária dos jornalistas [...] trata-se de revolver com delicadeza e objetividade as camadas do passado, por mais presente que ele esteja [Bucci, 2019:309-310].

Porém, como observou Hannah Arendt, o poder é inimigo da verdade factual e, quanto mais se afasta da democracia, mais o poder tende a rejeitar relatos sobre os acontecimentos (Arendt, 2000b).[18] E talvez seja por isso que alguns ainda insistem em negar fatos e deixar os historiadores para lá.

Mas, relacionado aos problemas que envolvem a busca e obtenção de uma verdade factual em meio à cada vez maior disponibilidade de informação, dois desafios maiores e interligados estão no horizonte. Um deles diz respeito à captura, armazenamento, tratamento e formas de busca de informações. O outro tem relação com os usos políticos dessas informações, bem como do conhecimento científico/acadêmico produzido em grandes quantidades e cujo acesso não é de todo livre.[19]

Nesse contexto, a questão da autoridade do especialista e das instituições tradicionais de formação, produção e difusão do conhecimento é tensionada pelos algoritmos, que medem o conhecimento a partir de critérios de ranqueamento dos buscadores digitais. Isso repercute na produção acadêmica na medida em que a mesma e seus produtores, os pesquisadores, são regularmente avaliados a partir de indicadores digitais, como o fator de impacto de um dado produto acadêmico: o artigo científico publicado em periódicos especializados destinados a um público restrito.

O Google, por exemplo, hierarquiza a relevância das entradas, considerando a quantidade e a suposta qualidade das ligações. Um *website* é considerado melhor na medida em que seja mais referenciado em páginas tidas como relevantes, sendo que esse é apenas um entre outros critérios, nem todos públicos. Novas formas de produzir e validar o conhecimento, que geram novos tipos de autoridade e legitimidade, orientam o mundo digital. Na Wikipédia, por exemplo, a

---

18 Ver também Rancière (2014).

19 A pesquisa de Thaiane Oliveira (2020) conclui que, apesar da desconfiança sobre a relação entre ciência, governo e indústrias, a autoridade científica mantém seu capital simbólico em meio à circulação de teorias da conspiração relacionadas à ciência nas redes sociais.

alta "autoridade de domínio"[20] é concedida na medida em que o conteúdo possa ser associado a ligações endógenas e externas. Um verbete com várias ligações e redirecionamentos passa a ser identificado como dotado de maior autoridade entre outros verbetes. Isso repercute na plataforma Google, contribuindo para que o verbete de maior autoridade prevaleça nas primeiras posições de busca.[21]

Diante disso, não é difícil encontrar posições que procuram reforçar a lógica da produção de conhecimento científico especializado como forma de defender a autoridade dos historiadores. Ao mesmo tempo, a constatação de que há uma "baixa comunicação e legitimidade social do conhecimento academicamente produzido" também gera preocupações, ampliando a defesa de novas funções para os historiadores acadêmicos, como a curadoria (Araújo, 2017), ou novas formas de comunicação.

É importante lembrar que a dificuldade de comunicação com a sociedade não é algo que afeta apenas a área de história. O mesmo problema ocorre com as ciências em geral, especialmente quando enfrentam movimentos anticientíficos. Criacionismo, terraplanismo, negação do aquecimento global, movimento antivacina etc. são exemplos de discursos que circulam nas redes sociais desacreditando pressupostos científicos tidos como universais. Como observou Thaiane Oliveira, esses discursos que contribuem para minar a legitimidade científica – frequen-

---

20 A expressão "autoridade de domínio" é uma métrica (de 0 a 100) criada pela Moz (moz.com), que tem sido utilizada por profissionais que lidam com *search engine optimization* (SEO), conjunto de técnicas usadas visando à otimização de mecanismos de busca na internet. É um indicador que classifica um domínio medindo a qualidade de um *site* a partir de vários fatores. Por exemplo, um domínio com bom histórico de uso nas páginas de resultados de pesquisa dos buscadores (*search engine results page* ou SERP), tem mais força. De modo semelhante, a popularidade de um domínio também é um fator que pode qualificá-lo positivamente. Popularidade indicada pela quantidade e qualidade dos *links* de referência. A relevância de um domínio depende do conteúdo e dos *links* externos. Há também "autoridade de página", "autoridade de *link*" etc.

21 Segundo Varella e Bonaldo (2020), na Wikipédia há três tipos de verbete: o de qualidade quatro ou inferior, o bom e o destacado. Os dois últimos são submetidos a uma votação entre usuários experientes da plataforma. Os verbetes destacados são aqueles que recebem, no mínimo, sete votos e maioria qualificada de votos a favor (maior ou igual a 75%) em um período de 30 dias. Os bons precisam de ao menos cinco votos favoráveis e 100% dos votos a favor durante 15 dias ou sete votos favoráveis e maioria qualificada de votos a favor (maior ou igual a 75%) em 30 dias, a partir da data da candidatura. Todos os verbetes considerados de qualidade pela comunidade recebem uma estrela no canto superior da página principal. A estrela dourada indica um verbete destacado, e a prateada, um verbete bom. Na Wikipédia lusófona existe, atualmente, menos de 1% de artigos destacados. Os autores também observam que a experiência na plataforma, e não o notório saber sobre o assunto do verbete, é um critério essencial para viabilizar a candidatura de um verbete.

temente explicados como desinformação, confusão relacionada ao excesso de informação ou, ainda, associados à "agenda política conservadora religiosa de direita" – não constituem apenas uma dificuldade de comunicar a ciência para públicos mais amplos. Dizem respeito à mudança do paradigma da comunicação, no qual os espaços de circulação da informação são disputados por interesses diversos e por diferentes conjuntos de atores, no mesmo momento em que se observa uma crise epistemológica nas instituições tradicionalmente associadas à produção de verdade: as comunidades epistêmicas, que detêm o conhecimento socialmente legitimado e especializado e que atuam na esfera pública fazendo uso de um discurso próprio, que diferencia seus emissores das demais camadas sociais (Oliveira, 2020:22-23).

Essa crise epistêmica seria, portanto, o reflexo da passagem de um regime de verdade baseado na confiança em certas instituições – particularmente a universidade e a escola, podemos dizer – para um regime regulado pela crença individual e pela experiência pessoal (Van Zoonen, 2012). Diante disso, proliferam teorias conspiratórias e negacionismos, gerando um campo de disputas sobre temas diversos, em que a informação está sujeita a manipulações, a verdade factual é tensionada e os tradicionais produtores de conhecimento científico são alvos de suspeita (Harambam e Aupers, 2015).

Nessa conjuntura, na qual o espaço público foi alargado e novas mídias difundem ideias e textos em formatos que se afastam dos tradicionais trabalhos acadêmicos (basicamente dissertações, teses, artigos e livros), os protocolos internos que a disciplina estabeleceu visando diferenciar e autorizar seu discurso começaram a ser questionados por alguns, enquanto outros passaram a fazer uso desses protocolos, mas com finalidades distintas daquelas que orientaram a pesquisa histórica acadêmica ao longo dos séculos XIX e XX. No primeiro caso, refiro-me não apenas às críticas advindas do chamado giro linguístico a partir do final dos anos 1960, mas também às críticas relacionadas à percepção de que a produção acadêmica não atende às demandas do público mais amplo e diversificado, em função de sua linguagem especializada. No segundo caso, refiro-me aos negacionismos, que podem fazer uso dos mesmos protocolos de cientificidade utilizados pelos historiadores profissionais, mas sem refletir, propositadamente, sobre as implicações éticas de suas interpretações.[22]

22 Sobre os negacionismos contemporâneos, ver, por exemplo, Ávila (2021).

O que importa destacar aqui é o modo como essa conjuntura afeta a atuação dos historiadores, seja como pesquisadores ou professores, que são as duas faces comuns de sua atuação no espaço público. E é difícil enfrentar esses desafios sem questionar a própria concepção moderna de história, levando em conta uma pluralidade de historicidades. Isso porque pensar em crise das humanidades e na crise de autoridade do historiador e do professor de história hoje implica pensar o lugar da própria disciplina e do seu modo de narrativa e ordenação temporal.

Abundância de histórias, autoridades compartilhadas

Fundamentados na concepção moderna de história, a historiografia e o ensino de história guiaram-se, ao longo dos séculos XIX e XX, pela ideia de que os seres humanos e as sociedades humanas são perfectíveis e abertos à viabilidade do futuro. Ao longo de décadas, o historiador podia apresentar-se como intérprete único de uma história que dava protagonismo a certas nações (europeias, a princípio; depois, os EUA), a determinada classe social (a burguesa) e a determinado protagonista (o "grande homem", branco, heterossexual, sobretudo europeu). Hoje, os relatos históricos que podem ser produzidos e dados a ler pelas minorias culturais dentro ou fora de um mesmo Estado nacional se apoiam em referentes variados e, como já foi dito, incomensuráveis (León, 2008:136).

Mesmo uma história concebida enquanto "ciência dos homens no tempo" (Bloch, 2001:55), capaz de articular permanências e mudanças, tal como tem sido ensinado desde o pós-guerra, pode ser questionada. Afinal, na medida em que os três fatores dessa expressão – a ciência, os homens e o tempo – foram relativizados, que história escrever e ensinar? De que ciência, de que homens e de que tempo estamos falando quando escrevemos e ensinamos história hoje? E quem é o sujeito desse conhecimento que procura defender sua autoridade, uma vez que o próprio domínio da produção de conhecimento também se transformou? A imagem do historiador como um homem erudito, cuja cor, classe ou sexualidade não é marcada, capaz de servir-se dos métodos da história e de articular arte e ciência, pendendo em maior ou menor medida para uma ou outra, foi abalada. O resultado é que a tradicional divisão entre historiadores (os produtores do conhecimento histórico) e público leigo (consumidores de histórias) tem sido posta em xeque.

Meg Foster, por exemplo, lembra que, em 2006, a revista *Time* publicou um artigo apresentando o que era visto como equívocos comuns da história e das pessoas que a fazem. O argumento apresentado por uma revista de grande circulação no início do século XXI era de que "o passado não era simplesmente 'a biografia de grandes homens'", mas "uma história sobre comunidade e colaboração", uma história sobre pessoas comuns, feita por pessoas comuns. Essa perspectiva não era nova entre os historiadores de ofício. A novidade do artigo da *Time* era a descrição de como as pessoas estavam fazendo história: usando a internet e as plataformas digitais, as pessoas comuns ofereciam suas contribuições *criando* histórias sobre o passado e, também, *fazendo* história. Por conta disso, a pessoa do ano da *Time* em 2006 foi a "pessoa média", a pessoa comum (Foster, 2014). Mr. Everyman, poderíamos dizer, para retomar a epígrafe deste texto.

Pouco tempo antes, buscando caminhos para uma história pública nos anos 1990, Michael Frisch chegou a propor a ideia de "autoridade compartilhada", o conhecimento histórico sendo visto como um terreno no qual historiadores e público poderiam cooperar. Ou seja, os historiadores não se ocupariam de distribuir seu conhecimento ao público, mas trabalhariam em conjunto com as pessoas comuns, cooperando e trocando ideias. Ao invés da história compartilhada enquanto conhecimento produzido pelo historiador, seria uma história compartilhada porque produzida pelo *expert* junto com as pessoas comuns (Frisch, 1990; 2016) Segundo Meg Foster, as novas tecnologias disponíveis na internet aceleraram essa tendência, de modo que o passado pode e está sendo criado e acessado por não profissionais, sem a mediação dos historiadores de ofício (Foster, 2014:40). Desse modo, os historiadores e os professores de história que atuam na educação básica são forçados a lidar com a questão da autoridade compartilhada e o engajamento na elaboração de narrativas históricas por parte de não especialistas, que estão disponíveis na internet e que também chegam às salas de aula.

Cabe indagar sobre quem é essa pessoa que se interessa pela história e faz uso dos meios digitais para produzir e compartilhar conteúdos históricos. Também seria importante averiguar como as pessoas comuns concebem o trabalho do historiador, considerando que sua figura como um fornecedor objetivo e imparcial de passados teve e ainda pode ter alguma influência.

Um estudo de Paul Aschton e Paula Hamilton realizado na Austrália sugere que a maioria das pessoas naquele país tem pouca ideia do que os historiadores treinados na academia realmente fazem além de lidar com "coisas antigas".[23] Ou seja, embora tenham procurado se afastar da figura do antiquário, ao que parece, uma imagem que associa os historiadores a este último ainda persiste no imaginário popular. Como observa Meg Foster, é possível supor que os próprios historiadores sejam vistos como relíquias de outro tempo (Foster, 2014:5-6). O historiador seria um profissional anacrônico, portanto.

Se por um lado essas constatações encontram amparo nos argumentos éticos em defesa da democratização do conhecimento, uma vez que as pessoas comuns não só podem como devem desempenhar um papel na produção de sua própria história, também alimentam visões pessimistas, uma vez que o público poderá usar o passado para reforçar suas expectativas e preconceitos (Van Zoonen, 2012). Para alguns, os historiadores e a história "real" estariam perdidos, porque o público tem toda a autoridade e não haveria espaço para historiadores profissionais participarem da construção do passado (Gardner, 2010). Contudo, não é possível generalizar.

Mesmo no mundo da internet, é possível encontrar ambientes ou redes que, ao invés de incentivar a participação de não especialistas nas discussões sobre história, valorizam a participação dos especialistas. É o caso do AskHistorians, onde se observa a tentativa de definir o que se deve perguntar ou responder como um "especialista em história". O estudo de Daniela Linkevicius Andrade busca compreender as representações culturais da autoridade e identidade do historiador nesse fórum digital de discussão sobre história. Segundo a autora, os fóruns do Askhistorian são orientados a partir dos parâmetros da disciplina vigentes nas instituições acadêmicas. Uma série de interditos são acionados para tentar controlar as postagens e induzir a elaboração de questões e respostas em formatos considerados legítimos pela disciplina. Nesse espaço virtual, a noção de debate que prevalece é aquela em que o público faz perguntas e os *flaired users*, especialistas em história, respondem. Supostamente, o AskHistorians caracteriza-se por criar um espaço onde os historiadores podem discutir história ou exercitar seus conhecimentos sem estar na universidade. Esse fórum institui a si mesmo como autoridade e não como "espaço 'livre' na internet".[24]

---

23 Ver Aschton e Hamilton (s.d.). Disponível em: <www.academia.edu/6931897/At_home_with_the_past_initial_findings_from_the_survey>. Acesso em: 2 ago. 2022.

24 Daniela Linkevicius Andrade (2018:100-102) analisou a participação de historiadores no fórum AskHistorians, localizado no *site* Reddit. O fórum foi criado em 2011 e atualmente tem cerca de

Importa observar que, assim como os públicos utilizam as novas tecnologias digitais para produzir e divulgar histórias, os historiadores também o fazem, ampliando suas possibilidades de pesquisa e diálogo com a comunidade internacional de historiadores e com outros públicos.[25] Para Meg Foster, o "*gatekeeping*[26] acadêmico ainda caracteriza o mundo digital, e o trabalho dos historiadores profissionais ainda permanece disponível em *sites*" de acesso restrito, assim como é publicado em formato de livro convencional, com custo muitas vezes inacessível para boa parte do público, embora o acesso a trabalhos acadêmicos seja facilitado pelo meio digital (Foster, 2014:8).

De algum modo isso afeta o trabalho do historiador e as expectativas dos jovens pesquisadores, ingressantes e egressos dos cursos superiores de história. Por tudo isso, é possível concordar com a ideia de que, à medida que os historiadores respondem às pressões criadas pelas "histórias geradas pelo usuário" que circulam no mundo digital, sua posição torna-se mais fluida e difícil de definir. O mesmo pode ser dito sobre sua autoridade. Nas palavras de Meg Foster: "eles podem servir simultaneamente como autoridades, consultores, conselheiros, educadores e participantes do processo público de fazer história" (Foster, 2014:12).

Por um lado, as novas tecnologias parecem contribuir para que os historiadores reafirmem aspectos tradicionais da prática de pesquisa e da crítica das fontes. Distinguir entre o falso e o verdadeiro ainda é uma preocupação, e uma heurística digital é mobilizada para verificar, revisar e confirmar os conteúdos das fontes. São as "velhas ferramentas da crítica documental" aplicadas em novos contextos (Bresciano, 2015:38-39). Fala-se, inclusive, de um novo historicismo em função do "giro digital" (Fickers, 2012).

---

1 milhão de assinantes. Segundo Andrade, observa-se no AskHistorians a preocupação em afirmar a titulação de doutor de seus participantes, apesar de não ser possível verificar a titulação, uma vez que muitos participantes utilizam pseudônimos. Somente quem domina as regras do discurso historiográfico tal como proposto pelas instituições acadêmicas é visto como qualificado para responder o que é perguntado.

25 Ver Cohen e Rosenzweig (s.d.); Bresciano (2015).

26 *Gatekeeping* é um conceito associado à edição, utilizado no meio jornalístico. *Gatekeeper* é aquele que define o que será noticiado de acordo com a linha editorial e outros critérios, como o valor-notícia. Sendo assim, *gatekeeping* é uma espécie de filtragem, seleção ou avaliação de notícias em função de certos critérios considerados válidos em certo momento. O termo deriva do inglês *gate*, que significa portão.

É certo que a sociabilidade acadêmica foi afetada pelas novas possibilidades abertas pela internet. Surgiram grupos de investigação que trabalham em rede. Fóruns virtuais foram criados, assim como associações e eventos são organizados reunindo pesquisadores de várias localidades, inclusive de outros países. A divulgação histórica também se beneficiou das publicações digitais, ainda que nem todas ofereçam acesso livre e barato. O ensino da história também ganhou na medida em que o acesso à internet na sala de aula permitiu incorporar materiais disponíveis *on-line* ou na forma de aplicativos. De modo semelhante, o ensino a distância alcançou maiores públicos que o presencial, embora as formas de interação não produzam os resultados esperados.

Haveria um impacto sobre as formas de narrar a história? Alguns historiadores acreditam que sim, considerando as possibilidades do hipertexto e a disponibilidade de novos públicos. O problema é que parte do público parece preferir descobrir ou mesmo contar a história sem a mediação dos historiadores acadêmicos. O potencial narcisista da internet favorece a proliferação de histórias [ou, podemos dizer, I-histórias] cujo centro é a própria experiência individual ou comunitária e não tanto a vontade de participar da construção de uma história comum, crítica, atenta à complexidade dos processos mais amplos (Noiret, 2015:86-88; 94).[27]

Diante disso tudo, este texto indagou sobre a presença pública da história e dos historiadores, buscando cercar o problema da autoridade do especialista diante da crise das humanidades e da multiplicação dos usos da história estimulados, em parte, pelo mundo digital. Embora seja possível concordar com a ideia de que o trabalho profissional dos historiadores mais que nunca é necessário para "filtrar, organizar e interpretar o passado, as memórias individuais e coletiva, e as fontes digitais em geral", considero importante indagar se o papel do historiador consiste em colocar-se como o intermediário, por vezes indesejado, diante do público. E se algum historiador vem se destacando como mediador ou curador, provavelmente é um que se autonomeia historiador público, que atua em vários espaços, inclusive o digital.

Para Noiret, o historiador público deve mediar as formas públicas de conhecimento histórico oferecidas pela rede digital, contribuindo em primeira pessoa

27 Ver também Rosenzweig (s.d).

para a narrativa do passado no espaço virtual. Deve construir uma história pública digital que seja capaz de afrontar e mediar de maneira crítica as memórias privadas e as memórias coletivas "embalsamadas". Devem, educadores e historiadores públicos, interpretar criticamente toda "falsa narrativa 'objetivante'", que cria novas lendas a pretexto de promover memórias alternativas à história designada como "oficial".

A crença de que a presença do passado na internet está relacionada a uma profunda necessidade, por parte de nossas sociedades globalizadas, de voltar a relacionar as memórias individuais, familiares, coletivas e comunitárias com o passado local, regional e nacional reafirma a crença na história como disciplina e na autoridade, senão dos historiadores em geral, ao menos do historiador público como especialista atento às demandas do presente e ao mundo digital. Para Noiret, a história digital é capaz de reinventar a disciplina. Ao mesmo tempo, o autor também considera necessário que o digital suscite reflexões sobre nossas relações com a história e a memória (Noiret, 2015:98). Sendo assim, seria importante refletir sobre a ascensão da figura do historiador público no cenário atual, indagando: Em que medida o uso do adjetivo público constrói um novo *ethos* para o historiador, que o diferencia de outros historiadores e lhe confere certa autoridade e atualidade perante os diversos públicos da história?

Referências

ANDRADE, Daniela Linkevicius. *A representação da autoridade dos historiadores em Askhistorians (2011-2017)*. Dissertação (mestrado em história) – Programa de Pós-Graduação em História, UnB, Brasília, 2018.

ARAÚJO, Valdei Lopes de. O direito à história: o(a) historiador(a) como curador(a) de uma experiência histórica socialmente distribuída. In: GUIMARÃES, Géssica; BRUNO, Leonardo; PEREZ, Rodrigo. *Conversas sobre o Brasil*: ensaios de crítica histórica. Rio de Janeiro: Autografia, 2017, p. 191-216.

ARENDT, Hannah. Que é autoridade. In: _____. *Entre o passado e o futuro*. 5. ed. São Paulo: Perspectiva, 2000a, p. 127-187 [1. ed. inglês 1954].

_____. Verdade e política [1967]. In: _____. *Entre o passado e o futuro*. São Paulo: Perspectiva, 2000b, p. 282-325.

ASHTON, Paul; HAMILTON, Paula. *At home with the past*: initial findings from the survey. [S.d.]. Disponível em: <www.academia.edu/6931897/At_home_with_the_past_initial_findings_from_the_survey>. Acesso em: 2 ago. 2022.

ÁVILA, Arthur Lima de. Qual passado escolher? Uma discussão sobre o negacionismo histórico e o pluralismo historiográfico. *Revista Brasileira de História*, São Paulo, v. 41, n. 87, 2021, p. 161-184.

BAETS, Antoon de. Uma teoria do abuso da História. *Revista Brasileira de História*, São Paulo, v. 33, n. 65, 2013, p. 17-60.

BAUMAN, Zygmunt. *Legisladores e intérpretes*: sobre modernidade, pós-modernidade e intelectuais. Rio de Janeiro: Zahar, 2010.

BECKER, Carl. Everyman his own historian. In: _____. *Everyman his own historian*. Nova York: Appleton-Century-Crofts, 1935, p. 233-255.

BEVERNAGE, Berber. *História, memória e violência de Estado*: tempo e justiça. Serra, ES: Milfontes; Mariana, MG: SBTHH, 2018.

BLOCH, Marc. *Apologia da história ou o ofício do historiador*. Rio de Janeiro: Jorge Zahar, 2001.

BRESCIANO, Juan Andrés. Los estúdios históricos em la sociedade de la información. In: _____; GIL, Tiago (Comp.). *La historiografia ante el giro digital*: reflexiones teóricas y práticas metodológicas. [S.l.]: Ediciones Cruz del Sur, 2015, p. 15-55.

BUCCI, Eugênio. Pós-fatos, pós-imprensa, pós-política: a democracia e a corrosão da verdade. In: NOVAES, Adauto (Org.). *Mutações*: dissonâncias do progresso. São Paulo: SESC São Paulo, 2019, p. 275-318.

CERTEAU, Michel de. A operação historiográfica. In: _____. *A escrita da história*. Rio de Janeiro: Forense Universitária, 1982, p. 65-119.

CHARTIER, Roger. *A aventura do livro*: do leitor ao navegador: conversações com Jean Lebrun. São Paulo: Ed. Unesp, 2009.

COHEN, Daniel J.; ROSENZWEIG, Roy. *Digital History*: a guide to gathering, preservinf and presenting the past on the Web. [S.d.]. Disponível em: <https://chnm.gmu.edu/digitalhistory/>. Acesso em: 2 ago. 2022.

DETIENNE, Marcel. *Os mestres da verdade na Grécia arcaica*. São Paulo: WMF Martins Fontes, 2013.

FICKERS, Andreas. Towards a new digital historicism? Doing history in the age of abundance. In: ____; LEEUW, Sonja de (Comp.). Making sense of digital sources. *Journal of European History and Culture*, v. 1, n. 1, 2012, p. 12-18.

FIGUEIRAS, Rita. Intelectuais e redes sociais: novos media, velhas tradições. *Matrizes*, n. 1, jul./dez. 2012, p. 145-160.

FOSTER, Meg. Online and plugged in? Public history and historians in the digital age. *Public History Review*, v. 21, 2014, p. 1-19.

FOUCAULT, Michel. *A arqueologia do saber*. Rio de Janeiro: Forense Universitária, 2002a.

_____. *A ordem do discurso*. São Paulo: Loyola, 2002b.

_____. O que é um autor? In: _____. *O que é um autor?* [S.l.]: Vega/Passagens, 2002c, p. 29-87.

FRISCH, Michael. *A shared authority*: essays on the craft and meaning of oral and public history. Albany: State University of New York Press, 1990.

_____. A história pública não é uma via de mão única, ou, de *A shared authority* à cozinha digital, e vice-versa. In: MAUAD, Ana Maria; ALMEIDA, Juniele Rabêlo de; SANTHIAGO, Ricardo (Org.). *História pública no Brasil*: sentidos e itinerários. São Paulo: Letra e Voz, 2016, p. 57-69.

GARDNER, James B. Trust, risk and public history: a view from the United States. *Public History Review*, v. 17, 2010, p. 52-61.

GLEZER, Raquel; ALBIERI, Sara. O campo da história e as "obras fronteiriças": algumas observações sobre a produção historiográfica brasileira e uma proposta de conciliação. *Revista IEB*, São Paulo, n. 48, mar. 2009, p. 13-30.

HARAMBAM, Jaron; AUPERS, Stef. Contesting epistemic authority: conspiracy theories on the boundary of science. *Public Understanding of Science*, v. 24, n. 4, 2015, p. 466-480.

HARTOG, François. *Crer em história*. Belo Horizonte: Autêntica, 2017.

LAITANO, Bruno Grigoletti. (Com)figurações do historiador em tempo marcado pela disrupção tecnológica. *Esboços: História em Contextos Globais*, v. 27, n. 45, mai./ago. 2020, p. 170-186.

LEÓN, Pablo S. El ciudadano, el historiador y la democratización del conocimiento del passado. In: _____; MARTÍN, Jesús Izquierdo (Ed.). *El fin de los historiadores*: pensar historicamente em el siglo XXI. Madrid: Siglo XXI, 2008, p. 115-151.

MALERBA, Jurandir. Acadêmicos na berlinda ou como cada um escreve a história: uma reflexão sobre o embate entre historiadores acadêmicos e não acadêmicos no Brasil à luz dos debates sobre *public history*: *História da historiografia*, Ouro Preto, MG, n. 15, ago. 2014, p. 27-50.

_____. Os historiadores e seus públicos: desafios ao conhecimento histórico na era digital. *Revista Brasileira de História*, 2017, p. 1-20.

NICOLAZZI, Fernando. Os historiadores e seus públicos: regimes historiográficos, recepção da história e história pública. *Revista História Hoje*, São Paulo, v. 8, n. 15, 2019, p. 203-222.

_____. *Brasil paralelo*: restaurando a pátria, resgatando a história. A independência entre memórias públicas e usos do passado. In: SEMINÁRIO 3X22: 1822 – INDEPENDÊNCIA: MEMÓRIA E HISTORIOGRAFIA, 2021, São Paulo. *Anais*... São Paulo, SP: Centro de Pesquisa e Formação do Sesc/SP, 2021, p. 1-21. Disponível em: <www.academia.edu/49455769/NICOLAZZI_Fernando_Brasil_Paralelo_restaurando_a_pa_tria_resgatando_a_histo_ria_A_Independ%C3%AAncia_entre_mem%C3%B3rias_p%C3%BAblicas_e_usos_do_passado>. Acesso em: ago. 2022.

NOIRET, Serge. História digital e história pública. In: BRESCIANO, Juan Andrés; GIL, Tiago (Comp.). *La historiografia ante el giro digital*: reflexiones teóricas y práticas metodológicas. [S.l.]: Ediciones Cruz del Sur, 2015, p. 57-112.

OLIVEIRA, Thaiane. Desinformação científica em tempos de crise epistêmica: circulação de teorias da conspiração nas plataformas de mídias sociais. *Revista Fronteiras: Estudos Midiáticos*, Unisinos, v. 22, n. 1, jan./abr. 2020, p. 21-35.

PASSERON, Jean-Claude; BOUTIER, Jean; REVEL, Jacques (Dir.). *Qu'est-ce qu'une discipline?* Paris: Ed. École des Hautes Études em Sciences Sociales, 2006.

RANCIÈRE, Jacques. *O ódio à democracia*. São Paulo: Boitempo, 2014.

REVAULT D'ALLONES, Myriam. *Le pouvoir des commencements*: essai sur l'autorité. Paris: Seuil, 2006.

ROSENZWEIG, Roy. Afterthoughts: everyone a historian. *The Presence of the Past*. [S.d.]. Disponível em: <https://chnm.gmu.edu/survey/afterroy.html>. Acesso em: 9 ago. 2022.

SANTHIAGO, Ricardo. Duas palavras, muitos significados: alguns comentários sobre a história pública o Brasil. In: MAUAD, Ana Maria; ALMEIDA, Juniele Rabêlo de; SANTHIAGO, Ricardo (Org.). *História pública no Brasil*: sentidos e itinerários. São Paulo: Letra e Voz, 2016, p. 23-35.

STOPPINO, Mário. Autoridade. In: BOBBIO, Norberto et al. *Dicionário de Política*. Brasília: UnB, 1986, p. 88-94.

TURIN, Rodrigo. Entre o passado disciplinar e os passados práticos: figurações do historiador na crise das humanidades. *Tempo,* Niterói, v. 24, n. 2, mai./ago. 2018, p. 186- 205.

VAN ZOONEN, Liesbet. I-Pistemology: changing truth claims in popular and political culture. *European Journal of Communication,* v. 27, n. 1, 2012, p. 56-67.

VARELLA, Flávia Florentino; BONALDO, Rodrigo Bragio. Negociando autoridades, construindo saberes: a historiografia digital e colaborativa no projeto Teoria da História na Wikipédia. *Revista Brasileira de História,* São Paulo, v. 40, n. 85, 2020, p. 147-170.

WHITE, Hayden. O fardo da história [1966]. In: _____. *Trópicos do discurso.* São Paulo: Ed. Unesp, 1994, p. 39-63.

2. Que ensino de história para qual verdade? Desafios teórico-políticos em tempos de negacionismo*

Carmen Teresa Gabriel

> *Triste é a sociedade que vê nessa persuasão a explosão da irracionalidade, pois ela conhece apenas um conceito de razão baseado em dicotomias que remetem ao fim, à distinção metafísica entre corpo e alma; um conceito pré-pascaliano de razão. Pois há de se lembrar de Pascal, para quem "o coração conhece razões que a razão desconhece". A frase foi muito usada e gasta, mas a ideia era precisa. Compreender circuitos de afetos não é calar a razão, mas ampliá-la* [Safatle, 2018:136].

Este texto nasceu da vontade em fazer trabalhar uma aporia que atravessa os debates político-epistemológicos contemporâneos envolvendo a produção da "verdade científica", em particular nos campos da história e do ensino de história. Embora essa questão tenha sido intensificada e redimensionada no contexto histórico atual, a busca pela "verdade" é um tema clássico e incontornável no âmbito das teorizações sociais inscritas no movimento de afirmação da relevância do conhecimento científico nas leituras de mundo.

As disputas pelo sentido do significante "verdade" têm sido objeto de reflexão de diferentes perspectivas teóricas e/ou posturas epistêmicas presentes nos debates epistemológicos das ciências sociais. Nessas disputas o que está em jogo, muitas vezes, é a própria possibilidade de as ciências sociais se pensarem como ciências. As análises dos embates no processo de construção do campo das ciências sociais tendem a apontar diferentes estratégias mobilizadas para sua aceitação e legitimação no campo científico. Essas estratégias variam entre tentativas de

* O texto vincula-se às pesquisas financiadas pelo CNPq (bolsa de produtividade) e pela FAPERJ (bolsa Cientista do Nosso Estado).

aproximação aos cânones de objetividade da ciência moderna pautados pelo que ficou conhecido por "ciências exatas", de distanciamento e/ou diferenciação em relação aos mesmos, em função da defesa da singularidade da "realidade social" a ser conhecida, explicada, interpretada ou compreendida, ou ainda a problematização da interface ciência/verdade tal como hegemonizada pela racionalidade ocidental, investindo assim na ampliação do campo da racionalidade e na desestabilização de um sentido particular hegemonizado de "verdade científica" como nos provoca a pensar Safatle (2018) na citação escolhida como epígrafe. Este texto se inscreve nos movimentos teóricos que se identificam com essa terceira estratégia. Ele parte da aposta de que a postura epistêmica pós-fundacional (Marchart 2009; Laclau e Mouffe, 2004) que vimos explorando nos estudos e pesquisas em ensino de história desenvolvidas no GECCEH,[1] ao provocar "um giro analítico do princípio do fundamento último para ideia de fundamentos ausentes" (Marques, 2020:3) abre caminhos teórico-políticos instigantes para pensar a questão aqui proposta. Entendendo, pois, que o investimento teórico é igualmente uma forma de entrar no debate político, a postura epistêmica e o ângulo de ataque escolhidos reforçam a inscrição das reflexões aqui desenvolvidas nas disputas em torno de um projeto de sociedade.

Importa sublinhar que na expressão "pós-fundacional" o prefixo "pós" não é sinônimo de antifundacionismo. Ele indica a fragilização do estatuto ontológico de um sentido particular de fundamento hegemonizado e sedimentado em diferentes abordagens teóricas como o positivismo lógico, a metafísica e o estruturalismo clássico. Isso significa que o que está sendo problematizado e questionado não é a possibilidade de qualquer fundamento ontológico no entendimento e definição de uma ordem social específica.

Na pauta pós-fundacional, a aporia da impossibilidade e da inevitabilidade que institui esses processos é trabalhada de maneira a deixar entrever a força e os efeitos da contingência em meio às disputas entre processos de significação, permitindo o entendimento de que o jogo político-teórico não se manifesta na busca de consenso, tampouco na afirmação de posições binárias. Nessas lutas

---

1 Trata-se do Grupo de Estudos Currículo, Conhecimento e Ensino de História (GECCEH) sob minha coordenação. Fundado em 2006, no âmbito do Laboratório do Núcleo de Estudos do Currículo (LaNEC/FE/UFRJ), conta com o apoio do CNPQ, da Faperj e da Capes e contribui com o Complexo de Formação de Professores da UFRJ. Reúne pesquisadores situados em diversas etapas de seus processos formativos: estudantes de graduação (sobretudo dos cursos de história e pedagogia), estudantes de mestrado e doutorado, além de docentes da educação básica e superior da UFRJ e de outras universidades.

não há termos mais corretos ou realidades mais verdadeiras que se inscrevem fora do campo da discursividade, portadores de uma essência metafísica que sustentaria essa inscrição. É nesse movimento teórico que surge o argumento do fundamento ausente, precário, instável e contingente.

A impossibilidade de fechamentos/fundamentos últimos e únicos não se justifica pelo excesso de possibilidades de atribuir sentido a um mesmo significante. Ao contrário, ela está pautada na ideia de falta, de vazio ou de ausência de um centro único, estável, definitivo responsável por desvelar um sentido original, uma essência, fonte genuína dos processos de significação e de explicação.

Uma "verdade sem fundamentos" não significa, pois, a impossibilidade de estabelecer qualquer fundamento para a verdade, mas reconhecer que sua definição resulta de uma operação hegemônica que se inscreve no jogo político marcado por sedimentações e reativações de sentidos particulares. Esse entendimento desestabiliza de forma radical a ideia de "verdade científica" que opera com a compreensão de um objetivismo positivista e determinista. A cadeia de equivalência na qual se articulam verdade, ciência e objetividade passa a ser problematizada, abrindo espaço para explorarmos outros sentidos para cada um desses elementos que configuram essa cadeia, bem como outras articulações entre esses termos. Trata-se, assim, de operações de reativações e sedimentações de sentidos do significante "verdade" e não de negação de sua importância no processo de significação em foco. Esse investimento teórico, ao contrário do que afirmam seus críticos, reconhece e opera com a dimensão política que atravessa a produção de todo conhecimento, incluindo o conhecimento científico. Assim, pensar politicamente a partir do campo científico implica o reconhecimento da nossa participação nas lutas pela significação que nos permite acessar a realidade social que queremos compreender, interpretar, explicar e ensinar. Isso não significa, no entanto, assumir uma postura niilista do ponto de vista epistemológico com consequências políticas devastadoras e sim problematizar um sentido particular de verdade, hegemonizado em um quadro de inteligibilidade específico, deixando entrever outras possibilidades de significação para este termo. O que está em jogo é menos a problematização da veracidade das narrativas históricas do que do próprio sentido de verdade com a qual elas operam.

A mobilização de termos como "pós-verdade", "negacionismo", "*fake-news*" nos debates contemporâneos, muitas vezes de forma indiscriminada, podem ser tomadas como um bom exemplo dessas disputas entre os diferentes interesses – epistemológicos, políticos, midiáticos, econômicos, culturais – que entram em jogo nas lutas pela significação do significante "verdade". Como questiona Dunker (2017:11): "O que entender por verdade quando se lhe acrescenta este prefixo que a aposenta?" O significado atribuído ao verbo aposentar, mobilizado nessa questão, depende da postura epistêmica assumida.[2] Ele pode tanto significar o descarte do significante "verdade" como ferramenta incontornável na leitura de mundo, reforçando discursos negacionistas, quanto afastar/desestabilizar/colocar "sob rasura" (Hall, 2000) um sentido particular de verdade dando, desse modo, vazão a outras leituras mais produtivas para esse termo face às demandas de nossa contemporaneidade.

Como continuar afirmando a importância do ensino dessa disciplina ou de investir na contribuição desse conhecimento para as produções de leituras do social em tempos nos quais significantes como "ciência", "razão", "verdade", estão sendo severamente questionados, quando não negados, tanto no plano epistemológico quanto no plano político, e simultaneamente, os valores democráticos, como o de justiça social, estão sendo ameaçados e apagados do nosso horizonte de expectativa?

Organizei meus argumentos, para além desta introdução, em duas seções. Na primeira, desenvolvo os efeitos desses debates no campo da história, destacando a potência analítica de um entendimento de "narrativa" para a compreensão da interface história/verdade. Na segunda, focalizo a discussão para os efeitos dessa reflexão no processo de ensino e aprendizagem dessa disciplina.

Narrativa e verdade históricas: que articulação?

> É necessária a confusão da língua para medir em seu rigor o dilema: a ciência histórica nova não devia mais ser uma história, mas devia ainda ser uma. A diferença da história-ciência para a história-relato devia ser produzida no seio do relato, com suas palavras e o seu uso das palavras [Rancière, 2014:11].

---

[2] O termo "pós-verdade" está tanto diretamente relacionado às novas tecnologias de comunicação quanto intimamente associado aos fenômenos políticos recentes caracterizados pela emergência no poder, em diferentes contextos nacionais, de grupos populistas de extrema-direita. Tal como mobilizado pelo campo da comunicação (mas não só), o prefixo "pós" tende a ser associado à negação (antiverdade), sinônimo de mentira. Usado desse modo, esse prefixo significa a inversão do mesmo, sem transformação do ponto de vista ontoepistemológico, na medida em que se sustenta e se alimenta de perspectivas essencialistas e binárias (Dunker, 2018).

Nesta seção, interessa-me explorar a potência heurística do significante "narrativa histórica" a partir das contribuições da perspectiva pós-fundacional na discussão sobre verdade científica. Que entendimentos de "narrativa" e de "verdade" se mostram produtivos para serem colocados em relação e expressarem uma saída teórica possível face aos questionamentos apresentados anteriormente a partir da postura epistêmica aqui assumida? O enfoque aqui proposto remete à contextualização do debate sobre "verdade" nas discussões teóricas das últimas quatro décadas atravessadas pelo que ficou conhecido como "crise dos paradigmas" nas ciências humanas. Esse recorte cronológico deixa de lado um lastro importante de posicionamentos acumulados no campo da teoria da história desde o século XIX. Sua escolha se justifica tanto pelo acirramento dos debates e embates internos ao campo da teoria da história quanto pela conjuntura política atual.

Em relação à primeira justificativa, refiro-me mais especificamente ao lugar ocupado pela articulação discursiva verdade/narrativa no próprio entendimento do sentido de conhecimento histórico no qual interessa-me investir nas disputas pela significação tanto de sua produção quanto de sua socialização. Trata-se aqui de retomar algumas linhas argumentativas sustentadas nesse debate, principalmente a partir dos anos de 1980, pelo movimento conhecido entre os historiadores como o de "retorno da narrativa", que contribuem para reafirmar a aposta na narrativa como uma categoria ontológica da própria definição de "ciência histórica". Em linhas gerais, posicionamentos contrários ou favoráveis ao uso do termo "narrativa" no processo de significação de história se fazem em meio ao enfrentamento com os desafios do estabelecimento da "verdade histórica", trazendo para a mesa de discussão a questão da evidência em história (Hartog, 2013a). Ora o termo "narrativa" aparece como o próprio "exterior constitutivo" (Laclau e Mouffe, 2004) do que é definido como "ciência histórica", ora ele é mobilizado como momento de sua cadeia equivalência [3] (Ricoeur, 1997b; Rusen, 2016; White, 2008; Ankersmit, 2001).

---

3 Os processos de significação mobilizam a lógica da equivalência e a lógica da diferença. A lógica da equivalência se caracteriza pela articulação de diferentes elementos que se aproximam, não porque são iguais, mas justamente por fazerem diluir suas diferenças em prol da hegemonização de um sentido particular. É a oposição a um inimigo comum que estabelece a unidade dos elementos que se aproximam pela cadeia de equivalência, e não uma suposta positividade *a priori* que esses elementos compartilhem. A lógica da diferença exerce a função de corte radical nesse processo de significação, produzindo uma relação antagônica que se constitui como exterior constitutivo dos sentidos aproximados por equivalência. Sem esse corte radical que produz o antagônico nenhum tipo de significação seria possível, pois sem ele a infinitude do social não seria limitada de nenhuma forma. Toda significação produz fronteiras que simultaneamente incluem e excluem sentidos.

No que concerne à segunda justificativa, chamo a atenção para associação fácil do termo "narrativa" com a perspectiva negacionista, distanciando esse termo da sua possibilidade de inscrição no campo científico. Não é por acaso que, nos cenários políticos nacional e internacional – marcados pelo recrudescimento de discursos conservadores e autoritários, desestabilizadores de instituições democráticas e/ou pela intensificação da tensão militar entre as grandes potências mundiais –, a expressão "guerra das narrativas" tem sido acionada persistentemente nas mídias e nos debates políticos para denunciar a dificuldade ou impossibilidade de estabelecer a veracidade dos eventos narrados. Cabe perguntar-nos: mas a quem interessa essa articulação?

Não é propósito deste texto responder a essa interrogação, mas sim trazer para a discussão outras possibilidades de nomear "narrativa histórica" como elemento estruturante da ciência histórica. Investir em outras articulações entendidas como mais produtivas para o enfrentamento teórico-político envolvendo a questão da "verdade" em um campo de conhecimento marcado por um duplo registro ontoepistemológico e axiológico. Afinal, se a inscrição no domínio da epistemologia exige o entendimento e os efeitos do valor *de* (e não *da*) verdade no processo de produção e apropriação do passado, sua inscrição na axiologia nos lembra que existem determinações de valor que dizem respeito não à descrição de estados de coisas, pautada na razão argumentativa, mas em modos de estruturação de formas de vida que, em função das afecções mobilizadas (como medo, desejo e desamparo), impulsionam nossa adesão, ou não, ao passado.

Não é de se estranhar, pois, que em tempos de negacionismos como os que marcam nossa contemporaneidade, o conhecimento histórico torne-se alvo de muitas querelas, reafirmando tanto seu papel crucial nas disputas pelo estabelecimento de uma verdade quanto a vulnerabilidade da história em conjunturas de crise, tornando-a presa fácil de todas as vicissitudes que atravessam as lutas, de cada presente, pela hegemonização de uma ordem social específica.

A intensificação de disputas de memórias dentro e fora do campo acadêmico, bem como das tentativas de ocupação do "lugar próprio" institucional (Certeau, 1998), isto é, do espaço de legitimação da produção de conteúdos históricos, por outros sujeitos/grupos que não integram a comunidade disciplinar de historiadores e professores desta disciplina, são sinais claros dessa especificidade do conhecimento histórico. Esse movimento de ampliação do campo de apropriação/consumo/produção do passado acirra tensões clássicas que atravessam o debate historiográfico sobre a articulação entre história/verdade, ficção/ciência, história/memória, objetividade/subjetividade, história problema/história narrativa, que se reatualizam e/ou assumem contornos diferenciados em função das matrizes historiográficas e dos grupos de interesse pelos quais elas são mobilizadas.

Como já enunciado, o presente texto se inscreve nas correntes favoráveis ao reconhecimento da narrativa como elemento instituinte da ciência histórica que buscam contribuir para pensar a questão da verdade histórica no registro da ambivalência e da contingência que oferece a pauta pós-fundacional. Afinal, como nos alerta Koselleck (1990), o que não se pode negar é que a história precisa sustentar duas exigências que se excluem: produzir enunciados verdadeiros e admitir a relatividade e o inacabamento deles.

Para tal, exploro três linhas argumentativas que sustentam o potencial analítico da categoria narrativa histórica para o enfrentamento dos desafios que envolvem a compreensão da verdade histórica em um registro científico. A primeira diz respeito à sua relação orgânica com o tempo. A segunda concerne à problematização da relação entre narrativa e realidade histórica trazendo para o debate a questão da "representação social". A terceira linha argumentativa focaliza a articulação entre narrativa e modos de subjetivação envolvendo diretamente o papel dessa área disciplinar nos processos de identificação e de pertencimento cultural.

Nessa perspectiva, a equivalência estabelecida entre "narrativa" e "tempo"/temporalidade na hermenêutica ricoeuriana merece destaque. Ricoeur (1997b), preocupado com a questão filosófica da irrepresentabilidade do tempo, opera com a hipótese segundo a qual seria impossível haver tempo pensado a não ser relatado. Isso significa que o tempo só se dá a conhecer pela narrativa, bem como a narrativa é significada como a forma de dar sentidos às experiências individuais e coletivas no e com o tempo. Segundo esse filósofo, o trabalho realizado pelo tempo histórico leva à elaboração de instrumentos de pensamento capazes de assegurar essa articulação. Esses instrumentos conectores inventados pelos historiadores – calendário, noção de sequência de gerações, englobando noções de contemporâneos, predecessores e sucessores – e os rastros ou vestígios — têm como função discursiva a conexão entre o tempo cósmico e o tempo vivido.

Essa associação orgânica entre tempo e narrativa no quadro de inteligibilidade da hermenêutica ricoeuriana remete igualmente à articulação entre narrativa e intriga (*mimesis*). Nesse entendimento, o ato de narrar é o que permite deixar conhecer em diferentes escalas (*mimesis* I, II e III) a complexidade das experiências históricas, envolvendo sujeitos, acontecimentos, lugares, mas também desejos, medos, interesses, tensões que se entrelaçam no e com o tempo. Pela própria natureza da intriga/*mimesis*, os sentidos produzidos estão sempre abertos a outras interpretações. Essa abertura se faz presente nos três momentos – pré-figuração (M1), configuração (M2) e refiguração (M3) – que constituem o ciclo hermenêutico. Isso permite pensar a narrativa histórica como totalidades de sentido inacabadas, processos de estruturação temporal provisórios.

A singularidade da abordagem de Ricoeur (1997a) consiste justamente no fato de a inteligibilidade narrativa basear-se em um triplo movimento interpretativo que extrapola o momento de configuração narrativa propriamente dita. A primeira dimensão pressupõe levar em consideração uma forma de inteligibilidade característica do senso comum, que consiste na competência em acompanhar uma história. Tal característica, presente nas configurações narrativas históricas e ficcionais, já está presente, para esse filósofo, no momento da pré-compreensão: "Os dois modos narrativos são precedidos pelo uso da narrativa na vida cotidiana" (Ricoeur, 1997:280, v. 1). A configuração do tempo na narrativa corresponde à composição do texto literário ou histórico quando a intriga a ser narrada é armada, reconstruída a partir dos recursos específicos de cada modalidade narrativa. O terceiro momento – o da refiguração do tempo – corresponde ao encontro do mundo do texto com o mundo do leitor que completa de forma provisória e sempre incompleta, segundo Ricoeur, o círculo hermenêutico. A noção de enredo/intriga emerge, assim, como uma rede integrada de significados configurada narrativamente e cuja compreensão está sempre aberta a novas leituras.

Esse entendimento abre caminhos para pensarmos a narrativa histórica como um processo de estruturação temporal que articula passado, presente e futuro, produzindo tramas discursivas que instituem a experiência vivenciada. Tramas essas cujo fechamento é sempre provisório e precário, podendo ser reativado a qualquer momento. Fechamentos sob a forma de intrigas que, ao produzirem uma "síntese temporal do heterogêneo" (Ricoeur, 1997a, p. 105), fazem emergir uma totalidade significante fissurada. Essa totalidade inacabada produz e é produzida em meio a regimes de historicidade (Hartog, 2013b) que se diferenciam em função da forma de equacionamento privilegiada entre passado e futuro em cada presente onde ela é pensada. Nessa abordagem, o passado – ou melhor, a "passadidade" como o nomeia Ricoeur (1997b) –, ao contrário de ser percebido como algo engessado, aquilo que "realmente aconteceu", tendo a operação historiográfica o dever de revelá-lo, é apropriado na sua fluidez e inacabamento, estando sempre aberto a novas interpretações. De forma semelhante, a unidade temporal "futuro" nomeia as múltiplas possibilidades do devir projetado (ou não) em cada presente, se distanciando de orientações temporais preestabelecidas e teleológicas que operam com a pretensão de indicar o melhor caminho a ser seguido, sem que isso signifique a negação da potência do sonho, da utopia. O presente, por sua vez, não estaria associado à presença, mas sim, a um espaço/tempo que tensiona passado e futuro, garantindo o distanciamento entre essas unidades temporais e, simultaneamente, impedindo tanto a desarticulação quanto a fusão das mesmas. Cada presente se apresenta, assim, prenhe de demandas de memória e projetos, formuladas por diferentes grupos de interesse. A interpretação aqui sustentada de "narrativa histórica" permite investir na ideia de que a produção do conhecimento histórico resulta de operações hegemônicas que mobilizam de forma simultânea "jogos do tempo e jogos de linguagem" (Gabriel e Costa, 2011).

A segunda linha argumentativa remete ao debate da representação social. De que maneira a narrativa histórica representa de forma fiel a realidade social que ela pretende dar a conhecer? Uma primeira observação diz respeito a esse próprio tipo de questionamento. A compreensão da narrativa como categoria ontológica aqui defendida não reconhece a pertinência de uma questão dessa natureza na medida em que, tal como formulada, essa interrogação sustenta a tese da descontinuidade entre realidade e narrativa que tende a aprendê-las como essências dicotômicas. Para autores que argumentam contra essa interpretação, como Carr (2016), a narrativa pode ser vista como uma extensão do mundo real que ela representa, deslocando a questão da veracidade ou não do relato para a problematização do próprio sentido de mundo real que está sendo narrado.

Se concordarmos com Ankersmit (2001), para quem o passado não tem um significado "em si" próprio até um historiador se interessar por ele e produzir seu sentido narrativamente, cabe explorar outras possibilidades de fixar sentidos de "realidade histórica e seus efeitos deslocatórios na compreensão das ideias de "verdade histórica", "objetividade", "cientificidade". Isso significa que a objetividade do passado depende da construção narrativa do presente em que ele é pensado. O estabelecimento da verdade é menos uma questão de correspondência fiel entre passado real e passado relatado situados em planos diferentes do que o resultado de processos de objetivação sob a lógica da luta pela significação no campo da discursividade/narratividade.

Como aponta Hartog (2013a), ao discutir a questão da evidência na produção do conhecimento histórico, a pergunta que não quer se calar ao longo da trajetória de construção dessa disciplina pode ser assim formulada pelos historiadores: "De que modo narrar como se eu tivesse visto para fazer ver o leitor o que não vi nem podia ter visto?" (Hartog, 2013a:203). A questão da correspondência da narrativa em relação aos acontecimentos narrados também é objeto de reflexão na obra de Ricoeur (1997b) ao mobilizar o neologismo "representância", no lugar de representação para nomear a relação entre passado e narrativa. Esse significante é criado justamente com o intuito de nomear o duplo estatuto de realidade (vivência) e ficção (imaginação, representação), que caracteriza a especificidade do objeto da pesquisa histórica. O conceito de representância permite, pois, a crítica a uma visão ingênua de realidade tanto mais necessária quando essa realidade traz consigo a noção de "passadidade": "A passadidade de uma observação no passado não é ela própria observável, mas memorável" (Ricoeur, 1997b:274).

Para esse autor, o historiador visita narrativamente o passado sob o "signo do análogo". O passado que se narra em cada presente é apropriado na lógica do "como se" deixando entrever a ambivalência que atravessa e institui a verdade histórica. O "como se" nomeia a forma de se relacionar com o passado que se situa a meio caminho da apreensão do passado sob "o signo do mesmo" e da apreensão do passado "sob o signo do outro", distanciando-se de posições binárias, dicotômicas e hierarquizadas. A primeira lógica mencionada tende a apagar a distância entre passado e presente, fundindo as duas temporalidades no presente do historiador. A segunda, parte do pressuposto inverso e reforça o distanciamento entre passado e presente. Por sua vez, visitar o passado "sob o signo do análogo" opera na tensão do mesmo e do outro, da continuidade e da mudança, da familiaridade e do estranhamento na busca permanente de sentido. Nas próprias palavras de Ricoeur (1997b:261): "O Análogo, precisamente, guarda consigo a força da reefetuação e do distanciamento, na medida em que 'ser-como' é 'ser' e 'não ser'."

Historiadores que se inscrevem na abordagem pós-fundacional, como Mark Bevir, radicalizam essa questão. Nessa abordagem, a reflexão ou preocupação dos historiadores sobre a relação entre "presente" e "passado", "narrativa" e "fato" não deveria ser nem mesmo um desafio teórico a ser enfrentado, como argumenta esse autor em seu texto "Porque a distância histórica não é um problema" (Bevir, 2015). Para esse autor, questões do tipo: "Como os historiadores podem evitar o anacronismo e desenvolver representações precisas do passado?" ou "Como os historiadores deveriam conceber suas escritas, dada a inelutável distância entre fatos e narrativas?" (Bevir, 2015:11) – que traduzem, respectivamente, as preocupações teóricas de historiadores modernos e pós-modernos –, embora indiquem posicionamentos diferenciados em relação ao enfrentamento do distanciamento entre passado e presente, operam ambas no registro do reconhecimento dessa distância. O que está em jogo nessa diferenciação é a forma de lidar com esse distanciamento. Como afirma Bevir (2015:17):

> Os pós-modernos diferem dos modernos não por sua compreensão da distância histórica, mas por sua resposta a ela. Os modernos tentaram superar a distância histórica apelando para métodos rigorosos para assegurar fatos e narrativas. Os pós-modernos festejaram a distância histórica, argumentando que ela é constituinte da escrita histórica enquanto uma forma de empenho literário, ao invés de se tratar de objetivar exclusivamente verdades factuais. Em sua visão, a escrita histórica era distinta dos escritos científicos factuais precisamente porque a distância histórica significava que os historiadores inevitavelmente utilizam recursos literários e modos estéticos de representações.

Em contraste, a inscrição na pauta fundacional permite afirmar que todos os fatos são carregados de teoria, pois nenhuma proposição poderia ser referenciada fora do contexto de uma ampla rede de crenças. O pós-fundacionismo, ao reconhecer que não existe experiência pura, que as experiências são necessariamente carregadas de teorias, categorias, tradições, discursos e linguagens precedentes, dissipa ambas as ideias pós-modernas e modernas sobre o distanciamento histórico.

A terceira linha argumentativa a favor da potência heurística da narrativa para o debate sobre a verdade histórica diz respeito a sua contribuição na compreensão do papel dos modos de subjetivação que são mobilizados nas tramas narradas. Narrar é uma categoria prática e política. Ela diz do *quem* narrador, de qual sistema de crenças esse narrador está inserido. É nessa perspectiva que emerge o conceito ricoeuriano de "identidade narrativa".

A hipótese que subjaz esse entendimento remete à leitura pós-fundacional. Assim, da mesma forma que a experiência histórica só pode ser conhecida pela narrativa, o sujeito que narra só se torna presença ao narrar-se. Desse modo, o processo de identificação está estrita e organicamente articulado tanto com a intriga narrada quanto com a perspectiva armada pelo narrador ao narrá-la. Essa forma de conceber os processos de identificação nos autoriza a reconhecer que os fios das tramas traçadas são seletivos e que, ao serem tecidos, eles se posicionam em relação a outras tramas, a outras identidades narrativas já existentes e muitas vezes concorrenciais. Ao reconhecer a importância do passado na construção da identidade, isto é, a nossa condição de ser afetado pelo passado, Ricoeur (1997b) pensa um passado que não é nem estático, único, homogêneo, nem totalmente imaginado.

Esses três argumentos aqui brevemente apresentados acerca da potência heurística da categoria ontológica "narrativa" contribuem para problematizar a interface narrativa/verdade a partir de outro lugar epistêmico. Destaco duas questões teóricas que se relacionam à busca da objetividade na produção do conhecimento histórico e seus efeitos no processo de ensino e aprendizagem: as tensões entre subjetividade e objetividade, razão e imaginação e a própria interpretação da interface objetividade/verdade.

Entendida como um discurso híbrido no quadro da hermenêutica ricoeuriana, a narrativa histórica opera simultaneamente com elementos tanto da história ciência como da história relato resultante do que esse autor nomeia de refiguração cruzada do tempo. Segundo esse autor, "a intencionalidade histórica só se efetua incorporando à sua intenção os recursos de ficcionalização que dependem do imaginário narrativo" (Ricoeur, 1997b:177). Mesmo admitindo que narrar é explicar, ele insiste, no entretanto, na especificidade da forma explicativa do conhecimento histórico que, ao incorporar a problematização e a crítica, distancia-se das tramas da narrativa de ficção. Esse autor deixa claro, portanto, que a procura de objetividade, por mais frágil e exposta a tantos questionamentos, por mais incompleta, é uma pretensão sempre presente no projeto de pesquisa histórica. O historiador não pode se permitir apenas contar uma história, ele se vê na obrigação de autenticar sua narrativa. Essa afirmação remete à questão da verdade/objetividade colocando em outros patamares a discussão acerca da cientificidade na história.

A reflexão sobre o processo de objetivação do conhecimento histórico a partir da abordagem pós-fundacional permite incorporar o significante razoabilidade ou verossimilhança no lugar do significante "verdade", desestabilizando o padrão hegemônico de objetividade histórica hegemonizado na modernidade. Desse modo, não se trata de estabelecer fatos verdadeiros a partir do entendimento de que "esses fatos derivam diretamente da experiência pura ou indiretamente por métodos rigorosos" (Bevir, 2015:18). Os fatos emergem e se fazem conhecer em meio às teorias, crenças que configuram narrativas compartilhadas e aceitas como verdadeiras por uma comunidade específica. Essa compreensão, no entanto, não significa a adoção de uma postura relativista e sim uma redefinição de objetividade "em termos da comparação entre as narrativas disponíveis" (Bevir, 2015:19). Para esse autor: "os historiadores não podem dizer que uma narrativa é comprovada ou falsificada pelos fatos, porém podem comparar as narrativas em termos de seu relativo sucesso em relacionar os fatos a outros entre si destacando suas similaridades, diferenças e conexões" (Bevir, 2015:19). A articulação entre objetividade e verdade histórica se mantém menos pela virtude da correspondência das narrativas a determinados fatos e mais por virtude de ser a melhor descrição disponível. Assim, "o conhecimento objetivo depende não de métodos e fatos, mas de um processo de comparação" (Bevir, 2015:21) que se inscreve em uma nova abordagem da teoria histórica – menos metodológica, menos literária e mais filosófica.

Trata-se, assim, de operar com um entendimento de verdade histórica que borra as fronteiras entre uma razão argumentativa e persuasiva, que não negligencia os regimes de historicidade e de verdade pactuado nas comunidades epistêmicas de nossa área (distinção entre memória e história, o trabalho crítico das fontes) sem que isso signifique a exclusão do debate das contribuições do campo da ética, da política e dos afetos.

Que verdade para qual ensino de história?

> [...] há algum tempo os "narratólogos", os filósofos e alguns historiadores que não têm vergonha de os lerem, nem de observar sua arte com distanciamento, nos convidam a esfregar os olhos e encarar a nossa definição: a narração está no princípio da história, é uma iniciativa constitutiva, não a prática de uma prestação de contas, é a contribuição de uma inteligibilidade, não a sua ausência [Moniot, 1993:72].

Concordando com Moniot (1993) que a narração "é a contribuição de uma inteligibilidade" mobilizada pela ciência histórica envolvendo temporalidades e processos de subjetivação/identificação, interessa-me, nesta seção, explorar os efeitos desse entendimento da interface narrativa/verdade histórica na produção do conhecimento escolar dessa área disciplinar. Em tempos de intensificação de circulação de narrativas plurais, muitas vezes discordantes, cujas tramas são tecidas em torno de um mesmo fato, qual o lugar da narrativa histórica que circula nas aulas de história da educação básica? O que diferencia a narrativa histórica escolar das demais narrativas que lhe são concorrenciais? Que efeitos têm sobre o enfrentamento da questão da verdade histórica em contextos de formação como a escola da educação básica? Esses questionamentos traduzem para o âmbito da cultura escolar as preocupações teórico-políticas explicitadas anteriormente e condensadas no título atribuído a este texto: Qual verdade para qual ensino de história em tempos de negacionismo?

A mesma postura epistêmica pós-fundacional mobilizada para explicitar um entendimento da articulação entre narrativa e verdade histórica orienta igualmente o posicionamento político-teórico para pensar essa mesma articulação quando reconfigurada na cultura escolar, em particular no processo de ensino e aprendizagem dessa disciplina. Caberia, assim, explicitar alguns fechamentos de sentido provisórios e contingencias de termos como "escola" e "conhecimento escolar" com os quais vimos operando no GECCEH.

Inspirada em estudos desenvolvidos por autores como Arendt (2015), Biesta (2017), Masschelein e Simons (2015), a escola é compreendida em nossas pesquisas como espaço/tempo onde o "mundo público" é apresentado às novas gerações por meio de relações com os saberes, entendida como uma relação estabelecida com o mundo, com o outro e consigo mesmo. A expressão "mundo público" nomeia, por sua vez, a multiplicidade de narrativas sedimentadas e/ou reativadas que configuram a herança que cada geração recebe. O papel da escola consistiria, assim, em manter viva essa herança, permitindo inscrever docentes e discentes em um dupla injunção contraditória como herdeiros fiéis e infiéis simultaneamente. Afinal, como afirma Derrida em entrevista concedida a Elisabeth Roudinesco em 2004,

> é preciso primeiro saber e saber *reafirmar* o que vem "antes de nós", e que portanto recebemos antes mesmo de escolhê-lo, e nos comportar, sob esse aspecto, como sujeito livre. Ora [...] é preciso fazer de tudo para se apropriar de um passado que sabemos no fundo ser inapropriável, quer se trate da memória filosófica, da precedência de

> uma língua, de uma cultura de uma filiação em geral. *Reafirmar*, o que significa isso? Não apenas aceitar essa herança, mas relançá-la de outra maneira e mantê-la viva. Não escolhê-la (pois o que caracteriza a herança é primeiramente que não é escolhida, sendo que é ela que nos escolhe violentamente) mas escolher preservá-la viva [Derrida e Roudinesco, 2004:12, grifo no original].

O conhecimento escolar produzido no entrecruzamento de saberes, sujeitos e territórios a partir de processos de seleção, reelaboração e distribuição inscritos nas lutas pela significação daquilo que é hegemonizado, legitimado e validado como objeto de ensino na educação básica, integra a herança-mundo público. Nesse entendimento, conhecimento escolar não se confunde com conteúdos disciplinares. Esse último é percebido como um elemento/momento da cadeia definidora do primeiro. Trabalho com a hipótese de que os conteúdos disciplinares podem ser compreendidos potencialmente como fluxos de cientificidade (Gabriel, 2017, 2018) que participam da cadeia definidora do conhecimento escolar abrindo possibilidades de pensar a questão da verdade nessa esfera específica de problematização dos saberes específica a partir de outras lentes teóricas.

No que diz respeito mais particularmente à disciplina de história, o que está em jogo é o ensino de narrativas selecionadas pela sua razoabilidade e, simultaneamente, pela sua representatividade da herança-mundo público recebida e a ser relançada. Trata-se aqui de explorar o que Ricoeur (1997b) chama de "razão prática", que permite perceber as implicações ética e política que estão em jogo entre o "campo de experiência" e o "horizonte de expectativa" (Koselleck, 1990) em cada presente. Entendendo que a tensão entre essas categorias é permanente e necessária, o professor de história torna-se também responsável pelo equacionamento dessa tensão, de forma a evitar um cisma que inviabilizaria a própria possibilidade da história. Como vimos defendendo (Gabriel e Monteiro, 2014), pensar o processo de reelaboração didática no âmbito da história como um processo de reelaboração da "estrutura narrativa" ou de reconfiguração narrativa desse conhecimento nos permite enfrentar alguns dos desafios anteriormente apontados, garantindo que, nesse processo, restemos no terreno comum da cientificidade e respeitemos as particularidades das esferas de problematização de conhecimentos envolvidas.

Nessa perspectiva o foco se centra menos na busca da certeza da veracidade das narrativas históricas ensinadas do que nos critérios selecionados que justificam sua escolha como objeto de aprendizagem na educação básica. Entre esses critérios, destaco sua inserção no campo da cientificidade e sua potencialidade em afetar os sujeitos em situação de aprendizagem. Esses dois critérios são suficientes para inscrever as pesquisas em ensino de história no entrecruzamento de debates teóricos atuais que atravessam as ciências sociais.

O primeiro critério exige uma imersão na discussão contemporânea sobre o próprio entendimento da articulação entre "realidade histórica", "objetividade", "verdade" e "ciência". A postura epistêmica assumida interfere diretamente tanto na compreensão e escolha do processo de objetivação da história como saber disciplinar legitimado quanto na justificativa da relevância dessa escolha. As narrativas históricas escolares selecionadas não podem deixar de lado, tampouco negar, a dimensão da cientificidade, o que não significa reduzir essa dimensão, como procurei argumentar anteriormente, à questão de aplicação de métodos rigorosos. O diálogo com as contribuições tanto da teoria quanto da filosofia da história me parece incontornável para a compreensão dos processos de produção e seleção do conhecimento histórico em meio às tramas de sua didatização em contexto escolar. Um dos efeitos do deslocamento do sentido de verdade histórica proporcionado pela incorporação das contribuições da abordagem pós-fundacional incide na compreensão do legado dessa área disciplinar que deve ser incorporado como elemento estruturante do "mundo público" a ser apresentado às novas gerações. No lugar de pensá-la como uma sequência de precursores em um modo análise que tende a retroceder indefinidamente na busca das origens, reconhecer que as condições de historicidade desse "mundo público" se dão em meio a dissensos e situações de conflito.

O segundo critério remete à discussão interna às áreas do conhecimento que abarcam o entendimento da relação que sujeitos envolvidos em processos de ensino e aprendizagem estabelecem com os saberes. Estudos do campo educacional que dialogam com as contribuições das perspectivas mais recentes da filosofia, da psicanálise na pauta pós-fundacional têm provocado reflexões instigantes sobre o próprio entendimento de "ensino" e "aprendizagem". De uma maneira geral, eles apontam para a importância da ampliação do campo da racionalidade como condição mesmo do ato de ensinar e de aprender. No que diz respeito ao ensino de história, o desafio consiste em levar em consideração, nas narrativas históricas selecionadas e refiguradas nas aulas de história, aquelas com potencial de afetamento dos sujeitos posicionados como estudantes, o que significa não apenas a incorporação de novos acontecimentos e personagens nas intrigas narradas mas, sobretudo, na desestabilização de matrizes temporais hegemônicas e no reconhecimento da possibilidade de múltiplos modos de subjetivação/identificação que são reativados nos processos de refiguração do conhecimento histórico. Não é por acaso que Albuquerque Júnior (2016:35) afirma que

> a capacidade de impregnação de subjetivação, de fazer efeito de uma aula está na razão direta de sua capacidade de seduzir, de encantar, de fascinar, de emocionar, de comocionar quem a presencia [...]. Uma aula deve alimentar a razão, mas também a imaginação, a emoção; deve convocar a memória, inclusive a afetiva, sobre um tempo.

Procurei sustentar que uma resposta possível à pergunta formulada no título deste texto implica a defesa de uma epistemologia social do conhecimento histórico escolar que, sem abandonar o domínio do verdadeiro, se pauta no entrecruzamento de racionalidades diversas que nos permitem operar com protocolos de objetividade e de verdade que se distanciam tanto de posições revisionistas e negacionistas de passados quanto das que se afirmam na pauta de uma história única, triunfante e excludente de outras narrativas e racionalidades possíveis. Para tal, em diálogo com as contribuições da abordagem pós-fundacional, aposto na potência da categoria analítica "narrativa histórica escolar" para pensar, de forma articulada, processos de objetivação e de subjetivação no campo do ensino de história.

Ciente de que o enfrentamento da provocação contida na pergunta formulada exige um investimento teórico mais denso, este texto pode ser lido como um alinhavo de pontuações que considerei importantes para serem exploradas com mais profundidade futuramente. Por ora, mais do que uma resposta consistente, seu mérito, talvez, seja o de ter trazido para o debate o próprio questionamento.

Referências

ALBUQUERQUE JÚNIOR, Durval Muniz. Regimes de historicidade: como se alimentar de narrativas temporais através do ensino de História? In: GABRIEL, Carmen Teresa, MONTEIRO, Ana Maria; MARTINS, Marcus Leonardo Bonfim (Org.). *Narrativas do Rio de Janeiro nas aulas de história*. Rio de Janeiro: Mauad, 2016, p 21-42.

ANKERSMIT, Frank *Historical representation*. Stanford: Stanford University Press, 2001.

ARENDT, Hannah. *Entre o passado e o futuro*. 5. ed. Trad. Mauro W. Barbosa. São Paulo: Perspectiva, 2005.

BEVIR, Mark. Porque a distância histórica não é um problema. *História da Historiografia*, Ouro Preto, Universidade Federal de Ouro Preto, n. 18, ago. 2015, p. 11-28.

BIESTA, Gert. *Para além da aprendizagem*: educação democrática para um futuro humano. Belo Horizonte: Autêntica, 2017.

CARR, David, A narrativa e o mundo real: um argumento a favor da continuidade. In: MALERBA, Jurandir (Org.). *História e narrativa*: a ciência e a arte da escrita histórca. Petrópolis: Vozes, 2016, p. 229-248.

CERTEAU, Michel. *A invenção do cotidiano*. Petrópolis: Vozes, 1998 (v. 1: Artes de fazer).

DERRIDA, Jacques; ROUDINESCO, Elisabeth. *De que amanhã*: diálogo. Trad. de André Telles. Rio de Janeiro: Jorge Zahar, 2004.

DUNKER, Christian. Subjetividade em tempo de pós-verdade. In: DUNKER, Christian.et al. *Ética e pós-verdade*. Porto Alegre: Dublinense, 2017, p.11-41.

GABRIEL, Carmen Teresa. Conteúdo-rastro: um lance no jogo da linguagem do campo curricular. *Currículo sem Fronteiras*, v. 17, 2017, p. 515-539.

_____. Sentidos de público e comum nas políticas curriculares: que efeitos na definição de conhecimento escolar? *Educação e Filosofia (online)*, v. 32, 2018, p. 1-21.

_____; COSTA, W. da. Currículo de história, políticas de diferença e hegemonia: diálogos possíveis. *Educação e Realidade*, Porto Alegre, v. 36, n. 1, jan./abr. 2011, p. 127- 146.

_____; MONTEIRO, Ana Maria. Currículo de história e narrativa: desafios epistemológicos e apostas políticas. In: MONTEIRO, Ana Maria et al. (Org.). *Pesquisa em ensino de história*: entre desafios epistemológicos e apostas políticas. Rio de Janeiro: Mauad, v. 1, 2014, p. 23-40.

HALL, Stuart. Quem precisa de identidade? In: SILVA, T. T. (Org.). *Identidade e diferença*: a perspectiva dos estudos culturais. Petrópolis: Vozes, 2000.

HARTOG, François. *Evidência da história*: o que os historiadores veem. Belo-Horizonte: Autêntica, 2013a.

HARTOG, François. *Regimes de historicidade*: presentismo e experiências do tempo. Belo Horizonte: Autêntica, 2013b.

KOSELLECK, Reinhart. *Le Futur passé*: contribuition à la semantique des temps historiques. Paris: Ed. de L'École des Hautes Études en Sciences Sociales, 1990.

LACLAU, Ernesto; MOUFFE, Chantal. *Hegemonía y estratégia socialista*: hacia una radicalización de la democracia. Buenos Aires: Fondo de Cultura Económica de Argentina, 2004.

MARCHART, Olivier *El pensamiento político posfundacional*: la diferencia política en Nancy, Lefort, Badiou y Laclau. Buenos Aires: Fondo de Cultura Económica, 2009.

MARQUES, Marcelo de Souza. Status ontológico da teoria do discurso (TD) em Laclau e Mouffe: diálogos, perspectivas teóricas e conceitos básicos. *Dados*, v. 63, n. 2, 2020.

MASSCHELEIN, Jean; SIMONS, Maarten. *Em defesa da escola*: uma questão pública. Belo Horizonte: Autêntica, 2015.

MONIOT, Henry. *La Dictatique de l'histoire*. Paris: Nathan, 1993.

RANCIÈRE, Jacques *Os nomes da história*: ensaio de poética do saber. Trad. Mariana Echalar. São Paulo: Ed. Unesp, 2014.

RICOEUR, Paul. *Tempo e narrativa*. Campinas: Papirus, v. 1, 1997a.

_____. *Tempo e narrativa*. Campinas: Papirus, v. 3, 1997b.

3. A falta que o passado faz: uma poética do ensino de história

Nilton Mullet Pereira

Prólogo

Quem sabe a aula de história é dessas coisas como a poesia? Um inutensílio, do modo como pensava Paulo Leminski. Um inutensílio absolutamente indispensável para a vida. Razão pela qual sempre nos colocamos quase num beco sem saída, quando queremos responder àquela pergunta incômoda e utilitária, uma pergunta do lucro e da mercadoria (Kopenawa, 2015): "Para que serve a história?" Ora, para tal pergunta, penso elaborar uma simples resposta: para entendermos a multiplicidade (Deleuze, 2012) e, mais, diria, a história é como a poesia, nos descola do mundo pequeno, egocêntrico e narcísico, do mesmo e do semelhante, do eu e do outro, que, via de regra, nos passam os dias, para enfrentar o tempo como multiplicidade. Para isso, estudamos/aprendemos história, não por servir, mas, para nos permitir ousar experimentar novos encontros, novas combinações que nos alegrem e expandam nossa potência de ser e de existir no mundo (Spinoza, 2007). Entretanto, parece que o tempo presente e os negacionismos que temos de combater, agora com maior ênfase, querem nos engolir pela lógica da utilidade. Contudo, resistimos; afinal, "a vida não é útil, a vida é uma dança", uma dança cósmica, como diz Krenak (2020).

Este texto quer problematizar o negacionismo e todos os negacionistas, quer mais, quer combatê-los e mostrar que sua existência é tirânica, pois negacionismos e negacionistas querem impedir as existências alheias; logo, limitam o que é ilimitado, ou seja, as infinitas composições que podemos fazer para criar futuros e interpretar o passado. Passado e futuro estão, portanto, em jogo; estamos perdendo o tempo, sua multiplicidade, e, portanto, a possibilidade de inventar o passado e de criar possibilidades de futuros. Essa tentativa de negar o passado, seja pela perversão das fontes e documentos, seja pelo autoritarismo da fixação do sentido, pode ser exemplificada pelo caso conhecido de negacionismo de David Irving, que chegou a processar a historiadora Deborah Lipstadt (2017) por ter mostrado como ele chegou a negar o holocausto.

Nos perguntamos hoje qual a diferença que a história faz na vida das pessoas? Ora, neste mundo em que vivemos, contar histórias, essa é a diferença. Contar poesias que expressam experiências de vidas estranhas às nossas, quem sabe, semelhantes, ou às nossas e dos nossos próprios pertencimentos. Aulas de história mostram a infinidade dos modos como a natureza se desdobra, se diferencia e se expressa. Aulas de história mostram a infinidade das composições que os seres do mundo fazem. E isso é que amplia nossa potência de agir. Logo, ela é tão um inutensílio inexplicável, quanto indispensável à própria vida. Uma vez que as histórias que contamos dizem que só o que há é a multiplicidade. Sem moral, sem hierarquia, sem julgamento.

Essa ideia de separar ciência (útil) e arte/poesia/humanidades (inúteis) decorre de um pensamento que coisificou e fetichizou todas as coisas, todos os modos de vida. Então, esse homem, que sempre chamamos de "nós", do qual fizemos uma história organizada, sistematizada, lógica, contínua e linear – sempre branca e masculina – tornou tudo mercadoria ao seu redor, se distanciou dessas mercadorias (que eram tanto florestas quanto pessoas) e, com esse distanciamento, criou um passado histórico, uma narrativa que ela mesma objetificou o passado, desligando-se dele, fazendo dele objeto de uma ciência apartada da poesia e também, da imaginação, já dizia Hayden White (2018).

Dissemos que a história sempre tinha uma utilidade, sempre fora fonte de lucro para alguém e esquecemos do quanto ela poderia ser uma fonte inesgotável de experiências de vida, sem que expressasse qualquer utilidade senão aquela de ampliar a nossa subjetividade com mais histórias para "adiar o fim do mundo" (Krenak, 2019). Tudo se passa como se contar "histórias para adiar o fim do mundo" consistisse em algo como reconhecer a infinidade das vozes do mundo, e isso é o que precisamos para repensar a própria ideia de humanidade, com a qual nos acostumamos.

Enfim, diante de um presente terrificante, que tem condicionado e limitado nosso acesso ao passado, questionando o que pode a história e validando opiniões negacionistas, professores(as) de história e pesquisadoras do campo do ensino são interrogados a pensar como, em uma sala de aula, se pode, de um lado, combater o negacionismo, mas, de outro lado (1) afirmar o pluralismo historiográfico

(Ávila, 2021); (2) afirmar a vida como abertura absoluta (*amor fati*) (Nietzsche, 2001); *Amor intelectual de Deus* (Spinoza, 2007); (3) reconstituir o direito dos jovens ao passado e ao futuro; (4) reafirmar a diferença; (5) reafirmar a poética e a imaginação do discurso histórico (White, 2018); (6) ensinar e aprender sobre as relações entre os seres do mundo, considerando o caráter necessário e afirmativo da vida e da existência. Por fim, contar muitas histórias, quantas mais forem possíveis, no espaço/tempo da sala de aula. Histórias para adiar o fim do mundo. Denunciar o sofrimento e apresentar as histórias de afirmação, de generosidade e de contentamento.

Este texto é recortado em três partes. Na primeira, procuro problematizar o tempo presente, sendo o negacionismo histórico sua faceta a ser interrogada; na segunda, problematizo o ensino de história, procurando recompor o ensino e a aprendizagem sobre o passado, na escola básica, como um contínuo questionamento da história disciplinada (Ávila, Nicolazzi e Turin, 2019) e das práticas historiográficas eurocêntricas. Na terceira parte, consideramos a aula caos como uma espécie de reconquista do direito ao passado e ao futuro. A ideia é selar um compromisso ético que envolve o ensino de história com a afirmação da vida e da existência, ao mesmo tempo que combate tenazmente negacionismos, racismos e exploração capitalista.

Parte 1 – Tempo presente e negacionismo histórico – sobre a banalidade

A crítica ao modelo de narrativa histórica eurocêntrico não é nova. Desde, quem sabe, o movimento chamado de "Virada Linguística" (Jenkins, 2004), o campo do fazer historiográfico tem olhado para si mesmo e problematizado a narrativa que cristalizou a ideia de uma história dos outros e uma história do eu e tem questionado a eficácia da história para conhecer e ensinar as histórias de povos não europeus. Mas, no Brasil, foram os movimentos sociais negros, os movimentos feministas, as lutas dos povos indígenas, as lutas identitárias que exigiram fortemente a redefinição temática, os agentes representados nas narrativas e a própria narrativa histórica, causando um verdadeiro rebuliço no pensamento histórico e no ensino de história. Em 2019, o samba-enredo da Mangueira, "Histórias para ninar gente grande", rompeu com as hipocrisias da teoria e escancarou, na avenida, a vitalidade de contar "histórias que a história não conta". Portanto, temos um paradoxo que nos envolve e que nos diz que, ao mesmo tempo, precisamos problematizar a história disciplinar acadêmica, campo de pesquisa, bem como o ensino de história e combater os negacionismos, que, sob o pretexto pouco refinado da liberdade de opinião, se arrogam o direito de informar sobre o passado, desqualificando a narrativa histórica, em geral, como ideológica. Pois bem, parece que vivemos sob a senda deste paradoxo: do enfado e da necessidade de história (Pereira, 2019).

Por um lado, estamos a elaborar a crítica em relação às narrativas que criamos e que ensinamos, problematizamos os currículos e questionamos até mesmo o próprio discurso histórico e seu caráter eurocêntrico. Desse modo, estamos prestes a aceitar que o tempo é multiplicidade, que ele não se reduz aos marcadores que nos acostumamos, por força da historiografia moderna e da própria colonização, a utilizar para dominar o passado e torná-lo narrativa inteligível e curricularizável. Estamos prestes, portanto, a abandonar, sem muita dificuldade, esse tempo colonizado legado pelo eurocentrismo. Além do mais, pretendemos romper a barreira das linhas de sucessão para experimentar a multiplicidade, os cruzamentos, os labirintos e os rizomas que caracterizam as experiências temporais, hoje. Trata-se de um movimento que nos fez tremer e hesitar diante do que escrevemos e do que ensinamos, das histórias que contamos. Tal hesitação tem nos feito abandonar as marcas da temporalidade eurocentrada para deixar-nos abater pela infinidade do tempo, pelas temporalidades plurais de povos e de grupos diversos. É uma espécie de problematização vital do currículo de história. Ao invés do limite da narrativa harmônica e ordenada, o ilimitado das experiências vitais.

Mas, por outro lado, assistimos atônitos e quase imóveis ao avanço, quase inexorável, de forças conservadoras que se abatem, como uma avalanche, sobre o que fazemos, o que pensamos e, sobretudo, essa nascente problematização do tempo, nos fazendo retroceder quase à ideia de uma história única. O avanço implacável dos negacionismos históricos, estudados por Ávila (2021) na particularidade do "movimento" Brasil Paralelo, também questionado por Nicolazzi (2021), tem obliterado os avanços que movimentos sociais e identitários têm alcançado e se põem a negar passados sensíveis, como a escravização e a ditadura civil-militar. Querem reduzir os currículos, novamente, à lista, ao predomínio do branco, do homem e, principalmente, da moral. Uma moral que parece vencer, momentaneamente, a ética, para que o mundo das moralizações continue a fazer suas vítimas: as vítimas da beleza, do belo, do bom, do certo, do magro, do hétero, do homem, do burguês, do branco.

Como a aula de história poderia enfrentar, ao mesmo tempo, os desafios de repensar a própria história em seus dilemas filosóficos e epistemológicos e esse avanço da "história única", que traz consigo o negacionismo e a forma mais cruel e ultrapassada de eurocentrismo?

Reagir ao negacionismo não implica voltar atrás e aceitar tacitamente a narrativa histórica moderna e eurocentrada. Nas palavras de Ávila (2021:164):

> Uma das saídas, para além de uma injustificável omissão, é retrocedermos a posições igualmente absolutistas sobre o conhecimento histórico e/ou a importância da historiografia disciplinada, espelhando o discurso e as práticas dos negacionistas e dos seus sequazes. Neste caso, simplesmente replicaríamos seu desprezo pelo pluralismo e agiríamos como inquisidores obcecados com uma identidade disciplinar que não admite ser questionada [LaCapra, 2004:1-34].

Nossa saída me parece ser, portanto, reafirmar a pluralidade, na contramão dos movimentos negacionistas que arrogam uma história única e que retornam ao sonho autoritário e tirânico de uma história supostamente imparcial.

Entretanto, o ensino de história e a própria história já acumularam lutas e enfrentamentos expressos nas conquistas de visibilidade e de existências. Além do mais, os currículos, independentemente dos limites traçados pelas BNCCs da vida, têm se tornado refúgio de escuta e de expressão da hesitação e da vida: hesitação diante daquela história moderna que abandonou os corpos e as existências não europeias; vida, porque os currículos têm se tornado aberturas infinitas para outros mundos e para a imaginação.

O pensamento latino-americano da decolonialidade, que realiza a crítica à colonialidade; a aprendizagem com pensadores como Frans Fanon (2008) ou Silvio Almeida (2018), nos têm feito pensar criticamente um racismo que é estrutural, problematizar a ideia de um mundo dividido entre corpos sensíveis e passionais e almas reacionais e frias. Pensadoras feministas como Lugones (2014) têm problematizado o lugar da história na produção e reprodução do machismo e do racismo. Movimentos sociais e suas lideranças, negros, negras e indígenas, têm colocado em xeque os currículos eurocentrados com os quais temos ensinado história, desde uma perspectiva única, nos fazendo pensar em salas de aula que se deixam afetar pela pluralidade de metafísicas, cosmologias, modos de ver o mundo que, até bem pouco tempo, éramos incapazes de narrar e, principalmente, de aprender. Os movimentos feministas e LGBTQIA+ problematizam as narrativas históricas masculinas e machistas, cavando buracos no solo duro do que se diz e do que se ensina. Os estudos críticos da branquitude nos têm feito pensar decisivamente na relação EU – OUTRO e no modo como cada um de nós sustenta uma porção de privilégios herdados do fenótipo que nos constitui. Mas não é só isso. A tentativa de aprendizagem e de inserção na aula de história das cosmologias, das epistemologias ou metafísicas dos povos indígenas e africanos; das religiosidades de matriz africana, antes esquecidas e silenciadas pelos currículos, tem aberto não apenas o passado e o presente, mas também o futuro, uma vez que a aprendizagem de professores(as), jovens e crianças com tais temáticas permite ampliar o que se entende por futuro.

A aula e o ensino de história vivem nesse paradoxo, de um enfado com a história moderna e eurocêntrica e seus currículos correlatos e com uma resistência vital aos negacionismos e à reação à perda de privilégios, nos demonstrando a necessidade de história nos currículos.

A resistência é afirmar a multiplicidade, as diferentes formas de narrar e de experienciar o passado. Pensar a aula de história e sua poética implica reconhecer-se na teia do presente, lutando contra ela. Mas implica também uma escuta absoluta, dessas vozes todas, dessas metafísicas todas e aprender com elas.

Vivemos esse paradoxo sob a égide de um dispositivo de banalidade (Pacievith e Pereira, 2021) do qual o negacionismo se nutre e se expande. Tudo se passa como se os tempos em que vivemos, nesta terceira década do século XXI, mas também antes, tivesse tornado a banalidade elemento que regula os modos de falar, de se expressar e, por fim, de se manifestar politicamente ou em qualquer outro aspecto da vida. O banal é o correlato significante da opinião, seu significado e sua verdade. Jorge Larrosa Bondía (2002) já alertava no início dos anos 2000, que parecia vivermos num tempo onde ter experiência era raro, mergulhados num excesso de informações, tendo a exigência de dar respostas ou opiniões para tudo. Ora, o mundo das redes sociais tem reforçado fortemente essa impressão de Bondía, mas tem um ingrediente novo acrescido à raridade da experiência e à exigência da opinião, qual seja, a valoração excessiva do que é banal, num contraponto perigoso ao que é complexo. A complexidade da realidade parece não ter mais qualquer importância, uma vez que ela precisa ser descrita e avaliada em *posts* de uma frase ou 280 caracteres. Eis que, como desdobramento quase lógico desse dispositivo, o negacionismo histórico avança sem parar, como uma onda que explica tudo rapidamente, através de opiniões que se colocam no lugar da verdade histórica produzida a duras penas pela pesquisa.

O dispositivo de banalização produz saberes que se tornam cristalizados e que estabelecem um vivo, pulsante e falso paradoxo ao qual somos submetidos: a opinião se converte em um direito diante de quaisquer outras formas de conhecimento sob o argumento da liberdade de expressão. Ao mesmo tempo, num passe de mágica, essa mesma opinião que se insere no campo aberto e plural da liberdade de expressão se transforma em verdade, consenso, senso comum, obviedade e, portanto, irreparável e livre de oposição ou crítica.

O negacionismo encontra, portanto, um solo fértil para tentar desqualificar o conhecimento histórico e para fazer reaparecerem noções que foram causadoras de sofrimento e de tristeza: a negação da tortura sob a ditadura civil-militar, a negação da própria ditadura, a minimização dos efeitos desastrosos da escravização. Tudo se passa como se ao negar o passado, o negacionismo nos colocasse diante de um presente sem futuro. Portanto, pesquisadores(as) e professores(as) de história parecem ter um confronto iminente: "que tipo de futuro podemos erigir se o basearmos na trivialização da tortura, no aplauso ao arbítrio, na normalização do terror de Estado e na consignação de uma multidão ao *status* de não cidadãos, cujos sofrimentos e esperanças não têm valor?" (Ávila, 2021:177).

A arma do ensino e da aula de história contra esse avanço do negacionismo é a criação. Entretanto, este tempo que, como argumentamos anteriormente, é um tempo de enfado e de necessidade de história, um tempo de um dispositivo de banalidade, é também um tempo do presente acelerado e do eterno presente. E, neste tempo acelerado, como diz Turin (2017:70), "o presente é vivenciado como um movimento frenético", impossibilitando a criação e ação das pessoas, que apenas reagem. Nesse tempo acelerado o futuro é "imprevisível, impossível de ser vivenciado enquanto projeto". É como se nos escapassem essas duas dimensões do tempo: o passado e o futuro. Como estamos mergulhados num mundo que nos exige resposta a todo momento, parece que não temos tempo de "parar para pensar". Quem sabe essa necessidade de reagir, reagir e reagir não nos impeça o sonho, a loucura, a quebra da percepção, o próprio diletantismo com o passado, com a vida, com a arte ou a história como poética do tempo?

Essa aceleração temporal parece ter abolido o passado (reserva virtual de experiências) e o futuro (elemento ético que nos permite supor que tudo não precisa continuar como está). Mas professoras e pesquisadores que reconhecem na sala de aula um lugar de refúgio para o pensamento, compreendem que passado e futuro são indestrutíveis, não se esgotam pela vontade expressa em um dispositivo ou em qualquer opinião comum. As forças que tornam o passado reserva de experiências e o futuro uma ética que nos dá direito à imaginação são a resistência que se debate contra todos os poderes diagramáticos desse modelo que agora parece predominar: banalidade/opinião/negacionismo. Portanto, ainda que os poderes envolvam e escondam suas rachaduras, a vida – o nome da resistência – abre fendas para continuar a fluir. A aula de história é a expressão dessa fruição, abertura por onde passam infinitas histórias, modos de vida, cosmologias, epistemologias, composições.

Parte 2 – O descompasso que faz a vida fluir e fruir

O descompasso a que me refiro consiste em pensar a aula de história como uma borda, um refúgio, por onde transitam forças de resistência aos poderes que diagramatizam a vida e que diminuem as possibilidades de existir em um mundo de modelos, definições e limitações da existência. É como se em um mundo cheio de instituições, moralizações, BNCCs, Novo Ensino Médio, matrizes curriculares, dispositivos de banalidade, opinionismos e negacionismos, a aula de história tomasse o partido da energia vital criadora, procurando, sem cessar, linhas de fuga, falhas, buracos por onde continuar o movimento, ainda que subterrâneo, para produzir as rachaduras nas palavras e fissuras (Deleuze, 1988) nas coisas, a fim de pensar, levar a pensar e poder, portanto, problematizar o que somos, no que nos tornamos. Para deixar fluir a vida, todas as existências e todos os modos de vida.

Esse descompasso tem um caráter político. O político diz respeito a uma insistência. Uma persistência. Mas, sobretudo, uma insistência. Tudo se passa como se as leis, os regramentos, o Estado como estrutura molar e institutiva, encontrasse, para se efetivar, resistências que emergem da vida. A vida que escorre na sala de aula resiste aos poderes instituídos: às BNCCs, aos regramentos estranhos ao fluxo intensivo da sala de aula. A vida pulsa contra os poderes. A vida escorre pelas brechas. A vida é o nome da resistência.

Esse elemento político torna a aula de história um lugar refúgio, uma floresta margem, de onde forças apontam impiedosamente contra a estabilidade das leis e das normas morais. Essas forças que não se deixam estabilizar são a razão do descompasso. É na sala de aula que professoras, estudantes, encontros, narrativas, eventos surpreendentes, acontecimentos locais, histórias de corpos, comunidades, movimentos sociais, aparição, acolhimento e escuta aos modos de expressão da vida, que a resistência se dá. Você pode até me chamar de romântico, reconheço que sou, mas quero enaltecer o que acontece na sala de aula, ao invés de continuamente criticar; mostrar que faço o novo, que pesquiso e vejo resultados diferentes do que ocorre lá. Tenho andado bastante fatigado de dizer: "A sala de aula de história ainda usa uma narrativa linear, ainda faz isto ou aquilo, está em descompasso com a historiografia, os professores precisam de formações etc...".

Uma sala de aula de história é lugar por onde desfilam as diferenças e os seres do mundo. Lá sim, o instituído parece ter vida frágil e desvanecente, ela acolhe um estudo sobre feminismos, sobre a história dos movimentos LGBTQIA+, pulsa contra o racismo; suspende a fastidiosa revolução inglesa e reina soberana com a revolução haitiana; suspende as capitanias hereditárias e provoca o debate tenso sobre a terra Yanomami, sobre os cantos vissungos e muito mais; esquece o feudalismo da Europa central e deixa desfilarem as Heloisas, Cristines, Joanas; faz uma história da branquitude, racializa o branco (Cardoso, 2010).

Este elemento político mostra que essa resistência tem um desinteresse e uma desatenção à lei, ao regramento, à BNCC e, sobretudo, ao negacionismo. Mas essa desatenção não é para não ler, não estudar, não saber e, principalmente, não combater o negacionismo, mas é para proteger aquela aula refúgio, aquelas forças que se lançam e nos fazem repetir a diferença e criar novos mundos. Pois é reafirmando continuamente a multiplicidade do mundo, a pluralidade da historiografia, o passado como abertura à interpretação que vamos combater a negação da história, a negação da existência.

Os novos mundos brotam dos encontros alegres e expansivos que ocorrem na sala de aula. Aqueles dos quais sentimos, hoje, tanta falta. Aqueles quase suprimidos do presente terrificante da opinião e da negação, da banalidade e da instituição.

Esse descompasso de que estamos falando funciona como uma espécie de defesa das forças que compõem a sala de aula de história, procurando, ao "protegê-la" do banal e da falta de passado e de futuro, fazê-la capaz e potente para enfrentar o mundo pobre e fixo da tríade banalidade/opinião/negacionismo.

Esse descompasso tem também um caráter estético. Tudo se passa como se a sala de aula se apresentasse ao mundo num profundo paradoxo: ela nunca deixa de ser um contato como o mundo, com o presente, com o terrificante presente que está a nos assustar. Ela está no presente – esse que parece eterno, impassível, redobrado, lugar da banalidade, nos mantendo sempre em vigília e nos impedindo de sonhar, às vezes, quase sempre. Pois bem, ela (a aula de história) está no presente. Já disseram que ela seria um microcosmos da sociedade. Ela é sim e está sim. Mas ela, ao mesmo tempo, não é. Está e não está nesse mundo/tempo/presente. Sua desatenção revela outra relação com o tempo. Se esse tempo em que vivemos parece, como diz o Turin, diminuir as potências do sonho, do sonho com futuros diferentes, esse presente que nos impediu o próprio futuro como expectativa, como utopia ou como diferença, pois parece estar o futuro já antecipado no próprio presente, a aula de história nas escolas, no Brasil, recompõe, artisticamente, poeticamente, nosso encontro com o tempo puro (Bergson, 2010). Com o tempo em si. Com as forças selvagens e não catalogadas que forçam a estabilidade do presente do tempo, da banalidade/opinião/negacionismo.

Enquanto o mundo ferve em manifestações que defendem um partido político aos nazistas, com pessoas numa luta absurda contra as vacinas, com o negacionismo que pretende fazer desaparecer a história como narrativa adequada e verdadeira sobre o passado, a sala de aula de história encontra Patrícias, Josés, Alissons, Guajuviras,[1] Vilas Diques e seus processos de remoção,[2] o samba-enredo da Mangueira[3] e pensa cada corpo que ali sofre e sorri de uma só vez, forçando com desatenção as paredes duras desse eterno presente.

É aí que a aula de história não se submete ao presente do qual, paradoxalmente, ela parece ser resultado. E se mostra sempre e jamais como um mero resultado. Ela se faz como força criadora que nos coloca diante da infinidade do tempo,

---

1 Guajuviras é um bairro da cidade de Canoas (RS), que possui uma longa história de lutas pela moradia. O bairro foi objeto de estudo da dissertação do ProfHistória, defendida no ano de 2022 (Güntzel, 2022).

2 A Vila Dique, situada em Porto Alegre, foi objeto de processos de remoção devido a obras relativas à Copa do Mundo de 2014. A professora Carmem Gil (2018) e outros colegas realizam um longo trabalho sobre as memórias da comunidade.

3 Samba-enredo da Mangueira do ano de 2019: Histórias para Ninar Gente Grande.

uma espécie de passado, presente e futuro de uma só vez, sem linhas, sem determinações, apenas a pura possibilidade de criar mundos e formas de respirar: no afeto concedido, numa autoestima recuperada, num almoço servido, numa história contada que possibilita um reconhecimento de si, um pertencimento e, ao mesmo tempo, uma experiência estranha. Nunca a sala de aula fez tanta falta e poucas vezes ela foi tão atacada por forças negacionistas. O caráter estético da sala de aula oferece histórias e mundos, porque se abre ao tempo e à sua eterna potência de existir, criar, resistir.

Esse descompasso tem, por último, um caráter ético. Uma moral diz respeito ao conjunto de normas que nos informam sobre como viver nossa vida. A moral funciona como uma exterioridade que se abate sobre a vida, na tentativa de frear seu movimento, de determinar limites para as danças dos nossos corpos. E para fazer isso se vale de modelos. Modelos para agir, modelos para se comportar, modelos para narrar.

A aula de história se abre, eu creio, não para a moral, mas para uma ética. No sentido em que os estoicos a pensavam (Bréhier, 2012). Uma ética que conduz a um olhar sobre si mesmo e faz produzir perguntas: "Como me tornei no que me tornei hoje? Por que penso do modo como penso hoje? Como posso criar brechas para fazer escorrer a vida frente às normas morais e às leis, frente à norma que me diz que sou incapaz e a lei que determina que devo ensinar as causas da invenção das cidades-Estado gregas? Frente a norma que cria uma relação hierarquizada entre eu e outros seres do mundo e frente à lei que determina um currículo eurocêntrico?"

A aula de história nunca se curvou à lei (moral ou jurídica), exceto quando essa lei fora cavada, criada, produzida como efeito da luta dos corpos, dos negros, das negras, dos povos indígenas, quando essa lei fora a imposição da vida, a vida dizendo: deixe-me passar, fluir, existir. Portanto, não se trata de ser um espaço "fora da lei", como se estivesse a cometer crimes. Ao contrário, é um lugar onde se problematizam as leis e se propõe a necessidade de outras. Como a alimentar eticamente o descompasso entre um tempo presente fundado na tríade banalidade/opinião/negacionismo e "um lugar para pensar". Tudo se passa como se a aula de história fosse uma teia, um contexto antropofágico, que trai a si mesma e os limites impostos pelas temporalidades dominantes. Ao fazer isso, ela desencadeia o elemento ético principal: como me tornei isso que estou sendo hoje? O que posso fazer para problematizar isso que sou?

Nesse sentido, a aula de história é uma floresta margem, aula caos, aula refúgio, aula onde a passagem de histórias de infinitos seres do mundo possibilita aos corpos pensarem sobre si mesmos, sobre os limites que compõem seu presente do tempo e sobre as criações que poderão lhes constituir como seres capazes de relações não hierárquicas e generosas (Spinoza, 2007) com outros seres.

Tudo se passa como se uma ética na aula de história soasse como uma dança que se dança consigo mesmo, no encontro com os seres, sem os julgar, sem lhes impor modelos, apenas criando mais vida. Sem impedimento à existência, logo sem negacionismos, racismos e toda sorte dos que pretendem sempre frear as possibilidades do existir.

Uma ética desdenha da BNCC, mas nos leva a conhecê-la (nós, professores e estudantes), criticá-la, achar suas brechas, mas parece que o desdém serve como uma traição, uma traição à moral e à lei. Pelas costas da BNCC, criamos currículos (não ocultos, mas sorrateiros e subterrâneos) que têm feito o mundo menos eurocêntrico do que já foi, menos colonizado, menos submetido ao império da moral.

Se a aula de história deixa ver esse presente terrificante, com negacionismos, racismos, feminicídios e todas essas mazelas que consomem nossos dias, ela enxerga muito mais; também vê o brotar sem cessar das diferenças: de homens trans acessando a sala de aula sem o olhar insuspeito e zombeteiro; de pessoas negras em lugares de destaque nos textos que entregamos aos estudantes; de respeito às religiosidades de matriz africana; de novas relações entre os sexos, que resistem ao controle do que cada um pode fazer com seu próprio corpo; das relações de ajuda mútua construídas pelos operários brasileiros no início do século XX; das fissuras produzidas por mulheres trovadoras na Idade Média europeia; das aprendizagens possibilitadas pela voz do xamã Yanomami, Davi Kopenawa; das Candaces rainhas guerreiras do reino de Meroé.

Parte 3 – Sobre o lugar da história no abrigo de uma aula caos

A prática historiográfica é, de certo modo, uma maneira de escrever sobre os outros e, também, sobre um sistema ou um mundo que estruturalmente nos faz efeitos e, ao mesmo tempo, agentes de suas engrenagens, seus estratos e de seus diagramas. A narrativa histórica sempre fora um tanto estranha aos arroubos do coração ou às "aventuras individuais". Decerto que estou falando de uma narrativa histórica hegemônica, pois há uma série de experiências de escrita e de pensamento no campo da historiografia e da aula de história que já se desprenderam dessa servidão às formas totalizantes, generalizantes e eurocêntricas de narrar.

Ainda que tenhamos ótimos trabalhos, pesquisas e teorizações sobre biografias, emoções e, principalmente, abertura ao diálogo com outras formas de relações com o passado, a história, sobretudo aquela ensinada na escola, precisa ainda avançar sobre o ensino para as relações entre os seres do mundo. Penso, desse modo, que o ensino de história, ao criticar profundamente o negacionismo, tem, ao mesmo tempo, um envolvimento ético e estético com a construção de relações entre os seres do mundo, produtivas, afirmativas e alegres. Ou seja, de pouco adianta criar "retratos" do presente e fazer-se resistência, pois que, o lugar de refúgio para o pensamento se constitui sim dessa crítica, mas também de aprendizagem para as relações não apenas entre as pessoas, mas com todos os seres do mundo. E aprender sobre relações implica um olhar profundo sobre si mesmo, a ponto de uma crítica que vai do presente, palco do negacionismo, até o não lugar do pensamento, da criação e da aprendizagem com as existências alheias.

Portanto, a pergunta que me parece se tornar essencial, hoje, é: como a aprendizagem, através da narrativa histórica, pode permitir um olhar para si mesmo? Uma relação agonística consigo? Ora, falo das aprendizagens sobre um sistema que regula nossas relações, o capitalismo, ou de aprendizagens sobre nosso próprio mundo, nossas referências e pertencimentos, mas, também e, quem sabe, sobretudo, de aprendizagens sobre outras histórias (Krenak, 2019) e outras experiências dos seres, no tempo.

Ou seja, como estudar a história do capitalismo e/ou as histórias de mundos e de povos, pode permitir que as gentes possam olhar para si mesmas e pensar sobre suas relações com os seres do mundo?

A escrita da história e seu ensino funciona como uma espécie de conquista do passado, um corte no caos, isto é, na infinidade do passado, que limita tanto as porções de experiências anteriores dignas de serem narradas quanto o modo como estabelecemos relações com esse passado e, assim, criamos narrativas.

Nesse sentido, pode-se supor que as escolhas que fizemos desde nossa pesquisa e a partir de nossa aula, até bem pouco tempo, privilegiaram tanto experiências dos povos europeus e suas conquistas quanto o modo de se relacionar com o passado eurocêntrico e moderno. Decerto que tal situação não apenas justificou, como também tornou os conteúdos e os marcadores temporais dos brancos, não simplesmente um corte no caos, na indeterminação do passado, mas se fez identificar com o próprio passado. Eis aí um caminho aberto à tríade banalidade/opinião/negacionismo, uma vez que a colonização do tempo (Pereira, 2018), sugou as forças plurais que marcam, representam e possibilitam experiências temporais diferentes do modelo linear, quadripartite, evolucionista e progressivista. Portanto, criamos um modelo desde onde se criavam currículos e se definia o que era humanidade e quem eram os humanos.

De tempos para cá, transformações significativas ocorreram no fazer historiográfico e no ensino de história. Tudo se passa como se, hoje, pudéssemos problematizar a relação com o passado que nos foi legado e colonizado pelo eurocentrismo e, desse modo, pudéssemos abrir o passado e a própria narrativa histórica à multiplicidade, modo através do qual se pode combater o negacionismo.

Mas pensar a multiplicidade implica pensar em perspectiva e anunciar o caráter problemático de todos os universais que nos constituem. Não prescinde, portanto, de um certo abandono de si, de uma traição às forças que funcionam como *aprioris* de nossas ações e de nossas relações. Tudo se passa como se pensar por fora de modelos ou de apropriações do tempo exigisse um abandono de si, uma traição das forças que nos fazem ser sujeitos de determinados saberes, que nos fazem andar sobre certos estratos.

Desde Spinoza (2007) penso que, como modos de expressão de uma substância unívoca, somos capazes de provocar afecções que nos deem alegria, ou seja, que aumentem nossa potência de agir no mundo. Logo, para aprender com cada encontro será preciso compreender o caráter necessário dos nossos encontros e da nossa existência, mas também se deixar abater pelas potências dos encontros que nos dão alegria. Logo, estou pensando que uma aula de história é lugar de provocação de encontros alegres, cada vez menos envolvidos pela tristeza de uma vida.

Nesse sentido, estão envolvidos nesse processo tanto uma ética quanto uma estética. Porque a crítica ao negacionismo, como já afirmamos, não se dá simplesmente pela defesa de uma ciência neutra ou mesmo pela ideia de um discurso histórico único, uma história única, mas pela afirmação da pluralidade historiográfica (Ávila, 2021) e pela afirmação do caráter ético e político de tudo o que se diz e do modo como nos relacionamos em uma aula de história (bem como, pelas temáticas que escolhemos para construir o currículo).

O enfrentamento da tríade banalidade/opinião/negacionismo no ensino de história pode ser dar, então, pela afirmação da multiplicidade temporal, pela recusa do aprisionamento do tempo em marcadores temporais legados pelo colonizador. O caminho da complexidade do estudo do tempo, do passado e da vida se expressa em aulas de história que apresentam a multiplicidade como elemento que deixa as existências mostrarem suas singularidades para compor encontros que ampliem o que compreendemos ser o mundo. Não se trata de buscar a calmaria e um mundo harmônico; ao contrário, trata-se de perceber as relações de força envolvidas em nossos dizeres e em nossas relações, trata-se de não esconder os conflitos e as tristezas que podem advir dos encontros. Mas, trata-se, sim, de selecionar temas, estratégias e formas de ensinar que provoquem alegrias e expansão da vida, e isso significa deixar no lado de fora da sala de aula de história aquilo que tem como ideia força a diminuição da existência de *outrem*, ou seja, os negacionismos, as banalidades e os opinionismos. Impõe-se, portanto, uma ética que se revela no comprometimento da história (recorte do caos do tempo; narrativa interpretativa na infinidade do passado) com as existências (todas aquelas que não querem negar outras).

Mas há um elemento estético fundamental de que não se pode prescindir. A partir do reconhecimento de que a aula de história está envolvida em uma ética e em uma política, considerando os aspectos plurais e interpretativos das histórias que contamos, não se prescinde também de uma estética de si, de uma compreensão de que cada um de nós – estes que combatem o negacionismo – não profere ideias que negam, nem está envolvido na teia de um dispositivo de banalidade. O perigo é não perceber que esse não envolvimento com o negacionismo seja algo que nos faz distantes e que nossas ações ou relações se mostrem também como pontos materiais de sustentação do negacionismo e sua lógica. Ou seja, uma estética de si implicará olhar para si mesmo, professora e estudantes, para poder tentar trair a memória que os constitui, o diagrama que os faz serem, sim, partes desse presente, sustentáculos desse presente da banalidade e da opinião. Logo, uma traição a si mesmo seria sempre perguntar: "Até que ponto minhas ações, os conteúdos que escolho, as relações que estabeleço em aula, continuam a reproduzir o racismo estrutural, continuam a manter o machismo e a homofobia; sustentam a gordofobia e toda sorte de discriminações?"; "Afinal de contas, no que tenho me tornado? Assisto, distante, a emergência do negacionismo, apenas os critico ou, ainda, dispensando o pensamento, ainda faço parte do dispositivo que dá à opinião, à negação e à banalidade, lugar de destaque em nosso presente?"

Essa aprendizagem, penso que é tanto de professoras quanto de estudantes, é o que faz da história imprescindível. Pois é a partir dos conteúdos ensinados, das temáticas escolhidas e das relações estabelecidas, que se poderá, depois de uma ética, constituir a si mesmo no paradoxo de ser parte da teia e de traí-la, de uma só vez. Pensar como quem flerta com o lado de fora (Deleuze, 1988), como quem trata a aula de história como um refúgio dentro da própria teia, como se criasse um caos dentro de si (Nietzsche, 1989), um lugar onde se pode pensar, trair a si mesmo e se autoconstituir de outro modo.

Epílogo

Por fim, depois de problematizar a tríade banalidade/opinião/negacionismo e de propor que a aula de história pode ser um lugar refúgio para o pensamento, de problematizar eticamente os conteúdos de ensino e as relações, e de pensar esteticamente o si mesmo e suas relações com os seres do mundo, nos resta dizer que, diante de tamanha perplexidade com o avanço de movimentos conversadores que roubam o passado e o futuro, aulas e professoras de história ainda são contaminadas por um entusiasmo revolucionário.

Esse entusiasmo tem um longo tempo. Poderia mesmo afirmar sua anterioridade ao início do século XX (Alves Jr. 2021), mas o exemplo pode ser bem mais próximo de hoje. Na época da ditadura civil-militar, nos anos 1980 e 1990, professoras de história viviam o paradoxo de estarem sendo arrastados por contextos difíceis e duros e, ao mesmo tempo, criando e fazendo da aula de história um lugar refúgio para o pensamento. Assim chegamos até aqui. Se lá a aula de história dava visibilidade aos operários e suas lutas, hoje a aula de história tem papel significativo de continuar a crítica ao sistema do mundo capitalista, mas também de escutar, visibilizar, ouvir vozes ainda pouco escutadas, imagens e subjetividades ainda pouco vistas.

Esse entusiasmo revolucionário atravessa a história. E procurou estar atento aos movimentos sociais que deram vida às Leis n°s 10.639 e 11.645, por exemplo. Esse entusiasmo é o acontecimento mesmo da transformação, mas ele não é produto de uma norma ou de uma lei e sim dos movimentos e das ações dos grupos e das pessoas envolvidas com a criação de novidades no mundo.

Eu penso que professoras de história partilham esse entusiasmo. Foucault, em *O que é o Iluminismo* (1989), aborda o acontecimento revolucionário como sendo esse entusiasmo, uma espécie de atributo que acompanha virtualmente nossos movimentos e nossas ações.

Então, eu acho, sim, que vimos muitas e importantes mudanças no ensino de história, que nos permitem supor que podemos ultrapassar o negacionismo sem com isso deixar arrefecer a crítica à história eurocentrada. Quem iria imaginar que conseguiríamos ultrapassar o velho quadro das quatro revoltas regenciais (Sabinada, Balaiada, Farroupilha, Cabanagem) em favor de uma atenção maior ao movimento dos malês? Quem iria imaginar que conceitos como racismo estrutural e branquitude se tornariam matérias de ensino e de aprendizagem? Quem pensou que nos permitiríamos problematizar o tempo e todos os seus marcadores (moderno, antigo, atual, contemporâneo, atrasado, evoluído...) e mostrar que o tempo é multiplicidade e que, logo, é preciso deslocá-lo do que dele se diz e se representa, para poder abri-lo para a infinitude das possibilidades de dizê-lo e de representá-lo?

Referências

ALMEIDA, Silvio Luiz de. *O que é racismo estrutural?* Belo Horizonte MG: Letramento, 2018.

ALVES JR., Alexandre G. C. et al. *História do ensino de história*: desafios para uma nova escrita de síntese. *História Hoje*, v. 10, n. 19, 2021, p. 294-312. Disponível em: <https://is.gd/WBN6Vs>. Acesso em: 5 jan. 2022.

ÁVILA, Arthur Lima de. Qual passado escolher? Uma discussão sobre negacionismo histórico e o pluralismo historiográfico. *Revista Brasileira de História*, São Paulo, v. 42, n. 87, 2021. Disponível em: <www.scielo.br/j/rbh/a/cYtjsrRVpgcwbZh4c7C48FS/?lang=pt>. Acesso em: 17 jan. 2022.

______; NICOLAZZI, Fernando; TURIN, Rodrigo (Org.). *A história (in)disciplinada*: teoria, ensino e difusão do conhecimento histórico. Vitória: Milfontes, 2019, 278 p.

BERGSON, Henri. *A evolução criadora*. Trad. Adolfo Casais Monteiro. São Paulo: Ed. Unesp, 2010.

BONDÍA, Jorge Larrosa. Notas sobre a experiência e o saber da experiência. *Revista Brasileira de Educação*, Rio de Janeiro, n. 19, jan./abr. 2002, p. 20-28. Disponível em: <www.scielo.br/j/rbedu/a/Ycc5QDzZKcYVspCNspZVDxC/?lang=pt>. Acesso em: 15 jul. 2021.

BRÉHIER, Émile. *A teoria dos incorporais no estoicismo antigo*. São Paulo: Autêntica, 2012.

CARDOSO, Lourenço. Branquitude acrítica e crítica: a supremacia racial e o branco antirracista. *Rev.Latinoam.Cienc.Soc.Niñez Juv.* [online], v. 8, n. 1, p. 607-630. 2010. Disponível em: <www.scielo.org.co/scielo.php?script=sci_arttext&pid=S1692-715X2010000100028&lng=en&nrm=iso. Acesso em: 5 dez. 2020.

DELEUZE, Gilles. *Foucault*. Trad. Claudia Sant'Anna Martins. São Paulo: Brasiliense, 1988.

_____. *Bergsonismo*. 2. ed. Trad. Luiz B. L. Orlandi. São Paulo, SP: Ed. 34, 2012.

FANON, Frantz. *Pele negra, máscaras brancas*. Trad. Renato da Silveira. Salvador: Ed. UFBA, 2008.

FOUCAULT, Michel. O que é o iluminismo. In: ESCOBAR, C. H. (Org.). *Dossier Foucault*. Rio de Janeiro: Taurus, 1989, p. 103-112.

GIL, Carmem Zeli de Vargas et al. (Org.) *Memórias da Vila Dique*. 2. ed. Porto Alegre: Ed. UFRGS, v. 1, 2018, 103p.

GÜNTZEL, Alessandro Roberto Hoppe. *Agência histórica*: uma abordagem por meio do *podcast storytelling* no ensino de história. Dissertação (mestrado profissional em ensino de história) – Instituto de Filosofia e Ciências Humanas, Universidade Federal do Rio Grande do Sul, Porto Alegre, 2022. Disponível em: <http://hdl.handle.net/10183/248013>. Acesso em: 16 set. 2022.

JENKINS, Keith. *A história repensada*. São Paulo, Contexto, 2004.

KOPENAWA, D.; ALBERT, B. *A queda do céu*: palavras de um xamã yanomami. Trad. Beatriz Perrone-Moisés. São Paulo, SP: Companhia das Letras, 2015 (Prefácio: Eduardo Viveiros de Castro).

KRENAK, Ailton. *Ideias para adiar o fim do mundo*. São Paulo: Companhia das Letras, 2019, 46 p.

_____. *A vida não é útil*. São Paulo: Companhia das Letras, 2020.

LIPSTADT, Deborah E. *Negação*. São Paulo: Universo dos Livros, 2017.

LUGONES, María. Rumo a um feminismo descolonial. *Estudos Feministas*, v. 22, n. 3, 2014, p. 935-952. Disponível em: <https://periodicos.ufsc.br/index.php/ref/article/view/36755>. Acesso em: 21 jul. 2021.

MANGUEIRA, Estação Primeira de. *Histórias para ninar gente grande*. Samba de enredo. Composição: Danilo Firmino, Deivid Domênico, Mamá, Márcio Bola, Ronie Oliveira, Tomaz Miranda. 2019.

NICOLAZZI, F. *Brasil paralelo*: restaurando a pátria, resgatando a história. A independência entre memórias públicas e usos do passado. In: SEMINÁRIO 3X22: 1822 – INDEPENDÊNCIA: MEMÓRIA E HISTORIOGRAFIA, 2021, São Paulo. *Anais*... São Paulo, SP: Centro de Pesquisa e Formação do Sesc/SP, 2021. Disponível em: <www.academia.edu/49455769/NICOLAZZI_Fernando_Brasil_Paralelo_restaurando_a_pa_tria_resgatando_a_histo_ria_A_Independ%C3%AAncia_entre_mem%C3%B3rias_p%C3%BAblicas_e_usos_do_passado>. Acesso em: 3 dez. 2021.

NIETZSCHE, Friedrich. *Assim falava Zaratustra*. Trad. Maria da Silva. Rio de Janeiro: Bertrand Brasil, 1989.

_____. *A gaia ciência*. São Paulo: Companhia das Letras, 2001.

PACIEVITH, Caroline; PEREIRA, Nilton Mullet. Notas sobre uma filosofia do ensino de história: um samba sobre o infinito. In: ANDRADE, Juliana Alves de; PEREIRA, Nilton Mullet (Org.). *Ensino de história e suas práticas de pesquisa*. 2. ed. [e-book]. São Leopoldo, RS: Oikos, 2021, 470 p.

PEREIRA, Nilton Mullet. O que se faz em uma aula de história? Pensar sobre a colonialidade do tempo. *Revista Pedagógica*, v. 20, n. 45, 2018, p. 16-35.

_____. *Sobre o enfado e a necessidade de história. Revista HH Magazine*, Ouro Preto, MG, 2019.

SPINOZA. *Ética*. Trad. Tomaz Tadeu da Silva. Belo Horizonte: Autêntica, 2007.

TURIN, Rodrigo. A polifonia do tempo: ficção, trauma e aceleração no Brasil contemporâneo. *ArtCultura*, Uberlândia, v. 19, n. 35, jul./dez. 2017, p. 55-70. Disponível em: <https://seer.ufu.br/index.php/artcultura/article/view/41252>. Acesso em: 2 dez. 2021.

WHITE, Hayden. O passado prático. Artcultura, v. *20, n.* 37, 2018, p. 9-19. Disponível em: <https://doi.org/10.14393/artc-v20-n37-2018-47235>. Acesso em: 18 jan. 2022.

4. Por que será que?... Evidências sobre a história, a memória e seu ensino

Helenice Rocha

Quando um estudante, ou qualquer pessoa, está diante de uma narrativa escrita ou audiovisual, de caráter ficcional, informativo ou histórico, possivelmente terá sua curiosidade despertada pelo que a narrativa apresenta, bem como por suas lacunas e mistérios. Terá indagações que manterão sua atenção, especialmente se estiver seduzido pela narrativa, tal como provocava Sherazade, nas *Mil e uma noites*. Por que aconteceu alguma coisa? Quem fez o quê? Onde se passa a história? Quando se desvendará o mistério? Essas e outras perguntas, além de expectativas pessoais ou o desejo de acesso a outras informações. De outro lado, em situações específicas de avaliação, os estudantes podem receber perguntas que visam aferir sua compreensão acerca de relações e informações presentes em narrativas diversas.

Este texto abordará algumas narrativas (escolares ou não) e perguntas relativas a elas, bem como lacunas percebidas na recepção, especialmente relativas à causalidade. Nossa intenção, a partir dessa abordagem, é analisar possíveis repercussões, na formação dos estudantes, das explicações causais relativas a conteúdos programáticos de processos históricos canônicos presentes no currículo escolar. Tais explicações e temas estão presentes também em diferentes veículos, de circulação social variada – escolar ou não – e se comunicam entre si através da recepção de seus leitores e expectadores.[1] A reflexão não problematizará analiticamente as relações causais em si, seja pelo nexo temporal, estrutural ou conjuntural. Tão somente enfrentará a questão da atribuição de causas em sua recepção e o campo discursivo relativo à causalidade, vinculado ao termo evidência, no ensino da história em sua relação com a memória histórica.

---

1 Entendemos que aqui ocorre o que vem sendo denominado letramento multimodal, pois relativo a usos do passado em diferentes bases de comunicação. Para aprofundamento no tema do letramento histórico e suas diferentes possibilidades, remetemos ao artigo "Letramento(s) histórico(s) ..." (Rocha, 2021).

Para esse fim, selecionamos narrativas presentes em situações sociais diversas. A seleção visa reconhecer a busca da causalidade (pelo leitor ou expectador ou ainda pelo avaliador) em usos diversos do passado narrado. São textos informativos com características narrativas e questões avaliativas relativas a eles, da prova internacional PISA 2018; a narrativa televisiva "Nos tempos do imperador" confrontada com a causalidade presente em narrativas escolares do último século e, finalmente, a narrativa presente em livros didáticos de história do PNLD 2011 acerca da independência do Brasil, suas ênfases e silêncios sobre sujeitos e fatores causais.

Introdução

Nas aulas de história do ensino básico no Brasil, os professores e os materiais didáticos relativos a essa disciplina apresentam sínteses narrativas aparentemente completas (com princípio, meio e fim), acerca de temas consagrados, atualmente arrolados em documentos curriculares. Durante a maior parte do século XX, podemos caracterizá-las como sínteses históricas para fins didáticos – dentro de uma tradição heroificante de personagens – sobre os diferentes temas curriculares. Esse ensino visava a que os alunos fossem capazes de repetir, através da memorização, aspectos de tais narrativas, com destaque um tanto mecanicista para a estrutura causa e consequência, destaque para personagens envolvidos nessas relações, em sua maior parte lideranças políticas pertencentes às elites estabelecidas. Em resposta a esse ensino, os estudantes deveriam saber "de cor e salteado" uma história que conformaria sua identidade nacional e de pertencimento a uma cultura ocidental e mundial (Stephanou, 1998).

Muitas coisas mudaram, outras nem tanto, em um final de século de crise e revoluções nas ciências humanas e questionamento sobre as relações hierarquizadas das instituições e seus representantes, estabelecendo novos lugares para a autoridade e a verdade. Nas últimas décadas do século XX, outra história – crítica e problematizante – substituiu ou se sobrepôs de forma matizada, tanto na academia quanto nos manuais didáticos, à narrativa da tradição. Em decorrência, as expectativas (sociais, historiográficas, pedagógicas) dirigidas a essa disciplina escolar vêm se frustrando, pois a disciplina escolar "deveria" explicar didaticamente os processos do passado e permitir aprender com a história.[2] A narrativa presente nos livros didáticos reflete essa crítica e frustração ao expressar, ao mesmo tempo, a manutenção de tradições que não se sustentam mais na historiografia acadêmica mas ainda respondem a uma memória histórica acerca de fatos e personagens reconhecidos socialmente como fazendo parte de certa cultura histórica (Malerba, 2017).

A narrativa escolar da história veio se tornando, por um lado, mais complexa, por outro, pouco clara quanto aos sentidos de sua apresentação e finalidades. O que compartilhamos do passado histórico com as novas gerações e com que fim? Afirmamos que pretendemos que os alunos compreendam a história, mas qual compreensão conseguimos, ao lhes apresentar tais narrativas, às vezes fragmentadas e em outras vezes tão compactadas[3] que se tornam de difícil compreensão? Finalmente, a que formação essa compreensão serve, se atingida?

Em momento de crise também da democracia no Brasil e no mundo, de disputa de sentidos para o passado que ressignifiquem o presente, a apresentação de uma narrativa sem um enredo claro, sem uma explicação causal convincente pode abrir espaço para opções explicativas mais atrativas ao leitor ou aprendiz, sempre presentes em produtos culturais que circulam amplamente pela sociedade e que possuem outros fins. Além disso, se esse ensino apela tão somente para a autoridade da formação do professor ao apresentar a narrativa histórica, uma das alternativas que se coloca ao aprendiz é a contestação. Seja a partir de outros narradores que se apresentem com pretensa autoridade, ou como eventuais testemunhas, quando o tema é a história recente e se ilumina a explicação sobre o porquê e como as coisas aconteceram. Em sociedades cindidas, gerações e grupos diversos almejam que seus filhos e novas gerações aprendam o que aconteceu desde suas próprias perspectivas, condenando historiadores e professores de história à suspeição, caso haja divergências relevantes em relação ao que a escola encaminha.

Por último, diferentes pesquisas afirmam, a partir da década de 1980, que os alunos esquecem o que aprenderam de forma enciclopédica, por um eixo transmissivo, na história e em outras disciplinas. São conhecimentos "aprendidos" para dar conta da tarefa escolar, de parafrasear narrativas em provas, não chegando a ser incorporados pelos estudantes, a não ser em casos efetivamente

2 Cf. o debate apresentado no balanço de Helena Mollo para Nicollazzi, Mollo e Araujo (2011).

3 Mauro Coelho, nessa publicação, propõe a imagem de uma história escolar sedimentada, que consideramos produtiva para a discussão proposta aqui.

significativos para eles. Isso sugere que o investimento feito pelas escolas em apresentar e replicar sínteses históricas completas não se mostra – agora como antes – muito frutífero, quanto a seus propósitos, para além das exigências escolares (Carretero, 1997; Lee, 2011).

As narrativas são partes constitutivas da vida social e da transmissão de legados para novas gerações. Ainda em casa, as histórias sobre a família e seus componentes vão apresentar o novo membro a seu passado comum. No cotidiano, a troca de narrativas pessoais sobre o vivido começa a dar ordem a um mundo e à vida em comum. São práticas tais como contar como foi o dia, o que aconteceu e o planejamento do que vai acontecer, bem como aprender a gestão do inesperado. Assim, a explicação e a noção de que as coisas acontecem em decorrência de certas causas são introduzidas desde os primeiros anos de vida.

Mesmo antes de começar a estudar, crianças vão aprender a fazer perguntas: Por quê? Por que o céu é azul? E por que anoitece? Por que há animais em extinção? Por que há pobres e ricos? Para além das perguntas espontâneas, o patrimônio cultural é apresentado por meio das narrativas ficcionais pela escola. Assim, as explicações causais, na escola ou na família, muitas vezes envolvem narrativas, remetem a um antes e depois, a um enredo, a uma ou diversas causalidades.

A explicação sobre o cotidiano e o extraordinário contribui para conferir determinada ordem ao mundo, bem como pressupõe a inexistência do caos. Tudo pode ser explicado porque há uma ordem que pode ser apreendida, identificada. Seja pela crença, pela ficção, pela razão. Em Hume, que se dedicou à percepção subjetiva da causalidade (e não à causalidade em si mesma), ela está relacionada à crença de que as coisas acontecem por determinados motivos e regularidades. De acordo com o grupo em que se insere e se forma o sujeito, será uma ordem pautada no mito, na religião, na ciência, com diferentes ênfases.

A história tem a pretensão de oferecer uma explicação racional sobre o que se passou, mas de acordo com o grupo do qual o estudante faça parte, talvez as explicações que se aproximam de suas crenças, inclusive míticas ou religiosas, possam encontrar maior sustentação se não forem desestabilizadas ou confrontadas na aprendizagem histórica. Conforme veremos adiante, há muitas explicações causais, hoje superadas, que responderam satisfatoriamente a diferentes grupos durante um período e que se mantêm ou são ressuscitadas, tais como o terraplanismo.

Ao lidar com narrativas na escola - ficcionais ou não, os estudantes vão aprender que as coisas habitualmente não acontecem por acaso, mas ele existe. Que os eventos e processos podem ter mais de uma causa e isso pode ser motivo de investigação, na vida cotidiana ou na ciência. E que cada disciplina ou campo de conhecimento oferece explicações diversas para as coisas que acontecem, deixando outras tantas sem explicação. Este é o maravilhoso mundo do conhecimento a explorar e a contribuir com novas descobertas. Nele, existem lacunas e dúvidas, ao longo de toda a escolarização. O que o processo educativo faz com elas?

A escolarização precisa ser um momento de conhecer a partir de informações e conhecimentos apresentados por quem possui autoridade nesses conhecimentos. Mas também de fazer perguntas que propiciam a descoberta de lacunas.[4] Fomentamos a emergência de conjecturas na disciplina história, nos ensinos fundamental e médio, a partir das narrativas e análise que apresentamos? O levantamento de hipóteses? O tempo escolar comporta a dúvida como espaço/tempo da aprendizagem?

As perguntas que fazemos aos estudantes e que eles e outras pessoas nos fazem sobre a história se constituem em evidências de tipos de relação com a explicação causal construídas ao longo do ensino dessa disciplina. Refletir sobre tais perguntas pode oferecer pistas para um ensino e uma aprendizagem de história cada vez mais instigantes.

Sobre fatos, opiniões, causas e evidências

Recentemente foi divulgado na imprensa, a partir de Relatório da Organização para Cooperação e Desenvolvimento Econômico (OCDE),[5] que dois terços dos adolescentes brasileiros avaliados no Programa Internacional de Avaliação de

---

4 Ver, a respeito, a dissertação de Silva (2022).

5 Ver OECD (2021). A OECD (sigla em português OCDE) é um organismo intergovernamental sediado em Paris, criado após a Segunda Guerra Mundial, que agrega atualmente 36 membros além de parceiros estratégicos. Caracteriza-se por reunir os países do mundo capitalista desenvolvido, com a pretensão de indicar caminhos relativos às políticas públicas e econômicas dos países membros. Ver Guglielmo (2022, cap. 1) e verbete OCDE, do *site* Brasil Escola. Disponível em: <https://brasilescola.uol.com.br/geografia/ocde.htm>. Acess em: 19 jun. 2022.

Estudantes (PISA)[6] não conseguem distinguir fato de opinião. Situação pior que a da maioria dos estudantes de outros países.[7]

Tal registro nos levou a uma análise da prova no que se refere a tais questões e às condições de atendimento a elas.[8] A prova de leitura tangenciava a história em seus textos, fosse por algumas informações e hipóteses relativas a povos antigos, fosse por demandar que os estudantes mobilizassem, além de fato e opinião, categorias como causa, consequência e evidência para responder às questões em torno do tema. A prova não visa aferir conhecimentos curriculares específicos e, sim, competências. Mas as competências são desenvolvidas em torno de conhecimentos. Ou seja, mobilizam as aprendizagens de conteúdos de diferentes disciplinas, inclusive história. Por outro lado, a organização curricular por competências não orientou a formação dos estudantes de 15 anos que fizeram aquela prova, pois o ensino básico brasileiro começou efetivamente a se organizar em torno de competências e habilidades a partir de 2018, com a BNCC, o que vem ocorrendo em processo conflituoso de implantação. Retornaremos posteriormente a esse aspecto curricular como diferencial da bagagem de estudantes – de países membros ou não – que participam da prova do PISA.

A prova possui um formato visual de página da internet, pois também ambiciona verificar as competências relativas ao letramento digital dos estudantes. Sete questões são apresentadas à esquerda da página, para resposta pelo estudante, e três textos com formatos diversos são apresentados à direita, como base informativa para as respostas: uma página de um *blog*, uma resenha de um livro, uma notícia sobre uma descoberta recente (a notícia é repetida em algumas páginas). O tema de todos os textos dessa parte da prova é a Ilha de Páscoa, denominada Rapa Nui, com o mistério do desaparecimento quase total de sua população e de suas florestas, séculos atrás. O estudante deve ler o texto à direita e responder à questão à esquerda.[9]

---

6 O Programme for International Student Assesment (PISA), que se realiza de três em três anos, analisa o desempenho escolar dos alunos de 15 anos de idade dos países participantes em leitura, matemática e ciências, enfatiza competências e visa ultrapassar os conteúdos propostos nos currículos nacionais. Ver Guglielmo (2022, cap. 1, em especial p. 48).

7 Conforme notícia publicada no Portal G1 e em outros jornais impressos e eletrônicos, sobre avaliação do PISA 2018. Ver, por exemplo, "Nativos digitais não sabem buscar conhecimento na internet". Disponível em: <https://g1.globo.com/economia/tecnologia/noticia/2021/05/31/nativos-digitais-nao-sabem-buscar-conhecimento-na-internet-diz-ocde.ghtml>. Acesso em: 5 jun. 2022.

8 Acessível em português na página da OCDE (www.oecd.org/pisa/test/>.

9 Ver <https://pisa2018-questions.oecd.org/platform/index.html?user=&domain=REA&unit=R551-RapaNui&lang=por-BRA>. Acesso em: 5 jun. 2022.

O texto em questão é o segundo de uma sequência de três, a resenha de um livro intitulado *Colapse*, de Jared Diamond.[10] O autor apresenta diferentes exemplos de colapsos de civilizações, entre eles o colapso de Rapa Nui por uso excessivo da terra, dos vegetais e dos animais pela população da ilha. Na prova, solicita-se, após leitura, a diferenciação entre fato e opinião, a partir de algumas afirmações.

A OCDE declara preocupar-se com a competência dos estudantes em diferenciar fato de opinião, como capacidade necessária em um mundo no qual opiniões vêm sendo apresentadas como informações. Parece simples, mas não é tanto. Correndo o risco de excessiva simplificação, sabemos que fato é o que acontece e pode ser demonstrado. Assim, o fato teria caráter objetivo, poderia ser observado e relacionado a evidências. A opinião pode se dar sobre fatos e conhecimentos, mas envolve a crença, a paixão, o posicionamento pessoal, ou seja, é intrassubjetiva. Entre o fato e a opinião, existe uma miríade de operações discursivas, tais como a apresentação de hipóteses, análises e julgamentos, que se realizam sob parâmetros diversos, com maior ou menor objetividade e racionalidade.[11]

As questões seguintes da prova se guiam pelo terceiro e último texto, supostamente de uma revista ou jornal, acerca de uma hipótese contrária à que Jared Diamond apresenta em seu livro. Essa outra hipótese foi apresentada por dois arqueólogos: Carl Lipo e Terry Hunt.

O texto se contrapõe à afirmação oferecida inicialmente sobre o desaparecimento da população de Rapa Nui por múltiplos fatores provocados pelo homem, e seus autores apresentam uma evidência: os restos de nozes de palmeira roídos pelos ratos. Eles não negam outros fatores, mas destacam que esse é um fator predominante. A pergunta que se apresenta é sobre qual evidência os cientistas apresentam para sua teoria e o estudante deve marcar as opções que julgar corretas.

---

10 O autor Jared Mason Diamond transita entre áreas como antropologia, ecologia, geografia e biologia evolutiva. É geógrafo, historiador, ornitólogo e escritor norte-americano. Atua como professor de geografia na Universidade da Califórnia, em Los Angeles. Seus livros mais conhecidos são *Armas, germes e aço: os destinos das sociedades humanas* e *Colapso: como as sociedades escolhem o fracasso ou o sucesso* (tradução da autora). O livro *Colapse* não foi traduzido para o português, mas teve grande repercussão nos Estados Unidos e provocou reação da comunidade científica, especialmente na análise da sociedade e do meio ambiente da ilha de Páscoa.

11 Não nos aprofundaremos nessa questão, que na filosofia e na sociologia possui inúmeros desdobramentos. Ver: Dancy (1985); Crespi e Fornari (2000).

Figura 1
Trecho da prova do Pisa 2018 – Notícias Científicas

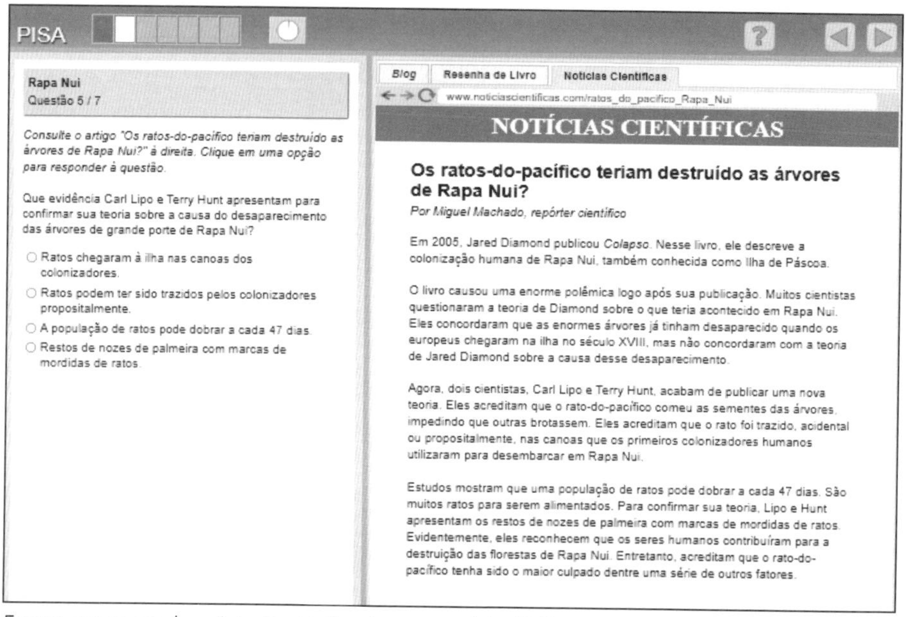

Fonte: <www.oecd.org/pisa/test/other-languages/pisa2018testquestions-otherlanguages.htm>. Acesso em: 5 jun. 2022.

O termo evidência chamou nossa atenção, por não possuir relevância especial no currículo e na cultura brasileira. Não é abordado como um conceito. Entretanto, conforme podemos aferir, é bastante significativo no currículo de outros países, membros da OCDE. Tomarei para comparação o documento curricular dos Estados Unidos da América (EUA) e o do Brasil.

No documento de orientação curricular dos EUA[12] Common Core State Standards for English Language Arts & Literacy in History/Social Studies, Science, and Technical Subjects (CCSS), a palavra evidência é evocada 105 vezes em descritores no trabalho de diferentes componentes curriculares, desde o início do equivalente ao ensino fundamental e 27 vezes somente em história, até

[12] O documento norte-americano se denomina *Common Core State Standards for English Language Arts & Literacy in History/Social Studies, Science, and Technical Subjects* (CCSS), de 2010. Conforme afirma em sua introdução, ambiciona uma ênfase na linguagem escrita (letramento) sem prejuízo dos conteúdos disciplinares em sua especificidade. Denomina de níveis 6-12 (*standards*) os anos escolares que vão do 6º ano ao fim do ensino médio. Disponível em: <https://eric.ed.gov/?id=ED522008#:~:text=The%20Common%20Core%20State%20Standards%20for%20English%20Language,no%20later%20than%20the%20end%20of%20high%20school>. Acesso em: 5 jun. 2022.

o fim do ensino médio,[13] tanto no trato com fontes apresentadas como evidências quanto em seu manejo, para a produção de hipóteses. Na BNCC, o termo ocorre no documento 12 vezes, em descritores de competências ou habilidades em língua portuguesa e ciências da natureza. Podemos concluir que, a partir da BNCC, é nessas duas disciplinas que se concentra a expectativa de algum trabalho com o termo evidência, evocado em seu vocabulário ou na comprovação de hipóteses. Vale dizer que a proposição de história em seu texto introdutório apresenta a expectativa de um trabalho procedimental com fontes documentais, mas não se refere explicitamente ao termo evidência como categoria relevante.[14]

Para compreendermos melhor a relação entre os termos, vejamos também a ocorrência dos vocábulos "fato" e "opinião" nos dois documentos. A oposição entre fato e opinião não acontece nos descritores do documento norte-americano, com uma exceção. Mas ocorre a diferenciação entre fato e interpretação, opinião e conhecimento científico. Há 15 ocorrências separadas do termo fato e 33 do termo opinião, que predominam nos anos iniciais no equivalente ao ensino fundamental e em torno de oito nas atividades de leitura de história e ciências sociais, no equivalente aos anos finais do mesmo. Destaco a única ocorrência da dupla fato e opinião no documento norte-americano associada ao uso do termo evidência, que acontece na proposta de história e estudos sociais, em progressão planejada do sexto ano até o fim do ensino médio:

1. Distinguir entre fatos, opinião e julgamento fundamentado em um texto.
2. Avaliar em que medida o raciocínio e evidências num texto apoiam as afirmações do autor.
3. Avaliar as premissas, argumentações e evidências de um autor, corroborando-as ou desafiando-as com outras informações.

Na BNCC, a dupla fato e opinião ocorre cinco vezes, sempre em língua portuguesa. O termo fato aparece 42 vezes, sendo 40 vezes em língua portuguesa, uma vez em história e uma em inglês. A palavra opinião surge 59 vezes, 58 em língua portuguesa e apenas uma vez no componente curricular inglês.

---

13 O ensino norte-americano se organiza em níveis: "*kindergarten*" (5 e 6 anos); "*elementary school*" (ensino fundamental 1) que vai do 1º até o 5º ano, "*middle e high school*" (ensino fundamental II – 6º ao 8º ano – e médio – 9º ao 12º ano). Ver: <www.ed.gov/>. Acesso em: 7 jun. 2022.

14 CCSS (2010).

Tomando como exemplo o caso do documento curricular norte-americano, afirmamos que a prova do PISA evoca o termo evidência em relações causais a partir da importância atribuída a ele desde a escolarização nos países centrais que são membros da OCDE. É possível afirmar – seja coincidência ou não – que a sequência prevista nos descritores para os anos escolares é avaliada nas questões da prova do PISA. Diferentemente, as diversas disciplinas não trabalham de forma sistemática, no documento e na tradição curricular do Brasil, para a assimilação do termo evidência. O vocábulo pode ganhar sentido em um campo semântico de investigação, especialmente quando ligado a fenômenos da natureza, na educação escolar.[15] Assim, para responder a essa questão, o aluno brasileiro de 15 anos deveria inferir informalmente o sentido de evidência pelo contexto.

Guglielmo (2022:49) destaca, a partir da discussão sobre os "efeitos indutores" da adesão a provas internacionais como o PISA, que

> códigos profissionais e instituições dos países centrais servem como exemplo a ser seguido pelos países periféricos – ainda que [...] esse processo não apague as especificidades nacionais, pois não se trata de uma mera transposição, mas sim de uma ressignificação.[16]

Podemos afirmar que tal influência no documento curricular brasileiro parece frágil, a partir do exemplo e dos números apresentados anteriormente. E é aqui que gostaria de apresentar duas provocações.

A primeira, dirigida aos governantes que definem a participação incondicional dos estudantes brasileiros em tais provas, bem como à publicização de seus resultados. A prova do PISA não pode ser considerada apenas de leitura, como uma competência aplicada a qualquer texto. Quem lê, lê algo. Opera discursivamente com os termos, possui mais ou menos familiaridade com eles e os sentidos que carregam. Assim, fato, opinião e evidência estão em um campo semântico relativo à causalidade e mobilização de relações causais que extrapola, em muito, leitura como "tecnologia da leitura." Sua compreensão exige o desenvolvimento

---

15 Existem diferenças significativas entre o uso do termo na história e nas ciências da natureza, segundo Peter Lee (2011), nota 5. Na relação com o fato, existe a pretensão de objetividade diante das evidências nas ciências da natureza, diferentemente das ciências humanas. Ver Germinatti e Melo (2018). Em nossa compreensão, o uso do termo em ambos os campos se dá pelo campo semântico da investigação.

16 Para essa afirmação, Guglielmo mobiliza Carvalho (2009).

de determinada relação com o conhecimento, expressa na linguagem, que pode ser traduzido como letramento.[17] Os pré-requisitos relativos a esse vocabulário científico não parecem ser considerados ao submetermos os estudantes brasileiros a provas internacionais como a do PISA. Tendo em vista a provocação, parece inadequada a submissão dos alunos brasileiros, nas condições atuais, a esta prova.

A segunda provocação é um convite a nós mesmos, educadores e historiadores envolvidos com a questão educacional, para avaliarmos a pertinência, ou não, do trabalho com esse campo conceitual no ensino de história. Independentemente de onde surge a proposição, cabem as perguntas: Trabalhar com evidências na perspectiva apontada, nomeadamente no ensino de história é possível, necessário, interessante para a formação histórica dos estudantes brasileiros? Pode contribuir para sua formação histórica, no que se refere à organização de explicações causais aceitáveis? Contribui para responder a uma crise de identidade disciplinar que vivemos também no ensino?

Isso exigiria superarmos a oposição entre uma posição subalterna de adesão a uma tendência mundial de internacionalização dos currículos escolares[18] e a posição de recusa a dialogar com qualquer proposição vinda de esferas internacionais de análise de sistemas educacionais dos diferentes países a partir de nossa crença ou descrença em tais instituições por suas implicações ideológicas. Para não sermos guiados de forma colonizada nas proposições do PISA/OCDE, e antes de refutarmos peremptoriamente o que apontam, precisamos considerar a pertinência de tais proposições sob o peso de excluirmos a possibilidade de enxergar lacunas importantes e o que pode ser enriquecedor para nossas escolhas curriculares e didáticas. A soberania curricular não se constitui na recusa deliberada e surda, que aproxima fato de opinião, mas sim, na análise crítica do que está posto – de um lado (a história de nossas práticas) e de outro (proposições vindas de diferentes partes) – para a escolha do que nos convém na formação histórica de nossos estudantes.

Trabalhar com as lacunas de conhecimento pode ser proveitoso? Tem sentido na aula de história? Certamente, muito já se sabe sobre a maior parte dos conteúdos curriculares estabelecidos para a história, no âmbito do factual e do analítico. Mas também existem lacunas a fomentar uma atitude investigativa,

17 O termo exige aprofundamento que não será feito aqui. Cf. abordado em Rocha (2021).

18 Para o debate relativo a essa tendência de mundialização, remeto novamente ao capítulo 1 de Guglielmo (2022).

além de polêmicas historiográficas que evidenciam o que é mais instigante em qualquer campo científico. Superar essa oposição e abrir esse debate pode contribuir para que discussões sobre fato e opinião na história, sobre causalidade e levantamento de hipóteses e evidências acerca do que pode ter acontecido, em especial sobre temas sensíveis, saiam do terreno construído em torno, tão somente, da autoridade situada no testemunho ocular ou na autoridade institucional e questionada do professor como especialista.

"Nos tempos do imperador", a curiosidade sobre a Guerra do Paraguai

O filme *O soldado que não existiu* (2021) inicia com o narrador mencionando o quanto a verdade e a mentira estão presentes na história que vem a público sobre a guerra. O papel da imprensa é sempre interessado, de um lado ou de outro, o que pode convencer o público a tomar partido, entre o que é fato e opinião. Os interesses dos governantes das nações envolvidas raramente vêm a público, e muitas vidas humanas se perdem. Sendo assim, as narrativas sobre guerras são complexas e demandam uma recepção qualificada para o que o ensino de história pode contribuir.

Na telenovela que tematiza "Os tempos do imperador" (Pedro II), a denominada Guerra do Paraguai acompanha a trama desde os primeiros capítulos até o fim. Ocorre a reiteração de uma narrativa, presente em nossa memória histórica, favorável aos governantes, para os brasileiros de hoje. Esse produto cultural destinado ao entretenimento social provocou interesse em determinado público, de composição variada, mais ou menos escolarizada.

O interesse sobre o tema aumentou exponencialmente durante a exibição da novela (9 de agosto de 2021 a 4 de fevereiro de 2022), conforme demonstra a *timeline*, ou gráfico de interesse ao longo do tempo do Google.

É habitual o aumento de interesse nos temas trazidos pelas novelas televisivas. Podemos supor que, ao menos parte do conjunto de expectadores dessa novela teve acesso, através da escola, em algum nível do ensino fundamental, ao tema da Guerra do Paraguai. Quais serão suas dúvidas? Um dado é que pessoas de diferentes idades assistiram à novela esperando saber o que provocou a guerra, e algumas delas nos fizeram perguntas sobre quem provocou a guerra e por que, personalizando o conflito nos personagens e buscando suas causas.

Figura 2
Gráfico de interesse sobre a Guerra do Paraguai

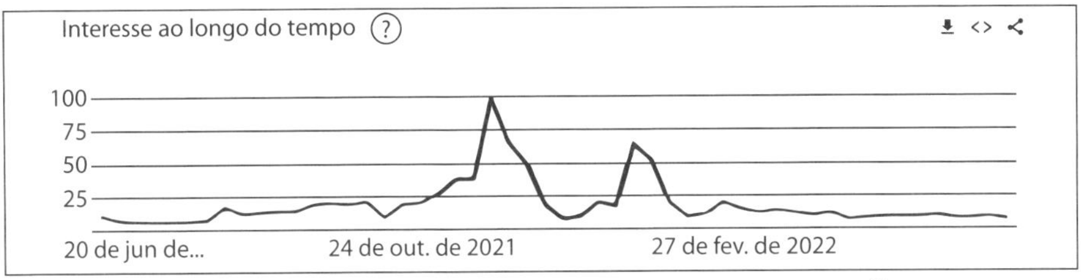

Fonte: Google Trends. Termo de busca: "Guerra do Paraguai" (17 jun. 2022).[19]

A novela, ao longo de seus mais de 100 capítulos, fez um trabalho a partir da memória social de reiteração dos lugares sociais estabelecidos para esses personagens e acontecimentos. Ela é voltada para os personagens que devem angariar a atenção, simpatia ou antipatia do telespectador. A narrativa personaliza os interesses estratégicos e regionais do Prata na antítese entre Solano Lopez e Pedro II. O líder do Paraguai aparece desde o início como o inimigo do Brasil e aquele que provoca a guerra. Essa é a memória histórica que esteve claramente nos livros didáticos de história e no discurso docente até a década de 1970. De lá para cá, 50 anos se passaram.

A busca da explicação causal da guerra não nos remete apenas à ausência da informação ou ao esquecimento, como também às mudanças de abordagem do fato e de sua análise. De meados do século XX para cá, a perspectiva da abordagem na escola passou de uma narrativa ufanista e reiterativa do factual para uma narrativa crítica. Atualmente, a questão regional do Prata é problematizada, considerando o contexto em que o Império brasileiro e as regiões fronteiriças possuíam interesses próprios e cresciam as tensões. Se formos aos livros didáticos brasileiros de diferentes momentos, eles tanto repercutem a memória social nacionalista, do Império que reage ao ataque de Solano Lopez, quanto diluem tal posição com fatores de tensão relacionados às questões políticas da Tríplice Fronteira, demonstrando haver ali diversas camadas do tempo e fatores causais. Portanto, também diversas camadas da historiografia.

---

19 Transcrição de nota do Google sobre o gráfico de Top Trends: Interesse ao longo do tempo. "Os números representam o interesse de pesquisa relativo ao ponto mais alto no gráfico de uma determinada região em um dado período. Um valor de 100 representa o pico de popularidade de um termo. Um valor de 50 significa que o termo teve metade da popularidade em relação a outro momento. Uma pontuação de 0 significa que não havia dados suficientes sobre o termo". Disponível em: <https://trends.google.com.br/trends/explore?q=%2Fm%2F02pd3n&geo=BR>. Acesso em: 17 jun. 2022.

O estudo comparativo entre livros didáticos de diferentes décadas do século XX, de Flavia Caimi e Fabiano Teixeira, demonstra a presença de uma cultura histórica que permeia a historiografia acadêmica e a escolar, tornando a narrativa mais complexa e, às vezes, pouco clara e até contraditória.[20]

Já André Mendes Salles demonstra como os efeitos de narrativas heroicizantes e apaixonadas marcam e conformam identidades de parte a parte e que essa não é a tônica dos livros brasileiros atualmente. Porém, no Paraguai, a narrativa escolar ainda parece resultar em ressentimentos e busca de reconhecimento de perdas daquele país por parte do antigo Império brasileiro.

Em nossa análise comparativa do conjunto de livros de história do PNLD 2011, confirma-se que não é possível responder à pergunta sobre a causalidade da guerra, pois fatores conflitantes são apresentados de forma pouco articulada, conflitando com a memória histórica ainda reiterada na novela televisiva. A alternativa didática que se apresenta nas coleções contemporaneamente, por um lado, complexifica o panorama de análise, mas, por outro, confunde o aluno, que não chega a uma conclusão sobre o que levou à guerra. Se não é possível afirmar se houve um fator predominante, é importante que esse limite seja assumido diante dos estudantes.

O tratamento da causalidade da Guerra do Paraguai, na telenovela e nos livros didáticos, focaliza uma narrativa nacional que personaliza os acontecimentos em personagens-chave e foi referência para muitas gerações que convivem dentro e fora da escola. Entre essas gerações, há a dos professores de diferentes anos escolares e familiares que, escolarizados ou não, constituem narrativas pessoais sobre os acontecimentos, que dependem de explicações causais sobre eles. Esse foco no personagem, que é próprio da narrativa ficcional, justifica a busca de culpados e heróis, tal como apareceu nas perguntas e nos *top trends* do Google, sobre quem foi responsável pela guerra do Paraguai. A crença na responsabilidade de Solano Lopez é reiterada com a telenovela, que apresenta um personagem com qualidades negativas. Resta ao expectador aprender a diferenciar esses elementos

---

20 O estudo de Caimi e Teixeira (2013) ao examinar livros de 11 décadas (a partir de 1910), identifica fatores diversos, que podem ser sintetizados assim: em sete décadas, a narrativa está respaldada em uma tradição historiográfica militarista, em que o personagem Solano Lopez é responsabilizado pelo início da guerra a partir de seu interesse no domínio regional. Nas três décadas seguintes, sob influência de uma historiografia revisionista e marxista, os livros didáticos expressam a predominância do fator econômico e do interesse britânico no jogo contra os interesses do Paraguai. Já no início do século XXI, são atribuídos diversos fatores, sem predominância de nenhum. André Mendes Salles fez pesquisa que envolveu desde a análise de livros de história do Brasil e do Paraguai até entrevistas com professores de ambos os países. Ver Salles (2020).

da memória histórica do que é a guerra em sua complexidade, como processo histórico, a guerra como objeto da produção historiográfica (e jornalística) e a guerra da ficção da telenovela.

No início do século XX, há aproximadamente um século, após a devastação ocasionada pela Primeira Grande Guerra, houve um grande debate mundial (entre pensadores nacionalistas e pacifistas) sobre o papel da disciplina escolar história na formação de novas gerações, visando não repetir os horrores da guerra. Alguns defenderam que a história deveria reforçar a formação da identidade nacional, apesar de isso poder conformar nacionalismos propensos ao conflito. Outros, a de uma formação pacifista, para além das fronteiras nacionais.[21] Para André Mendes Salles, no artigo já mencionado, um dos objetivos do estudo da Guerra do Paraguai deveria ser a não repetição de conflitos, o que leva a questão para além do factual (causas e evidências) e sim para uma formação ética, voltada para atitudes e valores. considerando os povos do Brasil e do Paraguai.

Focalizando a linha do raciocínio causal e a (im)possibilidade de termos acesso às causas de todos os processos históricos, Hobsbawn (1998) aborda no capítulo "Podemos escrever a história da revolução russa?" o problema da história contrafactual. Se esta é uma questão para os historiadores, por que não compartilhar com os alunos do ensino básico os limites da explicação histórica diante de determinados processos? Isso pode contribuir, inclusive, para que o expectador viaje ludicamente nos tempos do imperador, assumindo a ficcionalidade como ficção, como uma das facetas possíveis, porém não acontecidas, da Guerra do Paraguai.

D. Pedro I e a independência do Brasil[22]

No projeto de pesquisa Narrativa Histórica[23] foram compiladas dezenas de narrativas de temas canônicos dos livros didáticos de história aprovados no Programa Nacional do Livro Didático de 2011 (PNLD). Entre eles, o da independência do

---

21 Os debates sobre essa temática são abordados de forma aprofundada na dissertação de Reznik (1992).

22 Os parágrafos analíticos desta seção são uma versão modificada de parte de seção do artigo "O que é dito na literatura escolar sobre os sujeitos de nossa independência?", neste momento em submissão a periódico.

23 O projeto Narrativa Histórica: Tradição e Rupturas, sob nossa coordenação desde 2014, vem examinando as narrativas sobre temas selecionados nas coleções de História do PNLD 2011. Na fase atual, busca as conexões discursivas entre temas relacionados, entre eles o tema da independência do Brasil. Para mais informações, ver Rocha (2020).

Brasil. Esta temática foi aprofundada ao longo do projeto na busca de conexões explicitadas (especialmente causais) nas diferentes coleções, no interior das narrativas didáticas sobre os temas e entre as independências das colônias do continente americano, entre os séculos XVIII e XIX.

Vale dizer que na maioria das coleções a organização dos capítulos se dá de forma cronológica, mesmo que sem explicitação de relação causal da sucessão de eventos. Inicialmente, é apresentada a independência das colônias inglesas na América do Norte, depois a das espanholas e, após, em outro capítulo ou unidade, é conferida importância à vinda de D. João com a corte portuguesa (e posteriormente seu retorno) como fator causal para a independência do Brasil. Em seis coleções há destaque para diferentes rebeliões ocorridas na colônia (antes da vinda da família real), com destaque para seu caráter de luta de uma elite local em busca da independência, porém não liberdade para todos, com a exceção da Revolta dos Alfaiates, na Bahia. Nessa seção das revoltas, em poucos livros há menção à independência das colônias inglesas ou do ideário da Revolução Francesa como fatores secundários para a ocorrência da revolta. Finda essa seção, entretanto, não há conexão discursiva sustentada entre tais movimentos. É uma relação apenas cronológica, resumida e aditiva de eventos.

No projeto Narrativa Histórica estamos em busca das conexões causais explicitadas entre os processos e eventos. Apesar de tais revoltas serem uma reação à opressão do sistema colonial, apenas em seis coleções há referência a tal sistema, ao pacto colonial ou à crise do sistema colonial. Do mesmo modo, é possível afirmar que, no conjunto das coleções, não é constituída uma linha argumentativa de luta pela liberdade, contra o sistema colonial.[24]

A partir do retorno de D. João VI a Portugal, as 15 coleções apontam (de forma mais ou menos clara) como fator detonador da independência – entendido como a causa mais próxima e relevante – a insatisfação provocada, a partir da Revolução do Porto, em comerciantes e na classe política local, pela suposta ameaça ao estatuto conquistado com a vinda da família real. Essa insatisfação teria sido aumentada com o insistente chamamento pelas Cortes portuguesas a D. Pedro, como príncipe regente, para sua volta a Portugal.

---

24 De acordo com Grever apud Rocha (2020), as narrativas dos livros didáticos, para além dos temas ou capítulos, podem ter uma ligação de sentido através de temas ou conceitos coligatórios, o que não ocorre aqui. Ver Grever e Van der Vlies (2021).

Como D. Pedro já ganhara um lugar na narrativa com o retorno da familia real a Portugal, agora ele se constitui em protagonista, inicialmente vacilante e, depois do dia do Fico, como um resistente. Mas os livros não apresentam evidências que sustentem essa narrativa e suas situações. Entram e saem de cena personagens importantes, sabe-se que há documentação que comprova esta mudança, ocorre reação por parte da sociedade, mas a narrativa acerca da independência apenas afirma os acontecimentos e esse contexto.

Em parte das coleções, o contexto político da América portuguesa é apresentado desde o início do capítulo. Seja com a apresentação e caracterização dos partidos (português, brasileiro e radical), seja com o destaque atribuído a uma elite formada por grandes proprietários rurais, comerciantes e funcionários públicos. Sobre eles, as coleções declaram que almejavam manter o *status* de reino e suas vantagens e não retornar à condição de colônia. Em outras coleções, apenas ao longo da narrativa, esse sujeito coletivo – as elites do vice-reino – se apresenta em algum momento e na minoria das coleções ele não é enunciado claramente.

Afinal, esse sujeito é significativo para a independência? Conforme os estudiosos, sim. Mas os estudantes, mais uma vez, recebem o contexto pronto, devendo apenas aceitá-lo. Poderiam, caso se engajassem na narrativa, perguntar: O que essa elite teria a perder com o retorno de D. Pedro a Portugal? O que mais mudaria, além do regente?

A elite como sujeito recebe graus diversos de protagonismo em relação a D. Pedro, de acordo com a coleção. O que evidencia ênfases e posicionamentos historiográficos diversos entre as coleções. Tanto ela pode ser mandatária, como é exemplificado em apenas uma coleção, usando D. Pedro para seus interesses, quanto parceira, atuando em favor dos interesses de ambos, o que é sugerido na maior parte das coleções.

Essa variação no foco sobre a elite interessada vai fazer com que ela (ou seus representantes) esteja presente ao longo da narrativa, em diversos momentos. Por exemplo, quatro coleções apresentam tal elite como organizadora do abaixo-assinado que solicita que o príncipe regente não retorne a Portugal. Outras seis apresentam o abaixo-assinado com um sujeito indeterminado, sugerindo uma mobilização popular intensa.

Com a declaração do Dia do Fico (que as coleções não apresentam claramente como evidência do engajamento de D. Pedro na futura independência), a resistência do monarca se estabelece, e com sua recusa a retornar a Portugal, após os sucessivos apelos das Cortes, seu personagem vai ganhando contornos que o fortalecem, de acordo com o enquadramento das referidas elites. Nas coleções que secundarizam as elites, sugere-se que D. Pedro seja um personagem perseverante e habilidoso na luta contra as Cortes, mas não se declaram qualificativos a ele. São suas ações que o dizem.

Todas as coleções, de maneira mais ou menos pormenorizada, enumeram exemplos de ações de D. Pedro na resistência às Cortes. Uma dessas ações, presente em todas as coleções em graus diversos de detalhamento, é a resolução do "Cumpra-se", que evidencia a tensão entre ordens de Portugal e contraordens de D. Pedro. Em algumas coleções, não é possível entender do que se trata. Em outras, José Bonifácio e Gonçalves Ledo (apresentados como pertencentes às elites já mencionadas) são citados como ministros que atuam juntamente com D. Pedro, inclusive no decreto do "Cumpra-se", com destaque ao papel do primeiro no conjunto de ações para a independência.

O parágrafo relativo ao evento da declaração da independência é relativamente menos importante no conjunto da narrativa, com maior ou menor detalhamento sobre o episódio. Nele, na maioria das coleções, D. Pedro estava em viagem e recebe correspondências, uma de Portugal, exigindo mais uma vez seu retorno (o que em nenhum momento foi apresentado como evidência de uma tensão entre o vice-reino e Portugal), e outra de José Bonifácio e da princesa Leopoldina, recebimento que, em algumas coleções é apresentado como estopim para sua declaração. Diante da nova convocação para retorno a Portugal, ele declara a independência.

Em todas as obras há representações visuais da imagem icônica de D. Pedro às margens do Ipiranga e sua declaração de independência, principalmente a pintada por Pedro Américo. Todas as coleções, dentro ou fora do capítulo da independência, mencionam a coroação do príncipe e algumas mencionam sua aclamação, sem conferir a tais momentos especial atenção como símbolos de uma confirmação simbólica, e de fato, de sua figura como monarca.

O sentido conferido ao papel da elite não se encerra no episódio da independência, pois a maior parte das coleções, seja dentro do próprio capítulo, seja no capítulo posterior, destaca que a declaração da independência mudou muito pouco o estatuto da maior parte da população – homens e mulheres livres, escravizados e escravizadas – pois ela fora excluída deliberadamente do processo. A mensagem explícita ou implícita de alguns desses livros é que a elite havia lutado para que, da forma como ocorreu, nada mudasse. Mas esse argumento também não é sustentado com evidências. A ausência da população excluída dos processos decisórios é flagrante. Isso não é apresentado como uma questão, ou um mistério, como o desaparecimento da população da ilha de Páscoa na prova do PISA. Efetivamente, na sequência linear do livro didático, na maioria das coleções há um capítulo ou seção sobre revoltas no período pré-independência, a maioria promovida pela elite ou população que desejava a manutenção do *status quo* (escravidão e propriedade) sem o jugo da metrópole.

A historiografia sobre a independência demonstra que após sua declaração houve províncias que reagiram, colocando-se ao lado de Portugal ou contra a metrópole. E houve relativa participação popular, tanto em uma posição quanto em outra. Mas os livros do PNLD/2011 não despendem páginas e nem sua narrativa ou documentação com esse momento, conquanto haja documentos que comprovem essas reações. Esse sujeito coletivo – os populares – não está na memória histórica escolar, e os livros não problematizam sua existência. Seria possível estabelecer essa lacuna como um problema a ser investigado? Existem evidências passíveis de serem constituídas sobre ele? Valeria a pena estabelecer conjecturas?

Voltemos ao início de nossa argumentação. A tarefa da explicação na aula de história tem se tornado mais complexa com as questões contemporâneas postas à história. Como se coloca a narrativa presente nos livros? Pela descrição realizada de forma sintética dos pontos principais da narrativa sobre a independência, não são apresentadas evidências claras que sustentem que houve um tensionamento entre grupos com interesses diversos. A narrativa permanece sendo pretensamente uma síntese histórica resumida e completa. Fica claro na narrativa que as Cortes portuguesas tinham interesse no retorno de D. Pedro, mas não são apresentados os documentos que atestam esse imperativo. É afirmado que as elites locais tinham interesse na permanência de D. Pedro, mas a famosa carta, de que falam todos os livros, não é apresentada. Fica a divergência (entre os livros) se ela é sustentada pela elite ou por diferentes partes da população, já que possuía milhares de assinaturas. O Dia do Fico é apresentado como momento importante da narrativa, mas a fala de D. Pedro, testemunho de sua afirmação, não é apresentada, bem como representações da recepção sua fala. E assim seguem as narrativas sobre a independência do Brasil, com sínteses de momentos consecutivos e poucas evidências, muito mais elementos da narrativa, para atestar o que se passou no processo. Diante de uma narrativa que não engaja o leitor ou receptor nos problemas existentes e que se tornariam lacunas a serem investigadas, resta resgatar pela repetição o que tem se mostrado na tradição como mais significativo, pois o que será pedido estará na ordem da memorização, após a apresentação da narrativa completa, sem problemas ou lacunas.

Articulando as narrativas e as perguntas possíveis, até agora

Vimos que a questão de por que algo aconteceu está presente nas três situações apresentadas, levando ora alunos, ora avaliadores, ora nós mesmos a perguntar: Por que isso aconteceu? Que evidências existem? Quem é responsável por isso?

Fomos provocados inicialmente a partir dos resultados alarmantes de uma avaliação internacional para os alunos brasileiros, realizada com pretensão técnica e descontextualizada. Ela evoca aspectos da história e algumas noções, tais como fato, opinião, causa e evidência, e busca avaliar a capacidade de leitura dos alunos de diferentes países. Após breve análise do instrumento e currículos relacionados, buscamos mobilizar pontualmente essas e outras noções relativas a explicações causais em torno de dois temas canônicos do ensino de história: a Guerra do Paraguai e a independência do Brasil.

Vimos que não é possível apresentar evidências suficientes de fatores relevantes para responder a perguntas tais como quem iniciou a guerra ou seu porquê, o que é comum na narrativa de guerra, com seus segredos. É um processo em que as partes habitualmente omitem seus interesses e os resultados de suas lutas. Entretanto, essa é uma das perguntas que inevitavelmente um professor precisa saber responder sobre o tema em estudo, mesmo que considerando os limites e a complexidade da resposta.

No caso de guerras, considerar narrativas concorrentes a partir dos lados em litígio pode ser uma estratégia de ensino que contribua para a constituição de um olhar perspectivado. O uso de fontes, documentos com registros de pessoas envolvidas de cada lado, é um exemplo a considerar na constituição de evidências para responder às perguntas sobre a guerra, de forma complexa. A apresentação de hipóteses diversas e até antagônicas também pode incentivar o desenvolvimento do pensamento analítico, de levantamento e comparação de evidências. A consideração de fatos tais como números da guerra, de perdas, de ganhos, para cada país envolvido, para além da narrativa acerca dela, como evidências dos horrores bélicos também despersonaliza a narrativa, permite alguma generalização e supera os pontos de vista nacionalistas. Lembremos que uma abordagem investigativa é válida tanto no ensino básico quanto na formação de novos historiadores e professores.

Terminamos nosso percurso com uma narrativa escolar, presente em livros didáticos avaliados pelo PNLD, sobre a independência do Brasil. Abordamos a própria narrativa didática, procurando evidenciar que, dentro de certa memória histórica consolidada, ela se constituiu sem problematizar sujeitos, momentos ou aspectos do processo em questão. Podemos narrar a independência a partir de uma narrativa bem estabelecida, a partir de fontes, de provas, de evidências que reiteram determinada memória histórica. A abordagem didática sobre a independência pode ocorrer por diferentes entradas, como respondendo às perguntas: Por que a independência do Brasil aconteceu? Por que aconteceu quando aconteceu, no panorama geral das independências americanas? Por que, após a independência, fomos a única monarquia que permaneceu com representantes dos antigos colonizadores no poder? Quem foi responsável pela independência do Brasil? Que papel tiveram mulheres, negros, indígenas? Por quê? A explicação causal está sempre presente, inclusive nas lacunas existentes.

A apreensão das relações causais constitui a confirmação, ampliação ou recusa de determinada ordem do mundo. Tanto as narrativas escolares sobre temas já consolidados quanto suas lacunas, exploradas de forma investigativa, podem contribuir para a organização e ampliação das subjetividades com a incorporação significativa e dinâmica de elementos identitários – das micro e macroidentidades – de diversos tempos e espaços.

No prefácio de *Evidência da história*, de François Hartog (2011), o autor destaca que a evidência tem uma trajetória na história que se inicia com o testemunho. Corresponde ao que se pode ver. E passa para o que se pode contar sobre o que se viu, o que pode ser narrado. A evidência na história se confunde com a prova, mas ela não é um dado. É o historiador ou investigador que produz a prova, ao constituir as evidências a partir de suas perguntas. O ensino de história com abertura para as perguntas pode representar uma alternativa potente ao ensino da tradição, em que um narrador narra uma história ouvida e que deve ser replicada pelos alunos, *ad infinitum*.

Na corrente anglo-saxônica da educação histórica, existe a proposição de substituir a apresentação e recepção de narrativas acerca dos processos históricos pelo trabalho com evidências, que permitiria aos estudantes constituir suas próprias narrativas. Coincidentemente ou não, esses são países membros da OCDE, onde o termo evidência possui relevância pelo seu valor científico e é trabalhado no currículo. Consideramos que a dispersão de narrativas possíveis, a partir de *N* interrogações a *N* evidências, por um lado, pode ser um exercício intelectual instigante. Por outro, pode destituir a importância da narrativa histórica já consolidada, com suas lacunas, mas também certezas a partir da crítica histórica que contribui para uma reflexão sobre a ética na história, hoje.

Como exemplo, as pesquisas consolidadas sobre a escravidão indígena e africana nas colônias europeias na América, bem como as pesquisas sobre a ditadura militar no Brasil, possuem narrativas consolidadas e que contribuem para a compreensão de fenômenos contemporâneos, tais como o racismo e a tortura como mecanismos de controle social. Não é o momento de colocar em dúvida as narrativas resultantes de tais pesquisas. Elas organizam o mundo social, com fatos – o que aconteceu – e análises – por que aconteceu –, propiciando a constituição de opiniões diversas, livremente. No momento atual, de crise da democracia e de seus valores, há que cuidar necessariamente da ética que atravessa as narrativas históricas em sua racionalidade, em especial no que se refere à abordagem de temas socialmente sensíveis.

O professor de história possui um lugar privilegiado: o de mediador cultural, pela formação e atuação, para avaliar a narrativa didática que está consolidada, a que possui lacunas e se há ou podem se constituir evidências para o questionamento com intenção pedagógica de diferentes temas, pelos estudantes. E, ainda, quando será preciso diferenciar fato de opinião, conhecimento cientificamente produzido e amparado e testemunho de quem viveu, de um lado ou de outro, tempos terríveis ou sombrios de nossa história nacional ou mundial.

Nesse sentido, a partir de nossas respostas às indagações sobre a pertinência do trabalho pedagógico com o campo discursivo das explicações causais (independentemente de fazerem parte da prova do PISA), as práticas curriculares de história poderão considerar a reorientação de narrativas existentes sobre temas canônicos na história escolar, abrindo lacunas até então desconsideradas, expondo questões e hipóteses. Através do (re)conhecimento intencional de lacunas e produção de evidências em tais narrativas, mobilizadas com finalidade pedagógica, será possível colocar no lugar devido conhecimento, fatos, opiniões, crenças e análises em favor de um ensino que contribua para a qualificação do pensamento histórico de novas gerações de estudantes na aula de história e fora dela, em diferentes usos do passado.

Referências

CAIMI, Flavia; TEIXEIRA, Fabiano. O passado é imprevisível! Controvérsias historiográficas acerca da Guerra do Paraguai no livro didático de história (1910-2020). *Territórios e Fronteiras*, Cuiabá, v. 6, n. 3, 2013, p. 67-89.

CARRETERO, Mario. *Construir e ensinar as ciências sociais e a história*. Trad. Beatriz Affonso Neves. Porto Alegre: Artes Médicas, 1997, cap.1.

CARVALHO, Luís Miguel. Governando a educação pelo espelho do perito: uma análise do PISA como instrumento de regulação. *Educação & Sociedade*, Campinas, SP, v. 30, n. 109, 2009, p. 1.009-1.036.

CRESPI, Franco; FORNARI, Fabrizio. *Introdução à sociologia do conhecimento*. Bauru: Edusc, 2000.

DANCY, Jonathan. *Epistemologia contemporânea*. Porto: Edições 70, 1985 (Coleção O saber da filosofia).

GERMINATTI, F. T.; MELO, A. O conhecimento histórico e a busca pela verdade: uma leitura da subjetividade e da objetividade na dualidade entre sujeito e objeto. *Research, Society and Development*, v. 7, 2018, p. 1-12.

GREVER, Maria; VAN DER VLIES, Tina. Por que as narrativas nacionais permanecem? Revisão de literatura sobre novas perspectivas na pesquisa dos livros didáticos de história. *Escritas do Tempo*, Marabá, v. 2, n. 5, 2021, p. 39-65.

GUGLIELMO, Mariana. *Material de qualificação de doutorado*. Rio de Janeiro: Ed. UniRio, 2022. cap. 1.

HARTOG, François. Prefácio. In: _____. *Evidência da história*: o que os historiadores veem. Trad. Guilherme João de Freitas. Belo Horizonte: Autêntica, 2011.

HOBSBAWM, Eric J. *Sobre história*. São Paulo: Companhia das Letras, cap. 19, 1998.

LEE, Peter. Por que aprender história? *Educar em Revista*, Curitiba, PR, n. 42, 2011, p. 19-42.

MALERBA, Jurandir. Os historiadores e seus públicos: desafios ao conhecimento histórico na era digital. *Revista Brasileira de História*, São Paulo, v. 37, n. 74, 2017, p. 135-154.

NICOLLAZZI, Fernando; MOLLO, Helena; ARAUJO, Valdei Lopes de. *Aprender com a história?* O passado e o futuro de uma questão. Rio de Janeiro: FGV Ed., 2011.

OECD (ORGANIZAÇÃO PARA A COOPERAÇÃO E DESENVOLVIMENTO ECONÔMICO). *21st-Century readers*: developing literacy skills in a digital world, PISA. Paris: OECD Publishing, 2021. Disponível em: <https://doi.org/10.1787/a83d84cb-en>. Acesso em: 5 jul. 2022.

REZNIK, Luis. *Tecendo o amanhã (a história do Brasil no ensino secundário:* programas e livros didáticos. (1931-1945). Dissertação (mestrado em história) – Universidade Federal Fluminense, Niterói, RJ, 1992.

ROCHA, Helenice Aparecida Bastos. Esfinge ou caleidoscópio? O desafio da pesquisa em livros didáticos de história. *CLIO*, Recife, v. 38, 2020, p. 85-105.

_____. Letramento(s) histórico(s): uma proposta plural para o ensino e a aprendizagem de história. *Territórios e Fronteiras*, Cuiabá, MS, v. 13, 2021, p. 275-300.

SALLES, André Mendes. livros didáticos de história no Brasil e no Paraguai: a construção de saberes da história. *Revista de História Comparada* (UFRJ), Rio de Janeiro, v. 14, 2020, p. 220-257.

SILVA, Sergio Felipe Moraes da. *Jogo de perguntas e respostas no ensino de história*: da permanente problematização ao desenvolvimento da leitura e da escrita. Dissertação (mestrado em ensino de história) – Instituto de História, UFRJ, Rio de Janeiro, 2022.

STEPHANOU, Maria. Currículos de história: instaurando maneiras de ser, conhecer, interpretar. *Revista Brasileira de História*, São Paulo, v. 18, n. 36, 1998, p. 15-38.

5. O passado movediço na aprendizagem histórica: entre afogamentos e respiros*

Letícia Mistura
Flávia Eloisa Caimi

Ao argumentar sobre a natureza cultural das diferenças em termos de como se produzem as representações de mundo, Hall (2003) afirma que representações são "significados compartilhados". Esse compartilhamento, elaborado comumente pela linguagem, como meio privilegiado de estabelecimento e troca de significados – embora em diferentes manipulações e formatos – dá gênese a comunidades de sentido, grupos em que determinadas representações operam em graus elevados de consenso. No entanto, as representações dentro de um grupo cultural de sentido nem sempre funcionam da mesma forma, já que consistem em uma diversidade de interpretações, elaboradas individualmente por seus participantes – logo, não há garantia ou pretensão de uniformidade interna de representações sobre diferentes assuntos em grupos culturais, em que operam sistemas de representação. Trata-se de um processo complexo e intrincado, historicamente situado e dinâmico. A pulverização – ou descentração (Hall, 2003) – cultural estabelecida pelos movimentos de globalização cria diferentes laços compartilhados de representações, cujos significados se estendem às grandes comunidades tradicionais e modernas (língua, nação, religião, família) e produzem novos níveis de consenso e significado. Significados, portanto, estão tanto circunscritos às gêneses culturais quanto ao seu compartilhamento e transformações ao longo do tempo – ou seja, às práticas a que são submetidos, ganhando novos usos, funções e roupagens.

Semelhante fenômeno, encapsulado pelo elemento de relações de poder, é descrito por Pierre Bourdieu (2004) ao teorizar sobre os campos – fala-se de/considera-se aqui especialmente os campos científicos de saber – como uma alter-

* O presente capítulo integra parte do estudo exposto na dissertação de mestrado Entre tensões e proposições: um estado do conhecimento sobre a aprendizagem histórica no Brasil em dissertações e teses (2005-2018), defendida em 2019. O estudo foi elaborado com bolsa de fomento da Capes (24 meses).

nativa ao posicionar-se no entremeio da problemática relação científica entre texto (objeto), contexto e análise. Dito de outra forma, o autor propõe compreender-se que, entre o fazer científico de qualquer campo e o esforço de análise produzido por ele, existem forças dinâmicas mais sociais, complexas e plásticas do que isoladas, neutras e assépticas. Trata-se de caracterizar e compreender as forças "intermediárias" entre objeto e análise, um universo social povoado de sujeitos, seus agentes e instituições. É um modo, segundo Bourdieu (2004:21), de fugir de duas concepções extremas a respeito da ciência: a da ciência pura, "totalmente livre de qualquer necessidade social" e da ciência escrava, "sujeita a todas as demandas político-econômicas". A concepção apresentada pelo autor, de campo como um mundo social, com relativo grau de autonomia frente às demandas do tempo presente, de acordo com seu poder refratário em retraduzir contextos de interferência política, é uma resposta ponderada a esses dois extremos. O campo, para Bourdieu (2004), é esse mundo social, onde há agentes, posições e discursos dominantes, objetos temporariamente relevantes e uma ordem de ações possíveis ou impossíveis, de acordo com um jogo iminente.

Esse jogo pode ser entendido como institucional, político, cultural, mas se configura, essencialmente e invariavelmente, como um jogo de poder(es). Em nosso título, mencionamos o passado – esse produto/símbolo do tempo histórico – como "movediço". Assumimos assim o passado como um terreno instável, não absoluto, não encerrado em si mesmo. Ora, se o passado é movediço, o que o move? Uma resposta poderia ser: os usos que são feitos dele, nos diferentes níveis nos quais ele se torna fonte de discurso, assim, *produtivo*.

Neste capítulo, propomo-nos (1) a visualizar como, ao ser vetorizado na e para a aprendizagem histórica, o passado elabora-se em *usos* e (2) a compreendê-los, questionando-os enquanto veículos para a manutenção ou a disputa de relações de poder que tensionam o campo da pesquisa em ensino e aprendizagem históricos, a escola e a história como conhecimento disciplinar, e afetam esse campo, mais ou menos, como comunidade de sentido.

Situando o universo de investigação

Nosso universo de investigação foi um *corpus* composto por 48 dissertações de mestrado e 15 teses de doutoramento, defendidas entre 2005 e 2018 em programas de pós-graduação brasileiros, que tematizassem a aprendizagem histórica como objeto, sendo este o critério principal de recorte para o corpo documental. Como base de dados, utilizamos o Catálogo de Teses e Dissertações da Capes e, para a composição do *corpus*, os descritores "aprendizagem histórica", "educação histórica", "construção do conhecimento histórico escolar" e "aprendizagem da história". Foram considerados como critérios de composição do *corpus*:

- que todos os trabalhos tivessem como temática de abordagem a relação entre estudantes e conhecimento histórico (entendida como "aprendizagem histórica");
- que todos os trabalhos operassem nos contextos escolares como universo de produção de dados e incluíssem ao menos uma incursão exploratória em campo;
- que todos os trabalhos estivessem situados em contextos escolares representantes em qualquer etapa da educação básica, admitindo-se diferentes modalidades (ensino de jovens e adultos, educação do campo).

Buscando compreender o *corpus* em totalidade e exemplaridade, o processo de exploração do material foi mediado pela análise textual discursiva (Moraes e Galiazzi, 2016). Trata-se de um método de análise que pressupõe movimentos cada vez mais densos de compreensão das informações de um conjunto de textos intencionalmente organizados (um *corpus*) em ciclos espirais de análise que formam um processo auto-organizado. Este processo é caracterizado e orientado pela intensa impregnação nos materiais de pesquisa, respeitando-os em exemplaridade e regularidade.

A análise textual discursiva (ATD) é um processo de análise de informações qualitativas que considera os materiais de análise – textos, em conjuntos organizados – como produções singulares e contextuais (situadas). Parte-se da premissa de que produções textuais podem suscitar variados significados simbólicos por meio de diferentes olhares leitores: não há leitura única e objetiva e toda leitura condiciona uma interpretação. O conjunto de textos a ser analisado pode ser produzido no processo de investigação ou já existir previamente, como no caso deste estudo.

O primeiro movimento de exploração do *corpus* consistiu no processo de desmontagem de textos e unitarização, como proposto pela ATD. As unidades de análise selecionadas foram as seguintes: *fundamentação teórica, problemática* e *resultados*. Nos movimentos de leitura do *corpus*, e apesar da regularidade em termos de exposição textual das dissertações e teses, nem sempre as unidades de análise correspondiam exatamente aos contextos esperados na estrutura formal dos textos. Nesse sentido, na unidade *fundamentação teórica* esperou-se encontrar elementos unitários, nas dissertações e teses, nos capítulos introdutórios e nos momentos em que o pesquisador expõe sua fundamentação ou marco teórico. Nem sempre esses momentos estão localizados com precisão, o que requereu uma grande flexibilidade de olhar. Em termos da unidade *problemática*, as unidades de sentido estão localizadas com mais precisão na estrutura argumentativa, presente em todos os trabalhos, que antecede as perguntas, hipóteses ou objetivos de investigação. Na terceira unidade, novamente há fragmentação em termos de localização dos *resultados de pesquisa* e de sua discussão, muitas vezes alocados tanto em diversos capítulos quanto apenas nas considerações finais. De forma geral, nos limites deste capítulo, os movimentos de análise aqui presentes circundam mais incisivamente as duas primeiras unidades de análise: a fundamentação teórica e a problemática.

Nos movimentos aqui expostos, propusemos um olhar para as *concepções* de aprendizagem histórica manifestadas pelos trabalhos do *corpus* como representantes da tessitura entre aprendizagem, história, escola, professores, estudantes e os mundos de sentidos provenientes dessa complexa relação. Entendemos que essas manifestações configuram *usos* do passado enquanto o viabilizam de uma forma específica dentro de pertencimentos claros a diferentes campos científicos – disciplinares – e o mobilizam em discurso, dentro da comunidade de pesquisadores do ensino de história.

Os "usos do passado" concebidos

Ao pensarmos em "usos do passado" como uma categoria descritiva das diversas operações que os autores e professores do *corpus* realizam, percebemos como "concebidos" os usos do passado que advêm dos diferentes olhares teóricos acerca da *concepção* de "aprendizagem histórica".

Nesse primeiro esforço, buscou-se compreender a natureza das relações entre essas diferentes posições, de acordo como são manifestadas e como estão relacionadas aos três principais postulados teórico-metodológicos (matrizes) (Mistura,

2020) atribuídos ao campo dos pesquisadores do ensino de história: a didática da história de Jörn Rüsen, a *history education* inglesa e as matrizes "desviantes", baseadas em pressupostos da teoria histórico-cultural de Lev Semenovitch Vigotski, na epistemologia genética de Jean Piaget e na teoria das representações sociais de Serge Moscovici, que operam em um grau interdisciplinar – teórico e metodológico – frequentemente junto às duas anteriormente citadas.

Assim, emergiram dois agrupamentos: um correspondendo a uma lógica de uso *disciplinar* do passado e outra, à possibilidade de conceber a pesquisa sobre aprendizagem histórica de um lugar *interdisciplinar*. Ambos oferecem pressupostos diversos que, concatenados às problemáticas dos trabalhos analisados, também operam em níveis metodológicos, tanto procedimentalmente quanto analiticamente.

O uso disciplinar do passado na pesquisa sobre aprendizagem histórica

Ao perseguir a elaboração das concepções sobre aprendizagem histórica no *corpus*, visualizaram-se os posicionamentos teóricos circunscritos especificamente em duas grandes unidades de análise do *corpus*, conforme já anunciado: "fundamentação teórica" e "problemática". No entanto, a formulação dos argumentos subjacentes às matrizes não se restringia unicamente à defesa de um posicionamento teórico acerca de concepções de aprendizagem histórica, mas também de lugares *disciplinares* aos quais as concepções pertenceriam. Trata-se de uma perspectiva que, em lugar de conceber o ensino de história e a aprendizagem histórica como pertencentes a um lugar de fronteira (Monteiro e Penna, 2011), os concebem como um território em guerra civil, em que diferentes forças políticas disputam pela jurisdição de uma área comum. Essa perspectiva marca a diferença entre os trabalhos que se associam à educação histórica e à didática da história, que apresentam uma concepção *disciplinar*, e os que, divergindo dessa posição, se orientam por um olhar mais amplo acerca dos processos de aprendizagem histórica, que acabam por apresentar-se opostamente, em uma concepção *interdisciplinar*.

As investigações que se orientam por uma perspectiva disciplinar manifestam suas posições de três modos: (1) por meio de afirmação irrestrita da história como disciplina de pertencimento das discussões sobre aprendizagem histórica ou da diferenciação das suas discussões de outras do mesmo campo; (2) por meio de construções críticas ou denunciativas das demais abordagens ou (3) por uma combinação de ambas as modalidades argumentativas, o que gerou, por vezes, contradições em seus discursos. Analisaremos alguns casos ilustrativos das três situações.

Pode-se observar o primeiro modo de exercício argumentativo – a defesa irrestrita da epistemologia da história (ou o conhecimento histórico) como lugar de gênese, em suas perspectivas, das discussões sobre aprendizagem histórica – na tese de Rosi Terezinha Ferrarini Gevaerd (2009) e na dissertação de Max Lanio Martins Pina (2016):

> Assim, e pautando-me em investigações na área da Educação Histórica, delineei minha pesquisa, mais precisamente na linha de investigação da cognição histórica situada, a qual engloba estudos que têm como perspectiva a compreensão das ideias de professores e alunos em contexto de ensino – aulas de história, tomando como referência o próprio conhecimento histórico [Gevaerd, 2009:24].

> A Educação Histórica é uma linha de investigação que apresenta uma fundamentação científica própria "baseada em áreas do conhecimento como a Epistemologia da História, a Metodologia de Investigação das Ciências Sociais e a Historiografia". [Germinari, 2011, p. 55]. De acordo com Geyso Dongley Germinari parte-se do princípio que exista uma cognição própria do pensamento histórico ancorada na racionalidade histórica, por isso há uma necessidade de se conduzir as investigações desse campo a partir da epistemologia da própria História [Pina, 2016:71].

Os movimentos de crítica a diferentes propostas ou abordagens da aprendizagem histórica, que compõem a segunda forma de apresentação, são expostos nos seguintes termos, pela tese de Éder Cristiano de Souza (2014) e pelas dissertações de Aurelio Silva Fernandes (2016) e Tatiane Carvalho Peçanha Guimarães (2016):

> [...] ao mostrar que a forma como os jovens apreendem as narrativas fílmicas se dá a partir das referências advindas de suas protonarrativas relacionadas aos valores e práticas culturais que partilham, torna-se necessário levar em conta que o ensino de

> História deve superar as concepções de aprendizagem assentadas exclusivamente nas influências das teorias psicológicas sobre a concepção de aprendizagem, tomando como referência a epistemologia do conhecimento na constituição de categorias de análise da aprendizagem histórica [Souza, 2014:337].

> Na perspectiva rüseniana, a Didática da História deve ser pensada por meio da epistemologia da ciência histórica rompendo com a lógica empobrecedora de ser pensada exclusivamente na órbita das ciências da educação com uma proximidade da Pedagogia [Fernandes, 2016:39].

> Duas tendências são apontadas por Schmidt (2015) nas pesquisas que abordam a aprendizagem no ensino de história. A primeira tendência segue a linha da psicologia cognitiva, a qual compreende a aprendizagem a partir de estágios do desenvolvimento humano. Seus fundamentos encontram respaldo na teoria de Jean Piaget (1896-1980), que, segundo a autora (2015), promoveu uma categorização do pensamento em níveis abstratos ou concretos, influenciando diversas pesquisas na área da educação no Brasil. [...] Distanciando-se dessa perspectiva generalista oriunda da psicologia cognitiva, a segunda tendência apresentada por Schmidt (2015), compreende um diálogo mais estreito com os referenciais epistemológicos da história denominados de "educação histórica" [Guimarães, 2016:21].

No primeiro exemplo apresentado, os trabalhos de Gevaerd (2009) e Pina (2016) trazem como elemento argumentativo central a afirmação de que a história, como ciência e pensamento, pode abarcar e produzir um tipo específico de cognição, a cognição histórica, sendo essa o produto/meio desejável à aprendizagem histórica. No segundo exemplo, as citações afirmam a diferenciação de suas abordagens – quer da didática da história, quer na educação histórica – como opostas às perspectivas do campo da educação, denunciando uma suposta hegemonia dessas concepções no campo investigativo interessado pelo ensino e aprendizagem históricos. Como se elabora essa cognição e em que seus processos de produção diferem dos processos de construção do conhecimento elaborados pelas perspectivas em uso nas pesquisas do campo da educação, como a epistemologia genética, a quem os pesquisadores se diferenciam em discurso? Geyso Dongley Germinari, pesquisador que é referenciado na citação de Pina (2016), anuncia, em texto com coautoria de Marcos Roberto Barbosa:

> O estudo da cognição histórica situada distancia-se das análises da aprendizagem referenciadas nos princípios da psicologia científica, campo de estudo que elaborou uma categorização do pensamento em estágios de desenvolvimento cognitivo, os quais são caracterizados por determinadas atividades mentais que o indivíduo consegue realizar no decorrer das diversas faixas etárias do seu processo de desenvolvimento. [...] A aplicação dessa lógica ao ensino de História levou alguns autores a defenderem a possibilidade da aprendizagem histórica somente a partir do estágio das operações formais, momento no qual o indivíduo possuiria os dispositivos cognitivos necessários à apreensão de conteúdos complexos e abstratos como o conhecimento histórico [Germinari e Barbosa, 2012:746].

O momento histórico a que os pesquisadores se referem remonta às décadas de 1960 e 1970, quando estudiosos de várias partes do mundo, filiados às proposições da epistemologia genética de Jean Piaget, realizaram estudos (não apenas acerca da disciplina histórica, mas de outras áreas do conhecimento) que se apropriavam de seus estágios de desenvolvimento enviesadamente, os transformando em "caixas" unívocas e enquadrando o desenvolvimento cognitivo de crianças nesses estágios, em uma correspondência errônea e que não fora prevista pelo epistemólogo. Esses pressupostos, entretanto, foram há muito superados. A *history education* inglesa é um resultado da elaboração de novos pressupostos para a aprendizagem histórica, acompanhando igualmente novas concepções sobre a disciplina, no então bojo de sua crise. No entanto, a explicação dos autores não dá a entender como é construída a cognição histórica. Em seu texto, Germinari e Barbosa apoiam-se em Maria Auxiliadora Schmidt para explicar mais detalhadamente esse processo. A autora esclarece:

> Na perspectiva da cognição situada na ciência de referência, a forma pela qual o conhecimento deve ser aprendido pelo aluno deve ter como base a própria racionalidade histórica, e os processos cognitivos devem ser os mesmos da própria epistemologia da ciência da História [Schmidt, 2009:210].

Por meio da explicação de Schmidt (2009), compreendemos as afirmações dos excertos das dissertações: na posição tomada pela educação histórica, os processos cognitivos da aprendizagem histórica têm como base de origem o pensar historicamente da epistemologia da história, ou seja, os processos realizados pelo historiador, subjacentes à produção historiográfica.

Para a educação histórica, no entanto, assumir a gênese dos processos cognitivos da aprendizagem histórica na epistemologia da história significa afastar-se da compreensão da construção de um conhecimento histórico escolar. A ênfase da aprendizagem estaria no domínio das operações de cognição histórica e do avanço em compreender os mecanismos de construção científica da história (epistemologia).

> A perspectiva da Educação Histórica difere da forma da "transposição didática" do conhecimento histórico em conhecimento histórico escolar. O conceito de transposição didática foi utilizado na perspectiva delineada pelo matemático Ives Chevallard (1997). Esse autor defende que o conhecimento vinculado à escola apresenta uma natureza própria. O conhecimento escolar é diferente de outras formas de conhecimento, como o conhecimento do senso comum ou conhecimento científico elaborado nas academias. Nessa perspectiva, o conhecimento torna-se escolar mediante o processo de transposição didática, operado pelo processo de transformação do conhecimento acadêmico em conhecimento escolar (tornado possível de ser ensinado), que é o que lhe define a natureza específica. A proposta da transposição didática da História tomou como referência, sobretudo, os fundamentos pedagógicos e psicológicos. Esse aspecto pode ter contribuído para o distanciamento entre a história ciência e história escolar [Germinari e Barbosa, 2012:743].

O excerto anterior apresenta o argumento de que a organização escolar do conhecimento histórico empreendida aqui pelo conceito de "transposição didática", mas elaborado de tantas outras formas nas salas de aula, teria contribuído para afastar a história como conhecimento e a história escolar. Nesse sentido, cabe perguntar: o que seria, portanto, a história escolar, senão uma produção que parte do conhecimento histórico disponível em direção a uma forma *possível* (ou a formas diversas) de ser ensinado e aprendido? Ainda, o excerto denuncia as práticas de transformação do conhecimento histórico em um conhecimento especificamente escolar (ou seja, que considera a instituição escolar como meio de sua elaboração e professores e estudantes como agentes desse meio) por não tomarem a história ciência como referência. Remanescem algumas questões: qual, então, seria a referência central do conhecimento histórico manipulado em sala de aula? O livro didático? O professor? A BNCC e as diretrizes curriculares? E qual é a solução empreendida pela educação histórica a respeito dessa questão, ao trabalhar com a epistemologia da história como referência? Mesmo o trabalho direto com evidências históricas e versões historiográficas exige um grau de reconfiguração para adentrar o ambiente escolar. Ao contrário, nega-se a característica principal da aprendizagem na educação básica: ela ocorre em contextos *escolarizados*.

A concepção de "cognição histórica" parece, portanto, advinda dos estudos estrangeiros sobre aprendizagem histórica. Tomando a compreensão de Peter Lee, da *history education* inglesa, esses processos estariam circunscritos a níveis de operação substantivos (conceitos históricos) e de segunda ordem (conceitos que mobilizam o pensamento histórico: evidência, compreensão, multiperspectiva, interpretação, explicação etc.). No entanto, há que se considerar a discrepância entre os contextos de elaboração de enunciados denunciativos sobre as investigações baseadas na teoria de Piaget e da ação acerca deles dos estudos ingleses e dos brasileiros. Os estudos ingleses foram elaborados em cenários organicamente empíricos, no contexto imediato de resposta aos estudos de base piagetiana, baseados em anos de observações em sala de aula, áudio e videogravações de aulas de história, entrevistas e grupos focais com estudantes e no contexto de reelaboração curricular para o ensino de história no Reino Unido, cujo objetivo central era a superação de algumas práticas de ensino tradicionais envolvendo a história, como o verbalismo, a memorização e a extrema cronologia. Foram estudos situados em grande especificidade, cuja "lida" empírica deu-se diretamente em luta com as formatações e concepções de "história" e ensino em voga. Embora tenham dado muito a conhecer sobre a natureza das relações que os jovens criam com o conhecimento histórico e como lidam com ele, seus resultados não podem ser simetricamente aplicados a contextos brasileiros, a menos que por meio de esforços iniciais semelhantes e em uma perspectiva reconstrutiva ou comparativa. Há que se avaliar com seriedade se propostas baseadas inteiramente em pressupostos epistemológicos da história guardam a mesma potencialidade, atualmente e nos contextos de salas de aula brasileiras (e junto do edifício de práticas historiográficas e de ensino de história do país), de conhecer sobre as reações dos estudantes frente ao conhecimento histórico. Não se trata apenas de questões de cunho teórico-metodológico, mas de rigor científico: nas boas práticas científicas, a teoria deve servir como confronto da realidade – e a realidade deve confrontar a teoria, ou instar a produzir novas teorias –, e não "confortar" a realidade em seus braços.

Visualizamos, como terceiro exemplo, algumas contradições entre afirmações dos trabalhos do *corpus*. Em sua tese, Lucas Pydd Nechi (2017) menciona, na introdução, que

> A presente pesquisa é realizada no campo da Educação Histórica e enfrentou de antemão dois grandes desafios. [...] O segundo desafio, decorrente do primeiro, é materializar, na pesquisa, uma incursão teórica e empírica cujos frutos possam de fato contribuir com a área investigada – no caso, a Educação – não apenas como uma leitura descritiva, mas sim uma problematização crítica real [Nechi, 2017:21].

De acordo com sua afirmação, entende-se que a investigação que realiza está alocada na área da educação, para a qual deseja contribuir em termos de resultados de pesquisa. No entanto, a contribuição para a área da educação se dá por meio de uma construção teórico-metodológica da ciência histórica, como ele destaca nas considerações finais: "tal fundamentação [teórica] pretendeu fomentar a constituição de um arcabouço teórico derivado da filosofia e da Teoria da História que possa subsidiar, normativamente, o ensino e a Aprendizagem Histórica [...]" (Nechi, 2017:260).

Logo, percebe-se um impasse epistemológico: afinal, o trabalho, que focaliza a didática da história, pertence a [e contribui com] que área de conhecimento? Já se viu que a didática da história de Jörn Rüsen responde a preceitos epistemológicos da ciência da história. De que forma, portanto, essa discussão chega à área de educação, se não por via de diálogos teórico-epistemológicos que fundamentem as práticas de ensino e as aprendizagens desejadas?

Ana Paula Rodrigues Carvalho (2017) também opera com semelhante contradição teórico-epistemológica em sua dissertação, ao propor que:

> [A Educação Histórica] Não se trata de uma nova teoria da aprendizagem, mas de um campo de pesquisa que por meio do construtivismo social pensa o Ensino de História a partir de pressupostos ancorados na racionalidade da ciência História [Carvalho, 2017, 24].

Logo após, afirma que:

> Em oposição a uma concepção evolutiva do desenvolvimento cognitivo com base na idade, nos moldes de Piaget, ou de um ensino de história validado pela quantidade de informações que o aluno era capaz de reter, a Educação Histórica propõe analisar a cognição em história com base na própria racionalidade da história [Carvalho, 2017:34].

Há, aqui, uma imprecisão em compreender em que consiste a premissa do construtivismo – de que Piaget é um dos teóricos de base –, embora a autora tenha dedicado parte de sua dissertação a elaborar sobre ele, e de que forma a educação histórica produz diálogos com essa premissa. Logo, faz parecer que a postura adotada é a de uma perspectiva epistemológica seletiva, que "pinça" de grandes sistemas teóricos apenas os conceitos aos quais lhe interessa filiar-se, sem produzir explicações ulteriores ou oferecer transparência em sua posição.

Por meio dos esforços enunciativos analisados, os discursos da educação histórica procuraram tecer argumentos acerca da pertinência da epistemologia da história em oferecer e estabelecer os domínios da didática da história e no que diz respeito a estruturar teoricamente a aprendizagem histórica e a construção de conhecimentos (cognição) históricos, baseando-se em estudos da *history education* inglesa e da didática da história de Jörn Rüsen. No entanto, foram pouco exitosos em propor de forma concisa uma explicação acerca da gênese da cognição histórica e de suas possibilidades em contextos escolares, circunscrevendo sua discussão em oposição à perspectiva da epistemologia genética, cujo campo do ensino de história tem apresentado esforços em superar há, ao menos, três décadas. Com efeito e apesar de suas denúncias, não foram encontrados, no *corpus*, trabalhos que se aportassem exclusivamente nas teorias do desenvolvimento e da aprendizagem cujas origens matriciais são a psicologia. Pelo contrário: há um esforço profícuo em conjugar as discussões que articulam as concepções de aprendizagem, desenvolvimento e construção conceitual de autores como Vigotski, cujos estudos têm informado pesquisas da educação na perspectiva histórico-cultural, às contribuições da educação histórica e da teoria da história de Rüsen, entendendo que estas últimas encontram limitações ao focalizarem o objeto pretendido: a aprendizagem histórica (em diferentes abordagens) nas salas de aula brasileiras.

A interdisciplinaridade como possibilidade na pesquisa sobre aprendizagem histórica

Adentrando neste segundo eixo de análise, apresentam-se alguns excertos de trabalhos que adotaram uma concepção mais próxima da *interdisciplinaridade* de abordagens sobre a aprendizagem histórica. Clara Zandomenico Malverdes (2018) e Lucas Antonio Nizuma Simabukulo (2018) expõem a natureza da articulação que tecem entre a construção do conhecimento histórico escolar e a contribuição teórica de Vigotski:

> Mediante os procedimentos metodológicos explicitados, e considerando o pressuposto de que a leitura da imagem permite a construção do conhecimento histórico escolar, analisou-se a produção fotográfica, a organização desse conhecimento e o processo de elaboração conceitual (Vygotsky, 2005) por meio de atividades pedagógicas mediadas pelo uso da imagem fotográfica [Malverdes, 2018:5].

> Parte-se da premissa de que a cultura, contextualizada historicamente, é constitutiva do desenvolvimento humano, configurando em cada indivíduo de forma particular as chamadas funções psicológicas superiores (memória, atenção dirigida, linguagem, imaginação, pensamento etc.) que nada mais são do que relações sociais internalizadas. O desenvolvimento se daria de maneira dialética; consequentemente a cultura formaria o sujeito e seria produzida ao mesmo tempo por ele (Vygotski, 2000). A partir dessa perspectiva teórica, a formação do pensamento seria uma função psicológica superior, sendo particularmente importante nesse momento histórico o impacto da escolarização nesse processo. O pensamento conceitual seria mediado socialmente, e possibilitaria ao sujeito refletir sobre o mundo a partir de conceitos científicos ou sistematizados [Simabukulo, 2018:77].

Regina Maria de Oliveira Ribeiro (2006) reflete em torno da inadequação da errônea apropriação que fizeram pesquisadores ao se utilizarem dos estudos de Piaget, especialmente sua teoria dos estágios de desenvolvimento cognitivo, tomando-a como uma estratificação imóvel e aplicando-a verticalmente aos dados de pesquisa. A autora elabora sobre o processo de aprendizagem tendo como base os estudos de Vygotski. No excerto a seguir, apresenta a natureza de sua premissa, que, além dos preceitos disciplinares, admite e abarca contribuições em perspectiva interdisciplinar:

> Os estágios de desenvolvimento e os processos de aprendizagem não são invariáveis como propuseram os pesquisadores que tomaram a teoria de Piaget como base para a pesquisa na área da cognição histórica. A partir das contribuições de Vygotsky, compreende-se o processo de desenvolvimento cognitivo articulado e impulsionado pelo processo de aprendizagem, sendo esse último de natureza sócio-histórica. Portanto, o pressuposto de que exista uma progressão linear, de mesma sequência, para todos os indivíduos é inviável. O resultado mais provável será sempre uma gama variada de níveis do pensamento histórico, e não uma mesma resposta ou compreensão de todos, ou da maioria dos alunos. Estes princípios indicam que os percursos da aprendizagem histórica de crianças, adolescentes e adultos precisam ser avaliados e investigados por educadores e pesquisadores no decorrer do mesmo, tomando como referência a natureza do conhecimento histórico e, portanto, construtos teóricos próprios da disciplina, mas também, contribuições teóricas de outros campos, como da Pedagogia, Psicologia e Filosofia [Ribeiro, 2006:72].

Após, Ribeiro expõe a dimensão de suas premissas teóricas ao vincular-se a Vygotski:

> Para compreender aspectos cognitivos da formação de conceitos históricos pelas crianças, o ponto de partida é a abordagem teórica de Vygotsky, para quem o processo de desenvolvimento cognitivo é impulsionado pelo de aprendizagem, ambos os processos de natureza sócio-histórica e cultural. Essa perspectiva teórica apresenta-se adequada à pesquisa sobre a aprendizagem de conceitos em História por seus pressupostos com relação ao sujeito do conhecimento (primazia das interações cognitivas sobre a transmissão social); ao papel da sociedade e da cultura no desenvolvimento cognitivo e na aprendizagem (as mediações simbólicas, as relações entre processos interpsicológicos e intrapsicológicos) e à perspectiva genética do desenvolvimento articulada ao processo de aprendizagem [Ribeiro, 2006:74].

O exposto pelos excertos evidencia uma perspectiva *interdisciplinar* da concepção de "aprendizagem" que acompanha as elaborações sobre aprendizagem histórica, mostrando necessidade e disposição ao articular perspectivas teóricas mais amplas à especificidade do processo de construção do conhecimento histórico em sala de aula, com fins de compreendê-lo como *processo*, sem imobilizá-lo em estratificações. Aqui, trata-se de uma perspectiva que, além de compreender a aprendizagem histórica como específica, a concebe igualmente como *aprendizagem*: um processo que envolve outros elementos e ações, como a progressão, a formação de conceitos, a mediação, sobre os quais há contribuições de grande valor nos campos que os estudam.

A discussão em que nos embrenhamos mostra-se enredada por perspectivas que buscam, de um lado, obter a legitimidade do discurso sobre a aprendizagem histórica e, de outro, conciliar os discursos disponíveis no campo de forma a oferecer concepções mais produtivas acerca do que seriam os processos de aprendizagem histórica. Há, portanto, a conjugação da educação histórica que busca, na epistemologia da história e apoiada pela tradição inglesa, categorias orientadoras do "pensar historicamente" ou da cognição histórica à didática da história de Rüsen, que fornece o discurso de sentido à aprendizagem histórica. Como escreve Nallyne Celene Neves Pereira (2017) em sua dissertação,

> Rüsen [...] afirma que, mesmo com todas as inovações teóricas da aprendizagem que implicaram sobre a Didática da História, ainda não foi desenvolvida uma teoria sistemática do aprendizado histórico. Segundo o autor, as teorias psicológicas do aprendizado assim como as versões pedagógicas das modernas teorias do aprendizado não trazem em suas análises e interpretações as especificidades do aprendizado histórico. [...] Ainda segundo o autor, as concepções teóricas do aprendizado só podem ser aplicadas às especificidades do histórico quando um dos objetos mais importantes de uma Didática da História for a consciência histórica. [...] Rüsen (2010) considera que o desenvolvimento da consciência histórica é um processo de aprendizagem, uma vez que os procedimentos mentais da consciência histórica passam a ser "aprendizagem" quando as competências são adquiridas para a) experimentar o tempo passado, b) interpretá-lo na forma de história e c) utilizá-lo para um propósito prático na vida diária (Rüsen, 2010). Nessa perspectiva, a aprendizagem histórica pode ser explicada como um processo de mudança estrutural na consciência histórica, como uma "digestão de experiências do tempo em formas de competências narrativas" (Rüsen, 2010). Essas competências relacionam-se com a "habilidade para narrar uma história pela qual a vida prática recebe uma orientação no tempo" (Rüsen, 2010). A aprendizagem histórica ocorre, portanto, na articulação

> das três habilidades: experiência, interpretação e orientação. Estas três dimensões da aprendizagem histórica se relacionam entre si e se sobrepõem continuamente, uma vez que não existe "uma experiência histórica sem significado, ou uma orientação histórica sem experiência" (Rüsen, 2010, p. 89) [Pereira, 2017:36-37].

Há, definitivamente, um esforço de Rüsen para explicar que lacunas existem, em sua percepção, nas perspectivas teóricas que dizem respeito à aprendizagem: a elas falta a especificidade do conhecimento histórico. Não dispomos, de fato, de uma teoria da aprendizagem histórica. Por outro lado, ele oferece uma razão de ser para o conhecimento histórico em sua versão didática (funções no mundo social – orientação, interpretação, motivação...) que conforta, em certa medida, os problemas de aprendizagem nas salas de aula.

O quanto estamos, de fato, perto ou longe de chegarmos a uma elaboração compartilhada, conjunta, de uma teoria da aprendizagem histórica? E quanto estamos, igualmente, afastados de uma construção compartilhada entre historiadores e pesquisadores do ensino de história sobre o que deve ser ensinado e aprendido na disciplina escolar de nosso campo de referência? Propomos dirigir o olhar para outro lado desse espectro, o que convida e urge a posicionamentos e desenvolvimentos.

Há a sala de aula brasileira, repleta de crianças e jovens em desenvolvimento, permeada por problemas de toda ordem – de aprendizagem, sociais, políticos, de segurança, saúde, moradia. Como se pode oferecer situações de aprendizagem que correspondam tanto às suas demandas de presente e futuro quanto ao seu desenvolvimento humano e social, na disciplina de história? Seria possível articular uma perspectiva que estivesse atenta tanto ao desenvolvimento cognitivo – nas perspectivas filo e ontogenéticas – quanto à progressão do conhecimento histórico, e que conjugasse o propósito de ambas?

Na frase de efeito "para ensinar história a João é preciso saber de ensinar, de História e de João" (Caimi, 2015:111), exprime-se esse contexto-problema. Não basta apenas considerar, como denunciam muitos dos trabalhos, a perspectiva do desenvolvimento cognitivo de "João" (a solução também não está unicamente em considerar seus conhecimentos prévios e seu contexto de existência; é preciso que se integrem ambas as perspectivas). Tampouco é suficiente orientar-se unicamente pelas possibilidades da epistemologia de referência – no caso, da história, e revestir-se de seus pressupostos ou assegurar-se apenas em perspectivas pedagógicas e procedimentais. Nem a forma sem conteúdo, nem o conteúdo sem a forma (Caimi, 2015). É um desafio posto na roda, a ser enfrentado:

> Há que superar a crença de que o conhecimento científico específico contém, em si mesmo, as chaves de sua própria compreensão e difusão. De outro lado, há que desconfiar da ideia de que a didática dá conta da tarefa de ensinar tudo a todos, como postulava Comenius ainda no século XVI, independentemente dos saberes da ciência de referência [Caimi, 2015:121].

Jörn Rüsen comenta sobre essa tensão ao reconhecer que "o ensino de história nas escolas exige dos professores uma competência que não coincide com sua especialização em história" (Rüsen, 1989; 2007:90). Ao refletir sobre o relacionamento e a diferenciação entre teoria da história (de onde provêm os conhecimentos epistemológicos e procedimentais propriamente históricos) e a didática da história, ele segue em um caminho semelhante ao que expomos:

> O problema não está na autonomia e na diferença didática da história, mas em sua relação com a ciência da história, sobretudo em seu estatuto nessa relação. Todo professor tem de conciliar pelo menos duas vocações em seu coração: a da especialização, que adquire (não com pouco esforço) durante seus estudos, e a de ensinar, a pedagógica, sem a qual (pode-se supor) não conseguirá ter sucesso no ensino de sua especialidade [Rüsen, 1989; 2007:90].

O autor segue, admitindo que a intenção de neutralidade ou assepsia de ambas disciplinas (a teoria e a didática da história) é condição de abandono do que é essencial a ambas, ou seja, ingênuo. Assim, demonstra sua posição ao alocar a aprendizagem como questão central da didática da história, não apenas de *didática*: "[...] crianças e jovens aprenderem história é uma questão central da didática da história, a que a mera tecnologia de ensino não responde satisfatoriamente" (Rüsen, 1989; 2007:91). Entretanto, e como o autor alerta, sua concepção de "didática da história" – ou mesmo de aprendizagem histórica – não abarca somente as aprendizagens que acontecem em contextos institucionais e escolarizados, "mas nos mais diversos e complexos contextos da vida concreta dos aprendizes" (Rüsen, 1989; 2007:91), posição da qual se comunga aqui. Rüsen posiciona-se sobre a inevitável e complicada relação entre a teoria e a didática da história, mostrando que, nesse relacionamento, podem coexistir práticas de subordinação e funcionalização. Ele explica: "a didática da cópia [...] consiste numa tentativa de deduzir uma concepção do aprendizado histórico dos mecanismos dos processos cognitivos específicos da história como ciência, ou seja, fundir a didática com a teoria da história" (1989; 2007:92). Em outras palavras, acarreta numa produção de diretrizes de pensamento histórico que acabam formando contornos de uma teoria – didáticas da história contêm, essencialmente, teorias da história, mas têm pressupostos de existência e funções diferentes. De outro lado, há uma tentativa de funcionalização implicada à teoria da história, que deveria primordialmente assumir os pontos de vista didáticos para considerar-se "legítima". Rüsen manifesta-se sobre a improdutividade dessas tensões:

> [...] impedem entender a especificidade de cada estado de coisas abordado (história como ciência e aprendizado histórico) e causam uma redução do outro campo. Essas unilateralidades podem ser evitadas se ficar claro que a teoria da história e a didática possuem o mesmo ponto de partida, mas se desenvolvem em direções cognitivas diferentes e com interesses cognitivos diversos. [...] A teoria da história pergunta pelas chances racionais de conhecimento histórico e a didática pelas chances de aprendizado da consciência histórica. Ambas estão intimamente interligadas, mas não são idênticas [Rüsen, 1989; 2007:93].

Em vista de tudo isso, pensa-se ser pertinente que se insista em diferenciar a natureza das relações de aprendizagem que acontecem fora da sala de aula das relações *escolarizadas*, embora, para Rüsen, a didática da história deva operar com ambas em um mesmo conceito de "aprendizado". É justamente em torno desse ambiente específico de aprendizagem que se circunscreve a questão: como pode a didática da história, em sua relação imbricada com a teoria da história, oferecer uma teoria da aprendizagem histórica *em contextos escolares*? É desse problema que afloram as perspectivas interdisciplinares, e que nos encara – não somente em termos da aprendizagem histórica, mas no contexto de formação profissional, como sinalizaram Caimi (2015) e Rüsen (1989; 2007). Esse contexto de formação profissional também enfrenta as mesmas dicotomias, como chama a atenção Vanessa Kiara Rodrigues Milian (2015) em seu texto de dissertação:

> Durante a graduação houve poucas disciplinas que englobavam o ensino de História e apenas uma voltada especificamente para o ensino. No entanto, as discussões se

> pautavam na área de Educação – leis, currículos, propostas – e nenhuma era voltada para o ensino e aprendizagem histórica que considerava a epistemologia da História. Meus estágios foram realizados no terceiro e quarto anos da graduação, mas não foram supervisionados *in loco*, o que contribuiu para estabelecer uma lacuna entre teoria e prática [Milian, 2015:12].

Para finalizar, parece-nos importante sinalizar mais uma questão. Além dessa permanente tensão entre teoria e didática, outro desafio que se coloca é o de superar a noção de que a construção do conhecimento histórico escolar consistiria apenas de movimentos de transposição do conhecimento acadêmico ao âmbito da sala de aula, como se fosse um movimento inerte e direto, uma via de mão única. Ora, temos muitos estudos e pesquisas que apontam para a sala de aula como o *locus* privilegiado de construção de conhecimento histórico escolar, um lugar de tradução, recontextualização, interpretação, decodificação, recriação, atuação, em que saberes e práticas culturais ganham maior ou menor visibilidade e viabilidade em contextos de interação e intercâmbio de significados, com sujeitos vivos, ativos, altivos.

À guisa de conclusão

Pensamos não ser injusto compararmos os usos univocamente disciplinares do passado, nas investigações sobre aprendizagem histórica, com "afogamentos". Não nos afogamos de "história", mas sim da perspectiva reinante em que o conhecimento histórico *disciplinar* é o único possível e desejável de ser construído, viabilizado, considerado – em qualquer via, inclusive nos ambientes escolares. Igualmente nos afogamos da ideia de que o passado histórico *disciplinar* é a única construção passível de pertinência sobre o passado, e os procedimentos do historiador, os únicos prestáveis a desvendá-lo.

Sabemos que as dinâmicas da memória e da história públicas não funcionam da mesma forma que a historiografia. Deve ser do nosso interesse validá-los enquanto possibilidade de passado e compreender como se constituem, de que forma estão presentes na escola, nas casas e no repertório de nossos estudantes, já que também constituem seus processos de aprendizagem histórica. Igualmente sabemos que a história não está sozinha, mesmo disciplinarmente, em seus procedimentos metodológicos, quando constitui seus próprios saberes disciplinares – o faz com inúmeros aportes em outros campos de referência, como a antropologia, a sociologia, a geografia, entre outros. Não seria improcedente pensar que é justamente nesse espaço interdisciplinar da pesquisa em ensino e aprendizagem histórica que encontramos a afirmação de um território disciplinar legítimo, apoiado por muitos outros. Por que não dizer, também, que é nessa possibilidade de fazermos mergulhos coletivos, compartilhando equipamentos e saberes, que conquistamos os mais leves respiros diante dos afogamentos que, por vezes, a pesquisa, a docência, o ensino e a aprendizagem histórica nos impõem.

Referências

BACZKO, Bronislaw. A imaginação social. In: LEACH, Edmund et al. *Anthropos--homem*. Lisboa: Imprensa Nacional/Casa da Moeda, 1985, p. 296-332. (Enciclopedia Einaudi, v. 5).

BOURDIEU, Pierre. *Os usos sociais da ciência*: por uma sociologia clínica do campo científico. São Paulo: Ed. Unesp, 2004.

CAIMI, Flávia Eloisa. O que precisa saber um professor de história? *História & Ensino*, Londrina, v. 21, n. 2, jul./dez. 2015, p. 105-124.

CARVALHO, Ana Paula Rodrigues. *Porque o fascismo é como o nazismo na Itália e o Mussolini é um Hitler italiano*: análise das ideias históricas de alunos do ensino médio da cidade de Guarapuava, PR. Dissertação (mestrado em história social) – Universidade Estadual de Londrina, Londrina, PR, 2017.

FERNANDES, Aurelio Silva. *As concepções de ensino de história e a consciência histórica*: um estudo com alunos do 3º ano do ensino médio regular. Dissertação (mestrado profissional em ensino de história) – Universidade do Estado do Rio de Janeiro, 2016.

GERMINARI, Geyso Dongley; BARBOSA, Marcos Roberto. A cognição histórica situada: expectativas curriculares e metodologias de ensino. *Antíteses*, v. 5, n. 10, jul./dez. 2012, p. 741-760.

GEVAERD, Rosi Terezinha. *A narrativa histórica como uma maneira de ensinar e aprender história*: o caso da história do Paraná. Tese (doutorado em educação) – Universidade Federal do Paraná, Curitiba, 2009.

GUIMARÃES, Tatiane Carvalho Peçanha. *Aprendizagem e formação da consciência histórica*: um estudo das narrativas de discentes do ensino fundamental à luz da cognição histórica. Dissertação (mestrado em cognição e linguagem) – Universidade Estadual do Norte Fluminense Darcy Ribeiro, Campos dos Goytacazes, RJ, 2016.

HALBWACHS, Maurice. *A memória coletiva* São Paulo: Centauro, 2006.

HALL, Stuart. The work of representation. In: ______. (Ed.). *Representation*: cultural representations and signifying practices. Londres: Sage, 2003.

MALVERDES, Clara Zandomenico. *Fotografia e ensino*: uso e aplicação da fotografia no processo de aprendizagem no ensino de história e educação patrimonial. Dissertação (mestrado em ensino na educação básica) – Universidade Federal do Espírito Santo, Vitória, ES, 2018.

MILIAN, Vanessa Kiara Rodrigues. *Literatura e ensino de história*: a construção do conhecimento histórico em sala de aula a partir das crônicas de Lima Barreto. Dissertação (mestrado em história social) – Universidade Estadual de Londrina, Londrina, PR, 2015.

MISTURA, Letícia. As matrizes teóricas da aprendizagem histórica no Brasil: um estudo compreensivo. *Revista História Hoje*, v. 9, n. 18, 2020, p. 77-100.

MONTEIRO, Ana Maria; PENNA, Fernando de Araújo. Ensino de história: saberes em lugar de fronteira. *Educação & Realidade*, v. 36, n. 1, jan./abr. 2011, p. 191-211.

MORAES, Roque; GALIAZZI, Maria do Carmo. *Análise textual discursiva*. 3. ed. rev. ampl. Ijuí, RS: Ed. Unijuí, 2016.

NECHI, Lucas Pydd. *O novo humanismo como princípio de sentido da didática da história*: reflexões a partir da consciência histórica de jovens ingleses e brasileiros. Tese (doutorado em educação) – Universidade Federal do Paraná, 2017.

PEREIRA, Nallyne Celene Neves. *A concepção de passado de crianças no 5º ano do ensino fundamental em Vitória da Conquista*. Dissertação (mestrado em educação) – Universidade Estadual do Sudoeste da Bahia, Vitória da Conquista, BA, 2017.

PINA, Max Lânio Martins. *Guerreiros, castelos e dragões*: ideias históricas de estudantes goianos sobre a Idade Média. Dissertação (mestrado em história) – Pontifícia Universidade Católica de Goiás, Goiânia, 2016.

RIBEIRO, Regina Maria de Oliveira Ribeiro. *A "máquina do tempo"*: representações do passado, história e memória na sala de aula. Dissertação (mestrado em educação) – Universidade de São Paulo, São Paulo, 2006.

RÜSEN, Jörn. *Lebendige Geschichte*: Grundzüge einer Historik III: Formen und Funktionen des historischen Wissens. Göttingen: Vanderhoeck & Ruprecht, 1989.

_____. *História viva:* teoria da história III: formas e funções do conhecimento histórico. Brasília: Ed. UnB, 2007.

SCHMIDT, Maria Auxiliadora Moreira dos Santos. Concepções de aprendizagem histórica presentes em propostas curriculares brasileiras. *História Revista*, Goiânia, v. 14, n. 1, jan./jun. 2009, p. 203-213.

SIMABUKULO, Lucas Antônio Nizuma. *O pensamento conceitual e o ensino de história na educação de jovens e adultos.* Dissertação (mestrado em educação) – Universidade de São Paulo, São Paulo, 2018.

SOUZA, Éder Cristiano de. *Cinema e educação histórica:* jovens e sua relação com a história nos filmes. Tese (doutorado em educação) – Universidade Federal do Paraná, Curitiba, 2014.

6. Produzindo sentido para o passado: aprender história como caixa de ferramentas para a vida

Sonia Wanderley

Os professores de história do ensino básico vêm afirmando constantemente que os conteúdos curriculares que mais atraem seus alunos são os que, iluminados pela mídia – seja o cinema, a TV, ou, principalmente, as redes sociais –, dialogam com eventos ou processos do passado para discutir questões que angustiam o tempo presente. Ao mesmo tempo, sentem-se impotentes diante da disputa na produção de sentido para muitos desses conteúdos, já que algumas narrativas oriundas desses veículos se afastam da interpretação historiográfica e parecem constituir significados mais profundos para a vida prática de seus alunos, tanto pelo que dizem como pela forma como o fazem.

Partindo dessa constatação, e tendo como ponto de partida as declarações de uma professora de história de uma escola municipal do Rio de Janeiro, este texto pretende discutir o papel do conhecimento histórico-científico no interior de uma cultura histórica crivada pela instantaneidade do tempo, temperada pela negação da racionalidade científica e, com a afirmação da cibercultura, necessitando debater um nova forma de letramento – o digital. Para tanto, revisita trilhas já abertas dentro e fora do campo historiográfico que possibilitam a compreensão do porquê e de como se constituem hoje as disputas por narrativas do passado e o lugar dos profissionais de história nesse cenário. No percurso, a didática da história, compreendida como uma disciplina que estuda o aprendizado histórico, é utilizada como uma caixa de ferramentas reflexiva, que permite aos professores agir de forma propositiva e denunciadora dos interesses que engendram o confronto na produção de sentidos, visando ao desenvolvimento de ideias históricas comprometidas com a defesa do compartilhamento democrático para a realização da vida comum.

O passado como atração

> *O século XX se iniciou com utopia e terminou em nostalgia.*
> [Svetlana Boym, 2017:153].

Com esta frase, em um texto publicado no Brasil em 2017, a romancista, professora de literatura e teórica cultural russo-americana caracterizou de forma exemplar o sentimento de muitos em relação aos tempos atuais. Em seu artigo, ela explicita a que tipo de nostalgia vai se referir. Aquela que se define "como um desejo por um lar que não existe mais ou nunca existiu" (Boym, 2017:153). Da mesma forma, o que nos move em direção à explanação de Boym não é o interesse pela nostalgia como "uma doença individual", mas como uma "emoção histórica" (Boym, 2017:154).

Em um diálogo com categorias que são caras aos historiadores – tempo e espaço –, Boym afirma que os nostálgicos anseiam por um tempo que, apesar de ritmado de forma lenta como nos sonhos, nem sempre é apenas retrospectivo. As fantasias de um passado, afirma ela, premidas pelas necessidades do presente, prospectam um futuro. Futuro esse, diríamos, que também pode ser fantasioso. Esses devaneios, engendrados por memórias individuais e sociais, por tradições e conhecimentos constituídos quase sempre pelo senso comum, são, muitas vezes, as ferramentas que alimentam as ideias históricas dos nostálgicos: "A nostalgia produz visões subjetivas da imaginação atormentada que tende a colonizar os domínios da política, da história e da percepção cotidiana" (Boym, 2017:155).

Essa "colonização" é realizada a partir de um conjunto de ferramentas entre as quais não se encontra a razão histórica, com seu pensamento metódico, suas abstrações e contextualizações. Como Boym (2017:158) nos lembra: "A nostalgia moderna é o luto [...] pela perda de um 'mundo encantado' com limites e valores claros." Como sintoma do mal-estar de uma época que flutua entre a ode às mudanças tecnológicas e o desejo de reaver "coisas" perdidas pelo aceleramento do tempo, a nostalgia passa a ser comercializada, manipulada por aqueles que necessitam arregimentar solidariedade. É o que a autora denomina "nostalgia restauradora", aquela que nem se vê como nostalgia, mas, como verdade absoluta, como tradição. E ela estaria "no cerne do reavivamento nacional e religioso recentes", apresentando "dois enredos principais – o retorno às origens e a conspiração". Conversando com a discussão, desenvolvida por Hobsbawm, das "tradições inventadas", a professora afirma que, no fundo, essa "nostalgia artificial" não trata do passado, mas, "de valores universais como família, natureza, pátria, verdade" (Boym, 2017:159).

A reflexão de Boym condiz com a forma como determinados sujeitos e instâncias sociais e políticas dos dias de hoje se utilizam de artefatos tecnológicos e midiáticos, mormente os digitais, com sua enorme capacidade de comunicar e produzir sentidos para, pautados em uma "visão conspiratória" de mundo e em uma "concepção pré-moderna simples do bem e do mal", negar à ciência histórica a capacidade de responder às angústias que provocam a nostalgia como doença social e cultural:

> A ambivalência, a complexidade da história, a variedade de evidências contraditórias e a especificidade das circunstâncias modernas são assim apagadas, e a história moderna é vista como a realização de uma antiga profecia. Adeptos extremistas da teoria da conspiração imaginam que a casa está sempre sob cerco, exigindo a defesa contra o inimigo conspirador [Boym, 2017:160].

Nesse trecho, Boym ilumina situações que o profissional de história tem buscado enfrentar no ato de comunicar sua produção. Muito mais que antes, é necessário confrontar a legitimidade da produção do historiador à de outros, constituída a partir dos sentidos discutidos pela autora. Em sala de aula, principalmente no ensino básico, mas não apenas, o professor de história precisa negociar, o que antes parecia impensável, a validade de seu trabalho.

É bem verdade que esse problema tem raízes maiores do que a questão que nos propomos discutir aqui. O espaço escolar e, consequentemente, o conhecimento ali produzido, passa por uma crise de legitimidade que, de certa forma, relaciona-se com o que vimos discutindo, pintando um quadro que aparenta a existência de um descompasso entre a realidade ali existente e as necessidades cotidianas dos aprendizes. Por outro lado, é bem verdade, ainda é visível um atraso entre pesquisas desenvolvidas nas últimas décadas no campo do ensino de história, frutos de reflexões acerca do que significa ensinar e aprender história nos dias de hoje, e os currículos e programas apresentados pelos sistemas público e privado no país.

Apesar da pertinência e importância das reflexões apresentadas anteriormente, e não totalmente delas descoladas, vamos nos deter na forma como a ambiência nostálgica desenhada por Boym acaba por produzir um debate, que repercute dentro e fora do ambiente acadêmico e escolar, sobre a quem é dado o direito de interpretar como história as ações do homem no tempo. Se por um lado tem-se a regulamentação da profissão de historiador, por outro se vê a procura por narrativas com teor histórico, buscando legitimidade junto a audiências diversas e, muitas vezes, em franca oposição à metódica de constituição do conhecimento histórico acadêmico ou escolar.

E esse clima de indefinição sobre a quem é dado o direito de se chamar historiador permeia também as discussões acadêmicas, como anunciado por Nicolazzi:

> A definição do que é ser historiador (ou historiadora) depende de um conjunto bastante complexo e variado de fatores que podem se referir tanto à fabricação de algo, naquele sentido indagado por Michel de Certeau [...], quanto aos processos de legitimação que frequentemente são assumidos pelos pares acadêmicos, de que a banca de tese ou o parecer técnico são das formas mais evidentes. Junto a esses dois fatores, é possível considerar ainda, [...], que tal definição é igualmente dependente de um processo de construção subjetiva que implica na prática de algumas virtudes epistêmicas, morais e sociais [Nicolazzi, 2018:20].

Na realidade, para além desse profissional, chancelado legalmente e pelos seus pares, o direito de produzir sentido para o passado definitivamente deixou de ser exclusividade do "historiador de carteirinha", se é que um dia o foi. Em tempos de "nostalgia restauradora" fazer história como passado, principalmente esse que "coloniza" os sentidos do presente e do porvir, significa ganhar audiências, ser atração. Esse contexto torna ainda mais fundamental a preocupação de Nicolazzi – nas diferentes frentes de trabalho que se abrem ao historiador profissional, cabe a ele constituir sua atuação não apenas na perspectiva epistêmica, mas também moral e social.

E esse cenário fica ainda mais visível dentro da sala de aula. O atual aceno pelo posicionamento público do historiador profissional, leia-se posicionamento político, se ainda assusta alguns de nossos pares, acostumados com querelas legitimadoras que se restringem aos muros acadêmicos, não é novidade para o professor da escola básica. Este, ainda mais nos dias de hoje, tem que repensar sua "dimensão performativa", no sentido de que nunca foram tão fortes os ecos de narrativas históricas destoantes da historiografia em seu espaço de trabalho.

Estamos aqui adaptando uma análise desenvolvida por Nicolazzi para a atuação historiográfica. Em seu texto, ele se preocupa com as formas de estar no mundo da prática do historiador e como este deve, cada vez mais, pensá-las na perspectiva de um historiador público, ou seja, preocupando-se não apenas com a etapa da produção de seu fazer, mas também com a circulação e recepção dessa produção (Nicolazzi, 2018:21).

Pensar essa categoria como chave para a reflexão acerca da atuação do profissional de história em um contexto minado pela "nostalgia restauradora" exige a ponderação acerca da dimensão comunicativa de toda produção de conhecimento. Ora, se ninguém produz conhecimento para esquecer em gavetas, o ato de buscar comunicar essa produção pressupõe assumir uma função educativa: "educação é todo processo segundo o qual um sujeito modifica o outro através de um processo de comunicação" (Cerri, 2014:371).

Vou me permitir interpretar a função educativa anunciada aqui por Cerri como aquela que produz sentido para a vida prática, portanto é ação política a intervenção no social a partir dos princípios do fazer historiográfico. É dessa acepção que a atuação do profissional de história na vida pública deve estar revestida. Da mesma forma que Nicolazzi, Cerri, caracterizando a função didática do fazer historiográfico, valoriza a inter-relação entre a expertise do profissional e as necessidades do público a quem se destina essa produção:

> Ao envolver as necessidades de explicar e convencer, de dar forma ao conhecimento, [o profissional de história exerce] a função didática. A reflexão didática, propriamente dita, é bem mais do que isso, mas a necessidade e a prática de comunicar o que se sabe são o núcleo central da didática da história. O receptor ou interlocutor está presente na formulação, e afeta a mensagem [Cerri, 2014:371].

Acontece que as instâncias e produções mais eficientes para o ato de comunicar, de fazer sentido para a maior parte da população, não são as situadas no território escolar – aí incluindo-se a universidade e suas produções. As mídias digitais, como espaço de divulgação, mas também de produção de um tipo de conhecimento, ocupam cada vez mais esse lugar. Os produtores situados nesses territórios, e, claro, os usos do passado que ali realizam, não estão necessariamente submetidos às virtudes epistêmicas, morais e éticas, discutidas por Nicolazzi. Seus efeitos sociais são ainda mais perigosos quando os move, alimentados por interesses econômicos e políticos, individuais ou de grupos, a busca por audiências colonizadas pela nostalgia restauradora descrita. São narrativas que inter-relacionam passado, presente e futuro de forma a programar identidades que dialogam com posturas e ideias ultrapassadas historicamente e, portanto, ilegítimas na perspectiva de um convívio social democrático.

Mas esse aspecto não retira de tais produções o caráter histórico, embora não historiográfico. Elas mobilizam ideias de passado para explicar o presente e prospectar o futuro. Com isso, desenham identidades – idealizam o eu e o outro. O papel que esses usos do passado vêm ganhando junto a uma diversidade de audiências estimula textos como o de Nicolazzi e nos permite compreender a pertinência do interesse pelos estudos acerca da presença do historiador profissional na história pública.

Os públicos da história e a história pública

> *Uma história das audiências, [...], deverá investigar como se conhece a história como se lê, se vê, se ouve, se vive a história* [Jurandir Malerba, 2017:140].

A frase, retirada de um texto instigante do teórico da história Jurandir Malerba, sublinha um problema fundamental que vem interessando a muitos pesquisadores de diferentes campos – a relação entre a literatura histórica e seus leitores através dos tempos. No tocante ao texto historiográfico, o calcanhar de aquiles desses estudos, mormente na atualidade, é a dificuldade de se trabalhar sem termos "acesso a sequer uma amostragem mínima da recepção da historiografia pelo leitor comum, ou médio" (Malerba, 2017:140).

Essa lacuna se relaciona a pelo menos duas mudanças estruturais na relação entre emissor e receptor que se estabelece na contemporaneidade. Ambas são apontadas por Malerba em seu texto e iremos ampliá-las em nossa discussão. A primeira refere-se à forma como a história vem chegando às audiências interessadas. O livro vinha sendo, pelo menos nas sociedades ocidentalizadas, o principal suporte para o consumo da literatura histórica, mesmo aquela não escrita pelo historiador profissional. Como suporte primordial, unia ideias e argumentos do escritor aos de seus leitores, estes mesmos oriundos de um universo minimamente letrado e capaz de enxergar naquela literatura uma fonte para preencher seus desejos de conhecer e refletir sobre o tempo passando produzindo sentido.[1]

Hoje, cada vez mais, outros suportes, como o *e-book* e o hipertexto em diferentes *gadgets* e plataformas, por exemplo, passam a disputar com o livro físico a forma mais eficiente e a preços módicos para a divulgação do conhecimento. Embora tais meios ainda não tenham a mesma aceitação legitimadora da academia e das agências de fomento, é uma discussão que não pode ser negligenciada, haja vista a demanda por essa literatura ter ultrapassado muito o espectro de pares acadêmicos e profissionais de história e o fato de que a escrita em uma tela altera as formas como se lê e até mesmo os processos cognitivos:

> [a representação eletrônica dos textos] substitui a materialidade do livro pela imaterialidade de textos sem lugar específico; às relações de contiguidade estabelecidas no objeto impresso ela opõe a livre composição de fragmentos indefinidamente manipuláveis; à captura imediata da totalidade da obra, tornada visível pelo objeto que a contém, ela faz suceder a navegação de longo curso entre arquipélagos textuais sem margens nem limites. Essas mutações comandam, inevitavelmente, imperativamente, novas maneiras de ler, novas relações com a escrita, novas técnicas intelectuais [Chartier, 1994:100-101].

Outra mudança fundamental advém da forma como as novas mídias sociais, utilizando novos meios/suportes tecnológicos, romperam as fronteiras entre produção e consumo de conteúdo, no caso específico, de história. Não se trata apenas da disputa de narrativas com profissionais oriundos da cultura acadêmica, como tradicionalmente se vê com jornalistas, advogados e literatos, entre outros. O avanço dessas mídias trouxe, além da ampliação massiva da audiência, a necessidade de reformulação do próprio conceito de "autoria", já que na *web*

---

1 Fica claro que estamos aqui, como Malerba, circunscrevendo nosso raciocínio às sociedades letradas e, em especial, ao texto historiográfico que depois transbordaremos para o histórico em geral nas mídias digitais. Temos consciência de que nossa escrita não considera saberes e conhecimentos outros fundamentais para uma correta compreensão de como circulam e produzem significado conhecimentos históricos entre sociedades não letradas e, mesmo considerando as sociedades industrializadas nos dias de hoje, indivíduos e grupos que valorizam outras formas de conhecer e fazer história que não a partir da escrita. Também não vamos nos deter em discussões acerca de transformações no significado tradicional do que chamamos livro com as mudanças tecnológicas oriundas da informatização.

confundem-se as figuras do produtor e do consumidor de conteúdo. Com isso, caem no descrédito os tradicionais "modelos de legitimação do conhecimento e da autoridade" (Malerba, 2017:141-143).

Tudo isso exige que se discuta a pertinência da utilização do termo "audiência" para definir um dos sujeitos da relação que vimos construindo até agora entre o historiador (como produtor) e seus leitores (como consumidores dessa produção). O termo "público" surge então, refletindo uma situação que, embora não tenha irrompido com a *web* 2.0, vem sendo amplificada por essa tecnologia que esmaece de forma definitiva a diferença entre consumidor e produtor de conteúdo histórico, dando novas cores, inclusive, àquilo que desde a década de 1970 vinha se definindo como história pública (Malerba, 2017).

Muito já foi dito sobre a maleabilidade de significados que são definidores da expressão história pública. Uma das figuras mais explorada em textos e discussões é a de que a categoria serviria como um grande guarda-chuva conceitual, capaz de abrigar antigas e novas práticas e reflexões acerca dos usos da memória e apropriações variadas do passado como história; da divulgação da história científica; de saberes e fazeres desenvolvidos por historiadores profissionais em espaços outros que não os tradicionais de pesquisa e ensino, tais como museus, empresas privadas e públicas, mídia, entre outros.

Apesar de superada a desconfiança inicial acerca da validade de se nominar dessa forma práticas e reflexões desenvolvidas por historiadores profissionais e outros sujeitos sociais que priorizam uma história feita para, com e pelo público (Santhiago, 2016), é óbvio que a discussão acerca dos limites e responsabilidades no que se refere ao "compartilhamento da autoridade" (Frisch, 1990; 2016) exige que se repensem os lugares de produção e as condições de consumo do conhecimento histórico nos dias de hoje.

Como Malerba anuncia, é necessário conhecer como "se vive a história" em tempos definidos pela massificação do uso das novas tecnologias digitais e, também, diríamos, de crescente descrédito do valor da razão científica. Nesse sentido, argumenta-se que a expressão "audiência", até então privilegiada em diferentes estudos sobre recepção do conhecimento histórico, deveria ser substituída por "público". E essa permuta de vocábulo anunciaria uma compreensão diferente do papel que a história ciência deve desempenhar na contemporaneidade.

Na última década, pelo menos, consolidou-se uma determinada perspectiva de pensar a história pública no Brasil que, ao contrário de outras regiões do mundo, não a enxerga como mais um campo específico na área da história e sim como um espaço de reflexão e prática que caracteriza-se pela interdisciplinaridade, apresentando ao historiador profissional a necessidade de dialogar com outras áreas para conhecer e agir a partir de objetos e objetivos que relacionam seu conhecimento científico a outras formas de conhecer estabelecidas no(s)/pelo(s) público(s).

A concepção de público que se mobiliza aqui ultrapassa a perspectiva de se fazer parte de um coletivo, onde se possa ver e ser visto. A compreensão dessa noção, aqui tomada para qualificar ações de profissionais de história que se assumem como historiadores públicos, deve ir além e nominar o que é resultado de ações/reflexões compartilhadas por homens e mulheres, diversos de nós, no tempo e no espaço, mas interagindo, produzindo e refletindo em um mundo do qual partilhamos e no qual somos sujeitos e sujeitados.

Em sua essência, essa utilização explicaria de forma categórica a certeza de que, embora não detenha o monopólio sobre a produção do conhecimento histórico, a racionalidade metódica da ciência histórica pode desempenhar papel fundamental no desenvolvimento de uma cultura histórica mais democrática e colaborativa e no estabelecimento de identidades sadias socialmente, ou seja, capazes de se olhar no espelho e perceber o quanto o "outro" é importante na formação do "eu".

Essa forma de pensar a função social de seu fazer permite ao pesquisador ou ao professor de história preconizar ações que visem romper o contexto da propalada crise de sua autoridade, legitimando-o socialmente como intérprete da história e não apenas como narrador do passado,

> em condições de conceber a ciência histórica como [...] uma forma específica de abordagem, baseada principalmente em pressupostos metodológicos críticos. [...]. Uma forma específica – uma dentre outras com as quais pretende conviver e conversar – como entre iguais e diferentes num mundo comum [Schittino, 2016:45].

Defendemos, por fim, que valorização da produção historiográfica ou histórico-escolar pelo público que hoje busca conteúdos históricos nas mídias passa por um mergulho reflexivo profundo por parte do profissional nas formas de significar – práticas e simbólicas – que transformaram o histórico em espetáculo. Isso não significa romper com as preocupações cognitivas e epistêmicas da ciência histórica. Significa, sim, engendrar caminhos que possam tornar nossa intervenção, inclusive por meio da dimensão estética e didática do conhecimento historiográfico, capaz de mobilizar razão e imaginação histórica[2] – elementos fundamentais para a constituição da narrativa histórico-científica.

A cultura histórica como chave

> *Quando estudamos a cultura histórica, investigamos a produção social da experiência histórica e sua manifestação objetiva na vida de uma comunidade* [Fernando Sanchez-Marcos, 2009].

O século XXI nasce sob o signo de um repensar acerca do significado do conhecimento científico para o desenvolvimento da humanidade e do planeta. A discussão, na realidade, já havia se estabelecido filosoficamente desde a segunda metade do século passado, mas ganha uma maior dimensão a partir do temor, cada vez mais real, de catástrofes ambientais e guerras que, apesar de nosso imenso avanço tecnológico, aliás, até por conta deste, põem em risco toda a vida na Terra. O presente se afigura como uma era na qual perdemos a capacidade de avaliar se o copo está meio cheio ou meio vazio, utilizando-nos do conhecido provérbio popular. Para alguns cientistas sociais, viveríamos as ambiguidades e incertezas de um "tempo de transição" o qual, como em outros já vividos, é difícil de "entender e percorrer", levando-nos a desejar o retorno "às coisas simples" (Santos, 1988), àquilo que se relaciona à memória, individual ou social, ou ao chamado "senso comum" (Wanderley, 2020).

O que nos interessa nessa discussão é perceber que também os estudos históricos – na forma como se encontram tradicionalmente instituídos – sofrem os

2 Aqui, imaginação não deve ser confundida com ludicidade. Estamos nos referindo à imaginação histórica, ou seja, a capacidade que tanto as narrativas profissionais de história quanto aquelas resultantes de outras produções culturais, notadamente a midiática, têm de produzir sentido para o tempo vivido. O que nos mobiliza é entender a eficiência das narrativas produzidas ou referenciadas pela historiografia, como a histórica escolar, na mobilização da imaginação histórica de seus públicos, forjando empatias tão urgentes em um mundo marcado pelo excesso de informação, mas também pelo individualismo econômico e político.

efeitos desse desconforto com o modelo de desenvolvimento humano pautado na ciência e no progresso. Até por isso mesmo, o passado continua sendo uma chave importante na busca de respostas para as angústias humanas, como vimos. E, por conta da massificação do acesso às ferramentas digitais, vivemos em um momento no qual vestígios do ontem são consumidos, mas também produzidos por um número cada vez maior de pessoas.

Até por conta desse fato, a sede de conhecimento pelo passado não vem sendo saciada necessariamente pelo trabalho de historiadores profissionais e sim pelo de outros sujeitos que mobilizam representações variadas em narrativas que nem sempre se curvam às regras da escrita historiográfica, ou histórico-escolar. Apesar disso, essa produção integra, como a acadêmica e a escolar, "um conjunto de lugares de memória coletiva", embora, ao contrário destas últimas, não incluam as funções da produção historiográfica ou do ensino/aprendizagem, apenas "do entretenimento, da legitimação, [...], da distração, da ilustração e outras maneiras de memorar" (Rüsen, 1994).

Essas questões parecem estar estabilizadas no campo historiográfico. Não há mais grandes dúvidas, embora haja ainda um certo mal-estar, acerca do caráter histórico dessas narrativas oriundas da cultura histórica, embora estrangeiras à historiografia. Por outro lado, há também a compreensão da importância de o historiador profissional se apropriar de ferramentas e da lógica digitais que possam facilitar a comunicação e mesmo a produção compartilhada do conhecimento histórico. Já existe uma série de debates no campo da história digital que repercutem, por exemplo, a democratização do acesso a fontes por meio da rede internacional de computadores para estudos sobre qualquer tema/objeto, situação inimaginável há poucas décadas.

Por outro lado, a participação do historiador profissional nesses espaços é tida como fundamental também porque, apesar dessa democratização no acesso a fontes e documentos e da inclusão com protagonismo de memórias e histórias de pessoas e grupos antes invisibilizados, a forma como esse material vem sendo articulado às questões do tempo presente, produzindo significados, inclusive para o futuro, escapa ao controle metódico do campo científico, estabelecendo-se como um problema para a investigação historiográfica. Fruto de escolhas nem sempre totalmente conscientes, essas narrativas se submetem a interesses que precisam ser conhecidos; algumas vezes respondem de forma aligeirada, descontextualizada e sem profundidade crítica aos anseios "nostálgicos restauradores" e, a depender do espaço de experiência do público que a busca, tornam-se argumentos poderosos para projetos de controle e manipulação política.

Há um receio, não totalmente destituído de razão, de que a defesa da "autoridade compartilhada" na produção de conhecimento entre o historiador profissional e o público não especialista possa ser confundida com uma "confiança radical" que, sem estabelecer limites à ação desse público, determinaria o fim do "passado histórico" em detrimento do "passado prático", reforçando expectativas subjetivas e preconceitos e decretando o fim da história profissional como a conhecemos (Gardner, 2010; Lasso, 2016 apud Malerba, 2017).

Estamos entendendo que quando Gardner fala em "passado histórico" refere-se ao passado interpretado segundo a metódica da ciência histórica, o que não significa negar caráter histórico ao "passado prático", na medida que este é resultado da mobilização e manipulação de conhecimento sobre o passado com efeitos na sociedade. Como dissemos, tanto um quanto o outro fazem parte do que Sanchez-Marcos denominou na epígrafe "cultura histórica".

Cabe, portanto, considerar que pesquisar acerca desta temática é uma tarefa urgente para que nós, historiadores profissionais, possamos entender como, nos dias de hoje, se dissolve a ideia, constituída hegemonicamente no século XIX, de que o passado só seria verdadeiramente compreensível a partir da racionalidade científica constituída pela ciência histórica. Essa não é uma tarefa que apenas recentemente os historiadores profissionais se impuseram, mas os constantes usos e abusos do passado como história que caracterizam o presente momento impõem que ela não seja negligenciada.

No Brasil, no final do século passado, o historiador Manoel Luiz Salgado Guimarães, escrevendo em um momento já considerado de crise de legitimidade – e não apenas da história como ciência –, propôs que a saída para a desconfiança social que se anunciava para a interpretação historiográfica se daria por repensar o próprio campo e o exercício profissional do historiador. Em artigo publicado no ano de 1998 sugeriu que não se deveria perder de vista a historicidade da própria escrita historiográfica e, assim, essa mesma escrita – suas condições de produção e não apenas seus sujeitos e suas obras – impunha-se como objeto de pesquisa para o campo. Na busca por desnaturalizar a escrita profissional da história, Guimarães inicia a reflexão que se torna fulcral em sua trajetória como pesquisador, a relação entre memória e história, recorrendo inicialmente ao constructo conceitual "lugares de memória", de Pierre Nora.

Nessa chave explicativa ele encontra bases para entabular reflexões que o levam a utilizar mais tarde os conceitos de memória cultural e, finalmente, o de cultura histórica, em novos artigos (Guimarães 2000; 2005; 2007 e 2009), nos quais analisa os usos políticos da história. É interessante perceber que o caminho analítico realizado por ele o leva a inferir a importância de a história, enquanto ciência, discutir a dimensão pedagógica intrínseca à produção do conhecimento historiográfico.

Essa preocupação se amplia nos dias de hoje, como se pode ver nos questionamentos e dúvidas apresentados em diversos artigos que debatem a legitimidade e a autoridade dos profissionais da área. A nosso ver, a resposta ao projeto em curso pela deslegitimação da história ciência e de seu ensino já havia sido apontada por Guimarães nessa seleção de textos. Passa pelo rigor na desnaturalização das reflexões acerca da própria escrita historiográfica e pela valorização da dimensão didática de nosso ofício. Dimensão até então negligenciada, mas tão necessária no presente: "Qual o sentido, nos tempos que correm, do exercício deste ofício, tão recente em termos disciplinares, mas tão antigo como gênero de escrita [...]? E, sobretudo como pensá-lo, hoje, como prática pedagógica escolar e universitária?" (Guimarães 2000:34).

É interessante notar o nexo gradativamente desenvolvido por Guimarães entre a história e seu ensino, a partir da discussão acerca da função social e do papel didático da escrita profissional de história – seja a historiográfica ou a escolar. Essa reflexão que continua fundamental, é determinada por um tempo marcado pela supervalorização da memória ou, como definimos, dominado pela "nostalgia restauradora", pelos usos arrevesados do passado na formação de solidariedades identitárias. Sua interpretação o aproxima da forma como a didática passa a ser pensada pela escola teórica alemã (Bergmann, 1989/1990; Rüsen, 2006), como uma disciplina que tem como um de seus objetos o estudo do aprendizado histórico:

> pensar o ensino de história [...] implica, também, pensar o ensino em sua dimensão particular e específica de uso do passado, o que implica igualmente pensar a dimensão política subjacente a essa forma de uso social do passado. [...], pensar o ensino de história por essa chave de leitura impõe-nos refletir acerca da memória e dos mecanismos de sua reprodução, muitas vezes a cargo das estratégias pedagógicas do ensino de história. [...] aproxima-nos dos procedimentos de uma historiografia como campo de investigação e interrogação acerca dos fundamentos do nosso ofício [Guimarães, 2009:38-39].

A caixa de ferramentas didática da história

> *Consciência histórica não como resultado específico de uma aprendizagem particular ou de um contexto cultural delimitado, mas como um fenômeno humano, estrutural e estruturante, inerente à vida, embora diferentemente formulado e vivido em cada situação particular* [Luis Fernando Cerri, 2014:372].

"E aí veio o menino e disse: professora, você vai me desculpar, mas isso aqui eu não vou fazer não. Aí eu falei: por quê?... Aí ele: não, porque não está certo a senhora ensinar isso. Isso não existe, isso não está na Bíblia." Esse relato é da professora escolar de história, Marta, então regente de uma turma do 6º ano do ensino fundamental, da Escola Municipal Panamá,[3] no Rio de Janeiro, em uma entrevista realizada de forma virtual este ano, pela autora, com o objetivo de verificar como os professores reagiam didaticamente diante do uso que seus alunos faziam, em sala de aula, dos conhecimentos adquiridos nas redes sociais.

Embora a fonte do posicionamento apresentado pelo aluno não esteja obrigatoriamente relacionada a aprendizados históricos adquiridos no ambiente virtual, esse relato representa muito bem a disputa acirrada que vem se desenvolvendo nas escolas brasileiras, principalmente as dos grandes centros urbanos, entre significados produzidos no ambiente escolar, referenciados pelas disciplinas científicas e suas racionalidades, e outros que se originam de formas/instâncias de produção de sentido diversas, como a religião,[4] por exemplo.

Não estamos, com isso, tentando desvalorizar a importância dessas formas de conhecer para o ato de aprender na escola. Entretanto é necessário considerar,

---

3 Marta Dile Robalinho é mestre em ensino de história (ProfHistória/UERJ) e professora da Secretaria Municipal de Educação do Rio de Janeiro. É docente na escola Panamá desde o ano de 2013. Essa escola fica situada no bairro do Grajaú, Zona Norte da cidade do Rio de Janeiro, tem cerca de 600 alunos em turmas da educação infantil e do ensino fundamental. Atende a população da chamada "grande Tijuca" que, segundo os dados do censo do IBGE de 2010, é basicamente de classe média. Na verdade, sabe-se que essa tradicional região da cidade, antes valorizada por um entorno mais verde, muitas casas e pequenos prédios residenciais, vem sofrendo com o aumento da violência, o crescimento e o abandono, por parte do Estado, de comunidades carentes nos morros da região.

4 Apesar disso, existem estudos que comprovam a influência da midiatização também na forma como as religiões se utilizam dos meios de comunicação para construírem ou fortalecerem suas relações com a sociedade. Ver Sbardelotto (2013).

além da capacidade cognitiva e emocional do professor, convivendo e tendo de dialogar com narrativas que põem abaixo sua autoridade, as estratégias pensadas pelo espaço escolar para se sobrepor aos sentidos produzidos por crenças que não se baseiam em evidências e sim na necessidade de acreditar que alimenta a "nostalgia restauradora" e que transparece neste outro trecho do relato da professora:

> Aí eu falei, cara, mas olha só, uma coisa é a Bíblia... a Bíblia tem a ver com religião, tem a ver com a crença de muitas pessoas, mas a gente está falando de uma cultura antiga, da cultura do Egito, a gente está indo lá pra trás, antes de Cristo. Cristo nem existia ainda. "Pois é, mas Cristo existiu e isso não está certo. Só existe um Deus." E eu disse, tudo bem, isso na sua crença, mas, vamos lá, vamos olhar pelo lado da história, a gente está estudando o que esse povo acreditava, quais eram as crenças deles, vários povos diferentes a gente vai conhecer ao longo da história. Aí ele começou a citar a Bíblia, como um pastor, um pastorzinho, sabe.

Em mais um trecho a professora Marta resume o sentimento de angústia de muitos professores do ensino básico, em especial os de história e de outras ciências humanas, quanto às condições que elas/eles possuem hoje para dar conta daquilo que, percebem, põe contra a parede as tradicionais bases da autoridade docente: "Eu fui bem incisiva com uma criança de onze anos, mas ele estava muito *empoderado* dentro do conhecimento bíblico que ele tem e ele parecia assim um garoto... se bobear, ele fala em público na igreja dele, com aquela idade" (grifo meu).

Empoderamento. Algumas gerações atrás, o magistério era tido como uma instância de empoderamento, inclusive para as classes mais despossuídas economicamente. Hoje, até mesmo o discurso emitido pelo Estado diminui a importância do ser professor, com falas do tipo "quem sabe faz, quem não sabe, ensina". Sem entrar em discussão acerca do significado filosófico dessa frase (repetida em contextos diferentes há séculos), nos dias de hoje, no Brasil, ela busca diminuir a importância social de toda uma categoria profissional, mais ainda, da instituição escola. Portanto, a crise de representatividade que estávamos até agora discutindo para a história, enquanto ciência e como disciplina escolar, se junta a uma crise maior que contesta a importância da escola, inclusive pelas classes sociais subalternizadas, para as quais é fundamental que eles (o espaço escolar e a disciplina história) continuem sendo produtores de sentido para a vida prática.

É interessante perceber que a cena descrita faz ressoar o que anunciou Gardner (2010:52-53): o "passado prático" se sobrepondo ao "passado histórico". São as expectativas e os aprendizados pretéritos do aluno, valorizando crenças e moral religiosas, certamente fortes símbolos identitários do grupo ao qual pertence, que constituem a base de seu empoderamento. Esses aprendizados fazem sentido para sua vida e não importa se vão de encontro àqueles produzidos pelo "passado histórico". Este último, ao qual o aprendizado escolar está relacionado, não parece estar sendo capaz de orientar a formação de identidade para aquele aluno. O que ele nos diz é que o aprendizado escolar não parece possuir as mesmas condições ou inteligibilidade para ser utilizado em seu processo de empoderamento como sujeito, como acontece com suas crenças religiosas, mobilizando sentidos de um "passado prático" que aparenta ser conhecido e próximo.

Esse efeito de proximidade, de reconhecimento empático que aparenta construir segurança por se ver entre "iguais" são estratégias de convencimento antigas, cujos efeitos se tornam difíceis de ultrapassar quando ampliados pelo poder persuasivo da linguagem midiática.

Desde meados do século passado, a utilização dos meios de comunicação de massa vem sendo privilegiada como estratégia para comunicar ideias e projetos de diferentes sujeitos. Então, os sentidos veiculados nas narrativas desses veículos, mesmo que oriundos do "passado prático", ganham o *status* de históricos:

> Os meios de comunicação [...] passaram a ocupar uma posição institucional que lhes confere o direito de produzir enunciados em relação à realidade social aceitos como verdadeiros pelo consenso da sociedade. A História passou a ser aquilo que aparece nos meios de comunicação de massa, que detêm o poder de elevar os acontecimentos à condição de históricos. O que passa ao largo da mídia é considerado, pelo conjunto da sociedade, como sem importância [Ribeiro, 2000:33].

No nível atual de midiatização da cultura, as estratégias discursivas desenvolvidas pelas mídias digitais e a capilaridade da circulação de suas narrativas ampliam ainda mais esse consenso. Para muitas pessoas, os conteúdos produzidos/divulgados por essas mídias adquirem a força de convicções: operando no nível das vivências humanas, independem de provas empíricas. Muitas vezes, estruturam-se a partir de preceitos naturalizados, tidos como neutros, constituindo sentidos idealizados para os pertencimentos identitários.

É bem verdade que a internet, como já dissemos, vem possibilitando que sujeitos periféricos e seus discursos passem a ocupar lugares de fala e atinjam públicos antes inatingíveis. Contudo, entre portais, perfis, páginas e canais na *web* circulam narrativas históricas conflituosas, que vão além desses sujeitos e abarcam corporações e interesses os mais diversos, disputando as consciências de públicos variados que cada vez mais utilizam-se desses espaços de experiência – portanto de aprendizado – para se orientarem, perspectivarem futuros e elaborarem identidades.

Entender o que vem produzindo os efeitos magnéticos das mídias digitais em diferentes públicos, em especial o formado por crianças e jovens em idade escolar, é assunto complexo e fonte de muitos debates. Aqui, circunscreveremos nossa análise na apresentação de algumas ferramentas com as quais a didática da história, compreendida como uma disciplina que estuda o aprendizado histórico, pode auxiliar o ensino escolar a fazer sentido em um tempo caracterizado pela midiatização da cultura e pela ampliação exponencial da capacidade persuasiva das ferramentas tecnológicas que reverberam narrativas nem sempre pautadas na racionalidade científica, mas cada vez respondendo positivamente a angústias de indivíduos e grupos.

Para tanto, precisamos retomar a preocupação com a finalidade de se aprender história na escola básica. Vencida a discussão acerca da insuficiência da formação patriótica para justificar esse aprendizado em um mundo globalizado (Cerri, 1999; Schmidt, 2011), a ideia que prevalece é a de que o conhecimento histórico-escolar deve ser significativo, capaz de integrar de forma significativa o aluno ao mundo/tempo no qual ele vive. Mas o que compreende um aprendizado significativo? Quem ou o que é determinante nessa compreensão?

A didática da história entende que a finalidade do aprendizado escolar de história deva ser o desenvolvimento integral da consciência histórica do aluno. Compreendendo esse conceito como o modo peculiar pelo qual se realiza na vida do homem a relação entre experiência do tempo e intenção no tempo (Rüsen, 2001), a ciência histórica teria uma função didática na medida em que "oferece elementos a uma orientação temporal e à interpretação da experiência humana: para dentro – apropriação de identidades – e para fora – fornecendo sentidos para a ação na vida humana prática" (Schmidt e Cainelli, 2015:121).

Considerando que aprendemos história na vida e não apenas na escola, devemos nos perguntar quais as diferenças de objetivos (ou se deveriam existir) entre os saberes adquiridos a partir da cultura escolar e aqueles que se originam na vida cotidiana. Hoje algumas práticas escolares parecem só fazer sentido na sala de aula e assemelham-se deslocadas em uma realidade social na qual se generaliza que menos é sempre mais, como percebe a nossa professora entrevistada:

> O professor de um tempo pra cá... ele ficou vendido no lance. A gente está em sala de aula e, assim... como eles têm acesso a tudo e você fala alguma coisa, eles abrem o *Google* e podem te questionar... a gente tem que ter um cuidado muito grande quando vai falar as coisas. [...] Qual é o meu foco? É estar ali, orientando, [...] promovendo essa construção da educação, [...]. Mas também eu tenho ali o meu lugar de autoridade, porque eu sou professora, eu sou formada, eu tenho uma estrada de vida e de trabalho no magistério. [...] Como mudar essa chave? Não é no embate... eu acho que é no afeto, e também mostrando pra eles qual é o caminho para se produzir ciência, para se produzir pesquisa. Que é um caminho árduo, não é um caminho fácil... que vem ali, o fulaninho fala e você aceita e acabou. Eu acho que a gente tem que mostrar esses caminhos: o caminho da pesquisa, do trabalho, da construção do conhecimento. E que a gente só aprende fazendo. Mas quando você começa a trazer pra ele como é que é o fazer, talvez isso faça com que ele [...] perceba que é uma coisa que demora, que é uma coisa que tem que ser construída, que demanda tempo, demanda esforço, demanda energia.

A fala da professora requer que se pense duas ordens de problemas que, de todo modo, devem ser analisadas de forma interligada quando se interroga como se dá o aprendizado histórico nos dias atuais. A primeira relaciona-se a indagar *se* e *de que forma* a cultura escolar permite e reflete coletivamente a presença de outros aprendizados adquiridos a partir de paradigmas que não os oriundos dos espaços acadêmicos. Depois, temos de pensar que, se parcela significativa da cultura histórica contemporânea vem sendo produzida e consumida a partir das linguagens concebidas pelas ferramentas digitais, qual a preocupação da educação escolar, em especial do ensino escolar de história, em incluir o letramento digital como ferramenta para se avaliar o aprendizado?

Se a educação é *bildung* (formação integral), como intui Marta e afirma a didática da história, se aceitamos que aprendemos em diferentes espaços e situações, devem a escola e seus docentes considerar criticamente os saberes-fazeres adquiridos por seus alunos em outros espaços do cotidiano, como nas mídias digitais, contrapondo-os aos conhecimentos acumulados pela humanidade e interpretados pela história ciência.

Significa dizer que é o embate entre esses conhecimentos adquiridos socialmente – na escola e fora dela, na vida prática – que vai mediar a aprendizagem significativa. O professor, com seus saberes formativo e experiencial, terá de intervir oferecendo possibilidades para provocar as mudanças desejadas na consciência histórica de seu aluno. E a primeira condição para que isso ocorra é ter como pressuposto que "qualquer aprendizagem é autoeducação e inseparável da prática significativa da autogestão" (Schmidt e Cainelli, 2015:121). E um dos caminhos para isso é inferido pela professora Marta quando diz que não cabe partir para o embate e que o afeto é ferramenta imprescindível.

O saber experiencial de Marta corrobora a ênfase da caixa de ferramentas da didática da história para o fato de a aprendizagem histórica não se restringir à dimensão cognitiva da constituição histórica de sentido. Outras dimensões devem ser consideradas: a estética, a política, a moral e a religiosa. Ter em conta essas dimensões permite que se considere, no ato de ensinar, que sentir é também uma forma de conhecer pelos sentidos e que mobiliza afetos.

As mídias digitais exploram com perfeição esse pressuposto, principalmente na formulação de uma estética particular para sua linguagem. Cores, sons, arquétipos e seus significados naturalizados são ferramentas poderosas como estratégias de persuasão que induzem tanto ao consumo material quanto à produção de significado para ideias e comportamentos.

Como ensinam os manuais de propaganda, para que um consumidor seja fisgado é necessário trabalhar sua subjetividade. A linguagem verbal ou imagética deve atentar para a "atenção e o interesse" (Vestergaard e Schøder, 1994), visando a comportamentos que tradicionalmente fazem parte da linguagem publicitária e que possuem grande potencial para uso na propaganda política. Por exemplo, criar inimigos para a finalização de um bem maior ou utilizar o apelo à autoridade, perfis presentes na subjetividade de parte da sociedade brasileira, de matiz predominantemente conservador.

Reconhecer a aprendizagem como uma produção subjetiva significa tomar a participação ativa do sujeito aprendiz. Muitas práticas e estratégias didáticas propostas em diferentes disciplinas escolares fazem isso. Contudo, da mesma forma o fazem as narrativas midiáticas com teor histórico que disputam espaço de significação com a narrativa histórica escolar. Portanto, apenas considerar esse aspecto bastaria para provocar uma aprendizagem significativa?

O aluno da professora Marta se recusou a considerar outras formas de subjetividade para além das suas. Ele tentou impor na sala de aula a validade de aprendizados anteriores que, sem que ele se apercebesse, inter-relacionaram conteúdos adquiridos em seu processo de socialização, estabelecendo bases para sua identidade, fortalecendo simpatias e lealdades que o empoderaram em sua comunidade. Situação que ele, inconscientemente, teme perder diante da inconstância ou impossibilidade real de imaginar outras possibilidades de se colocar no mundo como sujeito a partir da cultura escolar.

Portanto, se aprender é, intrinsicamente, um processo caracterizado pela subjetividade, cabe lembrar, também o é pela intersubjetividade. Nesse sentido, é algo que se dá internamente a partir das experiências vividas, e, como todo aprendizado, ocorre na cultura histórica, também em uma relação necessariamente intersubjetiva, realizada a partir do conhecimento produzido e divulgado em sociedade.

A aprendizagem histórica escolar para ser significativa não pode se tornar refém dos interesses subjetivos de quem aprende. Caso o aprendiz não se permitisse, de forma crítica, dialogar com outras subjetividades e com o conhecimento histórico humano acumulado, a "experiência e o conhecimento histórico não resistiriam aos poderes da projeção dos desejos, esperanças e medos dos sujeitos" (Rüsen, 2010:90-91). Desta forma, o objetivo fundamental é o de provocar abalos nos conhecimentos estáticos dos aprendizes. O professor poderá se apropriar da caixa de ferramentas da didática da história para intervir nesse contexto e contrapor aprendizados relacionados ao "passado prático" àqueles que se descortinam no "passado histórico", minando certezas absolutas, possibilitando a escuta do diferente.

Para realizar tal tarefa a aprendizagem histórica, mas não apenas ela no ambiente escolar, tem de se preocupar não apenas com o letramento histórico, mas, incluir o letramento digital como uma de suas preocupações. Afinal,

> diferentes tecnologias de escrita geram diferentes estados ou condições naqueles que fazem uso dessas tecnologias, em suas práticas de leitura e de escrita: diferentes espaços de escrita e diferentes mecanismos de produção, reprodução e difusão da escrita resultam em diferentes letramentos [Soares, 2002:156].

A utilização da didática da história como base teórico-metodológica para a intervenção didática nesse caso requer que se relacione a perspectiva de pensar a aprendizagem histórica como um processo subjetivo/intersubjetivo de produção de sentido, como foi dito, às modificações que se inscrevem no ato da escrita e da leitura com o advento da cultura do texto eletrônico. Sua indefinição nos papéis de autor/leitor, por exemplo, dificulta – quando existe essa preocupação – um controle da qualidade ou veracidade da informação produzida/recebida no hipertexto.

Usar essa caixa de ferramentas pressupõe, sem negar a importância dos aportes das ciências que refletem sobre a especificidade da produção do conhecimento escolar, inter-relacionar tais aportes com o que é peculiar na produção das ideias históricas, considerando emancipação e identidade pessoal como ideias principais de uma reflexão histórica significativa. Para além da importância dos conteúdos, ou conceitos substantivos, selecionar outras ferramentas, os conceitos de segunda ordem, que estão escondidos e que auxiliam o trabalho a partir dos "processos de pensamento e de formação estruturadores da consciência" (Schörken, 1972 apud Rüsen, 2010:42). Identificando como esses conceitos são mobilizados nas narrativas midiatizadas, o professor deve se valer de seus conhecimentos como especialista para oportunizar aos seus alunos entender o que se esconde por trás daquelas narrativas. Como disse Marta, nem sempre o caminho na construção do conhecimento é um caminho fácil, nem sempre é agradável todo o tempo, mas é o único caminho competente para se ler ativamente o mundo.

Também não é fácil para quem ensina, na medida que para ser posto em andamento necessita que esse profissional consiga vencer o fascínio que a memória histórica exerce sobre seus alunos, com seus testemunhos e resquícios, além do poder atraente de narrativas que dialogam apenas com o conhecido, o aceito, para fluir do embate de posições, do confronto com as diferenças, da elaboração de respostas a perguntas que fazemos ao conhecimento acumulado pela humanidade e que pode servir de base para encontrarmos nosso lugar na construção social da vida.

A execução desse diálogo não será isenta de conflitos e nem sempre sairá vitoriosa, mas é o caminho sem volta para pavimentar a função social do aprendizado escolar de história. Dessa forma, quem sabe, poderá participar não apenas do processo de empoderamento de outros jovens alunos, mas também dos profissionais que, como a professora Marta, participam todos os dias de batalhas de sentidos visando à construção da empatia histórica. O empoderamento a partir da escola, e do ensino de história em especial, tem de ocorrer a partir do desenvolvimento de uma competência narrativa – por parte de alunos e professores(as) – que incorpore na formação identitária a compreensão das diferenças, situando todos nós como atores, agentes participativos, e não simples espectadores ou vítimas.

Referências

BERGMANN, Klaus. A história na reflexão didática. *Revista Brasileira de História*: São Paulo. v. 9, n. 19, set.1989/fev. 1990, p. 29-42.

BOYM, Svetlana. Mal-estar na nostalgia. *História da Historiografia*, Ouro Preto, n. 23, abr. 2017, p. 153-165.

CERRI, Luis Fernando. Os objetivos do ensino de história. *História & Ensino*, Londrina, PR, v. 5, 1999, p. 137-146.

_____. Entrevista do prof. dr. Luís Fernando Cerri a Rafael Saddi. *Revista de Teoria da História*, ano 6, n. 12, dez. 2014, p. 369-391.

CHARTIER, Roger. Do códex à tela: as trajetórias do escrito. In: CHARTIER, R. *A ordem dos livros*: leitores, autores e bibliotecas na Europa entre os séculos XIV e XVIII. Brasília, DF: Ed. UnB, 1994, p. 95- 111.

FRISCH, Michael. *A shared authority*: essays on the craft and meaning of oral and public history. Nova York: State University of New York Press, 1990.

_____. A história pública não é uma via de mão única ou De a shared authority à cozinha digital, e vice-versa. In: MAUAD, Ana Maria; ALMEIDA, Junielle R. de; SANTHIAGO, Ricardo (Org.). *História pública no Brasil*: sentidos e itinerários. São Paulo: Letra e Voz, 2016, p. 57-69.

GARDNER, James B. Trust, risk and public history: a view from the United States. *Public History Review*, v. 17, 2010, p. 52-56.

GUIMARÃES, Manoel Luiz Salgado. Repensando os domínios de Clio: as angústias e ansiedades de uma disciplina. *Revista Catarinense de História*, n. 5, 1998, p. 5-20. Disponível em: <https://periodicos.uffs.edu.br/index.php/FRCH/issue/view/67/49>. Acesso em: 22 abr. 2022.

_____. Usos da história: refletindo sobre identidade e sentido. *História em Revista*, Pelotas, RS, v. 6, 2000, p. 21-36.

_____. Historiografia e cultura histórica. *Ágora*, UFES, v. 11, 2005, p. 31- 47.

_____. O presente do passado: as artes de Clio em tempos de memória. In: ABREU, Martha; SOIHET, Rachel; GONTIJO, Rebeca (Org.). *Cultura política e leituras do passado*: historiografia e ensino de história. Rio de Janeiro: Civilização Brasileira, 2007, p. 25-41.

_____. Escrita da história e ensino da história: tensões e paradoxos. In: ROCHA, Helenice; MAGALHÃES, Marcelo; GONTIJO, Rebeca (Org.). *A escrita da história escolar*: memória e historiografia. Rio de Janeiro: FGV Ed., 2009, p. 35-50.

MALERBA, Jurandir. Os historiadores e seus públicos: desafios ao conhecimento histórico na era digital. *Revista Brasileira de História*, São Paulo, v. 37, n. 74, 2017.

NICOLAZZI, Fernando. Muito além das virtudes epistêmicas: o historiador público em um mundo não linear. *Revista Maracanan*, Rio de Janeiro, Uerj, n. 18 jan./jun. 2018, p. 18-34.

RIBEIRO, Ana Paula Goulart. A mídia e o lugar da história. *Lugar-Comum*, Rio de Janeiro, UFRJ, n. 11, 2000, p. 25-44.

RÜSEN, Jörn. *¿Qué es la cultura histórica?* Reflexiones sobre una nueva manera de abordar la historia. [S.l.]: [s.n.], 1994. Disponível em: <www.culturahistoricaes/rusen/cultura_historica.pdf>. Acesso: 10 nov. 2019.

_____. Razão histórica. *Teoria da história*: os fundamentos da ciência histórica. Brasília, Ed. UnB, 2001.

_____. Didática da história: passado, presente e perspectivas a partir do caso alemão. *Revista Praxis Educativa*, Ponta Grossa, PR. v. 1, n. 1, jul./dez. 2006, p. 7-16.

_____. Jörn Rüsen e o ensino de história. In: SCHMIDT, Maria Auxiliadora et al. (Org). Curitiba, PR: Ed. UFPR, 2010.

SANCHEZ-MARCOS, Fernando. *Qué es la cultura histórica?* 2009. Disponível em: <https://culturahistorica.org/es/cultura-historica/que-es-la-cultura-historica>. Acesso em: 24 set. 2022.

SANTHIAGO, Ricardo. Duas palavras, muitos significados: alguns comentários sobre a história pública no Brasil. In: MAUAD, Ana Maria; ALMEIDA, Juniele R.; SANTHIAGO, Ricardo (Org.). *História pública no Brasil*: sentidos e itinerários. São Paulo: Letra e Voz, 2016, p. 23-35.

SANTOS, Boaventura de Souza. Um discurso sobre as ciências na transição para uma ciência pós-moderna. *Estudos Avançados*, USP. v. 2, n. 2, 1988. Disponível em: <https://doi.org/10.1590/S0103-40141988000200007>. Acesso em: 22 abr. 2022.

SBARDELOTTO, M. *E o verbo se fez bit*: experiência religiosa na era digital. Aparecida, SP: Santuário, 2013.

SCHITTINO, Renata. O conceito de público e o compartilhamento da história. In: MAUAD, Ana Maria; ALMEIDA, Juniele R.; SANTHIAGO, Ricardo (Org.). *História pública no Brasil*: sentidos e itinerários. São Paulo: Letra e Voz, 2016, p. 37-46.

SCHMIDT, Maria Auxiliadora. Manuais de didática da história destinados à formação de professores e a constituição do código disciplinar da história no Brasil: 1935-1952. *História*, São Paulo, v. 30, n. 2, ago./dez. 2011, p. 126-143.

_____; CAINELLI, Marlene. A consciência histórica como o lugar e o propósito da aprendizagem histórica. In: ZAMBONI, Ernesta; GALZERANI, Maria Carolina; PACIEVITCH, Caroline (Org.). *Memória, sensibilidades e saberes.* Campinas,SP: Alínea, 2015, p. 116-128.

SOARES, Magda. Novas práticas de leitura e escrita: letramento na cibercultura. *Educação & Sociedade*, Campinas, SP, v. 23, n. 81, dez. 2002, p. 143-160.

VERTERGAARD, Torben; SHRØDER, Kim. *A linguagem da propaganda*. São Paulo: Martins Fontes, 1994.

WANDERLEY, Sonia. O entrelugar do aprendizado escolar de história: uma perspectiva de história pública. *História Hoje*, v. 9, n. 18, 2020, p. 125-144.

SEGUNDA PARTE

Diversidade das narrativas didáticas na história

7. Balance de cuatro décadas de cambios en la historia como disciplina escolar (Argentina en democracia, 1983-2023)

Silvia Finocchio

Introducción

Este capítulo presenta un conjunto acotado de ideas que se desprende de resultados de investigación y experiencias de formación de profesores y profesoras enfocados en la enseñanza de la historia en la Argentina, así como de una preocupación personal que vengo sosteniendo desde hace tiempo por discernir hacia dónde va la enseñanza de la historia. La intención es exponer, en primer lugar, cuatro cambios registrados en las últimas décadas bajo un encuadre histórico y pedagógico y, en segundo lugar, cuatro desafíos a futuro.

El foco está puesto en las principales lecciones aprendidas en relación con la formación histórica que se ofrece a los y las jóvenes considerando lo que concibo como innovaciones pedagógicas. En efecto, el modo de aproximación es a partir de la interrogación por la innovación en un recorrido a lo largo del tiempo, entendiendo por innovación la disputa conceptual por un nuevo sentido, así como el hacer algo de un modo diferente, con impacto y con posibilidad de anclaje en el tiempo. En el campo educativo el concepto de innovación – del cual no hay que renegar ni entregar a la economía o a la tecnología – tiene una significación diferente a mejora, reforma o modernización, ya que apunta a cuestionar cimientos de la cultura y de la institución escolar.

Estas ideas anidan en la realidad de la enseñanza de la historia, concebida como resultado de un proceso histórico de construcción a partir de las lógicas de sus protagonistas, con una óptica interna que rescata el cambio, su diversidad y su particularidad. Conocer el sentido y el proceso de innovación educativa asociado a los propios contextos y al papel de educadores, niños, niñas, adolescentes, jóvenes y familias, permite entender a las instituciones escolares como lugar de frontera cultural y conferirles un carácter eminentemente creador, a contracorriente de las consabidas apreciaciones que las piensan exclusivamente como puerto de llegada de normativas y propuestas pedagógicas (Vidal, 2007).

Las innovaciones a las que aludo refieren a una capacidad instalada y reconocida. En este sentido, constituyen una construcción sostenible porque ancla en una senda construida por sus diversos protagonistas durante las últimas décadas. Sostiene Jaume Carbonell (2002) que la aventura de innovar constituye un viaje plagado de dificultades, paradojas y contradicciones, pero también de posibilidades y satisfacciones. Según este autor, las innovaciones más sólidas y profundas encuentran sus puntos de referencia en el pensamiento y en las prácticas progresistas, críticas tanto del modelo de la pedagogía tradicional como de las pedagogías psicologistas o aquellas que sólo apelan a la mediación tecnológica. La innovación pedagógica se localiza en los territorios educativos y no apunta a lo accesorio o a las apariencias, sino que "ahonda en las cosas importantes de una formación comprensiva e integral" (Carbonell, 2002:19).

La educación histórica no puede consistir solo en garantizar unos saberes elementales o básicos. Por el contrario, impone una serie de innovaciones que confluya en un espacio-tiempo en el cual aprender tenga sentido y ofrezca oportunidades sociales y culturales. Hoy se comprende, a partir de la investigación educativa, que la clave del éxito está en encontrar el mejor modo de atender a la necesidad de apoyar a niños, niñas, adolescentes y jóvenes. Para ello, desde la enseñanza de la historia será fundamental identificar innovaciones potentes y afianzar el camino a seguir con sentido pedagógico y con aspiraciones de contribuir en los planos político, cultural y social.

Cuatro innovaciones de la historia como disciplina escolar durante las últimas décadas

La definición de los contenidos y los modos de enseñar se realiza en determinadas coordenadas de tiempo y lugar. Por tanto, podemos decir que ambos son un producto histórico y social cruzado no solo por las complejas circunstancias vividas sino por los debates en los que intervinieron diferentes sujetos, instituciones y grupos de interés – autoridades, comunidades académicas, medios de comunicación, docentes, padres, alumnos – motivados por diversas y, muchas veces, contradictorias visiones acerca del sentido del estudio del pasado en la escuela.

En el mundo de las decisiones educativas hay prescripciones tomadas en el nivel macropolítico pero también hay saber y experiencia de los/as docentes, hay una historia institucional que marca huella sobre las decisiones, hay alumnos/as y contextos particulares. Por tanto, cabe mirar lo que pasa en las escuelas como lugar de construcción permanente de saberes, valores, sensibilidades y pensar a cada escuela como un lugar donde, también, hay un saber y una práctica de la historia escolar que es procesada social, política y culturalmente.

En este sentido, podemos afirmar que existe una estrecha relación entre las culturas escolares y las innovaciones educativas. Ahora bien, resulta necesario también referir a otro componente central en términos conceptuales: la noción de hibridación. Las *hibridaciones* – o culturas de cruce – entrelazan las culturas escolares con creencias e ideas, sensibilidades y afectos, expectativas y sueños de otras procedencias. Por más que las ciencias de la educación hayan definido eruditamente unas pedagogías y metodologías para la enseñanza, hay mucho de lo que la sociedad produce que las culturas escolares también han conquistado para sí.

Al respecto, dice Syla Benhahib (2006:280): "No creo – en la pureza de las culturas, como tampoco en la posibilidad de individualizarlas como totalidades significativamente discretas". Antes bien, sostiene la filósofa de Estambul especializada en la diferencia, el feminismo y el multiculturalismo: "las culturas son complejas prácticas humanas de significación y representación, organización y atribución [...], que se constituyen a través de complejos diálogos con otras culturas" (Benhahib, 2006:280).

Desde este marco, me referiré a innovaciones pedagógicas asentadas no sólo en prescripciones sino en las culturas escolares, en tanto anhelos, saberes y prácticas de sus protagonistas, principalmente, los y las docentes de historia.

Innovación de la historia escolar en relación con la cultura política

El perfil de la enseñanza de la historia como disciplina escolar se ha definido desde sus orígenes en relación con la cultura política. Ello ha posibilitado su presencia en el currículo escolar y la ha justificado. La enseñanza de la historia nacional se enlazaba con la historia europea y como continuidad del devenir de sus monarquías. Además, se presentaba como galería de héroes nacionales. A fines del siglo XIX el currículo humanista fue muy criticado en virtud de los avances de las ciencias modernas. Por aquellos tiempos, en Argentina, los planes de estudio se discutían en el Congreso de la Nación. Los debates giraban en torno a dilemas tales como: ¿educar a las jóvenes generaciones en torno a la virtud clásica o en torno a la formación nacional? La conformación de la nación argentina, a la que tanto contribuyó la enseñanza de la historia, legitimó al estado nacional. Algunas críticas surgieron desde perspectivas que apuntaron al fortalecimiento de la república o de las libertades individuales como en las escuelas anarquistas de comienzos del siglo XX. Sin embargo, no tuvieron posibilidad de doblegar a la perspectiva que poco a poco se tornó hegemónica.

Parece apropiado en estos tiempos difíciles mirar hacia atrás para detectar cambios en la educación política y discutir si la fórmula sigue siendo la formación de la conciencia nacional que otorgaba a la enseñanza de la historia la custodia de la tradición a través de la transmisión de la vida heroica de los próceres y sus hazañas ligadas a la conquista y preservación de un territorio. Cuando el proyecto de nación construido hacia fines del siglo XIX colapsó en el último tercio del siglo XX, el modelo escolar de formación política entró también en crisis. La experiencia autoritaria de la última dictadura presentó la exasperación de la idea del otro como amenaza. La figura del subversivo apátrida como síntesis de todos los diferentes, concluyó en la lógica del exterminio. En el sistema educativo se impuso también la lógica de la sospecha y del terror. Al mismo tiempo, los procesos sociales y económicos que atravesaron la dictadura y la transición democrática destruyeron definitivamente la imagen de la Argentina como una nación integrada, de múltiples posibilidades para todos. Ante los cambios en el mundo y en el país, en la educación histórica se produjo una contestación al currículum nacionalista homogeneizador. Es evidente que emergieron, a partir de la experiencia dictatorial, nuevos discursos y visiones sobre la concepción de la nación, sobre el conflicto político y sobre la diversidad cultural. La globalización, el fin de la Guerra Fría, la precarización del mundo del trabajo, los procesos de marginación y exclusión, no dejaron de afectar la concepción de la enseñanza de la historia y las miradas sobre el lugar de la escuela en la construcción de una ciudadanía diferente, en la cual se reivindicó el lugar de la política democrática, de la defensa de los derechos humanos, del reconocimiento de la diversidad (Finocchio y Losada, 2022).

En el siglo XXI, la enseñanza de la historia encaró búsquedas en los diversos países de América latina que generaron una variedad de orientaciones relacionadas con sus contextos políticos y que apelaron a transformaciones en sus culturas políticas: la enseñanza de la historia de la diversidad cultural a partir de la enseñanza de historia indígena y afrobrasileña como contenidos obligatorios en todo el país (Brasil), la enseñanza de una historia descolonizadora y desoccidentalizadora (Bolivia), la enseñanza de una historia asociada a la comprensión de los problemas sociales locales (Venezuela), la enseñanza de la historia asociada a la integración al mundo a través del éxito en las mediciones de las pruebas internacionales de evaluación de la calidad (Chile). En la Argentina, la enseñanza de la historio privilegió la Historia reciente del país, la cual se impuso como contenido obligatorio en consonancia con la hegemonía social y cultural del paradigma de los derechos humanos.

Si bien cada tanto se escucha, "*A la escuela no se viene a hacer política*", frase que ha resonado en distintos momentos de la historia de la educación de la Argentina y de otros países de América Latina, reflejando visiones antagónicas sobre el lugar de la política en la educación y sobre sobre qué se entiendo por educación política, la centralidad de la enseñanza de la historia y su tarea en relación con las memorias colectivas vinculadas al pasado reciente ha sido consagrada como innovación más allá de todas las desviaciones, críticas, revisiones, omisiones y ajustes que requiera hoy.

Por cierto, la enseñanza de la historia encaró un novedoso proyecto político de ciudadanía, abonando al fortalecimiento de la esfera pública en su búsqueda de verdad y justicia con respecto al pasado reciente y construyendo un espacio político democrático donde ensayar las posibilidades y los límites de lo común. La enseñanza de la historia introdujo herramientas y conceptos para el aprendizaje de la lectura política de la realidad, para la comprensión de los que nos confiere identidad y subjetivación y para una comprensión dialógica de las diferencias. Resta mucho por hacer y revisar, pero existe una plataforma desde donde despegar para encarar una propuesta sólida que vincule a la enseñanza de la historia con la formación de una cultura política participativa que vele por la justicia, la igualdad y el respeto a la diferencia.

Innovación vinculada a los contenidos históricos

Historia fue una disciplina incluida en lo que hoy podemos reconocer como nivel medio recién en la segunda mitad del siglo XIX, interrumpiendo la tradición humanista de este nivel orientada a la literatura clásica, la filosofía y las lenguas clásicas. Historia como disciplina escolar ingresó poco a poco en el currículo humanista apuntando a una formación moral basada en el ideario de la civilización y desprovista de cualquier utilidad práctica. A ello apuntaba la enseñanza de la historia con las cuatro edades – Edad Antigua, la Edad Media, la Edad Moderna y la Edad Contemporánea – de las cuales la historia nacional era un apéndice.

El abordaje era claramente político y la mirada cultural sesgada hacia el esplendor de los grandes intelectuales y artistas de la Antigüedad o del Renacimiento tornaba opaca cualquier otra producción cultural. No sorprende en absoluto este tipo de tratamiento, pues la historia nació como disciplina científica a partir de los requerimientos del estado-nación de construir un pasado con sentido colectivo de tintes universales en sus contenidos generales y de abonar a una idea de construcción histórica teleológica de la nación en la que los líderes políticos aparecían como protagonistas de esos procesos. Es indudable que la inclusión de estos temas históricos implicaba una mirada sobre el estado argentino y su historia, es decir, la idea de que existió un largo tiempo de construcción de la cultura y las instituciones políticas occidentales y que nuestro país fue resultado de esa historia europea, especialmente humanista y estatal, gestada por prohombres y próceres nacionales de similar estirpe y rol (Finocchio y Losada, 2022).

La escuela argentina se caracterizó, durante gran parte del siglo XX, por ofrecer una mirada del pasado con pretensiones de universalidad que transmitía una historia europea europeizante – vale la redundancia en este caso-, una historia americana que promovía animadversión y estereotipos con respecto a los países vecinos y una historia nacional con una perspectiva –en parte- colonial bajo el supuesto de que todo lo valioso tenía sus raíces en Europa (Finocchio y Losada, 2022).

Si el sentido quedó profundamente asociado a la legitimación de los estados y a la conformación de las naciones, para la Argentina, el origen sellará contornos paradójicos: la historia se convertirá en la historia de una nación inexistente al proyectar al pasado una nación en construcción y una historia política sin política ya que se contó más "como una epopeya patriótica que como un verdadero campo de disputa entre individuos y grupos" (Privitellio, 1998:131).

Hacer frente a esa larga tradición de la enseñanza, que también estuvo presente en otros sistemas educativos de la región, no resultó una empresa sencilla ni fue compartida la salida. Esto explica, tal vez, que la discusión sobre la enseñanza de la historia antigua, medieval y moderna haya estado prácticamente ausente en la Argentina más allá de haber atravesado profundos giros en los climas culturales e ideológicos (Finocchio y Losada, 2022).

Sin embargo, estudios sobre la enseñanza de la historia latinoamericana indican que se ha producido un cambio significativo en la relación entre el pasado nacional y el latinoamericano, este último concebido como marco general del caso argentino y no tanto como un espejo contrastante (Boholavsky y Carnevale, 2022). En este sentido, Boholavsky y Carnevale (2022) sostienen que la incorporación de la perspectiva latinoamericanista y de la enseñanza de otros casos latinoamericanos ha traído innovaciones positivas, como el fortalecimiento de acercamientos menos nacionalistas y excepcionalistas a la historia argentina.

Otra innovación significativa de las últimas décadas es que progresivamente, en las agendas de la enseñanza de la historia, se han incluido actores sociales discriminados socialmente e invisibilizados pedagógicamente. Me refiero, principalmente, a sectores populares, mujeres, indígenas y afrodescendientes. Precisamente, este enfoque se asienta en el reconocimiento de que la diversidad humana no es un déficit ni una molestia tolerable, sino una riqueza de la sociedad que conlleva derechos para cada comunidad y cada sujeto. Debo señalar, sin embargo, que resta correr el velo aún de las personas con discapacidades, lo cual constituye una deuda histórica pendiente.

Sin dejar de considerar que resulta necesario más investigación y debate para extraer lineamientos pedagógicos y didácticos más precisos frente a cierta ambigüedad y/o desorientación de la práctica docente con respecto a los contenidos históricos, procuro plantear y argumentar en este punto que las innovaciones introducidas han cuestionado y movilizado al conocimiento histórico escolar y que constituyen un trampolín para bucear en los modos en que ese saber puede interpelar a las juventudes, en términos de curiosidad, interés y pasión por aprender, conectando decididamente a la historia con el presente y con el futuro de las jóvenes generaciones por medio de renovadas perspectivas.

Innovación en los modos de saber y producir conocimiento histórico escolar

Si la historia y la memoria se entremezclan, probablemente esto sea más evidente cuando se piensa en la escuela, porque la transmisión cultural de los contenidos de la historia en el aula ha tendido a la conformación de una memoria escolar con características propias e identificables que resultan de la intención pedagógica de volver enseñable algo que forjó la propia producción académica entre fines del siglo XIX y las primeras décadas del siglo XX.

En este contexto, algunos libros de lectura o textos destinados a la novedosa asignatura de historia seguirían un itinerario semejante al del Petit Lavisse, aquel texto escolar usado en Francia hasta la década del sesenta y al que el historiador Pierre Nora (1984) le asignara uno de los capítulos en su obra sobre los lugares de la memoria – Le lieux de memoires –, por su papel en la construcción de la memoria nacional de Francia. Para Pierre Nora, ese pequeño texto de unas cuarenta páginas fue un lugar de memoria porque millones de niños lo leyeron como un evangelio republicano y, en este sentido, supera a la propia historia que el renombrado historiador Pierre Lavisse publicara en varios tomos hacia 1918 y de los cuales el Petit Lavisse constituye una versión condensada.

En la Argentina, también los textos escolares de la novedosa asignatura de historia destinados a la educación elemental cumplieron el anhelo de inculcar, en esta Argentina de campañas, pueblos, diversidades lingüísticas y culturales, la idea de la nación y, al mismo tiempo, suscitaron la adhesión al régimen republicano. Llenos de alegorías, estos libros introdujeron en la historia nacional a los hijos de inmigrantes y de nativos y los acompañaron en un recorrido guiado por la idea de libertad-república, por las proezas de los héroes y por los símbolos patrios.

En tiempos en que la historia se afirmaba como ciencia, algunos historiadores profesionales incursionaron en la producción de algunos textos escolares, convertidos en lugares de la memoria donde los estudiantes entrenaban esta facultad. Entre ellos, se destacan las *Lecciones de Historia Argentina* de Ricardo Levene (1912), destinado a la escuela media. Este libro, lugar de memoria e historia escolar de prolongada incidencia, contó con más de veinte ediciones hasta 1959, año de fallecimiento del autor. En 1978 las reeditó la editorial de Belgrano y posteriormente, en 1992, la editorial Corregidor publicó una versión revisada por Ricardo Levene (h).

Ricardo Levene fue profesor de la Universidad de La Plata y de la Universidad de Buenos Aires, presidente de la Academia Nacional de la Historia y director de la Historia de la Nación Argentina. La Nueva Escuela Histórica representó durante décadas a la historia académica y profesional, siendo el mencionado texto escolar de más de cuatrocientas cincuenta páginas el que la hizo masiva entre las jóvenes generaciones que se sucedieron como lectores.

El modo de apropiarse de ese tipo de textos fue claramente expuesto por Antonio Dellepiane, abogado y profesor de la Facultad de Filosofía y Letras de la Universidad de Buenos Aires a cargo del Curso de Historia Universal (Buchbinder, 1997) y director del Museo Histórico Nacional entre 1916 y 1932. Sostenía Dellepiane en un informe presentado al Ministerio de Instrucción Pública sobre la enseñaza de la historia:

> El método tradicionalmente usado en nuestros institutos secundarios, públicos o privados, para la enseñanza de la Historia, consiste en adoptar un manual nacional o extranjero como libro de texto, y en obligar a los alumnos a estudiarlo, por dosis, en sus casas, para recitarlo en las clases, ante los condiscípulos y el Profesor, quien suele agregar algunos comentarios o ampliaciones [Dellepiane,1903:61].

La enseñanza de la historia muestra en el siglo XXI rupturas e invenciones que ponen en evidencia "el quiebre del código que durante más de cien años caracterizó a la historia disciplinar" (González, 2018). Si bien no se ha estabilizado un nuevo código disciplinar, las prácticas escolares interpeladas por la renovación historiográfica, por nuevas perspectivas didácticas y por una nueva materialidad escolar muestran signos de transformación. La memorización de hechos y personas que combinaban erudición, detalles y narraciones sencillas fue abandonado por un tratamiento muy diferente un siglo después, abogando por un encuadre problematizador y conceptual de la historia.

El cambio más allá de las permanencias, el hacer de docentes más allá de lo que se reconoce, el impulso de los materiales educativos más allá de lo que se cree, la discontinuidad libro-cuaderno/carpeta, las invenciones letradas de la escuela en la cultura digital, la incidencia de los medios en las culturas escolares, el ir más allá de la disciplina escolar así como las hibridaciones inventadas en tiempos de la cultura digital abrieron una compuerta en la enseñanza de la historia permitiendo ingresar una variedad inimaginable de tipos de consignas y de actividades. Por tanto, en estas cuatro décadas la enseñanza de la historia transitó de la lectura y la memorización a invenciones y cambios pedagógicos en los modos de enseñar y aprender la historia escolar que no se pueden ni deben subestimar.

Innovación en los modos de evaluar el conocimiento histórico

Una cuestión discutida pero insuficientemente saldada en el ámbito de la enseñanza de la historia es la evaluación de los aprendizajes. La complejidad se debe a que supone, por un lado, revisar la función de la escuela, los supuestos sobre fracaso escolar, la concepción de alumno/a y de profesor/a que sostienen las prácticas evaluativas más habituales y, por otro, implica pensar sobre otros modos posibles para las trayectorias escolares de los alumnos/as que se introducen desde la escuela en el mundo de la cultura histórica.

En un artículo de Rosa María Torres, "Repetición escolar ¿falla del alumno o falla del sistema?" (Torres, Bertoni y Celman, 2000) se analiza la repetición como un fenómeno incomprendido que tiene múltiples causas y que en algunos casos no es percibido como problema y se subestima su importancia. La evaluación se sostuvo en relación con un modelo escolar construido históricamente que ha dado lugar a muchos debates en las últimas décadas. Repasemos, una vez más, la historia de la "máquina de enseñar" desde la perspectiva que nos interesa. Las prácticas de evaluación de historia solieron reducirse a pruebas escritas que suponían pasar información de un lugar a otro y que apuntaban a una memorización de corto plazo, de modo tal que el profesor pudiera comprobar en el marco de una producción fuertemente homogeneizante los diferentes niveles de logro de los alumnos/as, detectar a aquellos/as con dificultades y controlarlos/as a partir de sus notas. Los altos porcentajes de desaprobados en los primeros meses de cursada de la materia fueron ejemplo de estas funciones de la evaluación.

Así, la enseñanza de la historia se articuló con la capacidad de la escuela para producir categorías que configuraron a los sujetos. A esto contribuyó que los aportes de la didáctica hayan tendido a reducirse a la racionalidad instrumental propia del campo en lugar de subrayar las políticas culturales de transmisión y hayan otorgado un manto de neutralidad a categorías artificiales, en tanto social e históricamente construidas.

Sin embargo, durante las últimas décadas se discutió la evaluación tradicional homologada a la acreditación, que supone, en el marco de una institución, certificar el dominio de los contenidos normativamente previstos y que, en la cotidianeidad del aula, se acota a la idea de calificación y nota. Durante las últimas décadas se sostuvo que la evaluación no podía restringirse a medir logros de aprendizaje de los alumnos/as sino que tenía que aportar una mirada sobre la coherencia y la eficacia de la enseñanza. En el contexto de estos debates sobre la evaluación, se planteó la idea de autoevaluación por parte del docente y del alumno; de evaluación como toma de conciencia, corrección y perfeccionamiento del propio aprendizaje; de evaluación como estímulo para la continuación de estudios.

Poco a poco, el ambiente pedagógico de la enseñanza de la historia fue introduciendo novedades: prácticas de evaluación que enfatizan las fortalezas de los estudiantes en lugar de sus debilidades, que incluyen la reflexión sobre el propio aprendizaje y su experiencia, que abren márgenes para la diversidad, singularidad y creatividad a partir de las consignas; que toman en cuenta no sólo los parámetros estipulados para el grupo etáreo sino que incluyan como principal referente el propio punto de partida y la trayectoria que se está construyendo; que tensionan la subjetividad del alumno/a sin etiquetarlo o fijarlo en el estigma del que no sabe o no puede.

Por tanto, se habilitó un margen, amplio desde mi perspectiva, para la discusión sobre los modos más apropiados de evaluar los aprendizajes históricos de modo de vincularlos con las formas de producción de este saber y con su apropiación por parte de los sujetos. Se trata de un terreno fértil para abonarlo con discusiones más amplias que conlleven a que se renueven aún

Cuatro desafíos para la historia como disciplina escolar en un contexto de incertidumbre

Pensar una propuesta para la enseñanza de la historia para las próximas décadas del siglo XXI, requiere situar la educación en el contexto social y político en que se desenvuelve y del cual forma parte, y revisar las discusiones y debates que promueven los cambios de esta época. Supone también considerar que el trabajo de la escuela es tomar decisiones adecuadas para los/as alumnos/as que esa escuela atiende.

Considerando el carácter histórico de los saberes y de las prácticas de enseñanza, así como al papel que le cabe a las escuelas y a sus docentes, me formulo distintas preguntas que interpelan el quehacer de la enseñanza de la historia:

- ¿Cuáles son las diversas formas de participación política en la vida escolar y comunitaria promovidas por la historia escolar?
- ¿Cómo encajan en la enseñanza de la historia las aspiraciones del humanismo, la ecología y la tecnología, con sus culturas, sus modos de hacer y sus valores?
- ¿Cómo responde la historia escolar al desarrollo de capacidades reflexivas, emocionales, éticas, comunicacionales y creativas y cuál es su pertinencia en relación con los requerimientos educacionales de los proyectos de vida de los/as alumnos/as?
- ¿Qué deberían hacer los profesores/as de historia para ofrecer oportunidades educativas a los/as estudiantes en su diversidad y respetar al mismo tiempo las demandas de justicia social?

Atendiendo estos interrogantes, en este apartado me propongo pensar en la transmisión de la historia en el contexto actual de incertidumbre, sugiriendo la necesidad de concebir una respuesta ambiciosa y sensata que recoja los desafíos que supone el futuro para un presente atiborrado de dudas y perplejidades. Cuando digo ambiciosa pienso en la reconfiguración de los vínculos sociales, políticos, culturales y pedagógicos así de como las relaciones con el planeta. Cuando me refiero a sensata considero su atención consciente, comprometida y responsable ante las diversas opciones educativas disponibles.

Presento a continuación cuatro hipótesis de trabajo para el presente y el futuro de la historia escolar. No se trata de nada especialmente novedoso sino de prácticas valiosas de los propios protagonistas de la enseñanza de la historia que ofrecen pistas para explorar estratégicamente problemas concebidos como desafíos a futuro y que convocan al desarrollo de ideas proactivas para avanzar y fortalecer el rumbo de la historia en tanto disciplina escolar. El cambio no es sólo un asunto de técnicas o metodologías, sino que precisa movilizar aprendizajes; saber hacia dónde se va, por qué se quiere cambiar y qué se espera de ese cambio; pensar si ese cambio se podrá sostener en el tiempo; y compartir las reflexiones en el seno de la comunidad educativa (Najmanovich, 2014).

La inquietud por los modos en que la situación presente convoca, moviliza o despierta sus miradas sobre la enseñanza de la historia es la cuerda que me permitió tirar del carretel de las innovaciones pedagógicas llevadas a cabo hasta aquí y de sus posibles campos de efectos. En este sentido, cabe subrayar que el modo de aproximación para la construcción de la propuesta que aquí se presenta fue, justamente, a partir de la interrogación por la innovación ya presente en las prácticas.

Cambio participativo y democrático desde la educación histórica

La complejidad del mundo contemporáneo hace necesario un mayor compromiso a favor de la participación democrática no sólo de la vida política sino también cultural y social. Como lo expresa Inés Dussel (2003) "No se trata de ajustarnos a "la realidad" sino de pensar formas de intervención que produzcan cambios en las coordenadas de la situación en la que estamos. Estas formas de intervención no son otra cosa que actuar políticamente".

En efecto, la formación de sociedades democráticas no puede dejar de lado la discusión sobre la educación y las diversas formas de participación política, social y cultural. Pensar las implicaciones de adoptar una perspectiva democrática como apuesta educativa para la enseñanza de la historia conduce también a pensar de qué modo se plasman en la agenda curricular la toma de decisiones que tienen lugar en las instituciones educativas, así como reflexionar sobre la manera como la democracia atraviesa las enseñanzas de la historia. La escuela debe incluir en su agenda una lucha comprometida con la defensa de los valores democráticos y propiciar la participación y la democratización de su interior para avanzar en la defensa de una sociedad más igualitaria, más libre, más justa, más participativa y más democrática.

Esta dimensión hace foco en los espacios, los saberes, los valores, las prácticas de participación que contempla la enseñanza de la historia y procura considerar hasta dónde la educación histórica se presenta comprometida con una cultura política, que evite ahondar en la separación de diversos grupos como estancos definidos por identidades particularizadas y aporte a la construcción de una identidad política común forjada en el ejercicio la reflexión, el diálogo y la participación igualitaria. Esto supone cultura escolar y cultura política activas y proyectivas como sentidos de la enseñanza.

Desde esta perspectiva, las preguntas que orientan la reflexión son: ¿Qué valores democráticos desarrolla la enseñanza de la historia? ¿Qué oportunidades y experiencias ofrece para pensar y vivir la cultura política? ¿Qué ámbitos se conciben como espacios de educación histórica con sentido político más allá del aula y de la escuela? ¿Cómo se propone educar para las nuevas formas de participación cultural, social y política en el marco de la cultura digital? ¿Cómo se articula desde la enseñanza de la historia la formación para la democracia con la promoción de una cultura sin violencias en la sociedad?

Alquimia entre las humanidades, la ecología y la tecnología

Todo proyecto pedagógico hace una apuesta concreta sobre los fines de la educación y sobre cómo deben orientarse las prácticas educativas. De esta manera se puede decir que no hay propuesta sin una postura filosófica sobre la realidad y sin una mirada pedagógica sobre lo que es la escuela y lo que ésta debería hacer en una sociedad. A partir de estas definiciones sobre la educación, las sociedades orientan el tránsito del presente al futuro. Pero esos fines tienen lugar en un contexto y en una sociedad específica. Quienes asisten hoy a la escuela serán los adultos del 2050. ¿Qué sentidos se proyectan desde el presente hacia el futuro a través de la educación? ¿Con qué visión del mundo la historia está educando hoy a los adultos de mediados de siglo que serán los responsables entonces de tomar decisiones?

Así como el currículo escolar inventó un humanismo científico a fines del siglo XIX como resultado de una amalgama de tradiciones y tendencias emergentes (Gallego, 2003), se entiende que hoy son tiempos en los que se está produciendo una nueva "alquimia" (Popkewitz, 1994) en los que la escolarización asume los desafíos de establecer nuevos sentidos para la vida a futuro a partir de las relaciones entre los saberes del humanismo, la ecología y la tecnología, en un diálogo que es urgente analizar para establecer su potencialidad. Me refiero a los sentidos propuestos para que los estudiantes tengan acceso al conocimiento histórico y alcancen una preparación con responsabilidad social, de cara a las necesidades de la sociedad en la que están insertos.

La tendencia al ensimismamiento y al presentismo que se ha producido en las últimas décadas privando de perspectiva temporal y espacial a la enseñanza de la historia, justo en un contexto en el que las inquietudes del presente y el futuro de la humanidad y del planeta se acrecientan, requiere ser revisada atendiendo a la necesidad de formar a la ciudadanía desde una perspectiva amplia que vincule el interjuego de diversas escalas con conexiones producidas en el largo plazo.

Desde esta perspectiva, las preguntas que orientan la reflexión son: ¿Cuáles son los propósitos o intencionalidades de la historia escolar? ¿Qué visión del mundo transmiten sus contenidos? ¿Cómo se presentan las perspectivas humanista, científico-social, ecológica y tecnológica? ¿Qué vigencia tienen los fundamentos de la historia escolar ante un mundo de cambios acelerados? ¿Qué se propone hacer la enseñanza de la historia ante la realidad local, regional y mundial?

Historia escolar asociada a los proyectos de vida

En el contexto de profundos y veloces cambios sociales, económicos, tecnológicos y culturales producidos en las últimas décadas, en sociedades cada vez más complejas y con altos índices de incertidumbre, resulta necesario desarrollar a lo largo de toda la vida un conjunto de capacidades que permitan enfrentar el cambio, la complejidad y la incertidumbre y resolver satisfactoriamente situaciones y problemas individuales y sociales de la vida cotidiana así como desarrollar un sentido proyectivo para la propia vida personal.

El informe *Educación para todos* afirma que "muchos países se están esforzando para lograr una combinación adecuada de valores universales y locales, estableciendo nexos entre los planes de estudios y la vida social y económica de las comunidades nacionales y locales" (Unesco, 2004: 29). Como bien señala Young, desde el campo de las políticas educativas viene creciendo el interés por crear un currículo que incorpore las políticas de inclusión social y se viene trabajando

> [...] en pos de un currículo sensible, que pueda servir de base para nuevos tipos de habilidades y conocimientos que trasciendan las fronteras disciplinares y las divisiones académicas-vocacionales actuales, oponiéndose a la insularidad del currículo académico tradicional [Young, 2002:55].

Por su parte, el auge de la informática, la tecnología y las comunicaciones ha derivado en el desarrollo de nuevos saberes cuyo dominio se convierte en una herramienta fundamental en los modos de organizar las más diversas tareas. El uso intensivo de las nuevas tecnologías tiene hoy un fuerte impacto, renovando los imaginarios en los más variados ámbitos y demostrando que el mundo no dejará de cambiar.

Frente a esta problemática, cabe identificar cómo la enseñanza de la historia incentiva el desarrollo de sentidos proyectivos para la vida personal, alienta el desarrollo de la creatividad y contribuye a desarrollar habilidades para que los alumnos puedan resolver problemas reales y cotidianos en un mundo cambiante, así como proyectarse en él. En consecuencia, avanzar en la consideración de la pertinencia de la enseñanza de la historia en relación con el proceso creativo, la producción en diversos campos y el desarrollo personal integral.

Desde esta perspectiva, las preguntas que orientan la reflexión son: ¿Cómo contempla la propuesta pedagógica diferentes opciones según los intereses y necesidades de los educandos y promueve los proyectos de vida? ¿Cuáles son las aperturas curriculares hacia el desarrollo de la creatividad, la reflexión, la comunicción y la producción en diversas áreas? ¿Qué lugar ocupan los saberes artísticos, tecnológicos, éticos, emocionales en relación con los saberes académicos? ¿Existen proyectos de formación interdisciplinar y vocacional y cómo se desarrollan? ¿Cómo inciden las actividades en la preparación para el pensamiento crítico, la creatividad, la formación tecnológica, los proyectos de vida, entre otros?

Inclusión con óptimos aprendizajes históricos

La escuela ha sido y es un espacio de transmisión cultural y de socialización de los sujetos y es indudable el papel que ha desempeñado en la formación cultural. En ese marco, el currículo escolar se presenta como producto de una representación y de una selección cultural, así como de una planificación y de una acción práctica, resultando un componente fundamental de la definición de la escolaridad.

La educación histórica ha cumplido una función mediadora en el acceso a la cultura escrita y al conocimiento científico, así como ha tenido una función simbólica en la formación de identidades nacionales. Pero también ha sido reflejo de la exclusión social, el racismo, la desigualdad de género y la discriminación que operan en la cultura y tienen lugar también en el contexto escolar. Es sabido que la posición desigual y la falta de acceso igualitario a la educación de los grupos indígenas, las mujeres, los afrodescendientes, los pobres, las personas con capacidades diferentes, han sido una constante. Esto plantea el problema de la relación entre enseñanza, justicia y equidad. Por esto, el interés por crear una propuesta para la historia escolar que incorpore las políticas de inclusión social (Young, 2010). Como bien señala Camilloni (2006:114) "una concepción igualitaria de la educación debiera proponerse trastrocar esa estratificación haciendo desaparecer divisiones que se reflejan tanto en el sistema escolar cuanto en la organización del currículo".

En este sentido, cabe identificar de qué modo la historia escolar acompaña la realidad social en la que se insertan los saberes y las prácticas educativas, sin caer en una ingenua celebración de la pluralidad sino desde una mirada crítica y reflexiva que reconoce un mundo plural, diverso e intercultural en el que el acceso a conocimientos valiosos se presenta como una cuestión crucial para los diferentes grupos sociales y para toda la comunidad. Parafraseando a Young, cabe preguntar: "¿Este currículo es un medio para que los alumnos puedan adquirir un conocimiento valioso? Para la niñez de lugares desfavorecidos, la participación activa en la escuela puede ser la única oportunidad de adquirir ese conocimiento valioso y de ser capaces de caminar, al menos intelectualmente, más allá de sus circunstancias locales y particulares" (Young, 2007:297 citado en Galian y Louzano, 2014: 112).

Desde esta perspectiva, las preguntas que orientan la reflexión son: ¿Cuál es la pertinencia y la relevancia de los saberes y las prácticas pedagógicas en el contexto actual de la enseñanza de la historia? ¿Cómo inciden los cambios asociados al trabajo pedagógico en las clases de historia? ¿Qué papel juegan el equipamiento y los materiales educativos? ¿Cómo se expresa la excelencia en los saberes y en las prácticas promovidos por la enseñanza de la historia? ¿En qué medida los cambios en los saberes y las prácticas pedagógicas favorecen la inclusión?

A modo de cierre

He presentado hasta aquí contribuciones pedagógicas que intencionalmente pretenden alejarse de un descarnado lenguaje técnico; que recuperan voces sin aplanar ni silenciar tonos de quienes no solo están en condiciones sino desearon y realizaron sustantivos aportes; y que hacen pie en la formación histórica que muchos y muchas anhelan para tornar más justa, más amable, más pacífica, más atractiva, más productiva, más sana y más bella la vida de los niños, niñas, adolescentes y jóvenes de la Argentina. Por cierto, resta mucho por hacer.

Referencias

BENHABIB, S. *Las reivindicaciones de la cultura*:igualdad y diversidad en la era global. Buenos Aires: Katz, 2006.

BOHOLAVSKY, E.; Carnevale, C. La enseñanza escolar de la historia latinoamericana: entre la historiografía, el mercado editorial y las prescripciones estatales. En: FINOCCHIO, S.; GONZÁLEZ, P. (Comp). *La historia como disciplina escolar*. Buenos Aires: Biblos, 2022. (En prensa.)

BUCHBINDER, P. *Historia de la Facultad de Filosofía y Letras*. Buenos Aires: EUDEBA, 1997.

CAMILLONI, A. El saber sobre el trabajo en el currículo escolar. *Anales de la Educación Común, tercer siglo*. Dirección General de Cultura y Educación de la Provincia de Buenos Aires, año 2, n. 3, 2006, p. 112-117.

CARBONELL, J. *La aventura de inovar*: el cambio en la escuela. Madrid: Morata, 2002.

DELLEPIANE, A. *Informe presentado al Ministerio de Instrucción Pública*, 1903.

DUSSEL, I. La gramática escolar de la escuela argentina: un análisis desde la historia de los guardapolvos. *Anuario de Historia de la Educación*, Buenos Aires, n. 4, 2003.

FINOCCHIO, S.; LOSADA, C. Historia medieval y moderna en la formación escolar: un debate ausente y necessário. En: _____; GONZÁLEZ, P. (Comp). *La historia como disciplina escolar*. Buenos Aires: Biblos, 2022. (En prensa.)

GALIAN, C.; LOUZANO, P. Michael Young and the curriculum field: from the emphasis on the "knowledge of the powerful" to the defense of "powerful knowledge". *Educação e Pesquisa*, v. 40, n. 4, 2014, p. 1.109-1.124.

GALLEGO, Alavarez A. La pedagogía y las ciencias, historia de una relación. En: ZULUOAGA, O. et al. *Pedagogía y epistemología*. Bogotá: Magisterio, 2003.

GONZÁLEZ, Paula. *La enseñanza de la historia en el siglo XXI*: saberes y prácticas. Polvorines: Ed. UNGS, 2018.

LEVENE, R. *Lecciones de Historia argentina*. Buenos Aires: Lajouane. 1912. 2 t.

NAJMANOVICH, D. *El cambio educativo*: del control disciplinario al encuentro comunitario. Buenos Aires: Biblos, 2014.

NORA, P. (Dir.). *Le lieux de mémoire*. Paris: Gallimard, 1984 (t. 1: "La Republique").

POPKEWITZ, T. Reformas de la formación del profesorado en Estados Unidos: prácticas reguladoras del Estado, la universidad y la investigación. En: ______. *Modelos de poder y regulación social en pedagogía*. Barcelona: Pomares, 1994.

PRIVITELLIO, L. Los otros en la historia escolar: las naciones extranjeras en los manuales. *Entrepasados*, año VIII, n. 15, 1998.

TORRES, R. M. Repetición escolar ¿falla del alumno o falla del sistema? En: ______; Bertoni, A.; Celman, S. *La evaluación*. Buenos Aires: Novedades Educativas, 2000.

UNESCO. *Educación para todos*: el imperativo de la calidad. Informe de seguimiento de la EPT en el mundo. Paris: UNESCO, 2005.

VIDAL, D. Culturas escolares: entre la regulación y el cambio. *Propuesta Educativa*, año 16, n. 28, 2007.

YOUNG, M. Durkheim, Vygotsky e o currículo do futuro. *Cadernos de Pesquisa*, n. 117, 2002.

______. Why educators must differentiate knowledge from experience? *Journal of the Pacific Circle Consortium for Education*, v. 22, n. 1, 2010.

8. Escrita da história, usos políticos do passado e republicanismo no Brasil da Primeira República

Angela de Castro Gomes

> *Brasileiro nenhum, estudando com amor, a sua pátria, em todas as manifestações da sua vida, na sua Política, na sua Arte, na sua Indústria, na sua Literatura e até nos seus Costumes e Tradições, deixará de verificar consternado a pobreza de nosso sentimento nacional* [Veríssimo, 2013:64] [1890].

> *A erudição é a maior amiga e a pior inimiga da história. A documentação deve ser elítica e separada; como na pintura deve-se sentir a cor e não deixar muito visível o desenho das linhas. Os nossos historiadores, e Varnhagen é um exemplo modelar, confundem a historiografia e a história, e fazem da vida uma função de arquivos e de cartórios. Este seco e árido materialismo dos papéis velhos embota a imaginação e [...] com seu cemitério de almas penadas, impede a comunicação com os vivos. É verdade que os ossos ficam e são por isso mais acessíveis; todavia, o passado não pode ser composto de esqueletos. Há de ser vida ou coisa nenhuma* [Ribeiro, 1918:3].

Os trabalhos que se dedicam a estudar o processo de legitimação política da república no Brasil e, assim, o de construção de uma cultura política e de uma cultura histórica republicanas – com comemorações, símbolos, rituais e um passado histórico comum – ainda são pouco numerosos, considerando-se a importância do tema.[1] Eles têm se concentrado, como seria esperado, na década de 1890, já

[1] Trabalharei com os conceitos de cultura política e cultura histórica, como venho fazendo. O primeiro está sendo entendido como um sistema de representações, complexo e heterogêneo, mas capaz de permitir a compreensão dos sentidos que um determinado grupo social (cujo tamanho varia e inclui

que a abolição e a instauração da república impactaram fortemente o processo de construção de uma narrativa da história do Brasil, até então elaborada, segundo a ótica monárquica. Basta lembrar que só depois de tais acontecimentos, foi possível imaginar a existência de uma nação constituída por um povo, quer dizer, imaginar uma comunidade política integrada juridicamente por homens livres, que podiam se tornar cidadãos, atuando no passado, presente e futuro como sujeitos dessa história/memória nacionais (Anderson, 1989). A própria eclosão, na virada do século XIX para o XX, de debates intelectuais discutindo a existência ou não de um "povo brasileiro", bem como o que tal presença ou ausência podia significar, apontam para um novo delineamento das questões que envolviam o processo de construção, não mais apenas do Estado (*state-building*), mas também de uma nação e seu povo (*nation-building*).

Processos de construção de identidade, individuais ou coletivos, são sempre contínuos, portanto mutáveis e inconclusos. Identidades não se constituem em propriedades essenciais e fixas, que perduram no tempo e no espaço. Ao contrário, sua conformação e consolidação na história/memória de um grupo social demandam tempo e esforço, envolvendo a mobilização de atores diferenciados e com forças desiguais. Portanto, raramente comportam mudanças rápidas, e estas, quando ocorrem, nunca são passíveis de manipulações voluntaristas e arbitrárias. Por isso, uma das dimensões mais caras à análise do historiador nos processos de construção identitária é a produção de um passado comum, que assegure ao grupo uma "origem" e lhe garanta coesão e continuidade ao longo do tempo, a despeito de sua diversidade interna e das transformações que possa efetivamente sofrer. Esse esforço é complexo e demanda tanto o investimento em uma escrita

a nação) atribui a uma dada realidade, em determinado período e lugar. O processo de constituição de culturas políticas – um fenômeno político-cultural de média e longa duração – demanda sempre leituras do passado histórico do grupo, que conotam, mais ou menos positiva ou negativamente, períodos, personagens e eventos, propondo um enredo e um sentido para essa história. Por isso, culturas políticas se articulam com culturas históricas, que abarcam mais do que a história produzida pelos historiadores de ofício, mobilizando diferenciados atores, especialmente aqueles cuja ação tem objetivos pedagógicos voltados para a constituição de uma memória histórica coletiva do grupo, no caso, a nação brasileira. A construção de culturas históricas integra o processo de conformação de culturas políticas, o que não se faz sem disputas e negociações ao longo do tempo. Essa dimensão de cultura, que não é arbitrária nem voluntarista, está na raiz do conceito de usos políticos do passado, que se associa e se confunde com o de memórias históricas de grupos sociais (nacionais, étnicos, religiosos, profissionais, partidários etc.). Utilizarei os conceitos de cultura política e cultura histórica republicana no singular, embora eles sejam polissêmicos e guardem tensões e disputas em seu interior, como se verá (Gomes, 2005; 2007).

da história científica (aquela feita pelos e para os historiadores de ofício) quanto a produção de narrativas históricas que se voltem para públicos mais amplos, o que, frequentemente, é resultado do trabalho de intelectuais com diversas formações. Essa dinâmica atesta como os historiadores de ofício não têm o monopólio da escrita da história e como as culturas históricas excedem a historiografia, englobando outras narrativas e práticas de representação do passado, como os símbolos, rituais, hinos, bandeiras, festas cívicas etc.

Neste capítulo, minha atenção se volta para os esforços desenvolvidos por um grande conjunto de intelectuais, durante a Primeira República e que se estendem até os anos 1930-1940, para a produção de narrativas históricas voltadas para um grande público de crianças e adultos, que podem ser chamadas de divulgação do conhecimento histórico. Elas possuíam claros objetivos pedagógicos (nítidos nos livros escolares e discretos nos destinados a adultos), podendo combinar ficção e história em graus variados, além de recorrer a estratégias de linguagem (simples, motivadora e clara) e utilizar as mídias mais modernas de sua época (os periódicos e o rádio). Meu objetivo mais geral é ressaltar a importância dessa escrita da história/memória nacional, para o que se chama de trabalho de enquadramento de memórias coletivas (Pollack, 1989) – no caso, uma memória histórica nacional – justamente por se voltar para públicos que eram estratégicos para a legitimação do novo regime republicano. Os intelectuais, historiadores ou não, que se dedicam a tal escrita da história querem "educar e não apenas instruir" seus públicos, especializando-se em funções de mediação cultural. Por isso, são considerados intelectuais mediadores (Gomes e Hansen 2016),[2] por construírem "pontes" entre o conhecimento histórico produzido pelos historiadores de ofício e os amplos públicos não especializados, que só seriam conquistados por produtos culturais com características diferenciadas. Foi para destacar esse vínculo, que Nicolazzi (2015) cunhou a noção de regimes historiográficos, apontando a relação decisiva entre o historiador e seu público leitor, assim como a tensão entre escrita e leitura; entre as modalidades de produção, as formas de difusão e os contextos de recepção do conhecimento histórico.

Inúmeros intelectuais em função de mediação, nesse período, estão engajados em um projeto político-cultural que postula que a educação, com a república, tinha que se nacionalizar e se transformar em uma educação popular (pública e

2 Ver introdução.

patriótica), pois esta era uma condição fundamental para a nação se modernizar. O caráter missionário e elitista da ação dessa intelectualidade, que quer produzir coesão social e, para tanto, não ilumina determinados tipos de conflitos (de classe, étnicos etc.) não são novidades no Brasil e no mundo. A produção e circulação de uma história/memória nacional (e também dos estados da federação), não pode construir uma representação do passado histórico em chave negativa, já que se trata de fundar as bases de uma comunidade de cidadãos republicanos. Mas tal projeto não deve ser considerado como a mera produção de uma mitologia da nação, pois comportou diagnósticos sobre importantes questões, avançando com sugestões e críticas. Um exemplo é que, se educação, em sentido largo, era entendida como um meio seguro de se alcançar o aperfeiçoamento dos indivíduos, dentro e fora das escolas, as explicações cientificistas de cunho racista para o atraso do país estavam sendo afastadas em nome de uma interpretação histórica e político-social. Outro é a função integradora que um passado histórico comum podia produzir ante o tamanho do território e dos riscos trazidos pelo federalismo republicano, que não deviam ser alimentados pelos sentimentos separatistas de adesão às "pátrias locais" (ser pernambucano, baiano etc.); muito ao contrário. Um deslocamento para o sentimento de amor à pátria nacional era imperioso, já que ninguém nascia brasileiro; tinha de aprender a ser brasileiro. Por fim, esse sentimento patriótico não devia ser criado a partir de uma idealização ou, pior ainda, de um vaidoso bairrismo, que escondesse os problemas existentes, para ficar cantando as belezas e grandezas da natureza do país. Isso era pouco e equivocado. O real patriotismo se fundava no conhecimento e não na ignorância desses problemas, assim como na valorização das realizações humanas ao longo de nossa história comum e não apenas nas belezas e grandeza do território.[3]

Esse grande projeto educacional pode ser visto como um pano de fundo para as disputas e negociações políticas e simbólicas que ocorrem entre projetos de escrita da história, não apenas nos anos de 1890, como também nas décadas seguintes. Portanto, o panorama vai se alterando, à medida que o regime republicano vai se consolidando. Contudo, embora possa parecer paradoxal, essa nova conjuntura vem associada não ao reconhecimento e fortalecimento da ex-

3 O melhor exemplo de projeto educacional do início da República é Veríssimo (2013). O livro tem a primeira edição em 1890 e a segunda em 1906. Entre elas, o autor passa de uma posição de esperança e confiança no novo regime, para uma de crítica, ante a falta de políticas públicas educacionais, dos estados e da União.

periência da Primeira República, mas a um aumento e radicalização das críticas a seu funcionamento. Entre tais críticas, está o diagnóstico de que a república não implementou políticas na área da educação, embora tenha mantido a exigência, vinda do império, de só terem direito de voto os alfabetizados. Entretanto, essa frustração não afastou os intelectuais da luta por uma melhor educação no país, sendo os anos 1920 palco para reformas em vários estados e no Distrito Federal, o que tem continuidade no pós-1930. Do mesmo modo, nessas décadas, aqueles que atuam como mediadores na divulgação do conhecimento histórico vão se beneficiar do aparecimento de novas editoras e do *boom* dos nacionalismos fortalecidos pela Primeira Grande Guerra.

As diferentes formas de escrita da história, suas inter-relações, seus praticantes, seus editores, suas estratégias de linguagem etc., todo esse esforço para a construção de uma história/memória nacionais é fundamental para se compreender como, em 1939, em pleno Estado Novo, no cinquentenário da Proclamação da República, a história do Brasil que foi divulgada em jornais, livros etc. evidencia como já existia um modelo de narrativa muito compartilhado e consolidado e que, sem excluir disputas, possuía um enredo e um sentido bem estabelecidos.

República, educação nacional e escrita da história

A virada do século XIX e toda a primeira metade do século XX são uma espécie de tempo de luta pela educação nacional, o que não se faria sem a produção de uma história e memória nacional que levassem em conta o estabelecimento da república. Um sólido indício dessa centralidade é a criação de um ministério a ela dedicado, sob o comando de um herói republicano, Benjamim Constant. Do mesmo modo, sua curta duração evidenciou a incúria e o desinteresse do novo regime, valendo lembrar que uma iniciativa como essa só seria retomada após a Revolução de 1930. Para a intelectualidade ligada a essa proposta de modernização, o momento imediato à proclamação era único e especial, sobretudo para aqueles dedicados à escrita da história. Eles precisavam se voltar para a criação de uma narrativa que incorporasse os recentes sucessos republicanos ao passado colonial e imperial da agora nação brasileira, considerando que esse passado fora construído sob os auspícios de uma monarquia. Nesse sentido, a operação intelectual a ser realizada não se limitava a produzir um somatório ou acréscimo temporal ao relato, e sim uma reconfiguração de toda a narrativa da história.

O Instituto Histórico e Geográfico Brasileiro (IHGB), como lugar de sociabilidade intelectual e instituição encarregada de trabalhar profissionalmente com o passado histórico, não ficaria imune a tudo isso (Sousa, 2012). Criado em 1838, vivera sempre sob a proteção do imperador, sendo muito afetado, em seus cofres e prestígio, pelo fim do Segundo Reinado. Embora formado por muitas personalidades francamente críticas à república, quando não monarquistas que se opuseram ao novo regime, o IHGB entendeu, com alguma rapidez, que precisava se adaptar a esses novos tempos republicanos, partindo para uma recomposição de seu discurso e de sua prática. Pode-se dizer que, decorridos os anos dos governos militares de Deodoro e Floriano, o IHGB concentrou-se em sua recuperação, o que coincidiu com a presidência de dois importantes nomes da cultura brasileira: o do barão do Rio Branco, conduzido em 1908, quando era o ministro das Relações Exteriores da República e, após sua morte, em 1912, o do conde de Afonso Celso, que permaneceu no cargo até 1938, portanto, já no Estado Novo. Um barão e um conde, que inicialmente militam pela monarquia, mas que iriam, pragmaticamente, abrindo as portas do IHGB aos historiadores identificados como republicanos, além de participar das festas cívicas do regime, bem como da política republicana, ocupando altos postos na burocracia do Estado e dos estados.

Este capítulo deseja chamar a atenção para esse processo de reconfiguração da história do Brasil, destacando um conjunto de projetos de divulgação do conhecimento histórico, projetos esses desenvolvidos por intelectuais em função de mediação. Para tanto, é bom começar assinalando algumas de suas características. A primeira é sua duração, que ultrapassa o período da Primeira República, tendo continuidade no pós-1930 e ganhando força no Estado Novo, devido à sua política cultural nacionalista, o que não poderá ser aqui examinado.[4] Assim, ao longo dessas décadas, houve um sistemático trabalho de intelectuais – historiadores de ofício ou não (literatos, jornalistas, professores, editores e outros profissionais liberais) – que se voltaram para iniciativas de formação de uma memória histórica que unisse, pelo sentimento nacional, aqueles que seriam os novos cidadãos brasileiros. A importância do engajamento dos que assumiram essa função de

[4] Sobre o período do Estado Novo, ver Fraga (2015).

mediação pode ser dimensionada, de um lado, pelo grande número de consagrados intelectuais que a ele se dedicaram e, de outro, pela numerosa e diversificada produção que ele gerava, o que era estimulado pela falta, praticamente absoluta, de uma literatura histórica nacional. A "pobreza de nosso sentimento nacional", entre outras causas, era explicada *pari passu* à inexistência de livros e outros materiais pedagógicos que permitissem o conhecimento do país e de sua história. A segunda é que essa escrita da história articulava propostas para a constituição de uma narrativa erudita/científica da história do Brasil e dos estados dirigida aos pares e feita basicamente nos institutos históricos (o IHGB e os que se fundaram nos estados), com outros tipos de narrativas, que se voltavam para públicos amplos e diversificados, sobretudo nas cidades. Nesse caso, incluem-se a escrita de uma história escolar que vai atender ao público infanto-juvenil e também uma escrita de história que chamo de ensinável para um grande público, que ia sendo, ao mesmo tempo, criado e alcançado por ela.[5]

A terceira característica é o forte acento cívico-patriótico que essa escrita da história, tanto a escolar como a ensinável para um grande público, ganhou tanto antes como depois da Primeira Guerra Mundial, um período internacionalmente marcado pelo *boom* dos nacionalismos. Essa história cívico-patriótica, particularmente a escolar, teve bastante sucesso comercial e pedagógico, havendo excelentes estudos que se debruçam sobre essa duradoura literatura, que dá espaço especial à língua, à história e à geografia do Brasil.[6] Entretanto são ainda poucos os estudos que priorizam o que chamo de escrita da história ensinável para um grande público, que também floresceu na Primeira República e foi se conformando numa matriz narrativa da história do Brasil, que contribui decisivamente para o enquadramento de uma memória histórica da nação. Tais narrativas também apostavam na contribuição que a história dos estados federados podia oferecer à história nacional, que se faria a partir dessa diversidade de experiências regionais, todas confluindo para a construção de um enredo nacional. Por isso, essa tarefa mobilizou intelectuais que atuaram como importantes produtores e mediadores

5 Não quero usar o conceito de história pública, pois entendo que essa é uma terminologia do fim do século XX, que caracteriza outro tipo de prática político-cultural e de atividades de mediação. O sentido de público, nesse caso, vai além do alcance do produto cultural, que quer divulgar conhecimentos para um amplo público não especializado, como o que examino. Ele envolve estratégias interativas ou mesmo parcerias, desejando a participação do público na própria escrita da história. Algo bem distinto do que faziam os intelectuais de início do século XX, imbuídos do caráter de missão de suas ações.

6 Ver: Hansen (2007); Botelho (2002); Oriá (2011); Raffaini (2016).

de conhecimentos históricos, sendo que é nessa última função que se destacam para a compreensão de um complexo processo de educação histórica de uma população de crianças, jovens e adultos, o que, evidentemente, alia-se a objetivos políticos de regimes e governos.

As batalhas pela escrita da história e memória nacionais na Primeira República

A primeira década do novo regime explicitou os conflitos existentes entre projetos republicanos que disputavam o poder, o que se agravou ainda mais pelo enfrentamento de resistências de setores monarquistas. A evidência das batalhas que se travaram, com o ardor das palavras e também das armas, atraiu a atenção de estudiosos, e pelo menos três referências se destacam por suas contribuições. Refiro-me a dois trabalhos produzidos no contexto das comemorações do centenário da República, em 1989, respectivamente, um artigo de Lúcia Lippi de Oliveira e um livro de José Murilo de Carvalho, ao que acrescento outro livro, de Angela Alonso, lançado em 2002 (Oliveira, 1989; Carvalho, 1990; Alonso, 2002).

Em *A formação das almas*, Carvalho apontou o esforço dos republicanos para legitimar o novo regime, mediante a produção de um imaginário que ultrapassasse a restrita esfera das elites educadas e chegasse a setores mais amplos da população.[7] O investimento em símbolos nacionais, como a bandeira e o hino e em vultos que encarnassem a república, caso de Tiradentes, fica assentado no livro, que atribui aos positivistas ortodoxos grande parte das características e do sucesso desses projetos. O autor acentua as inspirações (a francesa com destaque) e as dificuldades encontradas por esses republicanos, divididos entre si, ante a força da tradição monárquica, representada principalmente pela figura do imperador. Ele ressalta também, dando o exemplo do Hino Nacional, como os republicanos ganharam espaço, "cedendo" à tradição monárquica (Carvalho, 1990:127). Nos termos deste capítulo, a produção de uma cultura política e de uma cultura histórica republicanas tiveram de negociar com esta tradição para deslanchar um processo de construção de um novo passado nacional, que pre-

7 O autor trabalha com o conceito de imaginário republicano, entendendo-o como constituído por ideologias e utopias e também por símbolos, alegorias, rituais e mitos (Carvalho, 1990:10-11).

cisava incorporar positivamente a república, mas não podia ignorar os períodos colonial e imperial. A questão era como fazê-los conviver, em meio a abertas disputas pela restauração, quando o novo regime apenas se iniciava.

Sem dúvida, é possível interpretar o exemplo dado por Carvalho como indicador da fraqueza dos recursos simbólicos dos republicanos face ao poder da tradição imperial, que datava de inícios do século XIX. Nada surpreendente, uma vez que um dos motivos mais evidentes para tanto era o fato de a monarquia ter podido se aplicar na produção de seus símbolos, cerimoniais e passado histórico, desde a independência, o que é reforçado pela fundação do IHGB. As pesquisas de Lúcia L. Oliveira e Angela Alonso também apontam para a força da tradição monárquica, só que ressaltando que ela é em grande parte tributária da atuação e influência de uma intelectualidade que, nos anos iniciais da república, aplicou-se na defesa do que entendiam ser as virtudes do antigo regime. Essa produção de resistência ao republicanismo teria ocorrido especialmente no que se relacionava a uma escrita da história científica, da qual Joaquim Nabuco seria o melhor exemplo. Oliveira destaca que se os monarquistas não tiveram força para restaurar o antigo regime pelas armas, foram capazes de garantir uma versão da história do Brasil que construiu o passado nacional segundo seus pressupostos, de forma muito duradoura. Os esforços empreendidos pelos intelectuais republicanos são considerados, por ela, como de pouca consistência, não tendo sido bem-sucedidos no enfrentamento da versão monarquista, nem nos momentos iniciais do regime, nem posteriormente (Oliveira, 1989:186) Algumas razões fundamentam essa conclusão, entre as quais o fato de os historiadores monarquistas serem "mais competentes, seja porque compunham a elite letrada de alta linhagem, seja porque construíram e divulgaram sua versão através de instituição como o Instituto Histórico e Geográfico Brasileiro, ou ainda porque foram mais longevos" (Oliveira, 1989:187).[8]

Numa síntese esquemática e em grandes traços que se mantêm nas décadas seguintes, o que está sendo considerado como uma versão monarquista da história do Brasil é uma narrativa que engrandecia o império, tornando-o o grande responsável pela unidade nacional bem como pelos tempos de paz e avanços materiais vividos pelo país no século XIX. Tais conquistas eram acentuadas em evidente

---

[8] Ela exemplifica notando como os intelectuais republicanos que atuaram nesse momento inicial morrem cedo, comparativamente aos monarquistas, também mais famosos.

oposição à república, numa dupla face. De um lado, como arquitetura política, pois o federalismo é apontado como uma ameaça à unidade nacional, sendo o clientelismo oligárquico visto como originário desses novos tempos, tendo pouco ou nada a ver com o passado imperial, postulado como pacífico a despeito da vigência da escravidão. De outro lado, como sociedade e estilo de vida, uma vez que as novas elites republicanas não reconheciam nem se comportavam segundo os cânones sustentados como civilizados, cujos parâmetros continuavam sendo os de uma sociedade de Corte. O IHGB era, sem dúvida, o território estratégico para travar tais disputas, na medida em que funcionava como a principal sociedade de discurso a estabelecer quem poderia e como se deveria escrever a história do Brasil. Ou seja, na virada do século XIX para o XX, as batalhas pela escrita da história travadas entre monarquistas e republicanos teriam sido muito acirradas, até porque dividiam espaço com outro tipo de batalhas, como ilustram a Revolta da Armada (de teor monarquista) e o episódio de Canudos (acusado de monarquista), ambos impactantes no terreno político e intelectual.

Porém, decorridos os anos agitados dos inícios da república e com o processo de estabilização do novo regime, o campo de disputas existente, nos termos de Angela Alonso, vai colocar em disputa, "monarquistas de pena" e republicanos igualmente "de pena". No caso dos primeiros, a autora chama a atenção para o fato de serem muito lembrados apenas pela oposição que fazem ao regime político, enquanto sua crítica de teor sociocultural é sugestivamente esquecida. Ela considera o discurso desses "monarquistas de pena" como um exemplo de decadentismo, entendendo-o como uma deliberada defesa de uma cultura política aristocrática, que prezava o estilo de vida e a hierarquia presentes na sociedade imperial. De toda forma, atendo-se à década de 1890, Alonso demonstra que a interpretação proposta pelos monarquistas para o passado imperial sofria uma operação de idealização, sendo essa versão da história do Brasil um recurso político para se combater o novo regime, identificado como anárquico e danoso, reforçando os maus exemplos das repúblicas da antiga América espanhola ou mesmo dos EUA, de quem teria sido uma cópia ruim. A autora aponta, assim, algo fundamental, cujos desdobramentos são pouco notados: como uma versão estilizada do passado monárquico vai se tornando uma arma de combate à experiência republicana, independentemente da crença dos que a sustentavam na possibilidade do retorno de um regime monárquico ao Brasil. Este vai se tornando uma espécie de "idade de ouro" do passado histórico nacional que, não por acaso, vai frequentar os projetos político-intelectuais que criticam, crescentemente, a Primeira República, quer ainda no marco do liberalismo político, quer na defesa de uma solução autoritária, que cresceria muito a partir dos anos 1920.

Dialogando com essas contribuições e avançando nessa reflexão, vale lembrar que processos de legitimação de regimes políticos sempre envolvem os usos políticos do passado, o que não ocorre sem lutas, em uma dinâmica de enfrentamentos e negociações entre propostas político-culturais, que nunca partem de uma folha de papel em branco. Portanto, não se deve raciocinar em termos de um jogo de soma zero, em que um lado perde e outro ganha, já que a questão é muito mais complexa, havendo perdas e ganhos diferenciados de ambos os lados. A questão fundamental, assim, não é tanto a da permanência ou não de elementos de uma tradição, mas a da interlocução que vai se estabelecer com os elementos de uma nova tradição que está sendo construída. Ou seja, é comum haver seleções e apropriações, que envolvem tensões e hierarquizações entre eventos e personagens, por exemplo. Além disso, é necessário levar em conta que tais disputas vão sofrendo variações com as mudanças da conjuntura política.

Assim, passada a década de 1890, vão continuar a existir embates e debates, dentro e fora do IHGB, sobre como se faria a escrita da história do Brasil, inclusive, devido à importância e utilidade atribuídas a essa disciplina, que devia se dirigir às elites e também ao povo, ou seja, a vários públicos, o que exigia cuidados diferenciados com a linguagem, a trama e o sentido do narrado. Se no momento inaugural do regime, tais disputas se colocavam como propostas dicotômicas, maniqueístas e até excludentes, as mudanças de conjuntura política ocorridas durante a Primeira República vão produzir negociações e combinatórias entre elas, que mesmo sendo tensas, demonstram o avanço do processo de enquadramento da memória histórica republicana. Algo que está longe de encerrar tais batalhas memoriais, que continuam no pós-1930 e no Estado Novo, quando se estabelece uma política cultural claramente voltada para a valorização de um passado histórico nacional, dessa feita, orientado não mais para alcançar seu auge com o estabelecimento da república, mas com a implantação do Estado autoritário em 1937.

Contudo, se a república, quando se instalou, teve de enfrentar uma versão monarquista do passado histórico vinda de meados do século XIX, é um equívoco imaginar que já não existisse uma versão da história de teor republicano, circulando e disputando espaços e públicos. Na verdade, tal investimento se iniciou ainda na campanha de propaganda, estando presente nos manifestos republicanos, a exemplo do de 1870, como Cláudia Viscardi (2017, cap. 1) demonstrou. No Manifesto de 1870 – que defende a legitimidade de se criar um partido republicano –, o passado monárquico brasileiro é traçado de forma negativa desde a independência, com D. Pedro I fechando a Constituinte de 1823, até o Segundo Reinado, com a tirania do Poder Moderador. Esse relato foi bastante difundido pela imprensa republicana (Bogéa, 2019),[9] pois, se o futuro inevitável do Brasil era a república, para ela era preciso criar algo, quer um passado recente, quer um passado mais distante, que estabelecesse as profundas raízes do republicanismo no solo brasileiro. Nesse caso, toda uma leitura do passado colonial e imperial era realizada para se comprovar que a ideia de república frequentara inúmeras revoltas que o Brasil vivenciara. Nelas, um conjunto numeroso de vultos históricos teria lutado, ao longo de séculos, pela liberdade do Brasil e dos brasileiros(as), a exemplo de Felipe dos Santos, Tiradentes, Frei Caneca e muitos outros. Nesse conjunto, importa ressaltar, a luta dos escravizados por sua liberdade ganhava destaque, havendo menções a Palmares e a Zumbi, o que reunia sob um mesmo ideal revoltas (também chamadas de revoluções) muito diversas. Porém a evidente intenção de registrar esse "espírito de luta" contra a opressão não abrigava menções às questões de preconceito racial ou de desigualdades econômico-sociais (e muito menos de gênero) tão presentes na sociedade brasileira e também nos próprios debates da intelectualidade, quando se discutia projetos de educação, urbanização, mão de obra etc. Dessa forma, a escrita da história ensinável para um grande público, mesmo quando questionava uma versão considerada muito metropolitana e, por isso, subordinada de nossa história, permanecia sustentando uma de Brasil harmônico em que, principalmente no futuro, haveria progresso no país.

Essa versão republicana, que vai ganhando maior compartilhamento com a consolidação do regime, centrava-se em uma crítica, tanto à elogiada colonização portuguesa – vista como obscurantista e espoliadora – como ao regime monárquico, que em lugar de ser um modelo de civilização e paz, fora o responsável pela sustentação de uma sociedade aristocrática e escravocrata, praticamente até o século XX. Mais importante ainda, como mencionado, é que tal narrativa estabelecia um enredo e um sentido/direção para a história do Brasil – a

9 Ver, em especial, capítulo 5.

república – que estarão presentes em livros e artigos de periódicos de divulgação do conhecimento histórico, naturalmente convivendo e disputando com a versão que sustenta as virtudes do processo colonizador e do império, nesse caso e cada vez mais a partir dos anos 1920, como uma estratégia de combate ao liberalismo descentralizador e ineficaz da primeira experiência republicana. Embora, mais uma vez, possa parecer paradoxal, é em meio a tais disputas que é possível perceber um processo de enquadramento da memória de eventos, datas e personagens. Duas temáticas cruciais desse relato podem exemplificar a convivência difícil e as negociações entre o que vai sendo chamado, por muitos intelectuais do período, de uma história monarquista e uma história republicana. O primeiro exemplo é a questão da unidade do território nacional, que vai sendo consagrada como uma obra do Segundo Reinado (com Pedro II e Caxias), porém que só foi concluída e garantida pela república, com Rio Branco, uma vez que as fronteiras definitivas do Brasil só foram estabelecidas após a proclamação. Outro exemplo, já mencionado, é o do significado das revoltas da história brasileira, entendidas como inspiradas pelos ideais republicanos, associados à liberdade e à luta contra qualquer opressão. Dessa maneira, coube ao republicanismo dar sentido ao processo de formação do povo brasileiro, que teve suas "origens" na colônia e foi mantido pelos sentimentos "nativistas" do povo. A pátria, portanto, não devia ser confundida com o Estado e nem mesmo com a nação e suas leis, numa dimensão político-administrativa. A pátria devia ser entendida e sentida como uma comunidade afetiva, objeto do respeito e do amor dos cidadãos, o que só podia existir numa república, onde não havia súditos e a soberania tinha raízes no povo.

Durante as décadas da Primeira República, portanto, as disputas pela construção de uma história e memória nacionais não cessaram, mas foram ganhando outros significados político-culturais, que precisam ser relacionados às críticas realizadas tanto no marco do liberalismo como do autoritarismo crescente. Ou seja, a escrita da história do Brasil que foi se construindo ao longo da primeira metade do século XX teve de enfrentar vários desafios, entre os quais a existência de disputas de interpretação que se colocaram desde o início da república, mas que foram se transformando e ganhando novas formulações. Elas se apresentavam como duas grandes interpretações, que podem ser pensadas como dois tipos ideais weberianos. De um lado, estava uma proposta que privilegiava um relato histórico voltado para fora, para o exterior, para a metrópole portuguesa, que veio do império e teve como seu referente maior o historiador Varnhagen. De outro, uma narrativa que se voltava para dentro, para uma história "interior" do Brasil e dos brasileiros, que teria se inaugurado e ganhado força com o estabelecimento do regime republicano, tendo como referentes historiadores como Capistrano de Abreu e João Ribeiro. Essa tensão se explicitava, por exemplo, na realização de um processo de negociação que envolvia temas, eventos e personagens, que podiam ser hierarquizados e/ou combinados, o que gerava múltiplas possibilidades, que não se encaixavam perfeitamente em nenhum dos dois polos, mas que lidavam com os desafios por eles colocados. Foi por meio dessa dinâmica entre narrativas em disputa que foi sendo construída uma história nacional para o Brasil durante a primeira metade do século XX. Ela combinava, em um mesmo enredo, temáticas incontornáveis do passado colonial, imperial e republicano, numa linha de continuidade que garantia coesão e permitia à comunidade nacional o reconhecimento de um passado comum.

História ensinável para um grande público: as letras históricas do romance nacional

Voltada para um público não especializado, produzida com objetivos de divulgação do conhecimento e publicada por importantes editoras, a escrita de uma história ensinável para um grande público se utilizou de vários gêneros literários, entre os quais os contos, as crônicas, os romances e as peças de teatro histórico. Ela se fez, em boa medida, sob a forma de textos literários ficcionais, integrando o que Antônio Celso Ferreira chamou de letras históricas, para se referir a um conjunto de representações destinado à gestão e consagração de um passado histórico regional e nacional, nas décadas da primeira metade do século XX (Ferreira, 1999:95 ss.). Essa noção denota bem a ideia que quero fixar quando trabalho com a construção de uma cultura histórica republicana, englobando práticas culturais diversas reconhecidas como históricas – como a pintura, a literatura, a biografia, a história escolar, a história ensinável para um grande público – além da própria historiografia.

Assim, trabalhar com a noção de letras históricas permite pensar como há continuidades e afastamentos entre o modelo científico de história que então se construía e as práticas culturais de mediação – reconhecidas como históricas e frequentemente empreendidas no mesmo círculo intelectual – em particular quando literárias. Segundo Ferreira, esse intercâmbio denotaria a força, a plasticidade e a fertilidade da imaginação histórica nesse período, o que apontaria para a riqueza do trabalho com formas diversas de representação do passado histórico, realizado com objetivos de ampla divulgação cultural e bem antes da conformação do que passou a ser entendido como a moderna historiografia (dos anos 1940/1950), com as universidades atuando como sociedades controladoras do discurso histórico.

Essa literatura, situada na fronteira da história/ciência e da literatura/ficção, tinha claros objetivos pedagógicos e, na chave dos usos políticos do passado, demonstra essa mistura de gêneros, o que era claramente percebido pelos contemporâneos, que apontavam as vantagens da utilização desse recurso, associando-o à amplitude de seus públicos, sem deixar de advertir para os possíveis riscos que implicava. O que quero ressaltar com essa reflexão sobre a fluidez da fronteira entre história e literatura é o hibridismo incontornável dessa literatura histórica. Ou seja, quando se diz que algo não é só ficção, nem só história científica, está se dizendo que há uma terceira possibilidade, que combina/mistura as duas outras de maneira inseparável. É para alguns exemplos paradigmáticos da importância dessas letras históricas, que para mim são uma história ensinável para um grande público, que quero chamar a atenção.

Brito Broca em matéria intitulada "A ficção histórica no Brasil", originalmente publicada em *A Gazeta* no ano de 1960 (Broca, 1993:70), defende que, depois do grande florescimento e sucesso dos romances históricos no Brasil do século XIX, com José de Alencar e Joaquim Manuel de Macedo, teria ocorrido um verdadeiro colapso, não só desse gênero como de qualquer outro tipo de narrativa que pudesse ser chamada de ficção histórica. Passaram a existir ou os textos de cronistas e pesquisas de tratadistas (dos institutos históricos) ou livros de leitura e manuais, destinados ao ensino escolar. Nesse panorama, segundo ele, o ressurgimento – tanto do conto e da crônica como do romance histórico, no Brasil — teria ocorrido nas décadas de 1910 e principalmente de 1920, quando se voltou, pelos periódicos ou pelos livros, a escrever e ler sobre o passado histórico brasileiro, segundo um modelo que queria combinar ficção e ciência. Para comprovar seu argumento, Broca cita dois autores que se destacariam no renascimento de uma ficção histórica. O primeiro teria sido Viriato Corrêa, um maranhense, sediado na capital federal, que começara a publicar contos históricos para o *Correio de Manhã* no ano de

1917 e que continuaria a despertar o interesse pelo "nosso passado histórico", escrevendo em periódicos e lançando diversos livros para um público adulto, além do infantil. O segundo fora o paulista, Paulo Setúbal, que com o lançamento do romance histórico *A marquesa de Santos*, em 1925, pela Companhia Editora Nacional (CEN), tornara-se o marco mais importante para uma retomada desse gênero de literatura no Brasil da primeira metade do século XX.

Concordo com Brito Broca, em especial para o momento que recorta e para a seleção de autores que realiza para ilustrar o florescimento e a consagração dessa ficção histórica. Desejo apenas acrescentar mais dois autores – o pernambucano Mário Melo e o mineiro Assis Cintra – para dar uma dimensão mais espraiada da importância que essa prática de mediação cultural alcançou entre intelectuais de vários estados do Brasil. Isso porque uma das marcas dessa escrita é construir um passado histórico regional/estadual comum, que vai contribuir para conformação do passado histórico nacional, que se harmonizaria, mesmo que com tensões, pelo conhecimento da diversidade de suas experiências históricas. O que farei a seguir é tão somente evidenciar volume, riqueza e objetivo pedagógico característicos dessa literatura histórica pouco conhecida, e que não poderá receber uma análise de seus conteúdos. Seus autores eram o que se pode chamar de escritores-jornalistas, um perfil que teve longo curso entre intelectuais, uma vez que só nos anos 1950 se define, com mais clareza, a distinção entre a figura do jornalista (havendo manuais de redação, princípios de objetividade) e a do literato, o que evidentemente não significou que este se ausentasse das redações de jornal.

Esses divulgadores do conhecimento histórico para jovens e adultos escreveram muito, em diversas e modernas mídias, alguns deles mantendo, por anos, colunas em jornais. Os gêneros dessa literatura e seus suportes se reforçavam mutuamente, sendo as crônicas e os contos históricos (curtos e de fácil leitura) publicados em periódicos o grande meio de conquistar numeroso público. É imensa a produção desses autores, que também escrevem livros e participam de instituições, como os institutos históricos e geográficos e as academias de letras. As evidências são eloquentes, e é através delas que quero demonstrar sua militância e importância. Alguns deles são historiadores de ofício, mas é interessante observar que, se no caso de uma história escolar é possível perceber a presença de muitos dos mais reconhecidos historiadores e literatos da época, isso não ocorre na mesma proporção com a literatura histórica voltada para um grande público adulto. Seus praticantes, algumas vezes identificados pela imprensa como historiadores, preferem se intitular literatos, e fica claro como eles vão se especializando na produção desse tipo de bens culturais, ao longo dos anos, até mesmo por estímulo de seus editores. Algo compreensível, uma vez que no caso dos livros tratava-se de alcançar uma larga fatia de leitores e leitoras, o que era rendoso para todos os envolvidos, sem necessariamente haver prejuízos aos objetivos de educação histórica existentes nessa literatura.

Viriato Corrêa (1884-1967), maranhense, escritor e teatrólogo, é exemplar, pois teve uma trajetória longa e impressionante, que vai dos anos 1910 até 1960, sendo que frequentou todas as mídias: a imprensa, o teatro e o rádio. Sua produção de livros para adultos se concentrou nos anos 1920/1930, perfazendo 11 livros de contos e crônicas históricas (*Histórias da nossa história*, de 1921, com prefácio de Rocha Pombo; *O baú dos meus avós*, de 1927, dedicado a Max Fleiuss; *Alcovas da história*, de 1934). No ano de 1932, escreve um romance histórico, *A Balaiada*, revolta que marca a história de sua terra natal e, em 1934, publicou seu livro escolar de maior sucesso: *História do Brasil para crianças*, lido e recomendado pelo historiador Rodolfo Garcia e que, em 1982, estava na 27ª edição. De 1931 a 1935, Corrêa também tinha uma coluna no *Jornal do Brasil* – "Gaveta de Sapateiro" –, depois, "Miudezas Históricas" – chegando a totalizar 1.260 crônicas históricas, distribuídas nessas duas séries. Sua produção como comediógrafo é vasta (28 peças), sendo que quatro delas de teatro histórico, duas de grande êxito: *A marquesa de Santos* (1938) e *Tiradentes* (1939). Apenas para dar uma ideia do quanto a ficção histórica tinha impacto e era valorada, nos anos 1930/1940, cito uma matéria do *Correio Paulistano*, intitulada "Teatro histórico", a propósito da estreia da peça *Tiradentes*:

> O teatro é ou pode ser, na obra de educação nacional, um dos maiores esteios do poder público. Uma boa comédia repassada de sentimentos elevados, engendrada com elegância e com talento, executada com perfeito conhecimento de toda a carpintaria dos bastidores e levada à cena com entusiasmo, faz mais, pela saúde mental e cívica do povo, do que uma biblioteca de cem mil volumes. À biblioteca vão raros cidadãos desejosos de instruir-se, ao passo que para o teatro poderiam ser canalizadas grandes massas humanas, mediante um bem-feito serviço de distribuição e de propaganda [*Correio Paulistano*, 16 mai. 1939, p. 5].[10]

[10] Sobre a peça e sua recepção, ver Gomes (2017).

Entre 1952 e 1955, ele experimentou o rádio, com um programa de cinco minutos (hoje seria um *podcast*), intitulado *História de chinelo*, transmitido pela Rádio Nacional, que chegou a alcançar mais de 800 emissões. O livro que o consagrou, *Cazuza*, era um romance de formação, de inspiração autobiográfica, com o qual selou sua entrada na Academia Brasileira de Letras (ABL) em 1938, após diversas tentativas frustradas. Já Paulo Setúbal (1893-1937), paulista, poeta e romancista, foi certamente o maior exemplo do grande êxito que o romance histórico alcançou em meados do século XX. Ele entrou de primeira na ABL, em 1934 e, no ano seguinte, tomou posse e foi saudado pelo historiador, também paulista, Alcântara Machado (autor de *Vida e morte do bandeirante*, 1929), que a ele se referiu nos seguintes termos:

> Extraordinário é que, em paga do muito que lhe quereis, a literatura vos tenha dado, com a notoriedade, o pão de cada dia. "Filho querido da Vitória", conquistastes de um golpe e consolidastes por meio de sucessivos triunfos a estima dos entendidos e o favor de um público fiel e crescente, consumidor insaciável dos livros, com que vindes enriquecendo, no sentido figurado, as letras nacionais, e, no sentido próprio, os vossos editores. Assim, vos tornastes o mais popular, ou melhor, o menos desconhecido dentre os escritores pátrios da atualidade.[11]

Alcântara Machado sabia o que dizia, pois Setubal é um escritor pátrio de sete romances históricos e cinco livros de ensaios e contos históricos (*Nos bastidores da história*, 1928), todos publicados pela CEN, a maior e melhor editora da época, e também a de Corrêa. Desses sete romances, cinco eram dedicados à epopeia das bandeiras, o coração e centro nervoso da identidade regional paulista que vinha sendo construída pela intelectualidade do estado. Setúbal, além de membro da ABL, pertencia à Academia Paulista de Letras e ao Instituto Histórico e Geográfico de São Paulo. Nesses espaços convivia, entre outros, com Afonso de Taunay (que Setúbal chama de mestre), referência máxima da história do bandeirismo, autor de uma grandiosa *História do café*. Também conhecia Basílio de Magalhães, autor de manuais escolares e de livros de história dedicados ao bandeirismo em São Paulo e em outros recantos do Brasil, citado como uma

11 Discurso de Alcântara Machado na recepção ao acadêmico Paulo Setúbal. 27 de julho de 1935:5. *Site* da ABL (www.academia.org.br). Paulo Setúbal foi o sucessor do filólogo, folclorista e historiador João Ribeiro.

de suas referências de leitura.[12] A ficção histórica de Setúbal sobre o ciclo das bandeiras teve, entre o amplo público, o mesmo reconhecimento (e certamente maior circulação) que os volumes de Taunay, todos se retroalimentando.

Setúbal era realmente um fenômeno de vendas, o que se explica por suas qualidades literárias, mas também pelas estratégias de propaganda da CEN, em particular de Octalles Marcondes Ferreira. Esse editor sabia exatamente o que queria quando pediu a Setúbal que escrevesse um romance histórico, pois era o que faltava à sua editora, cujo catálogo tinha os melhores autores de literatura infantil e de história científica. Portanto, seu primeiro romance, *A marquesa de Santos*, de 1925, tornou-se um indiscutível e insuperável sucesso, sendo considerado o primeiro *best-seller* desse gênero de literatura no Brasil.[13] Esse romance, até 1933, teve oito edições, abrindo caminho para o êxito dos demais livros do autor, que igualmente escrevia no jornal *O Estado de S. Paulo*, no qual antecipava as intrigas de suas novas incursões sobre a história do Brasil.

Mário Carneiro do Rego Melo (1884-1959) era pernambucano (Cavalcanti, 2017) e foi escritor, jornalista e historiador, tendo ocupado o cargo de secretário do Instituto Arqueológico, Histórico e Geográfico de Pernambuco por muitos anos. Ele, bem mais que Corrêa e Setúbal, era reconhecido e se reconhecia como um historiador que também se dedicava à divulgação de uma memória histórica, sobretudo para seu estado natal. Segundo seus biógrafos, escreveu cerca de 50 livros e cerca de 100 mil artigos, durante os seus 60 anos de jornalismo, grande parte deles voltados para a escrita de contos e crônicas históricas (*Dentro da história*, 1931; *Aspectos da história*, 1935). Entre seus temas favoritos estão a maçonaria, a guerra de expulsão dos holandeses, a Revolução Pernambucana de 1817 e a Confederação do Equador de 1924, como seria de esperar (*A Maçonaria e a revolução republicana* de 1817, 1912; *Frei Caneca*, 1933; *A Guerra dos Mascates como afirmação nacionalista*, 1942). Ativo na organização das comemorações dos centenários desses eventos, ocorridos em 1917 e 1924, Mário Melo, que atua ao lado do já consagrado historiador Oliveira Lima, torna-se um dos mais importantes divulgadores dessa literatura histórica e, como Setúbal, volta-se para as

---

12 Setúbal (1950), no início de *El-Dorado*, cita Magalhães: o "bandeirógrafo" e autor de *Expansão geográfica do Brasil até os fins do século XVII*, "uma pequenina obra magistral".

13 Em 1959, calcula-se que o livro tenha vendido 50 mil exemplares, sendo traduzido para várias línguas. ("Calendário do mundo". *Diário da Noite*, São Paulo, 4 mai. 1959, s.p.). Arquivo Paulo Setúbal, 458- B,4, ABL.

decisivas contribuições de Pernambuco nas lutas pela liberdade e pela república no passado histórico nacional. Ele, porém, tem um diferencial que merece ser destacado: também transitava pela cultura popular pernambucana, sendo amante do carnaval e do frevo e se dedicando a tais manifestações culturais.

O minero Francisco de Assis Cintra (1897-1953) foi jornalista, professor e crítico literário, sendo reconhecido como historiador (Machado, 2004). Como os demais autores, escreveu muito na imprensa e publicou inúmeros livros, pelas mais importantes editoras da época (Leite Ribeiro, Melhoramentos, CEN, Globo). Os títulos desses livros, na fronteira história/ficção, escritos durante as décadas de 1920/1930, como os de Corrêa, Setúbal e Mário Melo, são indicadores de sua prática de escrita da história, que também recorre aos fragmentos, ao que é "pequeno" (diferente da história dos grandes eventos) para conquistar um grande público: *Indiscrições da nossa história (*1922); *Pequenas histórias* (1924) e *Histórias que vêm da história* (1928), entre muitos outros. Como outros intelectuais seus contemporâneos, escreveu livros escolares, adotados em vários estados do Brasil, entre os quais, *Alma brasileira* (1922), seu maior êxito (em 1938 estava na sexta edição), e *Pequenas histórias* (1923). Entretanto, Cintra se serviu, sobretudo, da polêmica, nos sentidos bons e maus, deslocando-se do perfil mais compartilhado pelos intelectuais mediadores que exploravam a imaginação histórica, mas que continuavam próximos à documentação, para o de um escritor que queria chamar a atenção pelos "erros" que apontava nas narrativas de seus contemporâneos e pelo barulho que, assim, provocava.

Esses autores, como mencionado, trabalhavam na fronteira entre ficção e história, servindo-se de procedimentos que aumentavam sua credibilidade científica – como o uso de notas de rodapé, citação de documentos e lista de autores lidos – ao mesmo tempo que explicitavam que se serviam da imaginação para suprir lacunas, o que se justificava pelo desejo de difundir o passado histórico regional e nacional de uma forma útil e interessante. Por isso, podiam revisitar referências bibliográficas do século XIX e início do XX ou utilizar relatos de cronistas e viajantes para construir personagens fictícios de maneira mais "viva", tecendo intrigas curiosas e instrutivas para cativar o interesse do público. Caminhando muito brevemente pela história da historiografia, quero destacar que, quando se analisam essas letras históricas, é possível perceber como elas se utilizam de várias estratégias narrativas, algumas muito importantes e evidentes, como é o caso do recurso ao gênero literário da anedota (Gossman, 2003), especialmente adequado aos contos e crônicas históricas publicados em periódicos e, depois, reunidos em livros. Tal recurso se justificava, em primeiro lugar, pelo fato de a anedota, uma historieta, ser curta em tamanho. Mas esse não era seu atributo mais importante. Fundamentalmente, essas historietas tinham de ser simples e claras, tomando como temas fatos considerados curiosos, surpreendentes ou extraordinários da vida cotidiana de homens célebres ou mesmo homens comuns. Seu grande valor residia em sua capacidade de explicar, em poucas linhas e de maneira agradável (até humorística), o significado de situações complexas, as características de personagens marcantes etc., que assim se tornavam apreensíveis sem maiores dificuldades.

A observação dos títulos dos livros publicados pelos autores anteriormente referidos fornece indícios preciosos: pequenas histórias; histórias dentro da história; curiosidades históricas; nos bastidores da história; fragmentos, retalhos ou miudezas históricas etc. É evidente como se recorre à metonímia, que aposta na parte como o melhor caminho para a compreensão do todo. Ou seja, como a identificação do detalhe curioso e que pode despertar o interesse é decisivo para conduzir à reflexão de temas complexos. Esses autores costumavam criar pequenas historietas, muitas vezes se servindo de técnicas da escrita teatral, para dramatizar episódios que envolviam personagens, históricos ou não, em situações do dia a dia, só que envoltas em questões densas, mas capazes de sensibilizar o leitor, para alcançar objetivos maiores e definidos anteriormente. Pela mesma razão, investiam em lendas e em costumes – a alimentação, as vestimentas, as festas, a ida ao teatro etc. –, tudo isso para "tocar" o leitor e produzir aproximação. Portanto, mesmo os grandes homens (e uma ou outra mulher) e os grandes fatos da política e da guerra podiam ser explorados em outra chave, dividindo espaço com fatos da vida cultural, menos conhecidos e mais motivadores para o grande público. Como escreveu João Ribeiro, na epígrafe, a história não devia ser feita com esqueletos; era vida ou coisa nenhuma. Por isso, é pedagógico reproduzir o comentário do historiador Rocha Pombo a um conto de Viriato Corrêa no livro, *Histórias da nossa história*, em que a chegada da família real portuguesa ao Brasil é apresentada aos leitores.

> No *Ponha-se na rua!* expõe o autor a dolorosa contingência em que se viram os proprietários do Rio de Janeiro com aquela invasão de 1808. A gente de D. João

> tomou conta da cidade como se tudo que havia aqui fosse de El-Rei: tudo – casas, mobiliários, baixelas, artigos de uso doméstico, criados, animais –, tudo. O conto refere o caso de um pobre juiz perseguido por um fidalgo, que, ao cabo das mais irritantes impertinências, ainda queria um escravo que o servisse bem. O juiz aposentado leu a requisição; releu-a silenciosamente mordendo os beiços; deu uns passos na sala; e depois, encarando a esposa, que o esperava para a missa, disse-lhe "como numa explosão":
>
> – "D. Joaquina, arrume a trouxa..." A senhora fitou-o surpreendida. "Arrume a trouxa, D. Joaquina" – insistiu. "Arrume que estamos em vésperas de separar-nos talvez. Este nobre fidalgo já me pediu casa, depois mais casa; mobília, depois mais mobília; e agora quer um criado. Amanhã certamente há de pedir-me também mulher... Eu não tenho outra senão a senhora; e como não posso deixar de atendê-lo, terá a senhora que ir... Prepare a trouxa e... ponha-se na rua!".
>
> Um livro todo não nos daria, melhor do que esse conto a incrível miséria em que se vivia aqui... há pouco mais de um século [Pombo, 1921:13-14].

Esse tipo de narrativa histórica, que foi muito lida e, por muito tempo, desempenhou um papel central na conformação de uma cultura histórica republicana, realizando uma operação ao mesmo tempo de diálogo com e de apropriação e divulgação da história científica, que então se fazia nos institutos históricos, não sem disputas, como se viu. Nessa função, algumas vezes os intelectuais que as produziam foram reconhecidos como historiadores e se reconheceram como tais; outras vezes, assumiam que eram literatos, romancistas e cronistas, que se engajavam numa escrita com objetivos pedagógicos, sendo vistos com maior ou menor respeito quer pelos historiadores, quer pelos literatos. Oscilações que permitem uma espécie de mapeamento sobre as formas de escrever a história e sobre quem era classificado como historiador no Brasil da primeira metade do século XX. Enfim, sobre quem discutia e como se discutia essa complexa questão da escrita da história, antes de as universidades se tornarem os *locii* da produção do conhecimento histórico, estabelecendo seus cânones e impondo-se hegemonicamente.

Referências

ALONSO, Angela. *Ideias em movimento*: a geração de 1870 na crise do Brasil Império. São Paulo: Companhia das Letras, 2002.

ANDERSON, Benedict. *Nação e consciência nacional*. São Paulo: Ática, 1989.

BOGÉA, Camila de Freitas S. *A Provincia, O Paiz e A Federação*: campanhas republicanas na imprensa (1884-1889). Tese (doutorado em história) – Universidade Federal do Estado do Rio de Janeiro, Rio de Janeiro, 2019.

BOTELHO, André. *Aprendizado do Brasil*: nação em busca de seus portadores sociais, Campinas, SP: Ed. Unicamp, 2002.

BROCA, Brito. *Teatro das letras*. Campinas, SP: Ed. Unicamp, 1993.

CARVALHO, José Murilo de. *A formação das almas*: o imaginário da República no Brasil: São Paulo: Companhia das Letras, 1990.

CAVALCANTI, Amanda A. M. *Cadê Mário Melo*: um historiador do IAHGP pelas ruas do Recife, Dissertação (mestrado em história) – Universidade Federal do Estado do Rio de Janeiro, Rio de Janeiro, 2017.

CORREIO PAULISTANO. *Teatro histórico*, 16 mai. 1939

FERREIRA, Antônio Celso. Vida (e morte?) da epopeia paulista. In: FERREIRA, Antônio Celso; LUCA, Tania R.; IOKOI, Zilda G. *Encontros com a história*: percursos historiográficos de São Paulo. São Paulo: Ed. Unesp, 1999.

FRAGA, André B. *Os heróis da pátria*: política cultural e história do Brasil no governo Vargas. Curitiba: Prismas, 2015.

GOMES, Angela de Castro. História, historiografia e cultura política no Brasil: algumas reflexões. In: SOIHET, Rachel; BICALHO, Maria Fernanda B.; GOUVÊA, Maria de Fátima S. (Org.) *Culturas políticas*: ensaios de história cultural, história política e ensino de história. Rio de Janeiro: Mauad, 2005, p. 21-44.

_____. Cultura política e cultura histórica no Estado Novo. In: ABREU, M; SOIHET, R., GONTIJO, R. (Org.). *Cultura política e leituras do passado*: historiografia e ensino de história. Rio de Janeiro: Civilização Brasileira, 2007, p. 43- 63.

_____. Saia justa, salto sete: o Estado Novo comemora os 50 anos da república. *Acervo*, Rio de Janeiro, v. 30, jul./dez. 2017.

_____; HANSEN, Patrícia (Org.). *Intelectuais mediadores*: projetos culturais e ação política. Rio de Janeiro: Brasiliense, 2016.

GOSSMAN, Lionel. Anecdote and history. *History and Theory*, n. 42,mai. 2003, p. 143-168.

HANSEN, Patrícia S. *Brasil, um país novo*: literatura cívica e infância brasileira nas primeiras décadas da república. Tese (doutorado em história social) – Universidade de São Paulo, São Paulo, 2007.

MACHADO, Felipe Luiz Borges. *Assis Cintra*: uma outra história – o limiar da história e outros lugares da historiografia brasileira. Dissertação (mestrado em história) – Universidade Federal de Minas Gerais, Belo Horizonte, 2004.

NICOLAZZI, Fernando. O historiador e seus públicos: regimes historiográficos e leituras da história. In: CONGRESSO INTERNACIONAL DE HISTÓRIA, II., 2015, Ponta Grossa, PR. *Anais*... Ponta Grossa: Universidade Estadual de Ponta Grossa/Unicentro, 2015 (Conferência).

OLIVEIRA, Lúcia Lippi de. As festas que a República manda guardar. *Estudos Históricos*, Rio de Janeiro, v. 2, n. 4, 1989, p. 172-189.

ORIÁ, Ricardo. *O Brasil contado às crianças*: Viriato Corrêa e a literatura escolar brasileira (1934-1965). São Paulo: Annablume, 2011.

POLLACK, Michel. Memória, esquecimento, silêncio. *Estudos Históricos*, Rio de Janeiro, v. 2, n. 3, 1989, p. 3-15.

POMBO, Rocha. Prefácio. In: CORRÊA, Viriato. *Histórias da nossa história*. São Paulo: Ed. Revista do Brasil, 1921.

RAFFAINI, Patrícia Tavares. *Livros para morar*: uma história dos livros para crianças e jovens no Brasil. Tese (doutorado em história) – Universidade de São Paulo, São Paulo, 2016.

RIBEIRO, João. O culto da história: a propósito de algumas monografias recentes. *O Imparcial*, Rio de Janeiro, 18 fev. 1918, p. 3.

SETÚBAL, Paulo. *EL-Dorado*. São Paulo: Saraiva, 1950.

SOUSA, Francisco Gouvea. *Proclamação e revolta*: recepções da república pelos sócios do IHGB e a vida da cidade (1880-1900). Tese (doutorado em história) – Pontifícia Universidade Católica do Rio de Janeiro, Rio de Janeiro, 2012.

VERÍSSIMO, José. *A educação nacional*. Rio de Janeiro: Topbooks; Belo Horizonte: Ed. PUC-MG, 2013. Introdução [1890].

VISCARDI, Cláudia M. Ribeiro. *Unidos perderemos*: a construção do federalismo republicano. Curitiba, PR: CRV, 2017.

9. Biografia, usos do passado e demandas identitárias

Maria da Glória de Oliveira

> *Vidas de algumas linhas ou algumas páginas, desditas e aventuras sem número, recolhidas numa mão-cheia de palavras. Vidas breves, achadas a esmo em livros e documentos. Exempla, mas ao contrário daqueles que os sábios recolhiam no decurso das suas leituras, são exemplos que têm menos de lições a serem meditadas, do que de breves efeitos cuja força se desvanece quase imediatamente* [Focault, 2003:89-90].

Quais seriam os usos e as justificativas possíveis da biografia no ensino-aprendizagem da história na atualidade? Estariam ainda vinculados à tradicional utilidade exemplar das vidas narradas com o propósito de inspirar valores morais virtuosos nos leitores? Como construir formas de compreensão sobre a história, mediadas pela leitura das experiências e itinerários de vida individuais? O que um gênero narrativo de estatuto ambíguo e permeável, como a biografia, capaz de, ao longo do tempo, se transmutar sem perder seu sentido primordial de apresentar o relato da existência de um indivíduo, ainda teria a oferecer nas aulas de história?

Indagações semelhantes sempre precisaram ser reabertas desde que, submetida às denúncias do "ídolo do individual" no início do século XX e, mais tarde, à crítica da "ilusão biográfica", a história tornou-se uma ciência comprometida com totalidade dos fenômenos sociais (Oliveira, 2017). No entanto, longe de uma solução definitiva para os impasses que marcaram as relações entre os dois gêneros, sabemos que a desqualificação da dimensão biográfica, feita em nome da centralidade concedida aos processos coletivos, sempre esbarrou na evidência e na relevância das ações individuais. A advertência foi assinalada por Arnaldo Momigliano (1971:64), quando afirmou que nenhuma narrativa histórica, por mais atenta que esteja à totalidade das dinâmicas macrossociais, conseguiria se evadir totalmente da "incômoda presença dos indivíduos: eles estão ali, simplesmente".

Se a existência dos atores e agentes permanece tangível como objeto de investigação na tradição disciplinar das ciências humanas, poderíamos acrescentar que é igualmente desafiadora no campo do ensino, na medida em que todo aprendizado histórico pressupõe a construção de sentidos, mediados pelos processos de subjetivação e individualização das percepções e da consciência da história (Rüsen, 2010:43). Essa construção de sentidos, longe de cristalizar aquisições definitivas, permanece sempre condicionada pelas dinâmicas variáveis das demandas sociais e projetos políticos coletivos.

Nunca faltaram justificativas razoáveis para as aproximações entre as escritas biográfica e histórica, sendo a mais usual e duradoura a de que as narrativas das vidas individuais permitiriam modalidades de acesso privilegiado à reconstituição das épocas passadas, "com seus sonhos e angústias" (Dosse, 2009). Por essa perspectiva, um gênero híbrido como a biografia também fabricaria inteligibilidade para os eventos pretéritos, podendo compartilhar as ambições de verdade análogas às da historiografia (Oliveira, 2011). E, no esforço de compreender os percursos de vida individuais no tempo, permitiria pensar a ação daqueles que *fazem* a história e, sobretudo, a agência dos indivíduos como portadores potenciais da mudança no curso dos acontecimentos (Arendt, 2013). Por conta desse traço específico, a biografia tornar-se-ia disponível como recurso útil não apenas para um acesso didatizado do conhecimento histórico, mas como uma ferramenta, entre outras, para ampliação das formas de pensar historicamente.

Como fazer usos do gênero biográfico para fins formativos, sem esquecer de sua própria historicidade como modalidade de escrita dotada de ambições pedagógicas desde que começou a ser praticada entre os antigos? Considerando que o gênero biográfico não se resume mais às vidas exemplares dos varões ilustres ou dos grandes homens, mas também pode reconstruir trajetórias dos personagens "infames", comuns e dos "esquecidos da história" em contextos sociais diversos, talvez seja possível abordá-lo como recurso para a compreensão da natureza originalmente política do saber histórico, sobretudo diante das demandas atuais, dirigidas à reparação dos apagamentos produzidos pela historiografia acadêmica.

Um mote oportuno para a reflexão está em uma querela recente, suscitada em torno da Lei nº 13.816, de 24 de abril de 2019, que inscreveu os nomes de Dandara dos Palmares e de Luiza Mahin no Panteão da Pátria e da Liberdade

Tancredo Neves, em Brasília. A primeira, ficou conhecida como líder quilombola que articulou a luta de Palmares ao lado do marido, Zumbi, e a segunda tem sido considerada uma das maiores lideranças negras contra a escravidão na Bahia do século XIX, mãe do abolicionista Luís Gama. No *Livro dos heróis e heroínas da pátria*, já constam nomes como Luís Gama, Anita Garibaldi, do próprio Zumbi dos Palmares e Heitor Villa-Lobos, para citar alguns exemplos. O debate aconteceu nas páginas do *site* de notícias *The Intercept Brasil* no qual, de um lado, a historiadora Ana Lúcia Araújo argumentou que, a despeito de serem há muito tempo reconhecidas pelo imaginário nacional, a existência daquelas personagens negras dos tempos coloniais sempre careceu de comprovação documental. Por conseguinte, não poderiam ser homenageadas como figuras propriamente históricas, na medida em que fariam parte apenas do "reino da ficção" (Araújo, 2019). Em resposta, o escritor e publicitário Ale Santos (2019) identificou nesse argumento sinais de racismo da academia, alegando que "historiadores desconectados da realidade negra questionam as fontes que comprovam a existência dessas mulheres porque só há relatos esparsos das suas vidas". Tal postura demonstrava "uma dificuldade imensa em recuperar suas biografias por não haver um esforço em catalogar e analisar a tradição oral como fonte historiográfica" (Santos, 2019). A inclusão de Dandara e Mahin no Panteão da Pátria, além de um gesto político de reconhecimento e de reparação histórica ao apagamento dessas mulheres como sujeitos históricos, significaria a ruptura com certa historiografia ainda marcada pelo viés colonial, bem como um passo em direção à valorização da tradição afro-brasileira como uma entidade histórica (Santos, 2019).

Nesse debate, vislumbram-se questões que, de forma explícita, tensionam a capacidade da disciplina histórica de fazer frente a demandas políticas e identitárias oriundas de movimentos sociais, cada vez mais visibilizadas na esfera pública e nas mídias digitais. Por outro lado, na formulação de tais interpelações, evidenciam-se usos, escolhas e disputas em torno das existências dos sujeitos do passado nos processos de construção da memória e da consciência histórica de grupos minorizados socialmente no presente. Assim, a possibilidade de inscrever nomes como o de Dandara e Luiza Mahin em um panteão nacional implica igualmente alçar suas vidas apagadas ao reconhecimento de sua representatividade como "ponte" e "espelho" para a compreensão de processos históricos e sociais mais abrangentes (Loriga, 2011:222). Encontramos aí a justificativa óbvia e mais usual para a instrumentalização do biográfico no ensino-aprendizado da história, que merece ser examinada. No entanto, antes de propormos respostas apressadas à indagação sobre *o que* e *como* podem ensinar as biografias, talvez seja imprescindível uma compreensão do gênero a partir de sua própria historicidade.

Variações antigas e modernas de um gênero

Os processos em torno da eleição dos heróis coletivos sempre envolveram os trabalhos de fixação da memória bem como a mobilização do gênero biográfico como parte do esforço de conferir legitimidade historiográfica e estatuto de "realidade" à existência histórica desses sujeitos. A biografia apresentou-se, por conseguinte, como dispositivo recorrente de fabricação de protagonistas históricos como produtos das identificações de certos indivíduos com os anseios coletivos. Transpostos para as narrativas biográficas, tais identificações sempre sinalizaram demandas sociais variáveis segundo os tempos e lugares das suas manifestações (Fabre, 1998; Oliveira, 2011; Enders, 2014).

Em função das práticas e teorizações renovadas acerca do gênero, sempre é prudente considerar que a designação de "biografia", longe de remeter a um objeto discursivo unitário e estático, denota mais um conjunto de demarcações que colocam em xeque a ideia de uma forma textual estável e homogênea, autorizando-nos a pensar em modalidades e usos plurais do biográfico (Mombert e Rossellini, 2012). Isso implica considerar que o biográfico, tanto quanto o gênero histórico, não pode ser compreendido como forma pura ou inalterável em seus conteúdos e disposições, mas como prática discursiva condicionada segundo contextos variáveis e apropriações de diferentes tradições letradas (Pécora, 2001:12). Portanto, como referência mais ampla, o pressuposto da historicidade na constituição dos gêneros discursivos também deve ser considerado para a análise dos textos biográficos, com foco em suas tensões constitutivas, de modo que se evite reduzi-los a alguma modalidade de "espírito de época" ou a algum "princípio constitutivo universal" (Szondi, 2011).

Como uma espécie de marca constitutiva de origem, a utilidade pedagógica e moralizante das narrativas biográficas foi delimitada por Plutarco no célebre prefácio à vida de Alexandre em que declara a intenção de escrever vidas e não histórias, pois não estava nas "maiores batalhas" ou em "combates mortais" a demonstração da virtude ou do vício (Plutarco, 2001). A ambição de suas *Vidas paralelas* jamais foi a de narrar os grandes acontecimentos, como o fizeram Heródoto e Tucídides, mas a de traçar "retratos da alma" em paralelo, de gregos e romanos, eleitos como indivíduos exemplares por suas ações políticas e virtudes morais. E, nesse caso, a noção peculiar de *bios* como uma história de vida individual, que esteve na base das vidas plutarquianas, distingue-se da concepção implícita na forma moderna de biografia. Como pontuou Hannah Arendt, os grandes feitos e obras dos indivíduos mortais, que constituem o tema das narrativas históricas e, podemos acrescentar, biográficas, não são concebidos como parte, seja de uma totalidade, seja de um processo abrangente; ao contrário, a ênfase recai sobre eventos e ações que irrompem como rasgos únicos e extraordinários no movimento circular da vida ordinária (Arendt, 2009:70-71). Frente à finitude dos feitos humanos e dos efeitos corrosivos do tempo, restava o recurso às práticas da recordação, através das quais esses feitos, sob a tutela de *Mnemosyne*, a mãe de todas as musas, poderiam adquirir certa permanência.

Assim, nas palavras de Arendt (2009:74),

> a tarefa do poeta e do historiador (postos por Aristóteles na mesma categoria por ser o seu tema comum a *práksis*) consiste em fazer alguma coisa perdurar na recordação. E o fazem traduzindo *práksis* e *léksis*, ação e fala, nesta espécie de *poiésis* ou fabricação que, por fim, se torna a palavra escrita.

Entende-se, portanto, que o lugar ocupado pela biografia entre os gêneros históricos, ou ainda, que a própria escrita da história, por muito tempo, tenha encontrado em Plutarco uma referência modelar e incontornável. Tal proximidade em relação ao gênero historiográfico justificar-se-ia pela vocação universalizante da narrativa biográfica como fornecedora de exemplos e lições morais. Não por acaso, o programa retórico contido na fórmula ciceroniana da *historia magistra vitae* atinge sua plenitude nas *Vidas paralelas*, na medida em que, ao mobilizar a emoção dos leitores pelos retratos exemplares dos varões do passado, essas narrativas produziam efeitos análogos aos da arte oratória, contribuindo, acima de tudo, para a edificação moral (Zangara, 2007:13).

No século XIX, uma referência central para a compreensão do fenômeno do biografismo pode ser identificada nas reflexões filosóficas do discípulo de Hegel, o francês Victor Cousin. Correntemente citado entre os historiadores oitocentistas, em seu *Cours de l'histoire de la philosophie* (1828) Cousin dedicara uma das lições ao tema dos "grandes homens", definindo-os como indivíduos eminentes capazes de "encarnar" os povos e as coletividades (Gérard, 1998:37-38). Desse modo, o "espírito geral de um povo" manifestar-se-ia nos indivíduos notáveis:

> abre os livros de história e não verás senão nomes próprios; os historiadores têm fortes razões de se ocupar dos grandes homens, é necessário que eles se ocupem desses personagens pelo que, de fato, são: não os "senhores", mas os representantes daqueles que não aparecem na história [Cousin, 1841:299-300].

Tais reflexões estão fortemente impregnadas pela ideia de "grande indivíduo histórico universal", ancorada na filosofia da história hegeliana. Para o filósofo alemão, os grandes indivíduos históricos seriam "instrumentos de um fim mais alto e vasto, do qual nada sabem – que realizam inconscientemente". As individualidades histórico-mundiais deveriam, portanto, ser reconhecidas como heróis, dotados da "visão do que era necessário e do que era oportuno" em sua época, "as suas ações, as suas palavras, são as melhores desse momento" (Hegel, 2008:32-33).

Sob o impacto dessa concepção, no Oitocentos, consolida-se o ideal do "grande homem" como mediador por excelência da ideia geral de história, não obstante ele ser elevado, cada vez mais, à condição de portador do caráter específico de seu povo e de seu tempo. Tal concepção, contudo, não deixava de carregar em si um paradoxo: como elemento mediador da ideia de história como agente de si mesma, o grande homem não apenas atuaria como seu instrumento, mas também seria ultrapassado pelo seu próprio devir e pela marcha inexorável dessa história.

Desde que se afastou de suas ambições moralizantes, a escrita biográfica também sofreu os impasses do questionamento oriundo do campo da teoria social acerca dos pressupostos da identidade individual única e invariável (Lahire, 2001:27). Como uma espécie de antídoto ao regime modelar das vidas exemplares, o gênero biográfico passou a operar menos com o pressuposto das identidades fixas, talhadas à maneira das estátuas de bronze e, cada vez mais, com uma miríade de traços heterogêneos para sublinhar o caráter plural, múltiplo e paradoxal das ações e itinerários individuais.

Tais considerações em torno dos pressupostos antigos e modernos das escritas de vidas fornecem os balizamentos teóricos necessários para ampliarmos a indagação em torno dos usos da biografia no ensino-aprendizagem da história.

Se o apelo antigo à utilidade pedagógica, compartilhado pela biografia e pela historiografia, correspondia à percepção da constância da natureza humana dentro de um espaço temporal contínuo e, por conseguinte, à concepção de passado como fonte perene de exemplos morais para instruir o presente, haverá uma variação considerável do lugar ocupado pelo biográfico dentro da experiência moderna do tempo, em que o futuro se torna categoria preponderante para a inteligibilidade do presente. Não por acaso, o polissêmico conceito alemão de *bildung* (formação) despontou como uma *paideia* humanista moderna como sinônimo da educação e da evolução do homem no tempo, permitindo pensar o ensino e a aprendizagem da história em uma dimensão mais abrangente, isto é, como processo inscrito entre os fenômenos da cultura (Guimarães, 2009:49).

Na contemporaneidade, quando o campo disciplinar e o ensino-aprendizagem da história permanecem tensionados pelo problema das identidades (Pereira e Marques, 2014), como conceber os indivíduos portadores de agência e de mudança no curso dos acontecimentos, explorando usos pedagógicos do gênero biográfico, tendo em vista os marcadores sociais (étnicos, raciais, etários, de gênero e sexualidade, de territorialidade) das diferenças, alteridades e demandas coletivas?

Biografias e dilemas identitários

No debate mencionado anteriormente, a defesa da inclusão dos nomes de Dandara e Luísa Mahin no Panteão da Pátria está no argumento de que, a despeito de se basearem em relatos orais, as vidas dessas personagens históricas contribuem para "a construção e o fortalecimento da consciência étnica do povo afro-brasileiro" (Santos, 2019). Fica evidente, portanto, o desafio de dar visibilidade não apenas aos seus nomes, mas também às suas trajetórias, tomando a tradição oral como fonte primordial para suas biografias, considerando as lacunas documentais e os apagamentos dos registros oficiais de lutas e movimentos históricos de resistência, tanto no caso de Palmares quanto no dos levantes baianos. Com isso, o expediente basilar da história disciplinada, ou seja, a comprovação regulada pelo estatuto de evidência "científica" máxima concedida às fontes documentais escritas, não apenas permanece frontalmente questionado como também é denunciado como dispositivo que, por vezes, pode encobrir o viés excludente, racista e eurocêntrico de certa historiografia hegemônica (Santos, 2019).

Ora, chama a atenção que tensões semelhantes sejam nomeadas no campo do ensino sob o rótulo pejorativo de "identitarismo" ou "novas demandas identitárias", como se a pesquisa, a escrita e o ensino-aprendizado da história nunca estivessem condicionados, desde sua própria constituição entre os antigos, aos propósitos políticos de construção das identidades coletivas, seja nos contextos locais ou nos espaços nacionais e continentais (Berger, 2022:1-33). Portanto, desde que se constituiu em código de representação dos passados ocidentais (Seth, 2013:175), caberia indagar se porventura existiu alguma historiografia destituída de pretensões mínimas de elaborar explicações inteligíveis para as ações humanas que não servissem também de fundamento para formas hegemônicas de pertencimento cultural, identitário e coletivo.

Por sua vez, a ambição de narrar vidas, que deu origem ao gênero biográfico, também não deixaria de tornar evidentes os paradoxos do problema da identidade individual, isto é, a pressuposição de um sujeito constante e idêntico a si mesmo na disparidade dos eventos que compõem sua existência. Poderíamos indagar se não residiria precisamente aí, na condição informe e heterogênea da experiência vivida, o desafio imposto aos biógrafos para apreender o suposto caráter dos biografados como fio narrativo condutor do percurso de uma vida cujos sentidos sempre são enquadrados social e temporalmente. Portanto, se a identidade nem sempre se apresentou como um obstáculo explícito ou central para aqueles que escreveram biografias, não significa que a questão se desvincule de todo da discussão em torno das possibilidades e dos limites para tornar inteligível uma vida através da narrativa (Oliveira, 2017).

Na medida em que as identidades coletivas pressupõem escolhas, memorização e fixação de pertencimento pelos grupos sociais, também se fundam no reconhecimento de passados compartilhados e origens históricas comuns. Tais processos de identificação sugerem uma espécie de "fechamento" que forma a base e o fundamento da sutura identitária. Longe de defender uma noção essencialista, Stuart Hall (2014) está entre os autores que operam a necessária rasura crítica no conceito, propondo a compreensão de seu caráter estratégico e posicional, em contraponto à ideia de um núcleo fixo, estabilizado e imutável. Se as identidades emergem no jogo dinâmico das relações de poder, em tempos e lugares específicos, também estão submetidas a uma historicidade radical. Ademais, enquanto são construídas pelos discursos e nas práticas coletivas, funcionam como efeito das marcações de diferença e de exclusão, ou seja, as identidades se formam nas relações com um "exterior constitutivo" que se delimita como alteridade. Toda identidade assume, assim, "uma forma construída de fechamento", pois remete sempre ao que lhe falta, "mesmo que esse Outro que lhe falta seja silenciado" (Hall, 2014:109-110). E aqui reside o próprio jogo dinâmico da identidade social como ato de poder e de exclusão:

> [...] pois se uma identidade consegue se afirmar é apenas por meio da repressão daquilo que a ameaça. [...] a constituição de uma identidade está sempre baseada no ato de excluir algo e de estabelecer uma violenta hierarquia entre os dois polos resultantes – homem/mulher etc. Aquilo que é peculiar ao segundo termo é assim reduzido – em oposição à essencialidade do primeiro – à função de um acidente. Ocorre a mesma coisa com a relação negro/branco, na qual o branco é, obviamente, equivalente a "ser humano". "Mulher" e "negro são, assim, "marcas" (isto é, termos marcados) em contraste com os termos não marcados "homem" e "branco" [Ernesto Laclau apud Hall, 2014:110].

É por isso que, para Hall, a identidade deve ser compreendida como "ponto de sutura" entre, de um lado, os discursos e as práticas que tentam nos interpelar para que assumamos nossos lugares como sujeitos sociais de discursos particulares e, de outro, os processos que produzem as subjetividades, que nos constroem como sujeitos aos quais se pode "falar". Nesta chave, as identidades seriam compreendidas "a contrapelo", não como núcleos estáveis e definitivos de fixação, mas como "pontos de apego temporário às posições sociais que as práticas discursivas constroem para os indivíduos" (Hall, 2014:112). Teriam, portanto, menos a ver com "quem somos nós" e "de onde viemos" do que com as questões sobre "quem podemos nos tornar", "como nós temos sido representados", ou seja, não só com algum "retorno às raízes", mas com uma negociação com "rotas" possíveis e futuras a serem traçadas (Hall, 2014:109).

As reflexões críticas de Hall à indagação sobre "quem precisa de identidade" oferecem uma via de compreensão fecunda para embates como o que despontou em torno da inclusão dos nomes de Dandara e Luiza Mahin no Panteão Nacional. Nesse caso, fica evidente não apenas uma demanda por memória e reconhecimento de mulheres do passado apagadas e silenciadas pela historiografia. Mais do que isso, o gesto de inscrevê-las entre os "heróis da pátria" pode ser lido como resposta e abertura para que "vidas breves", tal como as descreve Foucault (2003:89), "achadas a esmo em livros e documentos", potencializem novos significantes políticos de ação, representação e inclusão democrática.

Quando tentamos justificar os usos de um gênero como a biografia, as expectativas se dirigem ao *que* e *como* podemos aprender com as histórias de vidas, a despeito da multiplicidade de contradições e incongruências que caracterizam qualquer existência individual. No entanto, um problema nem sempre evidente é que, antes mesmo de se tornarem histórias, é necessário que certas vidas importem mais do que outras para serem objetos dignos de uma narrativa biográfica. Entre os processos da memória, da identificação e do reconhecimento, as biografias sempre funcionaram como espelhos de dupla face em que despontam não apenas a experiência vivida, traços de caráter ou peculiaridades pessoais, mas nos quais se desvelam valores, anseios e ideais coletivos, compartilhados em tempos e lugares variáveis.

Talvez uma chave de uso do biográfico para o ensino-aprendizagem esteja precisamente no "desconcertante problema" a que se refere Hannah Arendt quando pontua um aspecto crucial nas relações entre ação, sujeito e narrativa: ninguém é autor ou agente exclusivo de sua própria história (Arendt, 2013:232). Portanto, em qualquer totalização de eventos na composição das narrativas, sejam históricas ou biográficas, podemos, no máximo, identificar os agentes, sujeitos ou "heróis" que puseram "o processo em movimento", mas nunca podemos designá-los inequivocamente como únicos autores e atores nesse processo.

* * *

Entre aqueles que relacionaram o ensino da história aos usos sociais do passado, bem como suas articulações ao trabalho da memória coletiva e aos mecanismos da sua reprodução, Manoel Luiz Salgado Guimarães nos deixou uma instigante reflexão acerca das funções políticas da historiografia (e podemos acrescentar das biografias) na contemporaneidade.

> [...] atemorizados por uma barbárie cada vez mais presente em nossos cotidianos, repensar a história e seu ensino pode nos ajudar a refazer nossa humanidade esgarçada, tornando o passado não o lugar seguro para as respostas que nos angustiam, mas a fonte [...] para a nossa ação no mundo [Guimarães, 2009:50].

É assustador perceber que, na conjuntura atual, tal advertência tenha adquirido dimensões e concretude que eram inimagináveis há cerca de uma década. A banalização da barbárie cotidiana, dos ataques e ameaças a princípios humanitários básicos, a valores e instituições democráticas fundamentais, tornaram ainda mais urgente uma nova politização da pesquisa, da escrita histórica e do seu ensino, de modo a "rearticular o aparato disciplinar aos campos de força no interior e em função dos quais ele produz operações e discursos" (Certeau, 2011:63). Dentro desse movimento, quem sabe, possamos reinventar os usos das historiografias e das biografias como fontes potencializadoras para ações efetivas de defesa da democracia e de combate a todas as modalidades de autoritarismo.

Referências

ARAÚJO, Ana Lúcia. Dandara e Luísa Mahin são consideradas heroínas do Brasil: o problema é que elas nunca existiram. *The Intercept*, 4 jun. 2019. Disponível em: <https://theintercept.com/2019/06/03/dandara-luisa-mahin-panteao-patria/>. Acesso em: 20 jun. 2019.

ARENDT, Hannah. *Entre o passado e o futuro*. 6. ed. São Paulo: Perspectiva, 2009.

______. ARENDT, Hannah. *A condição humana*. 11. ed. Rio de Janeiro: Forense Universitária, 2013.

BERGER, Stefan. *History and identity*: how historical theory shapes historical practices. Nova York: Cambridge University Press, 2022.

BRASIL. Lei nº 13.816, de 24 de abril de 2019. Inscreve os nomes de Dandara dos Palmares e de Luiza Mahin no Livro dos Heróis e Heroínas da Pátria. *Diário Oficial [da] República Federativa do Brasil*, Presidência da República, Secretaria-Geral, 25 abr. 2019. Disponível em: <www.planalto.gov.br/ccivil_03/_ato2019- 2022/2019/lei/L13816.htm>. Acesso em: mar. 2022.

CERTEAU, Michel de. *História e psicanálise*: entre ciência e ficção. Trad. Guilherme J. de Freitas Teixeira. Belo Horizonte: Autêntica, 2011.

COUSIN, Victor. *Cours de l'histoire de la philosophie*: introduction a l'histoire de la philosophie. Paris: Didier, 1841.

DOSSE, François. *O desafio biográfico*: escrever uma vida. São Paulo: Edusp, 2009.

ENDERS, Armelle. *Os vultos da nação*: fábrica de heróis e formação dos brasileiros. Rio de Janeiro: FGV Ed., 2014.

FABRE, Daniel. L'atelier des héros. In: CENTILIVRES, Pierre; FABRE, Daniel; ZONABEND, Françoise (Dir.). *La Fabrique des héros.* Paris: Éditions de la Mason des Sciences de l'Homme, 1998, p. 233-318.

FOUCAULT, Michel. A vida dos homens infames. In: _____. *Estratégias, poder-saber*: ditos e escritos IV. Rio de Janeiro: Forense Universitária, 2003, p. 203-222.

GÉRARD, Alice. Le Grand homme et la conception de l'histoire au XIXe siècle. *Romantisme*, v. 28, n. 100, 1998, p. 31-48.

GUIMARÃES, Manoel L. Salgado. Escrita da história e ensino da história: tensões e paradoxos. In: ROCHA, Helenice; MAGALHÃES, Marcelo; GONTIJO, Rebeca (Org.). *A escrita da história escolar*: memória e historiografia. Rio de Janeiro: FGV Ed., 2009, p. 35-50.

HALL, Stuart. Quem precisa de identidade? In: SILVA, Tomaz Tadeu (Org.). *Identidade e diferença*: a perspectiva dos estudos culturais. 15. ed. Petrópolis: Vozes, 2014, p. 103-133.

HEGEL, G. W. F. *Filosofia da história.* 2. ed. Brasília: Ed. UnB, 2008.

LAHIRE, Bernard. *O homem plural.* Lisboa: Instituto Piaget, 2001.

LORIGA, Sabina. *O pequeno x*: da biografia à história. Belo Horizonte: Autêntica, 2011.

MOMBERT, S.; ROSELLINI, M. (Dir.). *Usages de vies*: le biographique hier et aujour'hui (XVII – XXI siècle). Paris: Press Universitaires du Mirail, 2012.

MOMIGLIANO, Arnaldo. *Les Origines de la biographie en Grèce ancienne.* Paris: Circé, 1971.

OLIVEIRA, Maria da Glória de. *Escrever vidas, narrar a história*: a biografia como problema historiográfico no Brasil oitocentista. Rio de Janeiro: FGV Ed., 2011.

_____. Quem tem medo da ilusão biográfica? Indivíduo, tempo e histórias de vida. *Topoi*, v. 18, n. 35, 2017, p. 429-446.

PÉCORA, Alcir. *Máquina dos gêneros.* São Paulo: Edusp, 2001.

PEREIRA, Nilton Mullet; MARQUES, Diego Souza. Narrativa do estranhamento: ensino de história entre a identidade e diferença. *Plures Humanidades*, Ribeirão Preto, SP, v. 14, 2014, p. 83-102.

PLUTARCO. Vida de Alexandre. In: HARTOG, F. *A história de Homero a Santo Agostinho.* Belo Horizonte, MG: Ed. UFMG, 2001, p. 175-179.

PLUTARQUE. *Vies Parallèles.* Paris: Flamarion, 1995.

RÜSEN, Jörn. Aprendizado histórico. In: SCHMIDT, Maria Auxiliadora; BARCA, Isabel; MARTINS, Estevão R. *Jörn Rüsen e o ensino de história*. Curitiba: Ed. UFPR, 2010, p. 41-49.

SANTOS, Ale. O racismo da academia apagou a história de Dandara e Luísa Mahin. *The Intercept*, 4 jun. 2019. Disponível em: <https://theintercept.com/2019/06/03/dandara-luisa-mahin-historia/>. Acesso em: 20 jun. 2019.

SETH, Sanjay. Razão ou raciocínio? Clio ou Shiva? *História da Historiografia*, Ouro Preto, MG, v. 6, n. 11, 2013, p. 173-189.

SZONDI, Peter. *Teoria do drama moderno* (1880-1950). São Paulo: Cosac & Naify, 2011.

ZANGARA, Adriana. *Voir l'histoire*: théories anciennes du récit historique. Paris: EHESS, 2007.

10. Historiografia acadêmica e história escolar: convergências e distanciamentos na abordagem da última ditadura no ensino médio na Argentina*

María Paula González

Introdução

Silvia Finocchio lançou um questionamento no primeiro número da revista *Entrepasados* com o artigo intitulado "Uma reflexão para historiadores: o que vem da nossa produção para o ensino médio?". Mediante análise de currículos do século XX e livros didáticos publicados até o final da década de 1980, a autora indicava que a história – como disciplina escolar – constituía o paradigma da imobilidade, da desatualização e da escassa significação dos conteúdos. Segundo Finocchio (1991), tal situação era consequência de dois fatores. Por um lado, o escasso contato entre o campo da pesquisa histórica e o da formação de professores (especialmente durante a segunda metade do século XX). Por outro lado, a natureza formal da adesão da história escolar ao liberalismo político, que não permitiu que se colocassem problemas nessa disciplina (o que, por sua vez, lhe permitiu sobreviver no currículo ao se acomodar às mais diversas situações políticas).[1]

Quase 30 anos depois, esses fatores mudaram notavelmente. Por um lado, os historiadores têm participado intensamente da elaboração de livros didáticos e diversos materiais didáticos, além de influenciar nas propostas curriculares. Por outro, a história escolar se apresenta hoje como uma disciplina para problematizar o passado.[2]

---

* Este texto foi publicado originalmente na revista *Páginas*, da Escola de História da Universidade Nacional de Rosário em 2021 com o título "*¿Qué llega de la historiografía académica a la historiografía escolar? Una exploración en torno a la temática de la última dictadura en la escuela secundaria?*". Disponível em: <https://doi.org/10.35305/rp.v13i32.505>. Acesso em: ago. 2022.

1 Esse diagnóstico foi compartilhado por outros especialistas (Lanza, 1993, Devoto, 1992, Braslavsky, 1991) ao mesmo tempo que contrastava com a situação de outras disciplinas escolares – física, literatura e educação cívica – que apresentavam maior dinamismo (Finocchio, 1989).

2 Sobre a participação dos historiadores no currículo e nos livros didáticos na reforma educacional dos anos 1990, ver: De Amézola (2006); Romero (2004). Em relação às mudanças nos objetivos da história como disciplina escolar: Finocchio (1999), De Amézola (2008), González (2018).

Mesmo com todas essas mudanças, a pergunta sobre a relação entre historiografia acadêmica e história escolar ainda é válida e requer uma resposta atualizada. Ainda é válida porque o ensino não só constituiu no passado "a pedra angular da história como conhecimento" (Le Goff, 2016:11), mas também porque, no presente, várias áreas da história das universidades nacionais estão fortemente ligadas à formação de professores (graduação e pós-graduação). Também porque a história escolar se coloca como um importante canal de divulgação da pesquisa historiográfica acadêmica. Aliás, ainda vale porque a história na escola assume uma função cívica que hoje implica contribuir para a formação de cidadãos críticos e comprometidos com a democracia, função que a história produzida na academia também cumpre.[3]

Da mesma forma, é uma questão que exige uma resposta atualizada em relação ao tema aqui selecionado, ou seja, a última ditadura militar. Embora existam trabalhos sobre esse recorte temático que examinaram desenhos e livros didáticos, alguns o fizeram com outras questões – por exemplo, o impacto das políticas de memória – (Acosta, 2015) e outros com livros escolares que responderam a desenhos curriculares que não estão mais em vigor (Zysman, 2015; De Amézola et al., 2012; De Amézola, 2011; Alonso, 2006; De Amézola, 2006; Alonso e Rubinzal, 2004; Reta e Pescader, 2002, entre outros).[4] Mas, para além das mutações da história escolar nos últimos anos – através de novos desenhos curriculares e da publicação de materiais didáticos renovados – que justificariam um novo estudo como o aqui proposto, a notável expansão da história recente como campo acadêmico também deve ser considerada.[5]

Aliás, cabe esclarecer que as características assumidas pela história escolar – em relação à última ditadura – não podem ser compreendidas apenas pela contribuição da historiografia acadêmica, mas também pela contribuição de outras ciências sociais, outros campos culturais (cinema, literatura), devido ao

---

3 Embora sem se referir à "formação dos cidadãos", vários historiadores têm apontado a contribuição de uma visão crítica e reflexiva que a historiografia acadêmica pode dar. Ver, por exemplo, Franco (2012:33), quando a autora indica a contribuição de sua pesquisa sobre ordem interna, violência e "subversão" na Argentina entre 1973 e 1976.

4 Por exemplo, De Amézola (2011) e De Amézola et al. (2012) fizeram uma análise de seis livros didáticos escolares publicados entre 1997 e 2004, ou seja, da oferta editorial que respondia aos desígnios da Lei Federal de Educação de 1993 enquanto a Lei Nacional de Educação de 2006 está atualmente em vigor.

5 Para um panorama da produção acadêmica em torno do passado recente, ver os balanços apresentados por Águila et al. (2018), Franco (2018), Franco e Lvovich (2017), Bohoslavsky (2016), Oberti e Pittaluga (2016), Bohoslavsky et al. (2010).

impacto de processos mais amplos, como mudanças políticas, oscilações judiciais e construções memoriais, bem como a marca das práticas escolares e docentes (Finocchio, 2007; De Amézola, 2011; González, 2019). No entanto, este capítulo se concentra em analisar e interpretar o que vem da historiografia acadêmica para a história escolar devido à relevância desse vínculo.[6]

Tal exploração foi realizada a partir de várias fontes: desenhos curriculares atuais (tanto em nível nacional[7] quanto na província de Buenos Aires),[8] um conjunto de livros didáticos,[9] bem como uma seleção de materiais produzidos pelo Ministério da Educação por meio do Programa Educação e Memória[10] e do *Canal Encuentro*.[11] Evidentemente, é um conjunto diversificado de fontes: algumas correspondem à prescrição política normativa – legislação e desenhos –; outros a uma proposta didática oficial – os materiais produzidos pelo Ministério

---

6 Convém indicar que existem outros trabalhos que tomaram essa mesma preocupação, embora para outras questões, como a Revolução de Maio (Lewkowicz e Rodríguez, 2016). Nesse trabalho, os autores analisam a narrativa da história escolar em produções realizadas em duas conjunturas: em torno do centenário e do bicentenário. Assim, confirmam que no segundo momento houve uma forte renovação que incorporou as matrizes explicativas mais atualizadas da historiografia acadêmica. Da mesma forma, De Amézola (2011) indica que o diálogo permanente entre a história ensinada e aquela investigada é necessário justamente para o mesmo tema que aqui é trabalhado: a última ditadura.

7 Núcleos de Aprendizajes Prioritarios. Ciencias Sociales. Campo de formación general del ciclo orientado de Educación Secundaria (ME, 2012); Núcleos de Aprendizajes Prioritarios. Ciencias Sociales. Ciclo básico de Educación Secundaria (ME, 2011a); Núcleos de Aprendizajes Prioritarios Ciencias Sociales. EGB/Nivel Medio 8/1 y 9/2 años (MECyT, 2006).

8 Programa de Definición del Diseño Curricular del Nivel Polimodal de Provincia de Buenos Aires. Espacio Curricular Historia (PBA-DGCyE, 2005): Historia, 5to año (PBA-DGCyE, 2011); Historia, 6to año (PBA-DGCyE, 2012).

9 São sete livros didáticos analisados (de cinco editoras diferentes) e eles foram selecionados por serem os mais utilizados pelos professores de história de acordo com outras fontes analisadas no quadro de pesquisa do qual este capítulo surge. Os livros são das editoras Estrada (2011), Kapelusz (2013), Santillana (2011 e 2017), Maipue (2012) e Aique (2000 e 2013).Utiliza-se aqui o nome da editora que é como eles geralmente são nomeados no mundo escolar.

10 "Pensar la dictadura: terrorismo de Estado en Argentina. Problemas, respuestas y propuesta para su enseñanza" (ME, 2010). "A treinta y cinco años del golpe, educación y memoria. Cuadernillo para secundaria" (ME, 2011b).

11 *Canal Encuentro* é um canal cultural educativo do Ministério da Educação da Nação. Entre 2007 e 2015, produziu uma grande quantidade e variedade de material audiovisual que muitos professores incorporaram nas aulas de história. Foram analisados: Capitulo "1976" de la serie *Años decisivos* (producido em 2012), y los episodios 21 *"La dictadura I: Economía y represión"* y 22 *"La dictadura II: del golpe a Malvinas"* de la serie *Argentina Siglo XX: Historia de un país (producido en* 2007). Essa seleção se justifica por ser o material mais utilizado pelos professores de história do ensino médio, conforme documentado pela pesquisa de Buletti (2019). Um estudo geral realizado também mostrou o uso desses materiais no nível secundário (Abramowski e Igarzábal, 2011).

da Educação –; e outros à proposta editorial. E é nessa diversidade que podemos pensar a história escolar, pois é uma construção realizada a partir de diferentes espaços, intenções e lógicas.

Por isso, o trabalho analisará a história escolar para: em primeiro lugar, indicar quem são seus autores; em segundo lugar, apontar as perspectivas de aproximação da última ditadura; em terceiro lugar, observar os conceitos adotados para explicá-los e defini-los e, por último, mostrar as referências acadêmicas que aparecem com maior grau de recorrência.

Contrastando com o diagnóstico dos anos 1990 citado no início do capítulo, será mostrado que a história escolar – referente à última ditadura – está em diálogo com a historiografia acadêmica, embora em graus variados de convergência e distanciamento devido aos limites, intenções, tempos e lógicas que os diferenciam e aproximam. Além disso, o trabalho indica que, por um lado, a história escolar utiliza certas perspectivas e estabiliza algumas referências do mundo acadêmico e, por outro, não apresenta uma conceituação unívoca mesmo quando expõe um consenso sólido condenando a última ditadura.

Perspectivas

Em linhas gerais, ao explorar a história escolar, destacam-se duas formas principais de olhar para a última ditadura: uma de cunho temporal e outra de cunho espacial.

Em relação ao temporal, a perspectiva que aparece — embora com nuanças — é a do golpe de 1976 como um marco que abre um novo ciclo. Essa periodização que coloca a data do último golpe de Estado como uma "referência semiautomática de uma experiência histórica substancialmente diferente e isolável" (Franco & Lvovich, 2017: 204) responde — segundo esses autores — à história construída em pós-ditadura. Recentemente, essa leitura começou a ser revisada e relativizada por parte da historiografia acadêmica, ao situar a última ditadura em um recorte temporal mais longo e ao discutir o binômio ditadura-democracia (por exemplo, Pittaluga, 2010; Franco, 2012).

Como foi dito, embora essa divisão apareça claramente na historiografia escolar, há também alguns indícios de que, sem romper completamente tal periodização, propõe a análise de antecedentes, mudanças e continuidades do terrorismo de Estado no período anterior que vai de 1955 a 1976[12] ou mesmo em alguns eventos desde 1919.[13]

Mas, mesmo com esses sinais, é notório que a história escolar tende a utilizar periodizações mais restritivas (tanto para o tratamento da última ditadura quanto para outros temas). Eles permitem que os conteúdos sejam sequenciados dividindo-os em unidades de trabalho conforme exigido pelo cotidiano escolar. É claro que a historiografia acadêmica é mais propensa à discussão e à nuança, mas até que ponto é possível evitar o uso de determinados marcos temporais no ensino de história? Ou, em todo caso, como evitar seus efeitos totalizantes? Nesse sentido, a necessidade de "cortar a história em fatias" (Le Goff, 2016) faz parte do esforço de construção de conhecimento que possa ser transmitido a um público maior não especializado.

Contudo, embora haja necessidades didáticas de transmissão de conteúdos, não se deve esquecer que trabalhar com períodos como compartimentos estanques não é fruto apenas de uma decisão didática: é uma proposta política e memorial de leitura do passado e de formação cidadã. Suas consequências na formação dos imaginários sociopolíticos dos jovens não devem ser perdidas de vista. Em outras palavras, tanto as lutas de memória quanto o mandato escolar para "gerar reflexões e sentimentos democráticos nos alunos e defender o Estado de Direito e a plena vigência dos Direitos Humanos"[14] forçaram um olhar retrospectivo que coloca a ditadura como algo isolável e único ao invés de pensar em práticas autoritárias e repressivas mesmo em governos constitucionais.

Em relação ao espaço, a segunda perspectiva que se percebe na história escolar atual, ainda que de forma díspar e com certos limites, é a de pensar a ditadura

12 É o caso do livro escolar editado por Aique (2000), que na página que explica "grupos de trabalho e centros de detenção clandestinos" e se propõe a discutir (em uma janela lateral) em torno da questão "erros, excessos ou plano sistemático?". Aí os autores sugerem uma atividade com as seguintes questões: Que antecedentes houve no período 1955-1976 da política denominada terrorismo de Estado? Que diferenças podem ser estabelecidas entre as políticas repressivas da última ditadura militar e aquelas aplicadas por regimes autoritários anteriores? (Aique, 2000:285)

13 "Sugerimos que os alunos procurem informações sobre esses eventos: a Semana Trágica (1919); as greves na Patagônia (1921); o bombardeio de civis na Plaza de Mayo (1955); as execuções de José León Suárez (1956); A Noite dos Long Canes (1966) e o Massacre de Trelew (1972). Em um segundo momento, propomos que respondam às seguintes questões: Por que esses eventos podem ser considerados antecedentes do terrorismo de Estado? Que semelhanças e que diferenças eles têm com essa experiência?" (ME, 2010:53).

14 Lei Nacional de Educação nº 26/2006, art. 92.

no contexto latino-americano. Isso foi sublinhado pela historiografia acadêmica que indicou tanto a relevância quanto a tendência crescente dessa visão (Franco e Iglesias, 2011; Bohoslavsky et al., 2010).

Tal perspectiva é prescrita oficialmente nos Núcleos de Aprendizagem Prioritários (NAPs)[15] em que a escala latino-americana é apresentada primeiro e depois a escala nacional é introduzida. Da mesma forma, tal olhar é retomado no desenho curricular provincial do 5º ano já que – como um todo e não apenas para a questão da ditadura – esse desenho é organizado a partir de uma periodização latino-americana e não da Argentina.[16] Ao mesmo tempo, é retomado pelos materiais didáticos oficiais,[17] assim como é referido em um dos três audiovisuais explorados.[18]

Em relação aos livros didáticos analisados, a situação é mais díspar. Alguns só desenvolvem a escala nacional (como Kapelusz e Aique), enquanto aqueles que seguem as diretrizes do NAP e o desenho provincial introduzem a escala latino-americana (Estada e Santillana).

Mas, embora a tendência crescente seja pensar a última ditadura argentina em diálogo com a escala latino-americana, surge a preocupação de saber se estamos realmente diante de uma forma de ver e ler a última ditadura. Em alguns casos (quando os livros escolares apresentam capítulos separados para as escalas latino-americana e nacional), a América Latina parece permanecer mais como um quadro geral (sem indicar conexões com a história argentina) ou como um espaço para casos paradigmáticos (por exemplo, a Revolução Cubana) do que como uma perspectiva geral de interpretação e um lugar para pensar a Argentina.

---

15 No caso do NAP, o conteúdo é indicado: "A análise do modelo econômico neoliberal implementado na América Latina nas últimas décadas do século XX, priorizando os casos em que se articula com o terrorismo de Estado, no marco da crise de 1973 e a reconfiguração do sistema capitalista" (ME, 2012:7).

16 Golpes e terrorismo de Estado na América Latina. Esgotamento do modelo de industrialização por substituição de importações. A crise econômica de Cuba: medidas de emergência e a sobrevivência da Revolução Cubana. (PBA, DGCyE, 2011:20).

17 No material "Pensando na ditadura..." (ME, 2010), tal perspectiva é desenvolvida no capítulo 3 "A ditadura no mundo" com uma série de seções intituladas: O que foi a Doutrina de Segurança Nacional? Que relações podem ser estabelecidas com as outras ditaduras que foram implantadas na América Latina? Em que consistia o Plano Condor?

18 "Em 1976, Argentina e Chile, Uruguai, Paraguai e Bolívia estão sob o domínio de ditaduras militares. Desde o início da década de 1960, representantes das Forças Armadas desses países frequentam a Escola das Américas, organização criada pelo governo dos Estados Unidos para treinar exércitos latino-americanos na luta contra o comunismo" (História de um país. A ditadura I: Economia e repressão, 7mim53 até 8min9).

Diante desse balanço, não devemos perder de vista que a história, como disciplina escolar, teve forte cunho nacionalista e eurocêntrico durante grande parte do século XX (Finocchio, 2007; De Amézola, 2008) e que a inclusão da história latino-americana sofreu oscilações notáveis nos últimos anos. Em relação a esta última, Di Croce e Garriga (2011) indicam que, por volta de 1983, houve uma certa "primavera latino-americana" que rapidamente desapareceu com a Lei Federal de 1993 em que, sem ser totalmente apagada, a América Latina perdeu a centralidade. Com a Lei Nacional de 2006 – e seus desenhos derivados aqui analisados – esta escala reaparece. Mas, além da própria escola, a história latino-americana – em longo prazo – não teve grande presença no ensino superior, tanto na formação de professores quanto na pesquisa historiográfica na Argentina (De Amézola, 2015), mesmo quando nos últimos anos tal tendência foi revertida (Águila, 2012) e esforços têm sido feitos para fomentar não apenas visões comparativas, mas também conectadas que ajudem a descentralizar a visão do nacional para o regional e superar desconexões na abordagem de processos de longo e amplo prazo (Bohoslavsky e Franco, 2020). Nesse sentido, a história escolar mostraria certa convergência com a historiografia acadêmica. Em outras palavras, a abordagem escolar da perspectiva latino-americana da última ditadura estaria relacionada ao curso no campo acadêmico.

Referências do mundo acadêmico no mundo escolar

Em conexão com as perspectivas mencionadas, foram levantadas as referências bibliográficas do mundo acadêmico presentes na historiografia escolar.[19] Em linhas gerais, as produções mais citadas em desenhos curriculares, materiais didáticos e livros didáticos são, por um lado, aquelas que têm tido um objetivo mais holístico e de divulgação; por outro, aqueles que foram pioneiros em estabelecer certas discussões e interpretações em torno da última ditadura como um processo histórico (e hoje se tornaram "clássicos"); e, por fim, aqueles que refletiram e investigaram alguns aspectos específicos nos anos 2000 (da história recente como passado e como campo de estudo).

---

19 Os materiais audiovisuais foram excluídos desta análise por não utilizarem citações de autoria por se tratar de um discurso de divulgação (o que não impede ver referências implícitas).

Em relação às obras mais gerais – que durante muito tempo foram as únicas disponíveis segundo Franco e Lvovich (2017) –, na história escolar refere-se à obra de Luis Alberto Romero (em suas várias edições) e às publicadas nas coleções da Sudamericana – os volumes coordenados por James e por Suriano – e de Paidós – a obra de De Riz e a de Novaro e Palermo.[20]

Por sua vez, as obras precursoras dos anos 1980 e 1990 (que não surgiram no âmbito da historiografia) também se revelam as referências mais estáveis e recorrentes na historiografia escolar. São estudos que abordaram problemas como o autoritarismo, a transição democrática, as transformações sociais produzidas pelo regime, as características do sistema repressivo, o surgimento de movimentos de direitos humanos, entre outros. Entre estes, são citados os trabalhos de Acuña (1995), Cavarozzi (1997), Duhalde (1999), O'Donnell (1987), Villarreal (1985) e Jelin (1995). Em particular, o conceito de "semidemocracia" proposto por Cavarozzi é o que serve de base para a apresentação dos processos históricos da segunda metade do século XX argentino no desenho do 5º ano da província de Buenos Aires.[21] Nesse caminho, e a título de exemplo, a referência exclusiva à questão da Igreja Católica durante a ditadura é obra de Emilio Mignone (1986). Da mesma forma, os primeiros trabalhos produzidos pelo campo da economia são citados nas fontes consultadas – por exemplo, Aspiazu (1986), Schvarzer (1983), entre outros.

Em relação aos trabalhos desenvolvidos nos anos 2000, a historiografia escolar repete referências em relação a temas específicos, como história recente, memória, história e memória, história oral. São as obras de Vezzetti (2003); Crenzel (2008; Jelin (2002); Schwarzstein (2001); Franco e Levin (2007).[22]

Se forem observadas as referências explícitas que aparecem no corpo do texto dos manuais escolares, três se destacam: a noção de "reestruturação social" de Juan Villareal (citada em Santillana, 2011:182 e Santillana, 2017:182), a ideia Pilar Calveiro de que "criar terror por meio de sequestros fazia parte do plano de gerar terror em toda a sociedade" (citado em Santillana, 2011:179; Santillana,

---

20 Romero (1994); James (2003); Suriano (2005); De Riz (2000); Novaro e Palermo (2003).

21 PBA — DGCyE, 2011:13.

22 As obras de Franco e Levín e de Schwarzstein também são citadas no desenho curricular do 6º ano de história da província de Buenos Aires.

2017:179) e a referência a Daniel Feierstein sobre genocídio (citado por Maipue, 2012:120).[23]

Vista em perspectiva, pode-se afirmar que a história escolar "estabiliza" certas obras do mundo acadêmico que são também as mais estáveis e menos discutidas no campo, como afirmam Franco e Lvovich (2017), e que, ao mesmo tempo, são as que tratam dos temas menos polêmicos: democracia, crime de Estado, direitos humanos etc.

Trata-se, então, de referências mais operativas para a disciplina escolar – como já foi dito no caso das periodizações – porque são as que parecem responder melhor às suas características e finalidades: dar explicações gerais na escola com tempos e ritmos (delimitados, de sujeitos múltiplos, mediados por muitos outros aspectos e problemas não especificamente disciplinares) e dirigidos a um público não especializado, como é o caso dos jovens que se pretendem politicamente formados.

Também com base nessas referências "estabilizadas", a análise mostra que há um diálogo entre a história escolar e a historiografia acadêmica (incluindo as produções de outras ciências sociais), embora especialmente com aquelas produzidas nos anos 1980 e 1990 (e não com as mais atuais).

Diante dessa última evidência, seria fácil concluir que a história escolar sempre fica atrás da historiografia acadêmica. No entanto, na década de 1990, a história escolar – pegando referências de outras ciências sociais e outras práticas culturais – se encarregou do passado recente antes que a historiografia acadêmica o abordasse (González, 2014). Mas, agora que o campo dedicado ao passado recente se expandiu notavelmente, é visível que os tempos acadêmicos são diferentes dos tempos escolares: tanto em termos de desenvolvimento de desenhos curriculares (os que estão em vigor e aqui analisados são de 2011 e 2012), bem como a produção de livros didáticos e materiais ministeriais (ver datas de publicação), fica claro que o mundo escolar tem uma temporalidade mais lenta do que a produção acadêmica profusa e sistemática, que, aliás, no caso particular da história recente, tem experimentado um crescimento exponencial.[24] NAPs nacionais e desenhos

23 Santillana (2011; 2017) utiliza a citação textual nessas duas ocasiões, recurso inusitado, pois o discurso dos manuais é caracterizado pela despersonalização (pela qual se liberta das marcas de autoria, tão típicas dos espaços acadêmicos). Ainda mais contrastante é a opção de Maipue (2012), usando notas de rodapé como em um trabalho acadêmico, que constitui uma exceção no conjunto.

24 Sobre esse crescimento, veja as estatísticas apresentadas por Franco e Lvovich (2017).

provinciais estão em vigor há quase 10 anos. As editoras dificilmente renovaram suas produções e as que o fizeram não modificaram a seção correspondente à ditadura.[25] Os materiais ministeriais analisados foram produzidos entre 2010 e 2011. Aí estariam operando os tempos normativos, políticos e editoriais que impactam a história escolar. Os tempos regulatórios dependem da capacidade política de alcançar consensos ou maiorias para a transformação da legislação e dos desenhos e, por outro lado, não poderiam ser submetidos a transformações permanentes.[26] Por outro lado, os tempos das políticas públicas e da elaboração de materiais – escritos e audiovisuais – demandam meses e anos de preparação, produção, edição, divulgação etc. Finalmente, os tempos editoriais, que respondem, sobretudo, a fatores comerciais e fazem com que as empresas não revisem ou atualizem o que funciona no mercado, mas simplesmente adicionem páginas para avançar no tempo e incluir os últimos governos democráticos (embora esses conteúdos não estejam prescritos nos regulamentos).

Conceitos

A história escolar apresenta vários conceitos para se referir ao período 1976-1983: "ditadura civil-militar", "terrorismo de Estado" e "genocídio". São categorias que não emanam do campo acadêmico, mas sobre as quais, justamente, a historiografia acadêmica tem suscitado debates recentes que refletem não apenas discussões disciplinares, mas, sobretudo, políticas e memoriais.

A noção de "*ditadura civil-militar*" se instalou nos discursos políticos oficiais (dos governos kirchneristas) e no vocabulário das organizações de direitos humanos no final dos anos 2000 (Montero, 2016). Trata-se de uma

> leitura inédita sobre a natureza do regime militar, sobre a composição dos atores que dele participaram e sobre o papel da sociedade civil – em particular, dos setores do poder como a Igreja, a Justiça, os empresários, os partidos políticos, os sindica-

25 É o caso da mais recente oferta da Santillana, de 2017, em que a seção dedicada à última ditadura não é modificada e a narrativa e as referências da edição de 2011 se repetem, exceto o número de netos recuperados.

26 Note-se que as transformações educacionais nacionais mais importantes dos últimos tempos (Lei Federal de Educação de 1993 e Lei Nacional de Educação de 2006) foram alcançadas sob governos peronistas.

> tos, mas também profissionais, jornalistas, intelectuais e entidades ou instituições públicas – na constituição e consolidação do projeto autoritário iniciado em 24 de março de 1976 [Montero, 2016:55, trad. livre].

Mesmo quando é uma noção amplamente aceita, alguns acadêmicos propuseram uma discussão em torno dela – por exemplo, Marina Franco (2016). Segundo esta autora, a evolução total do sistema, suas linhas mestras e suas características marcantes indicam que nesses aspectos continuam a corresponder a uma predominância das Forças Armadas. Por isso, e "mesmo quando o termo ditadura militar é pobre, decepcionante e igualmente insuficiente para dar conta da complexidade do que aconteceu" (Franco, 2016:89), é preferível a outros que, procurando dar conta da participação e cumplicidade, acabam por obscurecer o traço militar que definia o regime.

Em contrapartida, e antes que essas discussões fossem levantadas na historiografia acadêmica, uma parte da historiografia escolar adotou a noção "cívico-militar" ao mesmo tempo que se consolidava em uma parte da opinião pública, nas intervenções dos direitos humanos e nos discursos oficiais. Assim, registra-se um uso generalizado nos regulamentos, de forma díspar nos livros, e indiretamente nos materiais audiovisuais analisados.

Enquanto nos NAPs de 2006 e 2011 se falava em "ditadura militar", naqueles dirigidos ao ciclo superior, editados em 2012, introduz-se a noção de "golpe cívico-militar". Essa mudança se repete nos desenhos da província de Buenos Aires. Enquanto no desenho de 2005 se falava em "ditadura militar" (PBA – DGCyE, 2005:183), naqueles aprovados para o 5º ano em 2011 aparecem as noções de "golpe de estado cívil-militar" para 1955 e de "dictadura cívil-militar" para o período 1976-1983 – embora nenhuma dessas acepções seja usada para a autodenominada "Revolução Argentina". No caso do desenho do 6º ano aprovado em 2012, o dia 24 de março é indicado como "golpe cívil-militar" e inclui a noção de "golpe cívil-militar contra a educação pública e a censura".

Transformações semelhantes se repetem nos livros didáticos, mesmo naqueles da mesma editora e dos mesmos autores. É o caso de Aique: enquanto na obra publicada por Alonso e Vázquez em 2000 foi escolhido o termo "ditadura militar", na publicada em 2013 foi utilizada a noção de "ditadura civil-militar". De qualquer forma, em uma visão geral, o uso é díspar: aparece nos livros de Aique (2013) e Maipue (2012), embora neste último caso como um "golpe cívico-militar na educação" – como prescreve o desenho de história do 6º ano da província. Em contrapartida, não é utilizado pelas produções de Santillana (2011 e 2017), Estrada (2011) ou Kapelusz (2013). No caso dos materiais audiovisuais selecionados para análise, é indicado o "apoio" de diversos setores da sociedade, embora a noção não seja citada diretamente.[27]

Uma questão relacionada à noção de ditadura civil-militar é que ela permitiu acentuar o vínculo entre a repressão ditatorial e a imposição de um modelo econômico. E embora essa relação tenha sido apontada há algum tempo – por exemplo, por Rodolfo Walsh, em sua carta aberta à Junta Militar em 1977[28] e por Duhalde em 1983; 1999 em seu estudo sobre o Estado Terrorista –,[29] passou a ser utilizada recorrentemente em discursos de organizações de direitos humanos, bem como por parte da imprensa e suas investigações advindas principalmente dos anos dos governos Kirchner.[30] Em contrapartida, vários trabalhos acadêmicos têm discutido fortemente esse vínculo como causal (por exemplo, Vezzetti, 2002),[31] enquanto outros nos convidam a pensar sobre a distinção entre projeto, processo e resultados (Franco, 2016).[32]

---

27 Por exemplo, no episódio 21 da série "História de um país, Argentina século XX", o roteiro indica: "o projeto dos militares conta com o apoio de muitos civis, grupos financeiros, grandes empresários, latifundiários, e grande parte da hierarquia da Igreja Católica apoia as políticas da ditadura e justifica todas as ações necessárias para realizá-las.

28 "[...] na política econômica daquele governo, deve-se buscar não apenas a explicação de seus crimes, mas também uma atrocidade maior que castiga milhões de seres humanos com miséria planejada". Disponível em: <https://es.wikipedia.org/wiki/Carta_abierta_de_un_escritor_a_la_Junta_Militar>. Acesso em: ago. 2022.

29 Em sua primeira edição de "Estado terrorista argentino", Duhalde (1999:203) destacou que o projeto econômico exigia "a implantação do terror para viabilizar seu estabelecimento", embora tenha alertado que não era responsável por sua análise. Ver o prólogo da primeira edição reproduzido na segunda edição.

30 Por exemplo, Verbitsky e Bohoslavsky (2013:12) afirmam que "a denominação 'ditadura militar' está caindo em desuso, em favor de outras mais complexas e mais próximas da realidade do que era um bloco cívico, militar, empresarial e eclesiástico".

31 "Quando se diz e se repete que o massacre argentino foi necessário para implementar um modelo econômico que exigia liquidar, exatamente assim, qualquer oposição, na verdade, nenhuma evidência é oferecida para isso. Modelos econômicos semelhantes [...] foram implementados em outros países da América Latina e do mundo sem um custo equivalente em vidas e na degradação política do Estado. O argumento, na verdade, pressupõe a ideia de uma excepcionalidade argentina e parece admitir que a intensidade e a violência da oposição civil à intervenção de restauração foram de tal magnitude que somente um massacre poderia permitir a estabilização do regime militar [...] não há nada que confirme essas teses, exceto a fantasia de que a Argentina estava à beira de uma revolução social" (Vezetti, 2002:161).

32 "Que um dos principais resultados da ditadura tenha sido a mudança do regime de acumulação e transformações estruturais regressivas não significa que este tenha sido seu projeto objetivo e fundamental e que defina a natureza do regime. Em outras palavras, em muitas interpretações do período

Ao explorar a história escolar, a correlação entre a repressão e a implementação de um modelo econômico neoliberal é ambígua: é indicada alternadamente como causal, como nexo e como consequência. Nos NAPs, é introduzida a ideia de uma relação entre ditadura e a aplicação de um modelo econômico e social neoliberal, mas com nuanças. Enquanto nas versões de 2006 e 2011 é indicado trabalhar com "a última ditadura e sua *relação* com a Guerra Fria e a aplicação de um modelo econômico e social neoliberal" (ME, 2006:25 e ME, 2011a:22) na versão aprovada em 2012, o vínculo aparece de forma mais direta: "o entendimento do golpe cívico-militar de 1976 e do terrorismo de Estado como um plano sistemático para destruir as organizações populares e disciplinar a sociedade, *criando as condições* para a implementação do modelo econômico neoliberal (ME, 2012:7, grifo meu).

Por sua vez, em materiais educativos a vinculação também é díspar. Em alguns livros didáticos é desenvolvida essa conexão (por exemplo, Aique, 2000 e 2013[33] e mais fortemente Maipue, 2012[34]). Em outros, são indicadas atividades que convidam os alunos a refletir sobre o assunto.[35] Finalmente, em outros materiais a questão de um novo modelo econômico e reestruturação social é desenvolvida sem sublinhar a necessária ligação entre repressão e neoliberalismo, mas sim como um processo ou consequência (por exemplo, ME, 2010;[36] San-

há uma tendência a ler o processo *ex post*, a partir do presente: o consenso geral sobre o sucesso da política econômica ditatorial em produzir as transformações desejadas nos leva a afirmar que esse foi seu principal objetivo" (Franco, 2016:83).

33 Este livro desenvolve a introdução do capítulo dedicado à ditadura como "Terrorismo de Estado e mercado livre" (Aique, 2000:264) e como "Fundamentos ideológicos da ditadura militar: terrorismo de Estado e mercado livre (1976-1983) (Aique 2013:12).

34 "O golpe militar foi planejado com civis que tinham interesses econômicos muito claros: maiores lucros para suas empresas, qualquer que fosse o destino do país. Eles contaram com o incentivo dos Estados Unidos para eliminar o Estado de bem-estar, e nos introduzir em uma fase neoliberal. Os argumentos para desfazer as conquistas sociais, parar de promover a indústria nacional, banir organizações que perturbavam sua ideologia, eram fúteis, uma simples decoração para sua ganância de lucro: "luta contra a subversão", "luta contra a corrupção", "modernização da economia", "ineficiência do setor industrial", "inflação", "déficit fiscal", "dívida"..." (Maipue, 2012:138), e ao contrário do liberalismo clássico, precisa do apoio do Estado para sustentar as políticas dos mais fortes. A sociedade teve que ser disciplinada para conseguir isso. Era preciso controlar os empresários nacionais, os sindicalistas e todos aqueles que lutavam contra aquele modelo" (Maipue, 2012:139).

35 "Estabelecer relações entre o modelo econômico da ditadura e a formação do terrorismo de Estado" (Kapelusz, 2013:383).

36 Isso aparece na seção Qual era o projeto econômico-social da ditadura? Como se vinculou à estratégia repressiva? (ME, 2010:34-35).

tillana, 2011; 2017; Estada, 2011). No caso de materiais audiovisuais, a relação é indicada diretamente.[37]

A noção de "*terrorismo de Estado*" – derivada da noção de "Estado terrorista" sistematizada por Eduardo Luis Duhalde em 1982-1983 durante seu exílio em Madri – foi adotada precocemente por organizações de direitos humanos na Argentina para caracterizar as ações repressivas da ditadura e contrariar a narrativa militar de "guerra suja". Tal conceito é o que tem sido mais claramente adotado pela historiografia escolar: aparece em todos os documentos oficiais, bem como em todas as fontes editoriais e materiais audiovisuais analisados. Em sua maioria, seu uso se restringe ao período pós-1976, embora em alguns casos – especialmente em materiais didáticos e alguns livros didáticos – se estenda aos anos anteriores.[38] Em alguns livros didáticos, é mencionada a obra de Duhalde (1999), que é inclusive – às vezes – acrescentada como citação bibliográfica explícita ou referência em janelas laterais (Aique, 2000:269; 2013:16).

Em relação a esse conceito, alguns historiadores têm proposto (muito recentemente) sua discussão, pois seu uso parece provocar a cristalização de algumas representações, ou seja, a ideia de um Estado monolítico, com uma única forma de ações e dispositivos repressivos (os clandestinos) contra uma sociedade também monolítica e indiferenciada, vítima de disciplinamento social (Águila, 2016). No caso da historiografia escolar, o uso do termo "terrorismo de Estado" convive com seções dedicadas a diversas formas de controle, censura, imposição do medo e ações psicológicas, embora sem apontar práticas jurídicas e quase jurídicas como alega a referida autora. Ao mesmo tempo, essa noção se conecta com outras páginas dedicadas às várias atitudes sociais de diferentes atores sociais contra a ditadura. Em suma, embora a história escolar não apresente uma sociedade

---

37 "A partir de março de 1976, as Forças Armadas Argentinas instalaram um regime de terrorismo de Estado no país. O sequestro, tortura e assassinato de cidadãos civis é usado pelos membros da Junta Militar como principal instrumento para impor seu plano de governo, que inclui uma profunda transformação política, especialmente econômica." História de um país, episódio 21: "A ditadura I: economia e repressão", 15min59 até 16min23. No caso do episódio "1976" da série *Anos decisivos*, indica-se "À ditadura militar deu-se o nome de 'Processo de Reorganização Nacional' e tentou se perpetuar no poder. Seus objetivos eram atingir a disciplina da sociedade e instalar um novo modelo econômico [...]" 10min51 até 11min02.

38 É o caso do livro editado por Maipue (2012) que introduz a noção de terrorismo de Estado ao tratar do Massacre de Trelew, de 1972 (p. 101), Tríplice A (p. 110) e Independência Operativa (p. 115). Além disso, conforme indicado nas notas de rodapé anteriores (13 e 14), alguns materiais propõem trabalhar com "fundo" de terrorismo de Estado.

monolítica, é verdade que tende a sublinhar a excepcionalidade do terrorismo de Estado e sua face repressiva (mesmo quando – como foi dito na secção anterior – alguns materiais tentem marcar antecedentes).

Por fim, o conceito de "*genocídio*" – termo muito complexo por suas implicações jurídicas, que foi apropriado por parte das organizações de direitos humanos –,[39] aparece de forma intermitente na história escolar. Não é utilizado pelos regulamentos oficiais (nem nacionais nem provinciais) para se referir à última ditadura, embora seja indicado como categoria em discussão pelos materiais publicados pelo Estado.[40] No caso de propostas editoriais, esse conceito aparece em Maipue (2012), Aique (2000; 2013) e Kapelusz (2013), enquanto não é utilizado por Santillana (2011; 2017) ou Estrada (2011). No caso de Maipue (2012) tal noção é indicada para falar sobre a ditadura e a obra de Feierstein é citada (em nota de rodapé, algo inusitado em livros didáticos). No caso de Aique (2000; 2013) também é usado para lidar com "as figuras do genocídio" e para dar conta da metodologia da repressão (Aique, 2013:32; Aique, 2000:285).[41] A proposta de Kapelusz (2013:383) utiliza-a no subtítulo "repressão e genocídio", mas sem desenvolver uma definição. Nas produções audiovisuais do *Canal Encuentro* aqui analisadas, esse conceito também não aparece. Em suma, quando "genocídio" aparece na história escolar, é usado – na maioria dos casos – quando se fala da (ou adjetiva a) repressão e não o regime como um todo.

Essa intermitência no uso da categoria genocídio na história escolar está relacionada às discussões dentro do campo acadêmico. Em alguns casos, foi usado sem discussão (Romero, 1994) e depois descartado (Romero, 2012),[42] em outros foi defendido como um arcabouço de interpretação que enfatiza o repressivo

---

39 Para um panorama dos debates e uma discussão mais ampla sobre essa categoria, ver Alonso (2016).

40 Sob o título "Como devem ser considerados os crimes da ditadura?", indica-se "O debate sobre como caracterizar e/ou definir os crimes cometidos pela última ditadura permanece em aberto. As diferentes visões e abordagens podem ser sintetizadas em duas interpretações: aquelas que consideram as ações criminosas como genocídio e aquelas que as caracterizam como um massacre organizado. Essas discussões acontecem tanto no campo jurídico quanto no sociológico" (ME, 2010:148).

41 "O resultado da aplicação dessa metodologia pelas Forças Armadas e Policiais foi um genocídio, realizado através do sequestro, tortura e assassinato de milhares de pessoas."

42 No prefácio à terceira edição de sua obra "*Breve história contemporânea da Argentina*", Romero (2012:11) indicava: "Quero sublinhar uma mudança menor, mas completamente deliberada. Na versão original deste livro, iniciei o capítulo dedicado à última ditadura militar com uma seção que intitulei 'O genocídio'. O uso de tal denominação correspondia à visão do problema que eu tinha em 1994. Mais tarde soube que a qualificação era inadequada – não havia uma questão de raça ou etnia – e que também obscurecia a natureza política da repressão. Então eu mudei para 'O Estado terrorista'.".

(Feierstein, 2007) e em outros foi rejeitado por obscurecer a natureza política da repressão da última ditadura (Sigal, 2001; Vezzetti, 2002).

Vista em perspectiva, e em relação aos conceitos utilizados, fica claro que a história escolar não depende, neste momento, da historiografia acadêmica (já que essas noções derivam de lutas memoriais, políticas e jurídicas) nem constitui uma narrativa homogênea (coexistem noções mesmo dentro de algumas fontes analisadas). No entanto, essa diversidade permite, ao mesmo tempo, mostrar uma unidade: o sólido consenso de condenação da última ditadura. Isso fica evidente nas formas de nomear e explicar o período 1976-1983: ditadura militar, ditadura cívico-militar, genocídio, terrorismo de Estado, e mesmo quando se indica "processo de reorganização nacional", sempre que usado entre aspas para fazer notar que era uma autodenominação. Se nos anos 1990 ainda se podia ler nos livros didáticos que as décadas de 1970 e 1980 foram anos de "agressão e derrota da subversão marxista" (Born, 2010) – como definido no conteúdo de história do programa de 1979 – isso definitivamente não aparece na oferta editorial atual.

Dito isso, cabe notar que, embora seja saudável que a história escolar mostre que a condenação da última ditadura tem alto consenso, por outro lado gera certa preocupação não serem expostas as diferentes narrativas e "lutas por memória" da sociedade argentina – das quais há apenas referências muito breves no livro de Santillana (2011:188; 2017:188) e no material "Pensar la dictadura" (ME, 2010:149 e segs). Sem omitir a condenação da ditadura, dar conta dessas "lutas pela memória" na sociedade argentina pode ser promissor para a formação dos jovens, para que a defesa dos direitos humanos, da justiça e da memória não seja uma mera declamação, mas uma prática refletida a partir de sua historicidade inerente.

Breves considerações finais

O que vem da historiografia acadêmica para a história escolar sobre a última ditadura? Essa pergunta obviamente tem várias respostas. Chegam as contribuições mais holísticas da historiografia (mais estáveis e menos discutidas). Chegam também seus limites diante da força das narrativas memoriais e do poder das lutas políticas. Chega seu estreito diálogo com outras disciplinas. Chegam suas questões permeadas também por debates sociais e lutas políticas, pelo que pode ser dito e ouvido.

Mas também: o que é que não vem da historiografia acadêmica para a escola? Não chega toda a sua produção exponencial dos últimos anos, em muitos casos, atomizada em estudos específicos de registro acadêmico. E não chega, entre outras coisas, porque os tempos de ambas as historiografias são bastante desiguais. Não chegam suas nuanças e problematizações porque as lógicas de ambas as historiografias (hoje) são diferentes. Por um lado, porque a história escolar se dirige a um público não especialista e em formação; por outro, porque se rege por uma intenção pedagógica mais ética e política do que acadêmica.

Como já foi dito, os vínculos com a historiografia acadêmica são apenas um aspecto da história escolar. No entanto, o diálogo entre as duas é relevante e devemos manter o questionamento sobre ele. E a exploração dessa questão pode ser uma contribuição mútua. A história escolar pode alertar para a necessidade de a historiografia acadêmica dispor de ferramentas mais densas e complexas, menos acomodatícias à análise do passado, voltada para a formação política das jovens gerações. Por sua vez, a história escolar pode apontar para a historiografia acadêmica que é preciso que ela amplie e diversifique seus registros e linguagens para uma divulgação mais ampla de suas contribuições, de forma que alcancem o mundo educacional (e além) – sem ignorar que são necessários espaços e experiências que possibilitem produções como as promovidas pelo Ministério da Educação até 2015. Essa ampliação e disseminação de seus avanços permitiriam à historiografia acadêmica dar conta (mais uma vez) do vínculo entre história e política. Porque a educação é um ato político.

Referências

ABRAMOWSKI, A.; IGARZÁBAL, B. *Uso y apropiación de las producciones de Canal Encuentro en las escuelas bonaerense.* Buenos Aires: Universidad Pedagógica de Buenos Aires, 2011. Disponível em: <http://unipe.edu.ar/wpcontent/uploads/2012/07/Proyecto7encuentro.pdf>. Acesso em: ago. 2022.

ACOSTA, J. Lecturas y libros de texto: la historia reciente en la escuela. Análisis de los manuales del nivel medio luego de la sanción de la Ley Nacional de Educación en 2006. *Clío & Asociados: La Historia Enseñada*, n. 20,2015, p. 149-161.

ACUÑA, C.; SMULOVITZ, C. Militares en la transición argentina: del gobierno a la subordinación constitucional. In: AAVV. *Juicio, castigos y memorias*: derechos humanos y justicia en la política argentina. Buenos Aires: Nueva Visión, 1995.

ÁGUILA, G. "¿Qué es ser un/a latinoamericanista? Los derroteros de la historia latinoamericana contemporánea en la Argentina. *Anuario nº 24, Escuela de Historia, Revista Digital*, n. 3, 2012 Disponível em: <https://anuariodehistoria.unr.edu.ar/index.php/Anuario/article/view/96/96>. Acesso em: ago. 2022.

_____. Violencia política, represión y terrorismo de estado: a propósito de algunas conceptualizaciones para definir el accionar represivo en la historia reciente argentina. In: FLIER, P. (Coord.) *Mesas de debate de las VII Jornadas de Trabajo sobre Historia Reciente*. La Plata: Ed. UNLP, 2016.

_____ et al (Comp.). *La historia reciente en Argentina*: balance de una historiografía pionera en América Latina. Buenos Aires: Imago Mundi, 2018.

ALONSO, F. La dictadura militar argentina (1976-1983) en los textos de Ciencias Sociales e Historia para el tercer ciclo de la Educación General Básica. In: KAUFMANN, Carolina (Dir.). *Dictadura y educación*: los textos escolares en la historia argentina reciente. Buenos Aires: Miño y Dávila, 2006, p. 228-294.

_____.; RUBINZAL, M. Memorias y representaciones. *De Signos y Sentidos: Cuadernos de la Universidad Nacional del Litoral*, n. 2, 2004.

ALONSO, L. Los usos del concepto de "genocidio" y el problema de la formación de categorías en las disciplinas socio-históricas. In: FLIER, P. (Coord.). *Mesas de debate de las VII Jornadas de Trabajo sobre Historia Reciente*. La Plata: Ed. UNLP, 2016.

ASPIAZU, D. et al. *El nuevo poder económico en la Argentina*. Buenos Aires: Legasa, 1986.

BOHOSLAVSKY, E. Cambios en la historiografía académica en Argentina (2001-2015). *História da Historiografia: International Journal of Theory and History of Historiography*, v. 9, n. 20, 2016.

_____. et al. Promesas y problemas de la historia reciente del Cono Sur (a modo de introducción). In: _____. *Problemas de historia reciente del Cono Sur*. Buenos Aires: Prometeo-UNGS, 2010. t. I, p. 11-19.

BORN, D. *Las representaciones de la última dictadura militar*: los textos escolares de historia en el nivel secundario de la ciudad de Buenos Aires 1976-2009. Tesis (maestría en ciencias sociales – FLACSO-Argentina, Buenos Aires,

2010. Disponível em: <https://repositorio.flacsoandes.edu.ec/handle/10469/3223>. Acesso em: set. 2022.

BRASLVASKY, C. Los libros de texto en su contexto: Argentina 1975-1989. In: RIECKENBERG, M. (Comp.). *Latinoamérica*: enseñanza de la historia, libros de texto y conciencia histórica. Buenos Aires: Alianza, 1991, p. 60-76.

BULETTI, S. *Apropiaciones docentes de materiales de divulgación histórica del Canal Encuentro*. Tese (maestría en historia contemporânea) – Universidad Nacional de General Sarmiento, Los Polvorines, 2019.

CAVAROZZI, M. *Autoritarismo y democracia (1955-1996)*: la transición del Estado al mercado en la Argentina. Buenos Aires: Ariel, 1997.

CRENZEL, E. *La historia política del nunca más*: la memoria de las desapariciones en la Argentina. Buenos Aires: Siglo XXI, 2008.

DE AMÉZOLA, G. Cambiar la historia: manuales escolares, curriculum y enseñanza de la historia desde la transformación educativa. In: KAUFMANN, Carolina (Dir.). *Dictadura y educación*: los textos escolares en la historia argentina reciente. Buenos Aires: Miño y Dávila, 2006, p. 227-271.

_____. *Esquizohistoria*: *la historia que se enseña en la escuela, la que interesa a los historiadores y un cambio posible de la historia escolar*. Buenos Aires: Libros del Zorzal, 2008.

_____. Historia enseñada e historia investigada: relaciones peligrosas. El tratamiento escolar de la última dictadura militar y la necesidad de una actualización académica en la formación de profesores. *PolHis*, ano 4, n. 8, 2011. Disponível em: <http://polhis.com.ar/datos/polhis8_deAMEZOLA.pdf>. Acesso em: ago. 2022.

_____. La Historia latinoamericana en la escuela argentina de hoy: rupturas y continuidades. In: ZAMBONI, E.; GALZERANI, M. y PACIEVITCH, C. (Org.) *Memória, sensibilidades e saberes*. Campinas, SP: Alinea, 2015, p. 244-260.

_____. et al. La dictadura militar argentina en los manuales de Educación General Básica. In: KAUFMANN, C. (Coord.). *Textos escolares, dictaduras y Después*: *miradas desde Argentina, Alemania, Brasil, España e Italia*. Buenos Aires: Prometeo, 2012, p. 103-134.

DE RIZ, L. *La política en suspenso*: 1966-1976. Buenos Aires: Paidós, 2000.

DUHALDE, E. *El estado terrorista argentino*. Buenos Aires: El Caballito, 1983.

____. *El estado terrorista argentino*: quince años después, una mirada crítica. Buenos Aires: Eudeba, 1999.

DEVOTO, F. Idea de nación, inmigración y "cuestión social" en la historiografía académica y en los libros de texto en Argentina (1912-1974). *Estudios Sociales*, n. 3, 1992, p. 9-30.

DICROCE, C.; GARRIGA, M. C. Los textos y contextos en la enseñanza de la historia latinoamericana, 1983-2009. In: BOHOSLAVSKY, E.; GEOGHEGAN, E.; GONZÁLEZ, M. P. (Coord.). *Los desafíos de investigar, enseñar y divulgar sobre América Latina*. Actas del taller de reflexión TRAMA. Los Polvorines: Ediciones UNGS 2011. (CD-ROOM).

DUHALDE, E. *El Estado terrorista argentino*: quince años después, una mirada crítica. Buenos Aires: Eudeba, 1999.[1984].

FEIERSTEIN, D. *El genocidio como práctica social*. Buenos Aires: Fondo de Cultura Económica, 2007.

FINOCCHIO, S. Programas y textos en la historia de cuatro asignaturas de la escuela media: historia, lengua y literatura, educación cívica y física. *Propuesta Educativa*, ano 1, n. 1, 1989, p. 51- 63.

_____. ¿Qué llega de nuestra investigación a la escuela media? *Entrepasados: Revista de Historia*, n. 1, 1991, p. 93-106.

_____. Cambios en la enseñanza de la historia: la transformación argentina. *Revista Iber: Didáctica de las Ciencias Sociales, Geografía e Historia*, n. 22, p. 17-30, 1999, p. 17-30.

_____. Entradas educativas a los lugares de la memoria. In: FRANCO, M.; LEVÍN, F. (Comp.) *Historia reciente*: perspectivas *y desafíos para un campo en construcción*. Buenos Aires: Paidós, 2007, p. 253-277.

FRANCO, M. *Un enemigo para la nación. Orden interno, violencia y "subversión"*: 1973-1976. Buenos Aires: Fondo de Cultura Económica, 2012.

_____. La noción de "dictadura cívico-militar". In: FLIER, P. (Coord.). *Mesas de debate de las VII Jornadas de Trabajo sobre Historia Reciente*. La Plata: Ed. UNLP, 2016.

_____. La última dictadura argentina en el centro de los debates y las tensiones historiográficas recientes. *Tempo e Argumento*, Florianópolis, SC, v. 10, n. 23, 2018, p. 138-166.

_____.; IGLESIAS, M. El estado de excepción en Uruguay y Argentina: reflexiones teóricas, históricas e historiográficas. *Revista de História Comparada*, v. 5, n. 1, 2011, p. 91-115.

_____.; LEVÍN, F. (Comp.). *Historia reciente*: perspectivas y desafíos para un campo en construcción. Buenos Aires: Paidós, 2007.

_____; LVOVICH, D. Historia reciente: apuntes sobre un campo de investigación en expansión. *Boletín del Instituto de Historia Argentina y Americana Dr. Emilio Ravignani*, n. 47, 2017, p. 190-217.

GONZÁLEZ, M. P. *La historia argentina reciente en la escuela*: saberes y prácticas docentes en torno a la última dictadura. Los Polvorines: Ed. UNGS, 2014.

_____. *La enseñanza de la historia en el siglo XXI*: saberes y prácticas. Los Polvorines: Ed. UNGS, 2018.

_____. Para una historia de la historia argentina reciente en la escuela: inclusiones, dilemas, transformaciones y desafíos (1979-2018). *Revista Avances del Cesor*, ISHIR-Conicet, v. 16 n. 21, 2019, p. 105-125.. Disponível em: <http://web2.rosario-conicet.gov.ar/ojs/index.php/AvancesCesor/index>. Acesso em: ago. 2022.

BOHOSLAVSKY, E.; FRANCO, M. Elementos para una historia de las violencias estatales en la Argentina en el siglo XX. *Boletín del Instituto de Historia Argentina y Americana Dr. Emilio Ravignani*, n. 53, 2020. Disponível em: <https://doi.org/10.34096/bol.rav.n53.8018>. Acesso em: set. 2022.

JAMES, D. (Dir.). *Violencia, proscripción y autoritarismo (1955-1976)*. Buenos Aires: Sudamericana, 2003. (Tomo IX: Nueva Historia Argentina).

JELIN, E. La política de la memoria: el movimiento de derechos humanos y la construcción democrática en la Argentin. In: AAVV. *Juicio, castigo y memorias*: derechos humanos y justicia en la política argentina. Buenos Aires: Nueva Visión, 1995.

_____. *Los trabajos de la memoria*. Buenos Aires: Siglo XXI, 2002.

LANZA, H. La propuesta oficial y la propuesta editorial para la enseñanza de la historia en la escuela media. In: LANZA, H.; FINOCCHIO, S. *Curriculum presente, ciencia ausente*. Buenos Aires: FLACSO-CIID-Miño y Dávila, 1993, p. 17-95 (Tomo III: La enseñanza de la historia en la Argentina de hoy).

LE GOFF, J. *¿Realmente es necesario cortar la historia en rebanadas?*. Buenos Aires: Fondo de Cultura Económica, 2016.

LEWKOWICZ, M.; RODRÍGUEZ, M. Historiografía académica e historia escolar: los libros de texto de historia entre dos centenarios. *História da Historiografia: International Journal of Theory and History of Historiography*, n. 20, 2016, p. 48-68.

MIGNONE, E. *Iglesia y ditadura: el papel de la Iglesia a la luz de sus relaciones con el régimen militar*. Buenos Aires: Ediciones del Pensamiento Nacional, 1986.

MONTERO, A. El objeto discursivo "dictadura cívico-militar" en la Argentina reciente: narrativas históricas y sentidos contemporáneos. *Crítica Contemporánea*, n. 6, 2016, p. 53-77.

NOVARO, M.; PALERMO, V. *La dictadura militar (1976/1983): del golpe de Estado a la restauración democrática*. Buenos Aires: Paidós, 2003.

OBERTI, A.; PITTALUGA, R. Apuntes para una discusión sobre la memoria y la política de los años 60/70 a partir de algunas intervenciones recientes. *Sociohistórica*, n. 38, 2016.

O'DONNELL, G. Democracia en la Argentina: micro y macro. In: OSZLAK, O. (Comp.). *Proceso, crisis y transición democrática*. Buenos Aires: CEAL, 1987.

PITTALUGA, R. Pasado reciente argentino: interrogaciones en torno a dos problemáticas. In: BOHOSLAVSKY, E. et al (Comp.) *Problemas de historia reciente del Cono Sur*. Buenos Aires: Prometeo-UNGS, 2010. t. I, p. 23-35.

RETA, M.; PESCADER, C. Representaciones del pasado reciente: análisis de los textos escolares de nivel medio. *Clío & Asociados: la historia enseñada*, n. 6, 2002, p. 50-70.

ROMERO, L. *Breve historia contemporánea de la Argentina*. Buenos Aires: Fondo de Cultura Económica, 1994.

_____. (Coord.). *La Argentina en la escuela*: la idea de nación en los textos escolares. Buenos Aires: Siglo XXI, 2004.

_____. *Breve historia contemporánea de la Argentina (1916-2010)*. Buenos Aires: Fondo de Cultura Económica, 2012.

SCHVARZER, J. *Martínez de Hoz: la lógica política de la política económica*. Buenos Aires: Cisea, 1983.

_____. *La industria que supimos conseguir*: una historia político-social de la industria argentina. Buenos Aires: Planeta, 1996.

SCHWARZSTEIN, D. *Una introducción al uso de la historia oral en el aula*. Buenos Aires: Fondo de Cultura Económica, 2001.

SIGAL, S. La polémica sobre el genocidio. *Revista Puentes*, La Plata, Comisión Provincial por la Memoria, v. 2, n. 5, 2001, p. 62-65.

SURIANO, J. (Dir.). *Dictadura y democracia (1976-2001)*. Buenos Aires: Sudamericana, 2005. t. X: Nueva Historia Argentina.

VERBITSKY, H.; BOHOSLAVSKY, J. *Cuentas pendientes*: los cómplices económicos de la dictadura. Buenos Aires: Siglo XXI, 2013.

VEZZETTI, H. *Pasado y presente*: guerra, dictadura y sociedad en la Argentina. Buenos Aires: Siglo XXI, 2002.

VILLARREAL, J. Los hilos sociales del poder. In: AAVV. *Crisis de la dictadura argentina*. Buenos Aires: Siglo XXI, 1985.

ZYSMAN, N. *De la subversión marxista al terrorismo de Estado*: representaciones de la última dictadura militar en las narrativas históricas de la escuela media argentina (1983-2009). Villa María (Córdoba): Eduvim, 2015.

Fontes

ME. Ministerio de Educación. *Núcleos de Aprendizajes Prioritarios. Ciencias Sociales. Ciclo básico de educación secundaria*. Buenos Aires: Publicaciones del Consejo Federal de Educación, 2011a.

_____. Ministerio de Educación. *Núcleos de Aprendizajes Prioritarios. Ciencias Sociales. Campo de formación general del ciclo orientado de educación secundaria*. Buenos Aires: Publicaciones del Consejo Federal de Educación, 2012.

MECYT. Ministerio de Educación, Ciencia y Tecnología. *Núcleos de Aprendizajes Prioritarios Ciencias Sociales. EGB/nivel medio 8/1 y 9/2 años*. Buenos Aires: Publicaciones del Consejo Federal de Educación, 2006.

PBA-DGCYE. Provincia de Buenos Aires, Dirección General de Cultura y Educación. *Programa de Definición del Diseño Curricular del Nivel Polimodal de Espacio Curricular Historia*. La Plata: Publicaciones de la DGCyE, 2005.

PBA-DGCYE. Provincia de Buenos Aires, Dirección General de Cultura y Educación. *Historia, 5to año*. Escuela Secundaria Orientada Ciclo Superior, Ciencias Sociales. La Plata: Publicaciones de la DGCyE, 2011.

_____. Provincia de Buenos Aires, Dirección General de Cultura y Educación. *Historia, 6to año*. Escuela Secundaria Orientada Ciclo Superior, Ciencias Sociales. La Plata: Publicaciones de la DGCyE, 2012.

Materiais didáticos

AIQUE. *Historia Argentina Contemporánea (1852-1999)*. M. Ernestina Alonso; Enrique Vázquez. Buenos Aires: Aique, 2000.

_____. *Historia argentina. 1976-2013. Proyectos de país en pugna: de la última dictadura cívico-militar al kirchnerismo.* M. Ernestina Alonso; Enrique Vázquez. Buenos Aires: Aique, 2013.

ESTRADA. *Historia 5ES: la segunda mitad del siglo XX*. María Inés Tato et al., 1. ed. San Isidro: Estrada, 2011.

KAPELUSZ. *Historia de la Argentina*. Mariana Pérez et al., 1. ed. Buenos Aires: Kapelusz, 2013.

MAIPUE. *Historia VI*: historia reciente en Argentina. Teresa Eggers-Brass. 1. ed. Buenos Aires: Maipue, 2012.

ME. Ministerio de Educación. Programa Educación y Memoria. *Pensar la dictadura*: terrorismo de Estado en Argentina. Problemas, respuestas y propuesta para su enseñanza. Buenos Aires: Publicaciones del Ministerio de Educación, 2010.

ME. Ministerio de Educación. Programa Educación y Memoria. *A treinta y cinco años del golpe, educación y memoria. Cuadernillo para secundaria.* Buenos Aires: Publicaciones del Ministerio de Educación, 2011b.

SANTILLANA. *Historia*: Argentina y el mundo: la segunda mitad del siglo XX. Saberes clave. Andrea Andújar et al. 1. ed., 2. reimp. Buenos Aires: Santillana, 2011.

_____. *Historia: Argentina y el mundo*: la segunda mitad del siglo XX: Nuevos Saberes clave. Andrea Andújar et al. 1. ed. Buenos Aires: Santillana, 2017.

11. O passado em sedimentos: currículo e cânone na narrativa histórica escolar – um ensaio de interpretação*

Mauro Cezar Coelho

Muro sem cimento, sobra sedimento.
Descomplica.
[Móveis Coloniais de Acaju, 2009]

1.

A epígrafe deste texto evoca um fenômeno natural – a sedimentação. Trata-se de processo de acumulação de substâncias minerais ou de origem orgânica, as quais vão se sobrepondo umas às outras, conformando camadas, submetidas à força da gravidade. É um tema importante dos estudos geológicos (Tucker, 2001; Klein; Philpotts, 2012.). Nessa área, ela é definida como:

> Deposição de material sob a forma sólida em condições físico-químicas normais da superfície terrestre. [...] A sedimentação pode realizar-se em meio aéreo ou aquoso. Inicia-se quando a força transportadora é sobrepujada pela da gravidade (sedimentos elásticos) ou quando a água se torna supersaturada de um dos solutos (sedimentos químicos) ou por atividade ou morte de organismos (sedimentos orgânicos, *stricto sensu*) [Instituto Brasileiro de Geografia e Estatística, 1999:170].

Não se preocupem, esse não é um estudo de geologia! A referência ao processo de sedimentação se dá pelo seu significado e pelo que ele engendra. Os processos de sedimentação, como aponta o excerto, ocorrem, entre outros fatores, pela força da gravidade. Nesses casos, as substâncias sobrepostas vão sendo

* A reflexão resulta do projeto Usos do Passado: História Pública, Ensino de História e Formação do Professor.

comprimidas, conformando camadas que guardam indícios do período no qual se constituíram. Não por acaso, há um campo de estudos – a sedimentologia – que analisa tais camadas com o objetivo de situar o passado geológico, pois, são os processos de sedimentação e o que eles suscitam que servem de metáfora ao ensaio de interpretação que proponho a seguir.

Há um tipo de rocha denominada sedimentar. Ela resulta de processos de acúmulos de minerais, submetidos à ação da gravidade. A enorme força gravitacional ocasiona a compressão e a compactação de imensos volumes de fragmentos de minérios transformando-os em rocha sedimentar. O contínuo processo de acúmulo e compressão de detritos ocasiona a superposição de camadas de rocha, cada uma delas testemunhando uma etapa da vida geológica do planeta. Fenômeno análogo ocorre com o currículo da história ensinada. Esse processo, provavelmente, ocorre nas demais disciplinas escolares. Parece-me, no entanto, que nelas os desdobramentos são de ordem diversa dos que aponto a seguir.

Encaminho, aqui, uma reflexão sobre o currículo editado pelos livros didáticos. Minha intenção é situar alguns pontos a serem considerados na discussão sobre o currículo da história ensinada na escola e seu cânone. Estou entre aqueles que reconhecem a existência de um cânone na narrativa didática histórica, o qual se concretiza de duas maneiras, pelo menos: na eleição de um conjunto de conteúdos e na adoção de uma dada abordagem. Ensaio uma interpretação adicional – esses conteúdos e essa abordagem são submetidos a um princípio canônico, segundo o qual o currículo da história ensinada na escola só pode conhecer acréscimos.

Tendo por base a narrativa didática acerca do passado colonial, exercito uma interpretação acerca do trato dispensado aos eventos/processos que constituem a narrativa didática. A opção pelo ensaio de interpretação se deve à natureza das conclusões que ofereço: de um lado, elas estão fundamentadas em uma longa experiência no trato com livros didáticos (como aluno, professor e pesquisador); de outro, elas se baseiam na análise de um corpo documental representativo, mas limitado, de modo que o modelo explicativo que ofereço aqui demanda aprofundamento e verificação, considerando-se um volume maior de dados.

2.

O período colonial tem lugar de destaque na produção historiográfica brasileira. A afirmação não pretende estabelecer uma hierarquia sobre a relevância dos *períodos* da história do Brasil na historiografia, mas apenas reconhecer que a experiência colonial configura um nicho importante da discussão historiográfica entre nós. Nos últimos 50 anos, o debate acerca dos modelos explicativos relativos à experiência colonial vem mobilizando historiadores dos dois lados do Atlântico, promovendo uma reflexão profícua com desdobramentos na produção historiográfica acerca de outros períodos (Florentino e Fragoso, 2001:25-41; Mariuti, Noguerol e Danieli Neto, 2001; Souza, 2008).

Desde a emergência da produção encaminhada pelo Instituto Histórico e Geográfico Brasileiro (IHGB) – centro a partir do qual se constituiu a historiografia brasileira –, a experiência colonial ocupa parte relevante da produção bibliográfica. Ela é objeto integral ou parcial de cinco obras seminais que a assumem como espaço de forja das matrizes a partir das quais a sociedade brasileira contemporânea emergiria. Adolpho Varnhagen, Capistrano de Abreu, Gilberto Freyre, Sérgio Buarque de Holanda e Caio Prado Júnior voltaram-se para o início do que consideraram ser a experiência brasileira, por perceberem nela a gênese de nossas singularidades.

A obra de Varnhagen é decisiva nesse contexto. Foi ela que promoveu a experiência portuguesa à categoria de matriz de nossa formação nacional. O passado colonial assumiu, em *História geral do Brasil* (HGB), a condição de tempo de formação do Brasil – uma "narrativa da nação" (Ribeiro 2015:271-408). Segundo Manoel Luís Salgado Guimarães, a preocupação com o passado colonial expressava o anseio pelo fortalecimento de vínculos entre Portugal e Brasil, de modo que este último deveria ser considerado "posto avançado da cultura portuguesa no Novo Mundo" (Guimarães, 2011:181-185). Em HGB, aquela aspiração se concretizava na formulação de uma história da colonização portuguesa, na qual a nacionalidade não apenas já se expressava, mas se encontrava latente na ação dos portugueses, assumidos como os pilares da civilização na construção do Brasil (Guimarães, 2011:202-221).

Capistrano de Abreu realizou movimento análogo ao considerar a experiência colonial como o tempo da formação do povo brasileiro. Em *Capítulos de história colonial* (Abreu, 1998), a colonização foi percebida como o espaço de emergência de um "povo novo". Para tanto, conforme José Carlos Reis, a narrativa adotada pelo autor cearense abordou o surgimento de um "homem novo", constituído a partir dos sertões (Reis, 1998:63-82). O passado colonial significaria, então, o momento de formação do Brasil, da constituição do brasileiro.

Gilberto Freyre, Caio Prado Júnior e Sérgio Buarque de Holanda voltaram-se para o passado colonial com o objetivo de perceber, nele, as origens dos institutos que fundamentavam a sociedade brasileira na qual estavam inseridos. O passado colonial foi tomado como o momento de estruturação das bases por sobre as quais o Brasil se constituíra (Freyre, 1996; Prado Júnior, 1994; Holanda, 1979). Carlos Guilherme Mota considera *Casa grande & senzala*, *Evolução política do Brasil* e *Raízes do Brasil*, juntamente com *História econômica do Brasil*, de Roberto Simonsen (1978), obras que demarcaram um redescobrimento do Brasil, por meio de parâmetros de análise originais, decorrentes do recurso a novos aportes conceituais (Mota, 1985:20-33). A colonização portuguesa emergiu dessas obras como o espaço de estruturação do patriarcado (constituído a partir das relações escravistas), do modelo econômico (calcado no lugar que a colônia assumiu na economia europeia] e da cultura política (baseada no personalismo herdado da cultura portuguesa).[1]

O período colonial configurou, pois, durante décadas, o espaço/tempo no qual perscrutaram-se as origens das instituições brasileiras. Os estudos iniciais, especialmente aqueles referidos por Mota, demarcaram de modo definitivo a produção historiográfica subsequente (Schwartz, 2009:175-216). Naquelas obras, em que pese a preocupação com o estabelecimento das origens do Brasil, é a herança europeia o que se valoriza. Isso é prontamente percebido na obra de Varnhagen, presente no trabalho de Capistrano e mantido nos três clássicos dos autores *modernos*. De uma forma ou de outra, o processo iniciado pelo IHGB, enfatizado pelas produções de Varnhagen e Capistrano e definido pelas contribuições de Freyre, Prado Júnior e Buarque de Holanda alimentam o *mito das três raças* – teria sido na *colônia* que se deu o encontro dos três elementos formadores, a partir do qual se forjou a nacionalidade brasileira – em que ficou estabelecida a primazia do branco e a subalternidade do índio e do negro (Da Matta, 1987:58-85).

1 Cf. Burke (1997:1-12); Lehmann (2008:369-385); Tavolaro (2017:411-438); Waizbort (2011, 39-62); Ferreira (2008:486-509); Leão e Carvalho (2008:539-548).

3.

A reflexão sobre o lugar que o passado colonial ocupa na gênese dos estudos históricos no Brasil foi o caminho escolhido para dar início ao enfrentamento de um tema espinhoso e delicado – o lugar do cânone no currículo da história ensinada. O tema é por demais complexo para ser esgotado nos limites de um único texto e com essas dimensões, de modo que ocupar-me-ei, aqui, com a indicação de algumas das muitas questões que concorrem para uma discussão que demanda desenvolvimento. Ele envolve a problematização da relação entre quatro instâncias, pelo menos: do saber histórico escolar e da produção historiográfica, de um lado, e dos objetivos da escola e da história como área do conhecimento, de outro.

A questão que nos colocamos é antecedida por outra: podemos falar de um cânone quando nos reportamos à história ensinada? Em princípio, sim. A categoria tem sido utilizada na concepção operada por Harold Bloom, ao tratar da produção literária ocidental (Bloom, 1995): se a noção de cânone abrange, conforme Maria E. Moreira, pelo menos dois aspectos, uma norma ou regra que impõe um modelo e a ideia de seleção, Bloom aponta que ele resulta da atuação de instituições "responsáveis por sua subsistência e manutenção" (Moreira, 2003:90). O cânone, então, se configura como uma seleção, voltada para o estabelecimento de um modelo, formulado e mantido por instituições interessadas, com vistas ao alcance de algumas funções, ainda segundo Moreira (2003:92-93): prover modelos e inspiração, transmitir uma herança, criar marcos de referência, legitimar teorias, oferecer uma perspectiva histórica e conformar uma noção de pluralidade.

Os estudos sobre a questão em âmbito escolar sugerem não apenas a existência de cânones como apontam, também, suas funções. Elio Chaves Flores (2006), em ensaio sobre o ensino de história da África, constata que, nos currículos de formação de professores de história, permanece soberano o cânone da mestiçagem. Este é percebido por ele em algumas das características da universidade: um compromisso com a manutenção da exclusão e com a conservação de uma perspectiva eurocêntrica. Tais predicados ficam particularmente evidentes diante do fato de que as demandas por inclusão de outras perspectivas, especialmente aquelas relativas à história da África, à cultura afro-brasileira e à história indígena decorreram da sociedade civil a partir de conquistas no plano jurídico (Pereira e

Silva, 2012). O cânone é percebido, também, na educação básica. Considerando a Constituição de 1988, a Lei de Diretrizes e Bases, de 1996, e os Parâmetros Curriculares Nacionais (PCNs), de 1998, Flores (2006:65-81) argumenta que, a despeito das alterações propostas no trato da história do Brasil, as hierarquias da cor são mantidas nas abordagens encaminhadas pelos instrumentos reguladores da educação. Marcelo de Souza Magalhães analisa a construção de um cânone republicano, na escrita da história escolar de João Ribeiro, na passagem do século XIX para o século seguinte. O cânone, aqui, é entendido como uma perspectiva – "a República é entendida como fruto do desenvolvimento das ideias democráticas". É, pois, a forma como o autor de *História do Brasil, curso superior* (Ribeiro, 1914) concebe o fato republicano que conforma o modo pelo qual essa fase da vida política brasileira é percebida em sua obra e nas obras didáticas subsequentes (Magalhães, 2011).

A noção de cânone indica, pois, que, no que tange à história ensinada, o cânone tem sido abordado como uma perspectiva. Nesse sentido, ele não é conformado apenas pelos autores mais acionados pelos manuais didáticos, como na análise de Suzete Bornatto sobre a seleção de escritores brasileiros em livros escolares de leitura (Bornato, 2014). O que informa as reflexões sobre o cânone, onde ele é mais estudado, como é o caso da crítica literária, é a constatação de uma postura que fundamenta a produção das obras. Tome-se, por exemplo, o estudo sobre como o cânone romântico participa da fundação de uma literatura percebida e identificada como nacional (Zilberman, 1997).

Ora, entendido como uma postura, no campo da história, o cânone é pensado não somente como um conjunto de eventos essenciais para a compreensão de um dado passado, mas como uma perspectiva que orienta o modo pelo qual esse mesmo passado é apreendido. A relação entre perspectiva e eventos está particularmente expressa no modo pelo qual a história ensinada se articula com o saber historiográfico: este último legitima a primeira, transformando uma perspectiva em saber referendado pela ciência. Assim, o modo pelo qual o passado é operado na escola encontra na produção historiográfica uma de suas instâncias de validação. Isso fica suficientemente claro quando levamos em conta que um dos critérios de avaliação estabelecido pelo Programa Nacional do Livro Didático (PNLD) é a atualização dos conteúdos, em acordo com o "desenvolvimento de cada área do conhecimento" (Ministério da Educação, 2008).

Sugiro, no entanto, que o cânone se manifesta, ainda, de outra forma: pela premissa de que o currículo de história deve ser conformado pela adição constante de novos eventos à medida que o tempo passa e, também, a produção historiográfica avança. Proponho, pois, que o currículo da história escolar evolui por um processo análogo ao de sedimentação, por meio do qual novos eventos são acrescidos à narrativa didática. Aditamentos sucessivos fazem com que os novos eventos adicionados à narrativa comprimam os existentes, de modo que eles nunca a abandonam, mas seguem sendo objeto de abordagens cada vez mais reduzidas, de modo que muitos dos elementos que constituíam a narrativa inicial são abandonados.[2]

Esse currículo sedimentar acaba por destacar a participação de poucos personagens, tornando a narrativa histórica em notícia da ação de certos sujeitos. Os processos históricos, segundo esse cânone, não são percebidos como resultantes da ação – tensa e conflituosa – de diversos agentes, mas como expressões da ação de uma única personagem. Essa postura canônica acaba por beneficiar uma perspectiva histórica calcada na valorização dos *grandes homens*, em detrimento da ação de outros agentes, perpetuando o paradigma da exclusão. Ele, sobretudo, se contrapõe à concretização das demandas da sociedade civil pela alteração do modo pelo qual a história do Brasil é percebida, conforme a legislação de caráter afirmativo (Brasil, 2003; 2004; 2008).

O caso da expedição de Martin Afonso é exemplar nesse sentido. Importa deixar claro que não se pretende, aqui, propor uma análise da produção historiográfica sobre esse evento, mas demonstrar o princípio da sedimentação expresso na narrativa editada pelos manuais didáticos. Inicialmente abordada como um processo composto por diversos eventos e do qual vários personagens tomavam parte, ainda que sob o tirocínio de Martin Afonso, a expedição passa a ser uma notícia: o início da colonização. Não obstante, mesmo com a compressão da narrativa e a retirada dos signos que fizeram dela o que foi, Martin Afonso permanece como o protagonista solitário, representando o ideal do grande homem, do demiurgo da história, do papel preponderante das elites e do protagonismo do homem branco. Para evidenciar o ponto que defendo, vejamos como a expedição é tratada pelo primeiro dos historiadores.

2 Sobre a narrativa histórica escolar nos livros didáticos, ver Rocha (2018).

4.

Situar o lugar de HGB é propósito que ultrapassa os limites deste texto. No entanto, importa dimensionar a perspectiva adotada por Varnhagen, em função de sua longevidade. Renilson Ribeiro, com sua análise, nos servirá de guia. Segundo ele, o autor sorocabano escreve uma história na qual o elemento português cumpre duplo papel: ele é o protagonista da história do Brasil e, também por isso, o condutor e a síntese da nacionalidade que se quer concretizada (Ribeiro, 2015:283-297). Não por acaso, então, a História do Brasil se conforma na narrativa da colonização portuguesa e, nela, do protagonismo português. São os personagens portugueses que não somente dão início à história do Brasil, com o "descobrimento do Brasil", mas também, por meio de seus caracteres, legam uma herança: a unidade, a importância do Estado e o protagonismo das elites (Ribeiro, 2015:297-313).

Daí que na narrativa proposta pelo ilustre sócio do IHGB verifica-se certo descompasso com a proposição de von Martius, para quem a história do Brasil deveria se conformar como a narrativa da fusão das três raças – "o branco português, o índio e o negro africano". Varnhagen concebeu uma história da nação na qual o elemento branco – o português, via de regra – é não apenas o protagonista como a personagem que movimenta as tramas da história. Indígenas, africanos e negros cumprem papel secundário, sendo a ausência sua principal função narrativa (Ribeiro, 2015:313-320). Quando acionados, os indígenas foram retratados como infensos ao patriotismo, desapegados da terra, selvagens para quem a "civilização" constituía uma cura e cuja única chance de reabilitação é a rendição à obra portuguesa. Os africanos e negros mereceram pouca atenção de Varnhagen. Ainda que contrário à escravidão, assumia que ela teria sido benéfica, por permitir-lhes uma aproximação com a "civilização"! No entanto, considerava sua herança nociva (Ribeiro, 2015:320-340).

Varnhagem promove, então, uma narrativa que destaca os feitos dos grandes homens que estabeleceram as bases do Império. Isso fica particularmente evidente quando se consideram as ações atribuídas aos atores da trama: os homens brancos portugueses e lusófilos são premiados com atributos positivos; os outros – africanos, indígenas, estrangeiros – recebem atributos negativos. Os portugueses são, pois, os heróis da narrativa. Suas ações, expressas no processo de colonização, conformam o enredo da trama. Martin Afonso é um exemplo.

Ele não apenas sintetiza o herói da história do Brasil como personifica o Estado. Suas ações representam o poder e a ordem que à "civilização" promovem (Ribeiro, 2015:340-348).

Vejamos, pois, como Varnhagen narra a expedição de Martin Afonso. Recorremos à edição organizada por Antonio Paim. Nela, Martin Afonso de Sousa surge na narrativa ao final da seção intitulada "Primeiro século (século XVI)", quando se inicia o trato das iniciativas de colonização, diante das ameaças representadas pelo elemento estrangeiro (Varnhagem, 2011:52) A expedição chefiada por ele é abordada na seção seguinte, "Resultados da expedição de Martin Afonso" (Varnhagem, 2011:70-92), por meio da descrição de sua trajetória e dos feitos de seu comandante. Quando consideramos a narrativa, levando em conta os atores da trama, constatamos que Martin Afonso não é apenas a personagem central – ele cumpre, solitário, a função de dar dinamicidade ao enredo. Ela compreende os seguintes personagens, Martin Afonso, Pero Lopes (seu irmão), Diogo Leite e João de Sousa (capitães a serviço de Martin Afonso), Diogo Álvares (português residente na baía de Todos os Santos, onde aliara-se à índia Paraguaçu), Diogo Dias (responsável por uma feitoria em Pernambuco), Pedro Anes (piloto e "língua dos índios"), Francisco de Chaves (bacharel português), Pero de Góis (sem identificação) e João Ramalho (colono português residente na região de São Vicente).

Os personagens são quase todos homens – a única exceção é Paraguaçu, mencionada por ser "aliada" de Diogo Álvares. Eles não cumprem a mesma função no texto. O número de vezes em que cada um é acionado é um indício: Martin Afonso – 16 vezes; Pero Lopes – 10 vezes; Diogo Álvares – quatro vezes; João Ramalho – duas vezes; Diogo Leite, João de Sousa, Paraguaçu, Diogo Dias, Pedro Anes, Francisco de Chaves e Pero de Góis – uma vez cada um. É, todavia, a ação que desempenham que indica sua importância na trama. Martin Afonso é o único personagem cujas ações movimentam a narrativa. Todos os outros ocupam papéis secundários. De um lado, há os que executam as ordens do protagonista, como é o caso de Pero Lopes, Diogo Leite, João de Sousa, Pedro Anes, Francisco Chaves, Pedro de Góis. De outro, estão os personagens cuja ação independe de Martin Afonso, mas sobre os quais ele exerce alguma inflexão, como se dá com Diogo Álvares e João Ramalho. Há personagens cuja menção tem o objetivo de identificar atores, lugares ou coisas – como Paraguaçu, que identifica a importância de Diogo Álvares, e Diogo Dias, que identifica uma embarcação.

Martin Afonso é o personagem que age em toda a trama. Ele avista, descobre, rende, resolve, manda, decide, experimenta, julga, encarrega, funda e assenta, para destacar algumas das ações que lhe são atribuídas. A conclusão da narrativa destaca o lugar que, nela, ele exerce:

> Enfim Martin Afonso não se descuidou da empresa confiada à sua solicitude, e que mais no-lo recomenda, e o há de recomendar à posteridade, que todos os outros seus feitos militares (apesar de mui brilhantes, de mais perecedoura memória) praticados nesse Oriente por que tanto se afanava. Enquanto no Brasil, não dava ele nem um dia de féria a seu cuidado. A Igreja, a casa da câmara, o estaleiro, as sesmarias, o tombo competente para estas, tudo o trazia ocupado – a tudo acudia. [...] De falta de atividade nem sequer na velhice foi acusado. O seu caráter, se tinha defeito, era antes o da viveza afanosa, e de alguma violência [Varnhagem, 2011:81-92].

A narrativa fundadora, pois, elege Martin Afonso como síntese do *grande homem*, do *herói nacional*: ele não somente guarda qualidades que o tornam tanto o agente histórico por excelência, pois são sua vontade e suas ações que inserem o espaço americano no mundo *civilizado*, mas que, também, o caracterizam como o modelo de cidadão a ser seguido. Ele encarna a vontade do Estado e a ela devota todo o seu empenho, de modo que a trajetória da expedição que comanda se confunde com o progresso da civilização na América. Não por acaso, ao final da narrativa, ao situar o estado de São Vicente e de Piratininga, Varnhagen constrói o seguinte juízo:

> Nestas poucas palavras se encerram os pontos capitais respectivos a qualquer sociedade constituída. Vemos as colônias e as suas competentes autoridades; vemos o reconhecimento das leis; vemos as práticas, assim do que respeita às consciências, pelas cerimônias dos sacrifícios religiosos, como ao estado social pela celebração dos matrimônios; vemos garantida a segurança individual e a propriedade, e sem valhacouto as tropelias e injúrias [Varnhagem, 201:81].

Martin Afonso e a expedição que comanda cumprem, pois, uma função na narrativa construída por Varnhagen. Sua inclusão na narrativa didática escolar, da mesma forma, implica a atribuição da importância do evento para o aprendizado promovido pela escola. Formar o cidadão, fomentar o amor à pátria, referendar a ordem e as hierarquias tem sido o objetivo da escola e, particularmente da história ensinada na escola. Vejamos, então, como essa narrativa lida com a expedição e como ela é sedimentada, ao longo do tempo.

5.

Martin Afonso e sua expedição não pontificam solitários na narrativa didática. Via de regra, eles assumem seu lugar no *palco* com a *peça* já em andamento! Eles constituem uma narrativa dentro da narrativa. Conforme apontam vários autores, o livro didático traça a trajetória do Ocidente, tendo a Europa como epicentro (Bittencourt, 1993; Ishibashi, 2004). É lá que a história assume seu sentido e é a partir dela que os demais espaços são *descobertos* e que ganham nova significação. Não obstante, é a trajetória brasileira o que nos interessa. Vejamos, pois, que narrativa os livros didáticos oferecem.

Considerar a narrativa didática e, nela, problematizar o cânone da história ensinada na escola implica a reflexão sobre, entre outros aspectos, a seleção de eventos e processos que conformam aquela narrativa. Tomemos, então, como ponto de partida, os eventos eleitos por ela ao longo do último século, levando em conta a obra de dois autores de livros didáticos: João Ribeiro e Borges Hermida. Suas obras, publicadas no decorrer do século XX, pautaram a formação de gerações de brasileiros e têm sido objeto de diversas pesquisas, em função de sua importância para o estudo da trajetória dos manuais didáticos em história.

João Ribeiro publicou *História do Brasil* no início do século passado. Voltado para o ensino secundário, seu livro tinha por objetivo propor uma análise aprofundada dos elementos que constituíram a nacionalidade brasileira (Gasparello, 2004; Silva, 2008). Borges Hermida publicou *Compêndio de história do Brasil* em 1968, também voltado para o ensino secundário e que conheceu mais de 50 edições (Brauna, 2013; Ferraro, 2013:67). As duas obras nos permitem perceber como alguns eventos e processos cristalizaram-se na narrativa oferecida pelos livros didáticos. Eles facultam, ainda, a anotação do processo de sedimentação a que me refiro.

Em ambas, a narrativa sobre a história do Brasil tem início com as grandes navegações. São o fato português e sua primazia os pontos de partida para a narrativa sobre a formação do Brasil e sua constituição como país e como nação. Os dois manuais didáticos coincidem, também, na eleição dos eventos que demarcam o passado colonial: o *descobrimento* (Ribeiro, 1914:33-48; Hermida, 1968:15-22), as primeiras explorações do território (Ribeiro, 1914:49-54; Hermida, 1968:40-46), as capitanias hereditárias (Ribeiro, 1914:69-83; Hermida, 1968:77-82), as três raças formadoras (Ribeiro, 1914:111-117; Hermida, 1968:51-73), o governo geral (Ribeiro, 1914:101-111; Hermida, 1968:84-90), os jesuítas (Ribeiro, 1914:118-121; Hermida, 1968:38-101), as invasões francesas (Ribeiro, 1914:136-158; Hermida, 1968:141-146), e holandesas, a ação bandeirante (Ribeiro, 1914:209-234; Hermida, 1968:122-127) e as revoltas coloniais (Ribeiro, 1914:276-284, 299-313 e 385-412; Hermida, 1968:165-170 e 172-175). Sessenta anos é o tempo que separa as duas obras,[3] e pouco mais de 50 a distância entre as duas edições utilizadas aqui. Esse intervalo, no entanto, não propõe alterações decisivas no roteiro da história do Brasil, no decorrer do passado colonial. As eventuais diferenças na abordagem não alteram o rol de eventos.

O que distingue uma obra da outra é a extensão e a densidade da narrativa: o trato do passado colonial ocupa 425, das 538 páginas no livro de João Ribeiro, e 182, das 340 páginas do livro de Borges Hermida. A razão possível para essa diferença é o espectro da história do Brasil que ambas as obras abarcam. Enquanto na de Ribeiro ele se estende à abolição e à proclamação da República, na de Hermida ele avança até às vésperas do golpe civil-militar de 1964. A diferença fundamental está expressa no rol de eventos e, por conseguinte, na densidade com que são abordados. Ao passo que a colonização compreende perto de 80% das páginas em João Ribeiro, ela perfaz pouco mais de 50% das páginas em Borges Hermida. Este último autor lida com uma gama maior de eventos, ocasionando o dimensionamento da atenção ao passado colonial, quando comparado ao espaço dispensado na obra de João Ribeiro.

Esse padrão entrevisto ao coligir dois livros didáticos publicados em um intervalo de cerca de 60 anos é reiterado, quando consideramos livros didáticos publicados recentemente, sob a égide de uma legislação educacional e de uma escola distintas daquelas para as quais aqueles livros foram concebidos. Isto não quer dizer que o livro didático não tenha sofrido mudanças, mas que, a despeito delas, o rol de eventos que dá sentido ao passado colonial permaneceu inalterado. Consideramos, então, 12 livros didáticos publicados no início do presente século

3 O manual de João Ribeiro é publicado pela primeira vez em 1900, e o de Borges Hermida, em 1962.

e aprovados pelo PNLD. Trata-se de uma produção submetida a um conjunto de critérios que tem por fim último a garantia dos objetivos educacionais previstos pela legislação e da qualidade, pautada, entre outros caracteres, na relação com o saber historiográfico.

A considerar os 12 livros, o passado colonial tem início com as grandes navegações. São elas que trazem à cena a América e seus habitantes, os povos indígenas. Apresentados uma e outros, é a colonização portuguesa que assume o centro da narrativa – as primeiras explorações, as capitanias hereditárias, o governo geral, as invasões francesa e holandesa, a ação bandeirante e as revoltas coloniais permanecem pontuando a narrativa. Senão vejamos.

Tabela 1
Eventos/tópicos presentes na narrativa do passado colonial

Evento/Tópico	Livros didáticos[4]											
	1	2	3	4	5	6	7	8	9	10	11	12
Grandes navegações	X	X	X	X	X	X	X	X	X	X	X	X
Primeiras explorações	X	X	X	X	X	X	X	X	X	X	X	X
Capitanias hereditárias[5]	X	X	X	X	X	X	X	X	X	X	X	X
Governo geral	X	X	X	X	X	X	X	X	X	X	X	X
As três raças												
Jesuítas		X	X		X	X		X	X	X	X	X
Invasões francesas	X	X	X		X				X			X
Invasões holandesas	X	X	X	X	X	X	X	X	X	X		X
Bandeirantes	X	X	X			X			X	X	X	X
Revoltas coloniais	X	X	X		X	X		X	X	X		

Fonte: Levantamento feito pelo autor.

4 Os números da linha subsequente correspondem a 1 (Rodrigue, 2001); 2 (Mello, 2006); 3 (Mozer e Telles, 2007); 4 (Apolinário, 2007); 5 (Boulos Júnior, 2009); 6 (Pellegrini; Dias; Grinberg, 2009); 7 (Apolinário, 2010); 8 (Braick, 2011); 9 (Rodrigue, 2012);10 (Pellegrini; Dias; Grinberg, 2012);11 (Campos; Claro; Dolhnikoff, 2012); 12 (Nemi; Barbora, 2012).

5 1 (Rodrigue, 2001; 2 laudas:192-193); 2 (Mello, 2006: 1 lauda:155); 3 (Mozer, 2007: 3 laudas:120-122); 4 (Apolinário, 2007: 2 laudas (compartilhada com as primeiras expedições):194-195); 5 (Boulos Júnior, 2009: 2 laudas (compartilhadas com as Primeiras expedições e o governo geral):235-237); 6 (Pellegrini; Dias; Grinberg, 2009: 1 lauda (compartilhada com o trato da mão de obra indígena):175); 7 (Apolinário, 2010: 1 lauda (compartilhada com o trato das primeiras explorações):192); 8 (Braick, 2011: 1 lauda:237); 9 (Rodrigue, 2012: 2 laudas (compartilhada com as primeiras expedições e o governo geral):174-175); 10 (Pellegrini; Dias; Grinberg, 2012: 1 lauda (compartilhada com o trato da mão de obra indígena):183); 11 (Campos; Claro; Dolhnikoff, 2012: 2 laudas:214-215); 12 (Nemi, 2012: 1 lauda:95).

Esses eventos não são abordados com a densidade dos dois livros situados anteriormente. Para que se tenha uma ideia da diferença, comparemos o espaço destinado às capitanias hereditárias naqueles livros e nos publicados recentemente. Adotaremos o número de páginas como valor, uma vez que nosso objetivo nessa parte do texto é situar o que chamamos de evolução por sedimentação, ou seja, o currículo da história escolar evolui por meio da inclusão de novos acontecimentos, o que acarreta a compressão dos que já compunham o currículo. A página não configura o valor ideal, pois alguns dos fatores que compõem a narrativa didática presente nos livros contemporâneos não eram comuns no decorrer de boa parte do século XX. De todo modo, a comparação sustenta o argumento aqui ensaiado. Pois bem, João Ribeiro e Borges Hermida abordam as capitanias hereditárias em 18 páginas e seis páginas, respectivamente. Se o tempo que separa as duas obras assistiu uma redução significativa no espaço dispensado ao tratamento do tema, o mesmo ocorreu com as obras publicadas cerca de 50 anos após a de Borges Hermida. As capitanias hereditárias ocupam alguns parágrafos em boa parte das obras, de modo que na maior parte dos livros, o tema é situado em uma lauda.

A diferença de espaço dispensado às capitanias hereditárias nos últimos 100 anos sugere, pois, que a sedimentação orienta e conforma o currículo da história ensinada. No início do século XX, um autor abordou-as em 18 páginas; 60 anos depois, outro autor o fez em seis páginas; no início do século XX elas ocupam uma lauda, ou pouco menos nas narrativas oferecidas pelos livros didáticos. À medida que o tempo avança, então, a narrativa didática incorpora novos acontecimentos, estendendo a narrativa e sedimentando os eventos anteriores, de modo que eles são comprimidos, recebendo a mínima atenção necessária. Não sendo abandonados, são abordados de modo que sua estrutura fundamental se mantenha. Isso significa que a narrativa didática da história do Brasil, canonizada pelo livro didático, não evolui em função das necessidades da escola e da historicidade de seus agentes. Ela vive de ajustamentos com vistas à incorporação de novos eventos. Por essa razão, mas não só essa, os eventos abordados por ela são sucessivamente comprimidos, ao longo do tempo, de modo a se poder acomodar os que são acrescidos.

Então, se o espectro temporal se expande, envolvendo novos acontecimentos, isso não significa uma revisão do currículo editado, com a seleção de conteúdos em função de sua finalidade pedagógica ou didática. O que se verifica é a simplificação da narrativa, com a manutenção dos fatores considerados essenciais: o que ocorreu, quando ocorreu, quem protagonizou e sua significação. A narrativa sobre a expedição de Martin Afonso é um exemplo.

6.

A expedição de Martin Afonso é tema antigo da narrativa didática. Ela está presente no *Lições de história do Brasil*, de Joaquim Manoel de Macedo, publicado em 1861. A expedição é situada como uma iniciativa da Coroa portuguesa para dar fim às investidas estrangeiras sobre seus territórios na América. Martin Afonso é o protagonista da ação e o herói que merece culto, conforme atesta o veredito de Macedo:

> Em 1533 Martin Affonso de Sousa tornou para Portugal, deixando a direção e governo da colonia de S. Vicente entregues a Gonçalo Monteiro; ele tinha repartido a gente que em sua expedição viera pelas duas colonias que acabava de fundar, e onde deixou officiaes nomeados, tudo em ordem de justiça, e garantidas, quanto o podião ser, as duas condições indispensáveis à qualquer sociedade, a segurança pessoal, e a de propriedade. O Brazil conservará com a mais justa gratidão a memoria de Martin Affonso de Souza, seo primeiro colonizador [Macedo, 1861:52, mantida a grafia original].

Macedo encaminha narrativa análoga à presente em HGB, de Varnhagen. A trama é a mesma: Martin Afonso perfila como o protagonista dos eventos, personificando o grande homem que submete o tempo e lhe atribui significado. No manual publicado por João Ribeiro, 40 anos depois, a perspectiva permanece inalterada. Ainda que a ênfase no heroísmo de Martin Afonso não se repita aqui, ele permanece o protagonista da história, de modo que os demais personagens orbitam em torno dele (Ribeiro, 1914:71-73). Borges Hermida oferece abordagem similar, mas destaca o compromisso do protagonista da expedição com a nação, pois mesmo depois dela "continuou prestando serviços a sua pátria" (Hermida, 1968:44-46).

Nos três casos reportados, a expedição de Martin Afonso ocupa algumas páginas (cinco páginas no livro de Macedo, três páginas no de Ribeiro e três páginas no de Herminda) e a narrativa dá conta de eventos, personagens e juízos.

Os feitos do protagonista, a condição dos povos indígenas e dos portugueses que aqui residiam, como Diogo Álvares e João Ramalho, são objeto de considerações sumárias, mas decisivas: os índios selvagens, a supremacia do homem branco e o marco civilizatório representado por S. Vicente e Piratininga expressam vaticínios não somente sobre o passado, mas acerca de instituições e desafios do presente. Esses princípios que orientam as narrativas construídas no final do século XIX e ao longo do século XX se mantêm na literatura didática publicada no limiar da presente centúria. A expedição de Martin Afonso é assumida como o marco inicial da ocupação portuguesa[6] e seu comandante é não somente o protagonista como o único personagem citado em quase todas as obras, à exceção de duas, independentemente do espaço que a narrativa ocupa em função da sedimentação.

Enquanto que nos séculos passados a expedição ocupava páginas dos manuais didáticos e, a despeito da abordagem adotada, a narrativa a situava como um processo no qual uma série de eventos demarcavam o início da colonização do Brasil e caracterizavam um de seus primeiros heróis, as narrativas construídas no presente século se esgotam em algumas linhas, nas quais Martin Afonso não é apenas o protagonista, mas o personagem solitário de uma notícia. Não é mais o processo de ocupação, nem a inserção do Estado na regulação das relações entre os povos europeus e indígenas na América e tampouco o exemplo do homem público o escopo da abordagem da expedição de Martin Afonso. É a notícia de um evento no qual alguns fatores são destacados, como a primeira exploração do litoral, a fundação da primeira vila e a inserção da primeira muda de cana-de-açúcar na América.

A transição das narrativas que ocupavam páginas para as que se esgotam em linhas não se deu em função de um redimensionamento do currículo, por meio do qual os conteúdos teriam sido selecionados e situados segundo demandas didático-pedagógicas. Se, nas narrativas anteriores, se percebe o objetivo claro de situar o grande herói, valorizar a herança portuguesa e engrandecer o papel do Estado e de seus agentes como os demiurgos da trajetória brasileira, excluindo personagens e recusando sua contribuição, nas atuais não se identifica o objetivo atribuído às notícias sobre a expedição. Isso se deve, sugiro, à forma pela qual

6 Cf.: Rodrigue (2001:190); Mello e Costa (2006:152); Apolinário (2007:194); Mozer e Telles (2007:115); Vicentino (2009:215; Boulos Júnior (2009:235; Pellegrini; Dias; Grinberg (2009:175; Apolinário (2010:192; Braick (2011:236); Rodrigues (2012:172); Boulos Júnior (2012:261); Pellegrini, Dias e Grinberg (2012:182); Cotrim (2012:132); Campos, Claro e Dolhnikoff (2012:200); Nemi e Barbora (2012:94).

o currículo proposto pelo livro didático se conforma: é a sedimentação, e não os propósitos didático-pedagógicos e as finalidades da Educação, o que parece orientá-lo.

A narrativa didática histórica, consubstanciada nos livros didáticos, parece evoluir por sedimentação. As demandas do ensino e da aprendizagem em história, segundo sugerem os dados colhidos neste ensaio, não orientam de modo decisivo as escolhas do currículo. A dinâmica de sua composição se mostra fundamentada no acúmulo e compressão de conteúdos que, por processos análogos ao que a gravidade imprime nas camadas do solo, vão sendo compactados à medida que o tempo avança. Processos e eventos que há algum tempo mereciam detalhamento não são abandonados, mas recebem atenção sumária. É como se apenas o registro de sua existência fosse necessário. Aconteceu...

Evidentemente que esse não é o único fator que orienta a construção da narrativa didática histórica. A cultura escolar, os processos de formação inicial e a produção historiográfica concorrem para sua conformação. Suspeito, no entanto, que todos eles contribuem para o delineamento de um currículo que só sofre acréscimos em função de dois fatores, especialmente: o que a produção historiográfica alcança, por um lado, e o que acontece, por outro. Pesquisas futuras podem e devem dimensionar o ensaio, apontando seus limites. De todo modo, as disputas recentes em torno do currículo de história sugerem que a discussão sobre ele demanda investimentos. Ela diz respeito não apenas ao que deve ser ensinado, mas às funções e possibilidades do saber histórico escolar para o desenvolvimento de crianças e adolescentes inseridos na educação básica.

7.

O argumento ensaiado aqui demanda aprofundamento e verificação. Ele se baseia na investigação feita em livros didáticos desde há alguns anos e no acompanhamento da discussão sobre os mesmos, seja aquela encaminhada pela produção historiográfica, seja a desenvolvida por pesquisas que oriento. A metáfora da sedimentação para pensar o currículo da história ensinada na escola e da narrativa editada pelos livros didáticos, segundo me parece, ajuda a pensar o lugar dos conteúdos nos processos de formação de crianças e adolescentes em função das demandas da escola e não da memória ou da historiografia.

Qualquer professor de história da educação básica e os pesquisadores que se situam na interface educação/história sabem dos ataques que a história conhece e vivencia no âmbito escolar há tempos! Recentemente, a consolidação do campo do ensino de história tem demonstrado a produtividade de pesquisas envolvendo pesquisadores professores da educação básica ou não, com vistas à potencialização dos processos de ensino/aprendizagem promovidos pelo saber histórico e sua importância para o desenvolvimento da capacidade cognitiva e da consciência cidadã de crianças e adolescentes.

As reflexões sobre os processos de aprendizagem que a história demanda e engendra têm sido fundamentais nessa caminhada. Mas elas encontram limites diante de um currículo que só conhece acréscimos e cujo tratamento enseja apenas o trato com a memorização. Durante pouco mais de um século, o estudo do passado colonial encaminhou a inserção dos estudantes na herança e na tradição que nos emprestava significado. A sucessão de eventos permitia perceber os nexos com a Europa e a contribuição dos europeus para a edificação do Brasil e sua inserção no mundo civilizado.

O trato dos marcos que emprestavam ao passado colonial seu significado era demarcado não somente pela descrição de um conjunto de eventos que situavam o descobrimento, as capitanias hereditárias, o governo geral, as entradas e bandeiras, a economia canavieira, a exploração do ouro, as revoltas colônias etc., mas pela proposição de juízos que indicavam a importância dos eventos, seus nexos com o presente no qual se encontrava o autor e a herança legada, personificada nos *grandes vultos* da história do Brasil. Se essa perspectiva foi abandonada em função das limitações que lhe são inerentes e, também, do avanço do conhecimento historiográfico, isso não resultou em narrativas didáticas que permitissem a contextualização, considerando a diversidade de eventos, sujeitos e os interesses e demandas que lhe são inerentes.

Não obstante, o passado colonial permanece sendo abordado nesses livros como o espaço/tempo da formação do Brasil. A sedimentação não oblitera a promoção de uma narrativa que privilegia a ação de certos personagens em detrimento de outros – ao contrário, ela propicia a cristalização da noção de que a história do Brasil é prerrogativa das elites, dos *grandes homens*, brancos, quase que sempre. Uma vez que os conteúdos se configuram como notícias sumárias dos eventos, os textos, via de regra, apresentam os eventos como resultado das ações de um único personagem, como é o caso da abordagem dispensada a Martin Afonso.

O currículo sedimentar, configurado na narrativa histórica oferecida pelos livros didáticos, impõe custos. A economia de espaço elide personagens, processos, conflitos, perspectivas, transformando a narrativa escolar em notícia que privilegia a memorização. As demais operações cognitivas que a história escolar enseja e que a escola deveria promover não têm espaço diante de uma postura mais preocupada em dar conta daquilo a que tradição manda guardar – quer se trate da história ou da memória! Não custa lembrar que história escolar está comprometida com a formação de crianças e adolescentes, e se o que se pretende é promover a *formação crítica*, segundo a qual os alunos se constituem em protagonistas do presente, discutir o currículo e suas implicações é caminho essencial, de modo a torná-lo afeito ao tempo da escola e das demandas do nosso presente!

Referências

ABREU, Capistrano de. *Capítulos de história colonial*. Brasília: Conselho Editorial do Senado Federal, 1998.

APOLINÁRIO, Maria Raquel (Ed.). *Projeto Araribá*: história. 7º ano. São Paulo: Moderna, 2007.

______. *Projeto Araribá*: história. 7º ano. São Paulo: Moderna, 2010.

BITTENCOURT, Circe Maria Fernandes. *Livro didático e conhecimento histórico*: uma história do saber escolar. Tese (doutorado em história) – Faculdade de Filosofia, Letras e Ciências Humanas, Universidade de São Paulo, São Paulo, 1993.

BLOOM, Harold. *O cânone ocidental*: os livros e a escola do tempo. Rio de Janeiro: Objetiva, 1995.

BORNATTO, Suzete de Paula. A seleção brasileira de escritores nos livros didáticos dos anos 70. *Educar em Revista*, Curitiba, n. 51, mar. 2014, p. 85-101.

BOULOS JÚNIOR, Alfredo. *História sociedade & cidadania*: 7º ano. São Paulo: FTD, 2009.

BRAICK, Patrícia Ramos. *Estudar história*: das origens do homem à era digital. São Paulo: Moderna, 2011.

BRASIL. Lei nº 10.639, de 9 de janeiro de 2003. Altera a Lei nº 9.394, de 20 de dezembro de 1996, que estabelece as diretrizes e bases da educação nacional, para incluir no currículo oficial da Rede de Ensino... *Diário Oficial [da] República Federativa do Brasil*, Casa Civil, Brasília, DF, 10 jan. 2003. Disponível em: <www.planalto.gov.br/ccivil_03/leis/2003/l10.639.htm>. Acesso em: 20 jun. 2022.

_____. Conselho Nacional de Educação. *Resolução CNE/CP nº 1/2004*, de 17 de junho de 2004. Diretrizes Curriculares Nacionais para a educação das relações étnico-raciais e para o ensino de história e cultura afro-brasileira e africana. 2004. Disponível em: <http://portal.mec.gov.br/cne/arquivos/pdf/res012004.pdf>. Acesso em: 20 jun. 2022.

_____. Lei nº 11.645, de 10 de março de 2008. Altera a Lei nº 9.394, de 20 de dezembro de 1996, modificada pela Lei nº 10.639, de 9 de janeiro de 2003, que estabelece as diretrizes e bases da educação nacional... *Diário Oficial [da] República Federativa do Brasil*, Casa Civil, Brasília, DF, 11 mar. 2008. Disponível: <www.planalto.gov.br/ccivil_03/_ato2007-2010/2008/lei/l11645.htm>. Acesso em: 20 jun. 2022.

BRAUNA, Diogo dos Santos. *O livro de história do Brasil de Borges Hermida*: uma trajetória de edições e ensino de história. Dissertação (mestrado em educação: história, política e sociedade) – Pontifícia Universidade Católica de São Paulo, São Paulo, 2013.

BURKE, Peter. Gilberto Freyre e a nova história. *Tempo Social*, São Paulo, v. 9 n. 2, out. 1997, p. 1-12.

CAMPOS, Flávio de; CLARO, Regina; DOLHNIKOFF, Miriam. *História nos dias de hoje*: 7º ano. São Paulo: Leya, 2012.

COTRIM, Gilberto. *Saber e fazer história*: 7º ano. São Paulo: Saraiva, 2012.

DA MATTA, Roberto. *Relativizando*: uma introdução à antropologia social. Rio de Janeiro: Rocco, 1987.

FERRARO, Juliana Ricarte. *Entre textos e imagens*: o compêndio de história do Brasil de Borges Hermida (1962-1975). Tese (doutorado em educação) – Programa de Pós-Graduação em Educação, Faculdade de Educação, Universidade de São Paulo, São Paulo, 2013.

FERREIRA, Bernardo. Do Brasil colônia de ontem ao Brasil nação de amanhã: revolução da independência e história do Brasil em Caio Prado Jr. *Dados*, Rio de Janeiro, v. 51, n. 2, 2008, p. 489-509.

FLORENTINO, Manolo; FRAGOSO, João. *O arcaísmo como projeto*: mercado atlântico, sociedade agrária e elite mercantil em uma economia colonial tardia. Rio de Janeiro: Civilização Brasileira, 2001.

FLORES, Elio Chaves. Etnicidade e ensino de História: a matriz cultural africana. *Tempo*, Niterói, v. 11, n. 21, jun. 2006, p. 65-81.

FREYRE, Gilberto. *Casa grande & senzala*: formação da família brasileira sob o regime da economia patriarcal. Rio de Janeiro: Record, 1996.

GASPARELLO, Arlette Medeiros. Invenção e continuidade: a história do Brasil de João Ribeiro. In: SEMINÁRIO BRASILEIRO SOBRE LIVRO E HISTÓRIA EDITORIAL, I., 8-11 nov. 2004, Rio de Janeiro. *Anais*... Rio de Janeiro: Casa Rui Barbosa, 2004.

GUIMARÃES, Manoel Luis Salgado. *História e historiografia da nação*: 1838-1857. Rio de Janeiro: Eduerj, 2011.

HERMIDA, Antônio José Borges Hermida. *Compêndio de história do Brasil*. 5. ed. São Paulo: Companhia Editora Nacional, 1968.

HOLANDA, Sérgio Buarque de. *Raízes do Brasil*. Rio de Janeiro: José Olympio, 1979.

INSTITUTO BRASILEIRO DE GEOGRAFIA E ESTATÍSTICA (IBGE). *Glossário geológico*. Rio de Janeiro: IBGE, 1999.

ISHIBASHI, Isao. *Um estudo comparativo do conteúdo didático da disciplina de história geral do ensino médio brasileiro e japonês*. Tese (doutorado em história) – Programa de Pós-Graduação em História, Pontifícia Universidade Católica do Rio Grande do Sul. Porto Alegre, 2004.

KLEIN, Cornelis; PHILPOTTS, Anthony. *Earth materials*: introduction to mineralogy and petrology. Cambridge: Cambridge University Press, 2012.

LEAO, Igor Zanoni Constant Carneiro; CARVALHO, Anna Luiza Barbosa Dias de. Uma introdução à história econômica. *Economia e Sociedade*, Campinas, v. 17, n. 3, dez. 2008, p. 539-548.

LEHMNN, David. Gilberto Freyre: a reavaliação prossegue. *Horizontes antropológicos*, Porto Alegre, ano 14, n. 29, jan./jun. 2008, p. 369-385.

MACEDO, Joaquim Manoel de. *Lições de história do Brazil*: para uso dos alumnos do Imperial Collegio de Pedro Segundo. Rio de Janeiro: Typ. Imparcial de J. M. N. Garcia, 1861.

MAGALHÃES, Marcelo de Souza. A construção de um cânone republicano: a escrita da história escolar na virada do século XIX para o XX. *Anais do XXVI Simpósio Nacional de História – Anpuh*. São Paulo: Anpuh, jul. 2011.

MARIUTI, Eduardo Barros; NOGUEROL, Luis Paulo Ferreira; DANIELI NETO, Mário. Mercado interno colonial e grau de autonomia: críticas às propostas de João Luís Fragoso e Manolo Florentino. *Estudos Econômicos*, São Paulo, v. 31, n. 2, abr./jun. 2001, p. 369-393.

MELLO, Leonel Itaussu de A.; COSTA, Luís César A. *Construindo consciências*: histórias. 6ª série. São Paulo: Scipione, 2006.

MINISTÉRIO DA EDUCAÇÃO. *Edital de convocação para inscrição no processo de avaliação e seleção de obras didáticas a serem incluídas no Guia de Livros Didáticos para os Anos Finais do Ensino Fundamental*. PNLD/2008. Brasília, DF: Ministério da Educação, 2008.

MOREIRA, Maria Eunice. Cânone e cânones: um plural singular. *Letras*, Santa Maria, n. 26, 2003, p. 89-94.

MOTA, Carlos Guilherme. *Ideologia da cultura brasileira (1933-1974)*. São Paulo: Ática, 1985.

MÓVEIS COLONIAIS DE ACAJU. Descomplica. In: MÓVEIS COLONIAIS DE ACAJU. *C_mpl_te*. 2009. Disponível em: <www.vagalume.com.br/moveis-coloniais-de-acaju/descomplica.html>. Acesso em: 20 mai. 2022.

MOZER, Sônia; TELLES, Vera. *Descobrindo a história. Brasil*: colônia. 5ª série. São Paulo: Ática, 2007.

NEMI, Ana Lúcia L.; BARBORA, Muryatan Santana. *Para viver juntos*: história. 7º ano. São Paulo: Ed. SM, 2012.

PELLEGRINI, Marco César; DIAS, Adriana Machado; GRINBERG, Keila. *Vontade de saber história*: 7º ano. São Paulo: FTD, 2009.

_____; _____, _____. *Vontade de saber história*: 7º ano. São Paulo: FTD, 2012.

PEREIRA, Márcia Moreira; SILVA, Maurício. Percurso da Lei 10.639/03: antecedentes e desdobramentos. *Linguagens & Cidadania*, Santa Maria, v. 14, jan./dez. 2012, p. 1-12.

PRADO JÚNIOR, Caio. *Evolução política do Brasil*: colônia e império. São Paulo: Brasiliense, 1994.

REIS, José Carlos. Capistrano de Abreu: o surgimento de um povo novo: o povo brasileiro. *Revista de História*, São Paulo, n. 138,1 sem. 1998 [1907], p. 63-82.

RIBEIRO, João. *História do Brasil*: Curso Superior (Adoptado no Gymnasio Nacional). 5. ed. rev. e melhorada. Rio de Janeiro: Francisco Alves, 1914.

RIBEIRO, Renilson Rosa. *O Brasil inventado pelo visconde de Porto Seguro*: Francisco Adolfo Varnhagen, o Instituto Histórico e Geográfico Brasileiro e a construção a ideia de Brasil colônia no Brasil império – 1838-1860. Cuiabá: Entrelinhas, 2015.

ROCHA, Helenice A. Bastos. Desafios presentes nos livros didáticos de história: narrar o que ainda está acontecendo. *Revista História Hoje*, São Paulo, v. 7, n. 14, jul./dez. 2018, p. 86-106.

RODRIGUE, Joelza Ester. *História em documento*: imagem e texto. 6ª série. São Paulo: FTD, 2001.

_____. *História em documento*: imagem e texto. 7º ano. São Paulo: FTD, 2012.

SCHWARTZ, Stuart. A historiografia dos primeiros tempos do Brasil moderno: tendências e desafios das duas últimas décadas. *História: Questões & Debates*, Curitiba, n. 50, jan./jun. 2009, p. 175-216.

SILVA, Roberto Candido da. *O polígrafo interessado*: João Ribeiro e a construção da brasilidade. Dissertação (mestrado em história) – Faculdade de Filosofia, Letras e Ciências Humanas, Universidade de São Paulo, São Paulo, 2008.

SIMONSEN, Roberto C. *História econômica do Brasil (1500-1820)*. São Paulo: Companhia Editora Nacional, 1978.

SOUZA, João Paulo A. de. Entre o sentido da colonização e o arcaísmo como projeto: a superação de um dilema através do conceito de capital escravista--mercantil. *Estudos Econômicos*, São Paulo, v. 38, n. 1, mar. 2008, p. 173-203

TAVOLARO, Sergio B. F. Gilberto Freyre e o tempo-espaço brasileiro: uma crítica ao cronótopo da modernidade. *Sociedade e Estado*, Brasília, DF, v. 32, n. 2, ago. 2017, p. 411-438.

TUCKER, Maurice E. *Sedimentary petrology*. Oxford: Blackwell Publishing, 2001.

VARNHAGEN, Francisco Adolfo. *História geral do Brasil*. Org. Antonio Paim. [S.l.]: Centro de Documentação do Pensamento Brasileiro, 2011.

VICENTINO, Cláudio. *Projeto Radix*: história. 7º ano. São Paulo: Scipione, 2009.

WAIZBORT, Leopoldo. O mal-entendido da democracia: Sergio Buarque de Hollanda, Raízes do Brasil, 1936. *Revista Brasileira de Ciências Sociais*, São Paulo, v. 26, n. 76, jun. 2011, p. 39-62.

ZILBERMAN, Regina. História literária romântica e o nacionalismo enquanto cânone. *Scripta*, Belo Horizonte, v. 1, n. 1, 2. sem. 1997, p. 103-114.

12. Independência para quem? Espaços de (re)existência na Pequena África

Ana Maria Monteiro
Rafaela Albergaria Mello
Thays Merolla Piubel
Adriana Soares Ralejo

És carioca da gema / Digna de um poema / Ó Praça Onze / Eterna capital / Do nosso samba brasileiro / Tradição do carnaval.
[Praça Onze, Carioca da Gema – Salgueiro, 1970]

Por que um vídeo sobre a Pequena África no Bicentenário da Independência?

Em 2020, em plena pandemia da Covid-19, que inaugurou tempos inéditos que afetaram e afetam nosso cotidiano, e a atividade docente em particular, professores e professoras foram convocados a pensar em aulas significativas, com o uso das mídias digitais, que despertassem o interesse e possibilitassem aprendizagens pelos estudantes nesse novo contexto.

Respondendo ao desafio do projeto "História para Você",[1] nosso objetivo inicial foi produzir um material audiovisual que pudesse ser usado nas salas de aula remotas e presenciais em todo o país, sem deixar de trazer debates e questões pertinentes para pensar a história do Brasil junto a uma camada mais ampla da sociedade.

---

1 A iniciativa de desenvolver o material audiovisual surgiu no âmbito do projeto "História para Você", apresentado pelo grupo de pesquisa interinstitucional Oficinas de História, atualmente coordenado por Helenice Rocha (Uerj) e Marcelo Magalhães (Unirio), do qual Ana Maria Monteiro participa como pesquisadora. Este projeto, que tem financiamento da Faperj no âmbito do Edital Faperj nº E-26/010.02220/2019, projeto "Usos do passado: história pública, ensino de história e formação do professor", tem por objetivo a produção de vídeos e *podcasts*, focalizou, inicialmente, a temática da independência em uma acepção polissêmica e plural.

Na pandemia, professores continuaram a trabalhar de forma remota e foram desafiados a se adaptar, em pouquíssimo tempo, ao uso de tecnologias, ferramentas digitais, comunicação virtual, aulas síncronas e assíncronas, além de pensar o acesso à educação de quem não tinha acesso à internet. Os professores foram instados a incorporar e produzir materiais didáticos, inclusive audiovisuais, em sua prática profissional.

Nesse sentido, o YouTube se afirmou ainda mais como espaço virtual educativo. No âmbito educacional, essas produções audiovisuais têm se disseminado em diferentes esferas: videoaulas voltadas para concursos; vídeos de formação de professores; conteúdos para as disciplinas escolares; cursos para o Enem etc.

Considerando o cenário atual para a ciência em geral e a história especificamente, o qual é marcado por negacionismos e revisionismos sobre importantes questões de nossa história – como a escravidão, o racismo e a ditadura civil-militar –, as mídias digitais têm tido importante papel em disseminar ou silenciar determinadas visões nesse contexto de disputas narrativas.

Alguns canais chegam a ter milhões de visualizações e inscrições, ganhando força e recursos em um momento de propagação de ideias conservadoras e reacionárias no âmbito do atual governo brasileiro. Como disputar espaço, público, mentes e corações?

Nosso esforço na produção do vídeo enquanto professoras e pesquisadoras do ensino de história foi buscar produzir um material que ampliasse os horizontes democráticos ao trazer sujeitos e espaços que, ainda que nomeados e materializados em praça pública, têm suas trajetórias e histórias silenciadas. Nesse sentido, nos interessou produzir um vídeo que se posicionasse nas disputas narrativas visando paralelamente ao público escolar e ao público mais amplo, buscando valorizar o conhecimento histórico em uma linguagem acessível, com o apelo audiovisual das imagens e das músicas.

A proximidade das comemorações do bicentenário da independência em 2022 nos motivou a pensar uma proposta que abordasse esse tema em perspectiva crítica e temporalmente ampliada e, nesse sentido, direcionamos a atenção às populações para as quais esse ato político não teve efeitos imediatos que resultassem em mudanças nas suas condições de vida, especialmente a população negra, que no período em tela estava sendo majoritariamente escravizada e que, mesmo no contexto pós-abolição de 1888, permaneceu sem acesso a políticas públicas de reparação socioeconômica e vivenciando a permanência do racismo no tempo presente.

Assim, o vídeo *"Independência para quem? Espaços de (re)existência na Pequena África"*[2] é um material didático que, para além da escola, está disponível a um público mais amplo e que possui uma finalidade educativa a partir das escolhas discursivas, iconográficas e audiovisuais que foram realizadas ao narrar independências invisibilizadas na história do Brasil.

O título escolhido, *"Independência para quem?"*, problematiza o significado do "7 de setembro", data que oficialmente foi definida para marcar e celebrar a independência política do Brasil ocorrida em 1822, independência esta realizada pelo herdeiro do trono português de forma a manter a estrutura econômica e social da ex-colônia e, portanto, mantendo o sistema escravista como base da força de trabalho e da economia. Utilizamos a expressão "espaços (re)existência" em um jogo de palavras de forma a demarcar as histórias de resistência que são evocadas nos monumentos e edificações que foram escolhidas para compor o vídeo e que remetem ao espírito da Pequena África e da Praça Onze, que apesar de não existirem mais como antigamente (figura 2), resistem e existem novamente ao serem narradas. O nome "Pequena África" destaca como esta região se constituiu como espaço de habitação de ex-escravizados, no século XIX e no pós-abolição, juntamente com imigrantes judeus, portugueses, espanhóis, italianos, sírio-libaneses que ali também buscavam um lugar para viver (Ribeiro, 2008).

Essa região, no centro da cidade do Rio de Janeiro, recebeu a denominação de Praça Onze, no final do século XIX, para rememorar a vitória na batalha do Riachuelo, ocorrida em 11 de junho de 1865 durante a Guerra do Paraguai. Atualmente, é uma área cortada por avenidas e pela passagem de muitos carros e ônibus. Sua memória como Pequena África ficou invisibilizada com as reformas urbanas, principalmente aquela realizada no final da década de 1930, para a construção da avenida Presidente Vargas.

---

2 O vídeo encontra-se disponível no Canal do YouTube "Oficinas de História" ou por meio do *link* <www.youtube.com/watch?v=Pr8W_Ygr7Ow>. Acesso em: set. 2022.

Praça Onze ou Pequena África? Memórias entrecruzadas

Figura 1

Cartografia da antiga Praça Onze

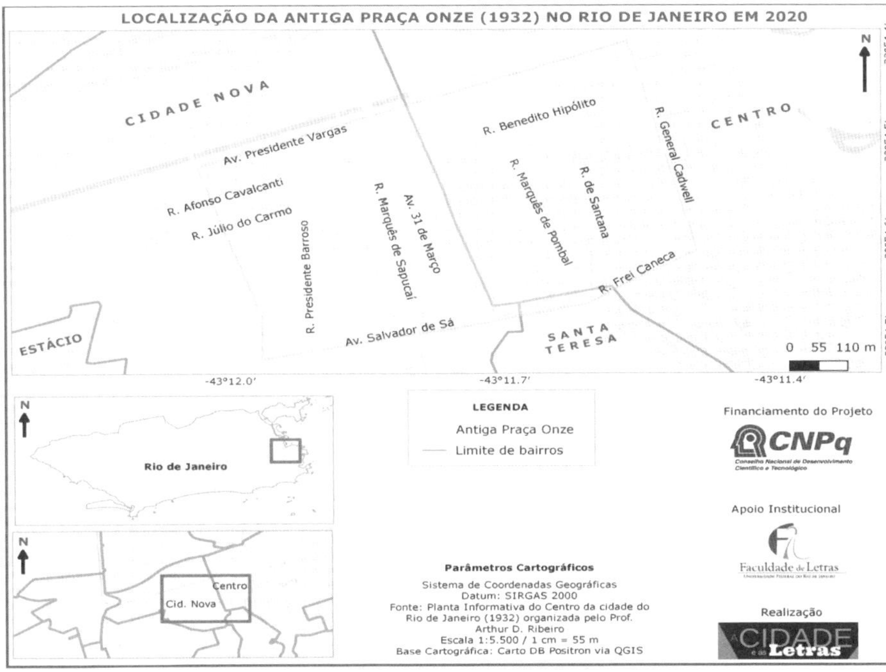

Fonte: Cartografia realizada pelo geógrafo Luiz Henrique Gusmão (Belém, PA).

O vídeo que desenvolvemos atravessa camadas da história da cidade do Rio de Janeiro. Assim, a antiga Praça Onze era parte da Pequena África, nome cunhado por Roberto Moura (1995) inspirado por uma declaração de Heitor dos Prazeres, pintor e compositor, de que essa região central da cidade era, no início do século XX, uma África em miniatura (Simas, 2016), reunindo práticas da cultura afro-brasileira, como música, danças, culinária, crenças e religião. A antiga Praça Onze era limitada pelas ruas Senador Euzébio, Santana, Marquês de Pombal e Visconde de Itaúna. Nesta última se localizava a casa de Tia Ciata, no número 117.

No início do século XX, o Brasil vivia um novo momento de modernização, e a cidade do Rio de Janeiro, capital da República, recebia reformas de cunho sanitário e higiênico. A capital federal estava sendo reformada e as elites tentavam apagar o passado colonial. Com as mudanças urbanísticas[3], parte da população pobre, incluindo muitos negros e ex-escravizados, foi expulsa das zonas centrais das freguesias da Candelária, Sacramento, Santa Rita e São José. Eles migraram para os cortiços e estalagens próximos à Praça Onze.

No Rio de Janeiro vivia o maior contingente de negros e mulatos do Sudeste pelo censo de 1890, e a cidade também recebia muitos imigrantes internos, vindo de todas as regiões do país. A República tinha como um dos projetos principais a transformação desses homens e mulheres em trabalhadores da nação, em cidadãos "úteis" para a sociedade (Mattos, 2008). Desse modo, práticas relacionadas à cultura negra eram perseguidas e criminalizadas. Nessa época, o espaço da comunidade negra (fundiário, político, social e simbólico) era extremamente restringido. Por isso, a comunidade negra vai encontrar nas casas das "tias" um espaço de confraternização, de sociabilidade, de lazer, discussões e lutas.

Mônica Pimenta Velloso (1990) considera que a casa da Tia Ciata era "um exemplo de resistência cultural". Uma mulher negra, sem cidadania, marginalizada pela sociedade por sua cor, cria uma rede informal de sociabilidade, dribla o sistema criado na época para os populares.

Em outra reforma urbana, essa na década de 1930, na gestão municipal de Henrique Dodsworth (1937-1945) (Silva, 2017), a região da Praça Onze foi remodelada, com a abertura da avenida Presidente Vargas. Assim, centenas de casas e dezenas de ruas daquela região desapareceram do mapa da cidade do Rio de Janeiro. Porém, a Praça Onze, hoje, permanece na memória, nas músicas, na estação de metrô e como local do monumento a Zumbi. A materialidade da presença da Praça Onze se faz nesses espaços construídos muito tempo após o fim dela. Hoje se constitui como um local de manifestações políticas, culturais e religiosas. Um lugar de luta, de união, de respeito.

Camadas de tempo se sobrepõem ali, tendo o monumento a Zumbi dos Palmares, a Escola Municipal Tia Ciata e o Sambódromo como referências de patrimônio muito importantes da história do Rio de Janeiro e do Brasil mas, para muitos, desconhecido, apagado com as reformas urbanas. Espaços de resistência frente às perseguições sofridas, constituiu-se em espaço de (re)existência, afirmação e criação cultural da população negra.

3 No período da *belle époque*, as ideias de higienizar, limpar e manter a capital federal em ordem estavam inseridas no plano de governo do então presidente da República, Rodrigues Alves. O Rio de Janeiro apresentava-se como a capital e como um polo irradiador da ordem. A capital republicana tinha de servir de exemplo, de modelo para as demais cidades do Brasil (Chalhoub, 2001; Carvalho, 2004; Ferreira, 2006).

Figura 2
Praça 11 de Junho

Fonte: Augusto Malta [c. 1920]. Acervo Instituto Moreira Salles.

E aqui estamos pensando "patrimônio" em um sentido ampliado, que tem em conta a importância para a vida social, a história, as memórias e identidades da população e que não passa necessariamente pelo reconhecimento institucional do tombamento, ainda que façamos a defesa de sua importância para a proteção e conservação do bem cultural. Entre os três monumentos e edificações que abordamos, apenas o Sambódromo é reconhecido institucionalmente como patrimônio material pelo Instituto Estadual do Patrimônio Cultural (Inepac) e pelo Instituto do Patrimônio Histórico e Artístico Nacional (Iphan).

Ricardo Oriá (2018:36-37), focalizando a questão dos monumentos, defende que estes são formas de amplificar a história para grandes audiências e que contribuem para forjar a ideia de identidade e da nação brasileira. O autor busca compreender as escolhas e as edificações de monumentos na história do nosso país e afirma que a estátua de D. Pedro I, localizada na Praça Tiradentes, no centro da cidade do Rio de Janeiro, foi o primeiro projeto de um monumento no país em 1825 e que sua construção, com a inauguração no aniversário de 40 anos da independência, evidencia quais celebrações e memórias são legitimadas.

Percebemos que o fato de a primeira estátua no Brasil ter sido criada para homenagear D. Pedro I evidencia a importância a ele atribuída como herói da independência, ideia enraizada por meio do uso da história pública, com a própria estátua e o quadro de Pedro Américo (1888).[4] Essa narrativa sobre o grito heroico do então príncipe regente nas margens do rio Ipiranga foi desenvolvida ao longo do último século e sua valorização construiu a ideia de que o processo de independência beneficiava a sociedade como um todo, mas omitia a manutenção da escravidão no Brasil, do *status quo* e de sistemas de opressão, forjando uma história excludente que valorizava apenas a vertente europeia de nossas raízes.

Segundo a historiadora Hebe Mattos:

> O Brasil, tornado nação independente no século XIX, precisou forjar sua comunidade imaginada a partir de uma população, étnica, linguística e culturalmente heterogênea. Nascidos no Brasil, escravos e livres – de descendência europeia, indígena ou africana – somavam-se a multidões de imigrantes europeus de diferentes nacionalidades, em especial portugueses, africanos de diferentes origens e línguas, indígenas de diferentes nações, descidos como administrados ou escravizados em guerras justas, que disputaram desde então o significado de ser brasileiro [Mattos, 2003:130].

Em acordo com a autora, entendemos que não existe uma identidade brasileira *a priori* e cristalizada, e sim sentidos que são socialmente disputados, por vezes se homogeneízam, sentidos mais excludentes, por exemplo, uma valorização exacerbada da herança colonial europeia, e por vezes sentidos mais democráticos, como uma identidade plural e formada por diferentes matrizes culturais.

Nos contrapondo à narrativa oficial, buscamos tecer novos fios de memória na sociedade brasileira em relação aos diferentes sujeitos que formaram e formam nossa identidade enquanto nação. Nesse sentido, as escolhas dos espaços e monumentos que compõem o vídeo foram fundamentais para contar a história que queríamos, tendo sido construídas no fazimento.

Ao longo da produção do vídeo, foi possível compreender que os espaços e monumentos que selecionamos expressam também mais uma camada de tem-

---

4 Eduardo Morettin (2000) destaca que a pintura histórica, estilo de representação artística, foi defendida e amparada pela Academia Imperial de Belas Artes. A realidade inspirava os artistas, mas eles não se tornavam escravos desta. Os quadros históricos realizados por Vitor Meirelles e Pedro Américo se tornaram referências não somente para as artes, mas para a história também.

poralidade, além da historicidade dos próprios sujeitos como Tia Ciata e Zumbi dos Palmares: o período da década de 1980, durante o qual ocorreu o processo da redemocratização brasileira e o fim do regime militar. Neste espaço-tempo a Escola Municipal Tia Ciata (1983), a Passarela Professor Darcy Ribeiro – o Sambódromo – (1984) e o monumento a Zumbi dos Palmares (1986) foram construídos, na cidade do Rio de Janeiro, durante o governo de Leonel Brizola, e de Darcy Ribeiro como vice-governador (1983-1986), do estado do Rio de Janeiro.

Sem dúvida, esse apoio institucional foi fundamental para o desenvolvimento de projetos culturais e educacionais importantes para o estado Rio de Janeiro, tais como a construção dos Centros Integrados de Educação Pública (Cieps). Contudo, não podemos deixar de mencionar o protagonismo do movimento negro na história brasileira, focalizando especialmente esse momento da redemocratização, demandando a valorização de personagens históricos negros e "[...] ações de patrimonialização da herança negra [...]" (Chuva, 2020:8), como a construção do Monumento à Zumbi dos Palmares e o tombamento da Pedra do Sal.

No campo educacional, a Escola Municipal Tia Ciata, que funcionava anteriormente no Sambódromo, tinha como público-alvo crianças e jovens moradores de rua e das favelas do entorno com distorção idade/série. A ideia era combater a falácia do "fracasso escolar" como responsabilização individual e tentar contorná-lo com um projeto político-pedagógico considerando a cultura desses jovens. Ou seja, ao mesmo tempo que a escola é nomeada em homenagem à uma mulher negra, é espaço de uma prática educacional inovadora voltada para a população socialmente marginalizada.

Em acordo com Sônia Miranda e Lana Siman (2013), entendemos que:

> A cidade ancora a vida de cada um no tempo presente em sua multiplicidade de percepções simultâneas. Ademais, cidades trazem em si, cada realidade singular, marcas de experiências passadas, em diversas camadas de tempo que se atravessam [Miranda e Siman, 2013:16].

Portanto, nossa narrativa audiovisual procurou evidenciar, seja no patrimônio material ou imaterial, como as práticas, os monumentos, os sujeitos e as manifestações culturais animam a Pequena África em toda a sua potência e insurgência no Rio de Janeiro em diferentes temporalidades.

História pública: com quem e para quem falamos?

O conceito de história pública no Brasil é recente. O debate sobre sua conceituação emergiu após a primeira década do século XXI, com o curso "Introdução à História Pública", ocorrido na Universidade de São Paulo em 2011 (Santhiago, 2018b). Entretanto, sua institucionalização aconteceu na década de setenta nos Estados Unidos, em um momento que muitos historiadores estavam fora da academia, trabalhando em diferentes organizações, como museus e centro culturais (Santhiago, 2018b).

Essa institucionalização aconteceu com a criação do periódico *The Public Historian* em 1978 (Santhiago, 2018a; Fagundes, 2019), que defendia a existência desse campo, dos historiadores trabalhando em parques, museus e fundações, forjando uma identidade profissional para os historiadores que não estavam em sala de aula (Santhiago, 2018a).

Porém a história pública não nasce com a publicação dessa revista. Segundo o historiador David King Dunaway, numa entrevista concedida a Ricardo Santhiago, "a história pública é a institucionalização de um espírito que muitos historiadores têm tido, por centenas de anos, só que simplesmente não havia um caminho" (Santhiago, 2016:214).

Não há uma conceituação exclusiva para a área da história pública. Seus principais teóricos consideram que essa abertura é importante, pois assim é possível incorporar novas perspectivas. Bruno Fagundes (2019) constata que tanto no Brasil quanto nos países anglo-saxões, a história pública é aquela que tem divulgação do conhecimento histórico, realizada para além da universidade. Para Ana Maria Mauad (2016), a história pública possui uma dimensão da experiência visual. Assim a autora reflete sobre a "noção de público associa-se às experiências contemporâneas com imagens e por meio das imagens, incorporando as ideias de audiência, espectador e agente, mas também de espaço e de lugar" (Mauad, 2018b). Em outro artigo, a historiadora defende o conceito de "escrita videográfica". Segundo ela,

> "escrita videográfica" como resultado da pesquisa histórica, implica na elaboração de um novo tipo de texto histórico que considere na sua produção a natureza do tipo de enunciação da fonte trabalhada. Assim, as fontes orais, visuais e sonoras, para serem objeto de reflexão historiográfica e comporem o texto histórico, devem ter sua

> substância de expressão preservada. As estratégias de elaboração dessa nova modalidade de escrita da história contam com a ampliação do diálogo entre conhecimento histórico e produção audiovisual [Mauad, 2018a:27].

Já para Ricardo Santhiago (2016), é feita com o público e para o público. O historiador afirma, em outro artigo (Santhiago, 2018b:329), que a história pública brasileira é um dos desafios da pesquisa histórica, algo que "não deveríamos esquecer: a importância da escuta, do reconhecimento e das trocas verdadeiras".

Assim, a história pública potencializa o modo de divulgação da história por outros meios, e nossa aposta no audiovisual é somente uma possibilidade promovida por esse amplo movimento. Segundo Juniele Almeida e Renan Caldas (2017:16): "A história pública, no Brasil, emerge das reflexões sobre a função social da história, a partir da construção de argumentos para fomentar debates e políticas públicas." Desse modo, consideramos que a aposta na produção desse vídeo possibilita o debate nas escolas, mas também em outros espaços, questionamento e compreensão da ausência de uma real independência para grande parte da população no processo de emancipação política do Brasil em relação a Portugal.

Compreendemos que ao propor e elaborar um material para a história pública, destinado a professores da educação básica, estudantes e ao público em geral, nos inserimos na comunidade de "historiadores públicos", assim como na disputa de narrativas sobre a independência do Brasil que são produzidas e divulgadas pelo meio digital, como os *sites* Café História e o Portal do Bicentenário.

História pública, história escolar e material didático

Os professores de história, em suas práticas cotidianas, ao mediar o processo de construção do conhecimento histórico escolar com os estudantes, utilizam diversas e diferentes fontes, algumas delas produzidas no âmbito da história pública.

A construção de representações do passado por meio de diferentes fontes é uma forma de difundir nos espaços escolares e não escolares o conhecimento sobre a história, nos diferentes movimentos do que denominamos "presença do passado" (Rocha, 2014). Tais movimentos em produções culturais de grande circulação buscam construir relações de verossimilhança ou efeito de realidade com o passado, buscando entretenimento ou informação. As mídias e as escolas são espaços digitais e físicos que produzem narrativas sobre o passado para determinados públicos-alvo com objetivos específicos. Buscamos aproximar essas dimensões ao produzir um vídeo sobre história para o grande público que pode (e deve!) ser apropriado pela história escolar.

Assim, no desenvolvimento do vídeo "*Independência para quem?*", nos deparamos com desafios de diversas ordens nas fases de concepção, desenvolvimento e edição. Nossa ideia inicial era produzir um vídeo como uma aula de campo virtual que fizesse uso do Google Maps para fazer a conexão entre a Praça Onze e a Pedra do Sal, "ligando" a Pequena África que foi "cortada" pela avenida Presidente Vargas, além de tratar de espaços como a Praça XV, o morro da Providência e a Lapa, outros espaços no centro do Rio de Janeiro que dialogavam com essa memória de resistência.

Inicialmente, pretendíamos realizar quatro vídeos de 10 minutos, cada um abordando um espaço, o que se mostrou uma proposta ousada considerando os recursos materiais, humanos e o trabalho necessários na produção audiovisual. Entendemos, portanto, que havia a necessidade de realizar escolhas, inclusive de qual espaço, sujeitos e memórias abordar frente ao tempo disponível. Sobre a necessidade de realizar escolhas, nos remetemos ao trabalho de Michel Develay sobre a transposição didática, no qual o autor evidencia a importância das escolhas axiológicas (valores) e o trabalho de didatização em fazer dialogar o saber científico, o saber escolar e as práticas sociais de referência em uma perspectiva mais horizontalizada (Monteiro, 2007a). Essa perspectiva mais horizontalizada se faz presente em nosso vídeo em sua própria concepção de ser um material didático para a história ensinada visando aos públicos e aos saberes escolares e sociais, com valores plurais e democráticos em vista.

Os elementos expressivos que utilizamos foram imagens de arquivo, imagens obtidas *in loco*, som direto, *voice over*, recursos gráficos e trilha musical. Esses elementos foram cuidadosamente selecionados, organizados e mobilizados de forma a construir um fio narrativo sobre sujeitos e histórias, sem deixarmos de nos preocupar com os direitos autorais. O uso inapropriado dessas fontes poderia "derrubar" nosso vídeo na plataforma, o que nos obrigou a buscar as licenças *Creative Commons*, que possibilitam o uso com menos restrições, ou propor um olhar educativo sobre os materiais, como os sambas-enredo da GRES Estação Primeira de Mangueira.

Além disso, a construção do roteiro foi um desafio em diferentes momentos: pré-gravação, gravação e pós-gravação. Podemos dizer que foram os momentos de expectativa, realidade e criação de possibilidades, e em cada um aprendemos muito, inclusive no processo de fazimento, buscando contar uma história em uma estrutura dramática, construindo a intriga. Nos envolvemos em todas as etapas do roteiro audiovisual: a ideia inicial (tema, recorte, como abordar), a sinopse (o que, quem, quando, como e por que contar?), a escaleta (escrita em imagens e sons, divisão das cenas da história) e o roteiro de edição (adaptação do roteiro ao que foi filmado). O roteiro de edição envolve a montagem e a decupagem, nas quais os momentos importantes para a história são selecionados e ordenados de acordo com a intenção da narrativa e a leitura atenta das imagens e sons captados.[5]

Pensando na coerência interna do vídeo, um dos grandes desafios foi articular as diferentes temporalidades dos sujeitos e espaços abordados no vídeo. Afinal, como articular Zumbi dos Palmares, sujeito histórico do espaço da capitania de Pernambuco do século XVII, com a Praça Onze no século XX, sem perder o fio do bicentenário da independência como emancipação em 2022? Nossa solução foi delimitar os espaços da Praça Onze que foram mobilizados em sequências mais curtas que tivessem uma narrativa com uma lógica argumentativa interna sem deixar de dialogar paralelamente com as lutas de liberdade e emancipação da população negra ao longo da história brasileira. É importante estruturar a narrativa em partes, de modo que o espectador tenha um senso de direção e que tenha tempo para processar as informações, ainda mais considerando a multiplicidade de temporalidades, espaços, sujeitos e histórias que apresentamos no vídeo.

A gravação suscitou uma série de desafios em si, como o barulho do metrô chegando na estação, o sol do Rio de Janeiro, o trânsito e os transeuntes do Centro em pleno sábado de manhã, que não foram previstos por nós. Além disso, o olhar, a entonação e a expressão corporal – que por vezes são naturalizados pelos professores – foram momentos de aprendizagem para as envolvidas durante a filmagem. E sobre o público?

A história pública, em suas múltiplas dimensões, procura tornar a história acessível ao grande público. Nesse sentido, entendemos que a didática da história tem um papel fundamental em considerar as possibilidades de tornar

5 A gravação e a edição do vídeo foram realizadas pela empresa Foco Filmes, contratada no âmbito do projeto com recursos do Edital Faperj nº E-26/010.02220/2019.

determinados conhecimentos e explicações inteligíveis para diferentes públicos, escolares ou não.

O ensino de história abarca espaços formais e não formais de educação, abraçando diferentes olhares, sujeitos e visões de mundo, sem renunciar em produzir conhecimento histórico socialmente referenciado. Nossa defesa é que a história ensinada ultrapassa em dimensão e escopo a história escolar, tendo em vista que objetiva disseminar de forma ampla o conhecimento histórico.

O professor, em sala de aula, reelabora o currículo a partir das demandas sociopolíticas da comunidade escolar em que está inserido, construindo um conhecimento escolar informado pelos discentes e pelos diferentes saberes que circulam. Em nosso papel de roteiristas do vídeo, procuramos reelaborar narrativas a partir das demandas do tempo presente, considerando as apostas políticas dos usos do passado em um ano tão importante como 2022.

Conseguimos compreender mais amplamente algumas das diferenças entre a produção de uma aula de história e um vídeo de história, justamente por termos nos colocado nesse papel de concepção, roteirização, realização e edição do vídeo. Os 50 minutos de aula se tornaram os 10 minutos do vídeo. Um público de 11 a 18 anos se tornou um público de 8 a 80 anos.

Contudo, entendemos que o caráter didático dessa produção audiovisual é um ponto em comum com a elaboração das aulas de história. O planejamento da aula de história e o roteiro do vídeo são construídos a partir de alguns elementos semelhantes, tais como a seleção de fontes, delimitação de objetivos, escolha de conteúdos e temáticas, construção da narrativa e da intriga.

Esses fazeres são frutos de reflexões gestadas a partir da formação profissional, das experiências pessoais e das intencionalidades pedagógicas de seus autores e autoras. A partir dessas vivências individuais, fomos construindo a proposta coletivamente em processos de "transposição" didática dos conhecimentos históricos que consideramos pertinentes para abordar outras relações com a independência e consequentemente com seu bicentenário. Enquanto professoras que estão em constante trânsito entre a educação básica e a universidade, consideramos importante salientar a pluralidade de saberes e sujeitos que circulam nesses espaços e que são fundamentais para constituir histórias, memórias e narrativas.

A história pública e a história escolar: que aproximações são possíveis? Que distâncias são necessárias?

A produção de um vídeo voltado para um público amplo nos permitiu reconhecer a potencialidade desse produto para o ensino. Porém a história pública não se reduz à história ensinada e nem toda história ensinada está apta a circular em outras esferas de atuação para além do escolar. Ou seja, é preciso tomar cuidado para não tratar esses dois movimentos como sinônimos.

Para isso, cabe definir o que estamos chamando de história escolar. A configuração do saber histórico nos moldes do ensino tem sido objeto de investigação por diversos pesquisadores que buscam compreender como se constitui o saber ensinado de forma própria e não hierarquizada com o saber científico. O conceito de "transposição didática" (Chevallard, 1991) estabelece uma relação entre o acadêmico e o escolar, mas há ali um processo de transformações para o funcionamento didático.[6] Ressaltamos que não se trata de uma simplificação de saberes, mas a configuração de uma cultura que funciona no âmbito escolar.

> A história *escolar* é uma configuração própria da cultura *escolar*, oriunda de processos com dinâmica e expressões diferenciadas, mantendo, na atualidade, relações de diálogo e interpelação com o conhecimento histórico *stricto sensu* e com a *história viva*, o contexto das práticas e representações sociais. Fonte de saberes e de legitimação, o conhecimento histórico "acadêmico" permanece como a referência daquilo que é dito na escola, embora sua produção siga trajetórias bem específicas, com uma dinâmica que responde a interesses e demandas do campo científico e que são diferentes daquelas oriundas da escola onde a dimensão educativa expressa as mediações com o contexto social [Monteiro, 2007b:123-124, grifo nosso].

As palavras grifadas de Monteiro nos chamam atenção para a configuração do adjetivo "escolar". O conhecimento ali produzido está relacionado a um conhecimento científico, mas não somente a ele. A "história viva", aquela que vivenciamos, faz parte desse conhecimento escolar que, dali, retorna para a própria sociedade, não ficando restrito a uma sala de aula. As narrativas produ-

6 Chevallard (1991:67-68), citando Michel Verret (1975), descreve o processo de constituição do saber ensinado como dessincretização, despersonalização, programabilidade, publicidade e o controle social das aprendizagens.

zidas constroem sentidos de história, tempo e sociedade que se perpetuam nas experiências vividas nas práticas sociais.[7]

Podemos tomar como exemplo os sentidos de independência que circulam tradicionalmente na história escolar. O entendimento de uma libertação dos laços coloniais e o prenúncio de novos tempos foram (e ainda são) fixados nos livros didáticos e nas aulas de história. E quando andamos pelas ruas da nossa cidade, deparamo-nos com monumentos que exaltam o famoso ato de D. Pedro I, confirmando aquilo que nos ensinaram. O que podemos concluir dessa relação? Que o conhecimento que é construído dentro do espaço escolar pode influenciar nos modos que enxergamos a sociedade e permanece como referência no meio social.

Mas além do cenário escolar somos permeados por outras narrativas. Ao andar pelas ruas, parques e museus, ou assistindo a um programa na televisão ou pelas mídias digitais, nos deparamos com a divulgação do conhecimento histórico que não se dirige nem ao público acadêmico e nem, necessariamente, ao público escolar. Esses meios de comunicação nos permitem construir argumentos e fomentar debates em nosso meio social (Almeida e Caldas, 2017). É dentro desse contexto que compreendemos a funcionalidade da história pública.

Mas esse meio de divulgação não está totalmente alheio ao conhecimento histórico desenvolvido no espaço escolar. Muito pelo contrário. A narrativa histórica, segundo Paul Ricoeur (1994), é a representação linguística do discurso histórico construída para responder às necessidades de que nossas vidas humanas sejam contadas, construídas e formadas para fins de reconhecimento de quem somos. Essas narrativas estão presentes não somente no espaço científico e escolar, mas principalmente no meio social. Carmen Teresa Gabriel (2012) nos chama a atenção para identificar não somente as diferenças, mas o que há de comum entre o conhecimento escolar, o conhecimento científico e, acrescentamos, a história pública. É importante frisar essas similaridades para não criar disputas entre as diferentes áreas de atuação. Buscamos em todas elas, ao destacar as relações temporais, significar nossas experiências de forma individual e coletiva.

Para estabelecer as relações possíveis, demarcando também as especificidades entre a história escolar e a história pública, resgatamos o entendimento da

---

7 Em sua trajetória de pesquisas em ensino de história, Monteiro (2005) tem buscado aprofundar a investigação sobre currículo como "lugar de fronteira", "lugar/espaço de docência" no qual sentidos são produzidos na hibridização de diferentes saberes que ali circulam e se mesclam na produção do conhecimento escolar.

construção da narrativa histórica. Segundo Ricoeur (1994), a estrutura narrativa é constituída por um triplo movimento interpretativo que faz parte da sua hermenêutica: a pré-compreensão, a configuração e a refiguração. Abordaremos brevemente cada uma delas, mas estabelecendo as diferentes relações que constituem a história escolar e a história pública.

A pré-compreensão é a dimensão em que parte do senso comum, as narrativas que vivenciamos no cotidiano e que tornam o conhecimento construído como algo significativo. Sônia Wanderley (2020) destaca a importância das contribuições que partem do senso comum, porque é dele que nasce a ciência. É nesse espaço que circulam narrativas aceitas como verdadeiras e que constroem conhecimentos em um contexto social, antes e depois do ciclo escolar. Segundo a autora, esses saberes são relativamente coerentes e socialmente operativos.

Nessa fase, a história pública se forma a partir do que presenciamos no dia a dia. No vídeo por nós criado, parte-se de cenas cotidianas e nomes que passam pelos nossos olhos ao transitar no centro da cidade do Rio de Janeiro: uma estação de metrô, uma escola municipal, um monumento no meio de uma das principais vias da cidade e uma avenida que ganha destaque no mês do Carnaval. Já para a história escolar, além dos elementos destacados, o próprio vídeo se torna também elemento do cotidiano que circula pelo meio digital. Ou seja, a história pública se torna fonte de constituição da história escolar.

Quando passamos para o momento da configuração, uma narrativa é constituída a partir de uma intriga, utilizando-se diferentes recursos para responder aos objetivos propostos. É aqui que as diversas narrativas que circulam no meio social ou científico são apropriadas e ganham forma para circular em um contexto específico.

Qual foi a intriga criada no vídeo? A problematização de uma independência que não foi significativa para todos. "Independência para quem?" A partir disso, com os elementos presentes na cidade, e das discussões científicas de valorização da cultura e história afro-brasileira, cria-se um enredo que destaca protagonistas que fazem parte da nossa história.

Já na história escolar, essa narrativa ganha forma inicialmente nos documentos curriculares e nos livros didáticos. Uma história tradicional narrada por brancos em um viés eurocêntrico e cronológico aos poucos passa a ser confrontada por demandas do nosso tempo presente. Outros materiais passam a fazer parte dessa seleção e organização didática e as narrativas são constantemente reescritas por meio da atuação docente. É importante salientar que a forma das narrativas da história escolar obedece a regras desse contexto que chamamos de currículo. Planejamento, execução e avaliação fazem parte de processos que condicionam o que, por que e para quem ensinar.

Por fim, o movimento de refiguração diz respeito ao encontro entre o texto (entendido enquanto produto da configuração) e o leitor (significado como o público a que se destina). O que é produzido no momento da configuração é sempre algo incompleto e provisório porque os sentidos são atribuídos pelo público. Se por um lado a história pública se direciona a um contexto social mais amplo, praticamente impossível de se mensurar, por outro a história escolar, como dissemos, obedece a regras de um contexto específico. Seu público é formado principalmente por alunos, e para eles são preestabelecidos objetivos pelo currículo escolar.

Aqui temos um importante ponto de interseção entre a história pública e a história escolar: apesar de a história ensinada poder se configurar da mesma forma para ambas as esferas de atuação, é no objetivo que se quer provocar a seu público em que se diferenciam. Desde o planejamento, ao selecionar o vídeo como recurso didático, o professor expressa uma intencionalidade com objetivos determinados a se alcançar, dentro de um contexto educacional e demandas específicas. E é na avaliação que se mensura o quanto esses objetivos foram alcançados, expressando um argumento de autoridade de sua legitimidade enquanto uma verdade.

Dessa forma, a relação entre a história escolar e a história pública, de acordo com Wanderley (2020), está em um "entrelugar" da cultura histórica, entre a metódica da ciência histórica e o diálogo crítico nas narrativas produzidas, permitindo que a história ensinada cumpra sua função de levar o conhecimento histórico socialmente válido para um público mais amplo e escolar. É a história pública, no sentido de orientação para a vida prática, que permite que a história escolar seja significativa e humanista.

Concluímos que o vídeo produzido, utilizando os argumentos de Wanderley (2020), se configura como uma produção da história pública ao evidenciar o protagonismo e narrativas que fazem parte de lugares de memória coletiva, proporcionando usos públicos do passado. Neste momento, sua função não é nem científica, nem escolar. Mas essas narrativas, em um momento de pré-compreensão, não podem ser desconsideradas e são levadas para a sala de aula na luta por uma educação emancipadora.

Considerações finais

Ao trazer a população negra brasileira em figuras como Tia Ciata, Zumbi dos Palmares, Heitor dos Prazeres, João da Baiana, Pixinguinha e Oliveira Silveira, buscamos evidenciar a "contemporaneidade do não contemporâneo, na espessura temporal do "espaço de experiência" e no presente do passado incorporado" (Dosse, 2012: 6), na qual esses sujeitos dos séculos XVII, XIX, XX e XXI evidenciam a insurgência contra o racismo em diferentes momentos da história brasileira e a memória de sua trajetória fortalece a luta nos dias de hoje, incorporando um passado que se presentifica. Ao trazer esses sujeitos, buscamos evidenciar que o racismo é estruturante na conformação da sociedade brasileira, e que uma independência, uma emancipação verdadeiramente democrática deve ter a população negra como protagonista.

Ao focalizar, por meio de um material audiovisual, a resistência de parte da população negra em suas vivências na Pequena África, criamos uma narrativa na qual excluídos e silenciados no desenvolvimento de uma história oficial são apresentados como protagonistas de sua própria história. Assim, consideramos que esta produção, de uso tanto para o contexto escolar como para além dele, possibilita a ampliação da difusão do conhecimento histórico, de modo que a população, de um modo geral, possa conhecer e compreender limites do processo de independência do Brasil, que não significou avanços sociais para grande parte da população. Essa abordagem sobre o conceito de independência, em uma perspectiva de emancipação e liberdade, induz reflexões sobre questões sociais e de resistência da população negra no Brasil não apenas no século XIX, mas no tempo presente.

Nosso desejo é que esse material audiovisual, construído ao longo de um ano e produzido a muitas mãos, possa se constituir como contribuição afetiva e efetiva para uma educação democrática, plural e antirracista no Brasil todo.

Referências

ALMEIDA, Juniele Rabêlo de; CALDAS, Renan Rubim. História pública e educação democrática: professores contra o projeto Escola sem Partido?: narrativas em debate. *Revista Observatório*, v. 3, 2017, p. 1-26.

CARVALHO, José Murilo de. *Os bestializados*: o Rio de Janeiro e a República que não foi. São Paulo: Companhia das Letras, 2004.

CHALHOUB, Sydney. *Trabalho, lar e botequim*: o cotidiano dos trabalhadores no Rio de Janeiro da Belle Époque. 2. ed. Campinas, SP: Ed. Unicamp, 2001.

CHEVALLARD, Yves. *La transposición didática*: del saber sabio al saber enseñado. Buenos Aires: Aique, 1991.

CHUVA, Márcia Regina Romeiro. Entre a herança e a presença: o patrimônio cultural de referência negra no Rio de Janeiro. *Anais do Museu Paulista,* São Paulo, v. 28, 2020, p. 1-30.

DOSSE, François. História do tempo presente e historiografia. *Tempo e Argumento,* Florianópolis, v. 4, n. 1, jan./jun. 2012, p. 5-22.

FAGUNDES, Bruno Flávio Lontra. História pública brasileira e internacional: seu desenvolvimento no tempo, possíveis consensos e dissensos. *Revista NUPEM,* Campo Mourão, PR, v. 11, n. 23, mai./ago. 2019, p. 29-47

FERREIRA, Jorge. *O Brasil republicano*: o tempo do liberalismo excludente. Rio de Janeiro: Civilização Brasileira, 2006.

GABRIEL, Carmen Teresa. Teoria da história, didática da história e narrativa: diálogos com Paul Ricoeur. *Revista Brasileira de História,* São Paulo, v. 32, n. 64, 2012, p. 187-210.

MATTOS, Hebe Maria. O ensino de história e a luta contra a discriminação racial no Brasil. In: ABREU, Martha Campos; SOIHET, Rachel. *Ensino de história*: conceitos, temáticas e metodologia. Rio de Janeiro: Casa da Palavra, 2003, p. 127-136.

MATTOS, Marcelo Badaró. *Escravizados e livres*: experiências comuns na formação da classe trabalhadora carioca. Rio de Janeiro: Bom Texto, 2008.

MAUAD, Ana Maria. O passado em imagens: artes visuais e história pública. In: _____; ALMEIDA, Juniele Rabêlo de; SANTHIAGO, Ricardo. *História pública no Brasil*: sentidos e itinerários. São Paulo: Letra e Voz, 2016, p. 87-96.

_____ Usos do passado e história pública no Brasil: a trajetória do Laboratório de História Oral e Imagem da Universidade Federal Fluminense (1982-2017). *História Crítica,* n. 68, 2018a, p. 27-45.

_____. Imagens em fuga: considerações sobre espaço público visual no tempo presente. *Tempo e Argumento,* Florianópolis, v. 10, n. 23, jan./mar. 2018b, p. 252-285.

MIRANDA, Sônia Regina; SIMAN, Lana Mara de Castro. A cidade como espaço limiar: sobre a experiência urbana e sua condição educativa, em caminhos de investigação. In: _____ (Org.). *Cidade, memória e educação*. Juiz de Fora, MG: Ed. UFJF, 2013, p.13-37.

MONTEIRO, Ana Maria. Ensino de história: lugar de fronteira. In: SIMPÓSIO NACIONAL DE HISTÓRIA, XXIII., Londrina, PR. . História: guerra e paz. *Anais*... Londrina: Anpuh/Mídia, 2005 (Org. ARIAS NETO, J. M.).

_____. *Professores de história*: entre saberes e práticas. Rio de Janeiro: Mauad X, 2007a, 262 p.

_____. Narrativa e narradores no ensino de História. In: _____; GASPARELLO, Arlete; MAGALHÃES, Marcelo (Org.) *Ensino de história*: sujeitos, saberes e práticas. Rio de Janeiro: Mauad X, 2007b, p. 119-136.

_____. Currículo e docência: uma trajetória de pesquisas em ensino de história. In: GONÇALVES, Márcia de Almeida (Org.) *Teorizar, aprender & ensinar história*. Rio de Janeiro: FGV Ed., 2020, p. 186-213.

_____; PENNA, Fernando de Araújo. Ensino de história: saberes em lugar de fronteira. *Educação & Realidade*, Porto Alegre, v. 36, n. 1, 2011, p. 191-211.

MORETTIN, Eduardo Victorio. Produção e formas de circulação do tema do descobrimento do Brasil: uma análise de seu percurso e do filme Descobrimento do Brasil (1937), de Humberto Mauro. *Revista Brasileira de História*, São Paulo, v. 20, n. 39, 2000, p. 135-165.

MOURA, Roberto. *Tia Ciata e a Pequena África no Rio de Janeiro*. 2. ed. Rio de Janeiro: Secretaria Municipal de Cultura, Dep. Geral de Doc. e Inf. Cultural, Divisão de Editoração, 1995.

ORIÁ, Ricardo. História pública e monumentos: a narrativa visual do passado. In: ALMEIDA, Juniele Rabêlo de; MENESES, Sônia (Org.) *História pública em debate*: patrimônio, educação e mediações do passado. São Paulo: Letra e Voz, 2018, p. 33-50.

RIBEIRO, Paula. *Cultura, memória e vida urbana*: judeus na Praça Onze, no Rio de Janeiro (1920-1980). 2008, 302 p. Tese (doutorado em história social) – Faculdade de Filosofia, Letras e Ciências Humanas, Pontifícia Universidade Católica de São Paulo, São Paulo, 2008.

RICOEUR, Paul. *Tempo e narrativa*. Campinas, SP: Papirus, 1994.

ROCHA, Helenice. A presença do passado na aula de história. In: MAGALHÃES, Marcelo et al. (Org.). *Ensino de história*: usos do passado, memória e mídia. Rio de Janeiro: FGV Ed., 2014, p. 33-52.

SANTHIAGO, Ricardo. A história pública é a institucionalização de um espírito que muitos historiadores têm tido, por milhares de anos: uma entrevista com

David King Dunaway sobre história oral, história pública e o passado nas mídias. *Revista Transverso*, Rio de Janeiro, v. 7, n. 7, set. 2016, p. 203-222.

_____. História pública e autorreflexividade: da prescrição ao processo. *Tempo e Argumento*, Florianópolis, v. 10, 2018a, p. 286-309.

_____. Pode-se falar de uma história pública brasileira? In: MAUAD, Ana Maria; SANTHIAGO, Ricardo; BORGES, Viviane. *Que história pública queremos?* São Paulo: Letra e Voz, 2018b.

SILVA, Beatriz Coelho; NASCIMENTO, Luciana; VINHAS, Thais. A paisagem cultural da Praça Onze. *Querubim: Revista Eletrônica de Trabalhos Científicos nas Áreas de Letras, Ciências Humanas e Ciências Sociais*, ano 16, p. 1-8, mai. 2020. (Seção especial).

SILVA, Pedro Souza da. Reforma urbana no Estado Novo: a gestão de Henrique Dodsworth na cidade do Rio de Janeiro (1937-1945). *Mosaico*, v. 8, n. 13, 2017, p. 280-297.

SIMAS, Luiz Antônio. Dos arredores da Praça Onze aos terreiros de Oswaldo Cruz: uma cidade de Pequenas Áfricas. *Revista Z Cultural*, ano 11, n. 1, jan./jun. 2016, p. 1-5.

VELLOSO, Mônica Pimenta. As tias baianas tomam conta do pedaço. Espaço e identidade cultural no Rio de Janeiro. *Estudos Históricos*, v. 3, n. 6, 1990, p. 207- 228.

WANDERLEY, Sônia. O entrelugar do aprendizado escolar de história: uma perspectiva de história pública. *Revista História Hoje*, v. 9, n. 18, 2020, p. 125-144.

13. Mexendo em casa de marimbondos: a ditadura militar nas provas da Olimpíada Nacional em História do Brasil (ONHB)*

Marcelo Henrique Leite

A expressão *mexer em casa de marimbo*, com possível variação para mexer em ninho de vespas, é usada na linguagem popular para sugerir o enfrentamento de um problema ou de uma causa séria. Assim, o uso dessa expressão sugere que dada situação tornou-se séria, pois, ao se mexer em algo que estava em sua tranquilidade, gerou-se um conflito ou uma tensão.

Em 2010, o historiador Daniel Aarão Reis, ao apresentar um panorama sobre a revisão da Lei da Anistia e discutir sobre o recente Plano Nacional de Direitos Humanos, publicou um texto em que faz uso da referida expressão popular:

> Em recente polêmica [...] expressivas lideranças políticas manifestaram-se em sentido contrário. Para elas, o esquecimento e o silêncio continuariam sendo as melhores receitas. Tocar no assunto, seria mexer em casa de marimbondos [Reis, 200:177].

A favor do enfrentamento desse passado, a metáfora utilizada pelo historiador defende o quão necessário é, cada vez mais, incentivar pesquisas que busquem compreender as complexas relações entre sociedade e ditadura.

As discussões na arena jurídica com a manutenção da Lei de Anistia (1979), de um lado, e o recém-lançado Plano Nacional em Direitos Humanos 3 (PNDH III), com orientação para criação de comissões da verdade estadual e nacional, de outro, colocaram em evidência o passado ditatorial. Criada em 2009, a Olimpíada Nacional em História do Brasil (ONHB) estava, no ano de 2010, apenas em sua segunda edição. Neste capítulo, será discutido o quanto, até o momento, é

---

* Para a elaboração deste capítulo, contou-se com a grande colaboração de duas graduandas em história, Maria Eduarda Cavichioli e Letícia Simão, de Gustavo Godoi e Lívia Caroline, graduandos em Ciências sociais e Guilherme Freire Azevedo, graduando em comunicação social, dos quais fui professor na educação básica. Nutro um carinho e uma grande admiração por elas e eles.

evidente a posição da organização em *mexer em casa de maribondos*, em especial na edição de 2014, pois, conjuntamente com a efeméride dos 50 anos do golpe civil-militar, a ONHB propôs a estudantes que construíssem um arquivo sobre experiências plurais que envolveram censura entre 1964 e 1985.

Dito isso, o capítulo tem por pretensão analisar a dinâmica e o funcionamento da ONHB, por meio de um mapeamento e da sistematização das questões das provas entre 2009 e 2019. Em paralelo, há dois outros movimentos que permitirão discutir como a ONHB vem *mexendo em ninho de marimbondo*: analisar as questões de múltipla escolha que envolvem o tema da ditadura militar e refletir sobre a tarefa realizada em 2014, ano em que a prova teve como tema a última ditadura no Brasil.

Cabe ressaltar que não é a intenção deste capítulo avaliar os usos do passado ditatorial pela ONHB em suas provas, conferindo se a olimpíada está de acordo com as atuais pesquisas da história ou da ciência política, assim como também não se busca submetê-la a uma avaliação em que, ao final, se gera uma nota ou um selo de aprovação.

Buscar-se-á aqui apresentar e discutir as trilhas temáticas e as diferentes abordagens que a olimpíada apresenta aos estudantes e aos professores participantes, costuradas e discutidas por meio de referências as quais tenho mobilizado em minhas pesquisas, sobretudo pelos estudos de Elizabeth Jelin.

O mapeamento foi baseado em 11 das 14 edições da ONHB, de 2009 a 2019. A olimpíada é organizada por professores do Departamento de História da Unicamp, sob a coordenação de Cristina Meneghello e Alessandra Pedro. Realizada em um ambiente virtual, é composta por questões objetivas e de uma tarefa que requer a preparação, geralmente, de uma produção textual. Mediante o pagamento de uma taxa de inscrição[1] por equipe, cada uma é formada por um trio de estudantes obrigatoriamente orientados por um docente que ministre as aulas de história no colégio em que estão matriculados.

Composta por seis fases que duram uma semana cada, as quatro primeiras são de questões objetivas que apresentam sempre quatro alternativas. Nas palavras de Cristina Meneghello (2011:3),

[1] Por não haver um financiamento total por parte dos setores governamentais, a olimpíada se mantém, em grande parte, das taxas de inscrições das equipes. Em 2021, por meio das redes sociais, a ONHB criou uma arrecadação voluntária de recursos para contribuir com os pagamentos necessários para que a edição acontecesse. Isso ocorreu pois, devido à pandemia, o número de inscrições caiu drasticamente.

> as alternativas contemplavam o erro e diferentes níveis de acerto, que iam da leitura mais imediata (compreensão do enunciado), para uma informação histórica mais contextualizada trazida pela equipe (informações históricas), até a alternativa que permitia, além dos passos anteriores (leitura e informação), uma certa extrapolação, ou a compreensão de conceitos e processos históricos.[2]

A pontuação das alternativas varia entre zero, um, quatro e cinco pontos. As alternativas que valem cinco se referem ao trecho citado por Meneghello. Há também, ao longo das fases, tarefas de análise de imagens ou mesmo de identificação da temporalidade de documentos. Vejamos um exemplo de como as questões estão apresentadas na prova.

Quadro 1
Print da questão 02 da sexta edição da ONHB de 2014

2ª questão Leia a letra e escute a canção:

"Quando o muro separa uma ponte une Se a vingança encara o remorso pune Você vem me agarra, alguém vem me solta (...)"

Pesadelo (1972)
Letra de Música

Gravada no disco Cicatrizes do MPB-4, em 1972, essa canção passou pela censura apesar da dura crítica de Paulo Cesar Pinheiro à Ditadura Civil-Militar. Sobre ela, podemos afirmar que:

Alternativas

A. Apresenta "o amanhã" como uma revanche dos que foram calados pela ditadura e o "você" como os militares no poder.

B. Apesar de ter sido liberada e gravada, as rádios naquele período quase não tocaram a canção, por medo do regime e por autocensura.

C. Muitas canções foram censuradas durante o regime militar, incluindo as de autores como Rita Lee, Ângela Ro Ro e Odair José, e até mesmo de bandas como RPM e Blitz, nos anos 80.

D. O verso "Você me prende vivo, eu escapo morto / De repente olha eu de novo / Perturbando a paz, exigindo troco" mostra o conhecimento do autor dos crimes de Estado que aconteciam durante a ditadura.

Conteúdos relacionados

Ouça a Música

Ouça Pesadelo, MPB4 ao vivo

PINHEIRO, Paulo César. Histórias de Canções. São Paulo: LeYa Brasil, 2010.

Fonte: ONHB DE 2014. Nesse caso, a alternativa A valia cinco pontos; alternativa B e C com o valor de quatro pontos, e a alternativa D com um ponto. Esse caso é recorrente, uma vez que, pelo menos, uma vez em cada edição, há uma questão em que não há uma alternativa errada.

---

2 Para saber mais, Meneguello (2011).

A cada fase é eliminado um conjunto de equipes. Ao fim da primeira fase, 10% das equipes são eliminadas com o critério de menor pontuação obtida. Na segunda fase, 30%; na terceira fase, 40%. As equipes que chegam à quinta fase elaboram a tarefa final e, na sexta fase, conhecida por "correção entre pares", avaliam as tarefas dos colegas.

Na 11ª edição, em 2019, a ONHB contou com um número recorde de inscritos, mais de 73 mil participantes de todos os estados brasileiros. Esse dado é bastante significativo, especialmente se posto ao lado do número da primeira edição: 16 mil. São inegáveis o aumento expressivo de participantes na olímpiada e a importância desse projeto para as reflexões no campo do ensino de história.

A ONHB, além de proporcionar um ambiente de ensino e aprendizagem, é também um arquivo para os docentes, pois é possível que professores tenham acesso a documentos para elaboração de aulas, atividades para sala de aula e avaliações. Além disso, possibilita, de certa forma, uma formação continuada aos professores orientadores, pois democratiza e dá acesso a pesquisas mais recentes na historiografia brasileira ao indicar artigos, teses, dissertações e livros. Em algumas edições, houve, por parte da organização, formação de curso para professores que participaram da olimpíada. Em 2014, por exemplo, o tema foi a ditadura militar na sala de aula.

Embora a prova não seja declaradamente temática, pois busca abordar inúmeros temas que por vezes não se conectam, nos últimos anos a organização definiu um tema que, de modo geral, relaciona-se com a tarefa final, como foi o caso em 2014. Em 2015, desigualdades e violências; em 2016, a questão educacional; em 2017, o tema foi o ensino de história como um direito; em 2018, o sistema legislativo; em 2019, os excluídos da história; em 2020, em razão da pandemia, não houve um tema; em 2021, bicentenário da independência; em 2022, histórias das mulheres.

Considerando a trajetória da olimpíada como projeto de divulgação científica no ensino de história, vê-se que ainda há poucos trabalhos acadêmicos que se debruçam sobre o projeto. Este capítulo pretende contribuir com as pesquisas que tomam a ONHB como objeto de análise, deslocando-se do âmbito da recepção e da sala de aula e discutindo a abordagem da prova em relação à ditadura militar. Assim, por meio das questões das edições de 2009 a 2019 e da tarefa realizada em 2014, será apresentada uma discussão sobre a entrada desse tema nas escolas por meio da realização da ONHB.

Ensinar por meio de fontes históricas

Alunos da educação básica em contato com fontes históricas para aprender história não é a novidade da ONHB. Flavia Caimi apresenta um estudo sobre a relação entre fontes históricas e o ensino de história no início do século XX, marcada pelo movimento da Escola Nova, como é o caso de Rocha Pombo (1917) e Jonathas Serrano (1912). As preocupações foram sobre incluir, especialmente, o universo imagético, composto por mapas e imagens, com o objetivo de estimular a curiosidade e estabelecer uma relação entre passado e presente nas aulas.

É certo que a ONHB promove o contato de alunos com fontes históricas, no entanto, não se encerra em uma proposta ilustrativa. Cabe-nos aqui diferenciar essa estratégia das iniciativas identificadas por Caimi no início do século XX, pois os autores escolanovistas propunham o foco "no conteúdo e na sua ilustração, bem como no propósito de despertar o amor à pátria e o culto aos seus personagens e feitos" (Caimi, 2008:138). A olimpíada, por sua vez, se move na contramão de um projeto nacionalista, prezando pelo uso de fontes como objeto de estudo para desenvolver habilidades inerentes ao ofício do historiador, como a crítica documental e a contextualização, como se verá ao longo da leitura. Além disso, como se observará a seguir, o uso documental *mexe em ninho de marimbondos* ao tratar de temas que, no geral, despertam desconforto no tecido social e são de relevância para reflexões sobre a perpetuação de estruturas sociais pautadas em violências e desigualdades.

Com o objetivo de trazer de maneira clara e objetiva os temas e os documentos que têm sido recorrentes nas provas da ONHB, criou-se, em maio de 2020, um mapeamento por meio de um grupo de trabalho formado por mim e alunos ex-olimpícos e hoje graduandos em cursos de ciências humanas: Maria Eduarda Cavichioli, Letícia Simão, Lívia Andrade, Gustavo Pestana e Guilherme Azevedo. No total, foram analisadas 480 questões. Elas foram organizadas em uma tabela de Excel contendo as seguintes informações: edição, ano, fase, número da questão, tipo de documento, tema da questão, período a que ela se refere, pontuação de cada alternativa e descritivo da alternativa com o valor de cinco pontos.

O universo imagético é o principal investimento como documento histórico na ONHB. Além de suporte documental nas questões, existe uma atividade em cada edição que envolve leitura de imagens. No que diz respeito às artes visuais, principalmente pinturas, gravuras e charges, são abordados diversos temas que trazem consigo produções do período colonial até o tempo presente. Foi possível identificar 63 questões. Desse total, 26 questões são voltadas para pinturas e 16 para gravuras. No mais, há outros tipos iconográficos que variam entre charges, grafites, litografias, xilogravuras e xilografias, além de caricaturas.[3] Ou seja, no que tange ao uso de imagens na olimpíada, sua presença em número de questões ocupa, aproximadamente, um terço.

É fato que as questões não se pautam em propor o documento imagético como ilustração. Pelo contrário, quando se trata das artes visuais, a questão tem seguido dois caminhos: um que aborda a obra em si ou sua autoria, e outro que é a obra ser utilizada para introduzir ou contextualizar um determinado tema a ser abordado. Outro aspecto importante é a pluralidade temática em torno dos usos de imagens, pois as questões abordam os povos indígenas, a escravidão e sua abolição, trabalho, guerras e batalhas, críticas ao governo e a ações governamentais, protestos e revoltas, saúde, cotidiano, ambiente doméstico, o papel e a função da arte, imigrações, política, homenagens, imprensa, ditadura, o "descobrimento" do Brasil, cultura popular e, como dito, as próprias obras e seus autores.

Outra fonte bastante presente ao longo das edições é a produção literária, que se encontra em 89 questões. Desse montante, o gênero *relato de viajante* aparece desde a primeira aplicação da prova. As questões se voltam majoritariamente para discussões sobre o período colonial, ou seja, contemplam temas relativos às visões europeias acerca dos costumes indígenas e das formas de controle utilizadas por Portugal para consolidar seu poder na colônia brasileira.

As produções escritas apresentam como documento trechos de livros da literatura nacional. Nota-se também a presença de letras de música a partir da segunda edição, concentradas nas discussões do século XX e/ou XXI. Os temas são bastante variados devido à grande quantidade de questões. É perceptível que, dentro do universo literário, os temas correlatos ao racismo aparecem majoritariamente associados a músicas. Há também um número considerável de questões acerca da reflexão sobre identidade e cultura no Brasil, bem como da vida de trabalhadores.

---

3 Ao longo dos anos, principalmente após a sétima olimpíada, foi possível observar uma grande virada nos tipos de documentos e na quantidade de pinturas, gravuras e charges a serem analisadas. As pinturas também passaram a ser chamadas de quadros e houve uma grande presença de questões envolvendo fotografias: na oitava edição, sete questões envolviam fotos e a nona contava com seis, enquanto os documentos considerados diminuíram cada vez mais, compondo três e quatro questões na oitava e na nona edições, respectivamente.

Outro gênero documental presente são os produzidos no âmbito jurídico. Detectaram-se 84 questões que possuem ligação com a legislação, ou seja, textos jurídicos, documentos relacionados a leis ou mesmo reivindicação por elas. No mapeamento, salta aos olhos o esforço da ONHB em relacionar a história da legislação com diversos outros assuntos, sendo alguns deles: luta por direitos, censura, divisão de terras, regulamento trabalhista e dinâmicas do poder respaldadas por leis.

Chama atenção que o número de questões com documentos relacionados à legislação se manteve proporcional desde sua primeira edição. Por conta disso, pode-se afirmar que esse tema é um dos fundamentos da prova, ou seja, é evidente que se pretende colocar os estudantes em contato com assuntos relativos às leis e a direitos. No geral, o contato com essa documentação busca a compreensão de que as leis são construídas em processos, muitos deles violentos, cheios de conflitos e de interesses, sustentando a tese de que a legislação não é constituída de maneira espontânea.

Pelo mapeamento, foram identificadas 28 questões com abordagens sobre imprensa, em especial enfocando a compreensão de suas dinâmicas e circulação. Grande parte das questões que englobam a história da imprensa convergem, temporalmente, com o Segundo Reinado, a Primeira República e a ditadura militar. Em 2013, por exemplo, percebe-se a presença de questões sobre a imprensa levando em conta jornais femininos.

A diversidade documental da ONHB é um aspecto fundamental para entender o trabalho da organização em prol de proporcionar às escolas brasileiras a possibilidade de *mexer em ninhos de marimbondos*. Ou seja, selecionar documentos para construir questões que abordem temas que estão na ordem do dia tem sido importante na contribuição para a compreensão histórica de alguns temas por parte dos alunos participantes.

Dessa forma, após apresentada a documentação mobilizada, vê-se como necessário mostrar como esses documentos são enquadrados para compor alguns temas recorrentes nas avaliações: trabalho, histórias das mulheres, povos indígenas e a ditadura militar.

O mundo do trabalho é um desses temas recorrentes, presente desde a primeira edição. Percebe-se que a intenção das questões é trazer aos estudantes a ideia de que as relações trabalhistas são complexas. Foi possível encontrar 71 questões que se relacionam com o trabalho, abordando as diversas formas e seus *modi operandi*. Além disso, algumas delas dão foco à luta por direitos trabalhistas. O tema mais recorrente nas avaliações aborda as dinâmicas da relação entre "senhor" e escravizado, aparecendo em quase todas as edições. Outros temas relacionados ao trabalho são: movimento operário, conflitos trabalhistas, condições de precarização do trabalho e leis de regulamentação, explicitando que, no sistema capitalista, os direitos são conquistados, principalmente, por meio das lutas e manifestações.

Como se trata de um projeto de divulgação científica, temas recorrentes na historiografia brasileira aparecem nas edições da ONHB, como é o caso de histórias das mulheres e história indígena. Verificou-se a existência de 31 sobre as temáticas que envolvem a ação de mulheres brasileiras, sendo que nas duas últimas edições – de 2018 e 2019 –, é que elas passaram a ser mais presentes, com quatro a cinco questões; anteriormente estavam entre duas e três questões. As questões de história indígena são 37, e variam entre três e quatro questões por edição, sendo que na edição de 2012 foram sete (um número bem expressivo comparado às demais edições). Conforme essas questões foram ganhando espaço ao longo das edições, as questões do mundo do trabalho começaram a diminuir sua presença: na primeira edição eram 13 e, na última, de 2019, foram localizadas quatro.

Percebe-se que a ONHB busca apresentar diferentes mulheres, desde a operária, a enfermeira até a professora. Para tanto, utiliza biografias e histórias individuais de mulheres que foram, e são, reconhecidas em suas áreas de atuação, como a escritora Clarice Lispector, a médica psiquiatra Nise da Silveira, a artista visual Rosana Paulino e a pintora Abigail de Andrade. Identificam-se também as discussões sobre cerceamento da atuação de mulheres em cargos de direção, em áreas de exatas e biológicas e no futebol, por exemplo, quando foram proibidas de jogar durante o Estado Novo, por ser considerado um esporte "contra a natureza feminina".

Se a concentração de questões das mulheres está no século XX, as que se referem a indígenas, por volta de 50%, estão localizadas no período colonial, abordando, principalmente, em relato de viajantes, as visões europeias sobre o cotidiano de grupos indígenas. No geral, essas questões buscam discutir as relações entre colonizadores e povos que aqui viviam. Outro ponto a destacar é o cuidado dos formuladores da olimpíada em trazer as discussões sobre os indígenas em outros momentos da história do Brasil, como é o caso do século XX, e a presença indígena na universidade. Para isso, mobilizam variados documentos, como a carta de Pero Vaz de Caminha, textos acadêmicos, pinturas, gravuras, textos literários, cartas, crônicas, depoimentos e uma palestra.

Os documentos que retratam assuntos de relevância social estão em pauta em todas as áreas da ciência brasileira e no cenário público. As relações étnico-raciais, por exemplo, não constam no mapeamento por limitação de tempo e de pessoal, mas cabe notar que, assim como a ditadura militar, é um tema que não foge ao conflito. Ou seja, percebe-se uma postura pedagógica e um cuidado em levar para a escola ferramentas que facilitem a compreensão científica sobre assuntos que, no debate público, geram controvérsias. A partir de então, serão discutidos os usos da ditadura militar na ONHB com o objetivo de apresentar as estratégias utilizadas para *se mexer em casa de marimbondo.*

A ditadura militar na ONHB

Verena Alberti (2021), no artigo *Ditadura militar brasileira nas aulas de história*, por meio do referencial de Paul Salmons, argumenta que o uso documental para o ensino da ditadura militar no Brasil é fundamental, pois possibilita não só o conhecimento sobre o passado e a construção do conhecimento histórico, mas foge de uma esfera ética, por exemplo, *ditadura é errado*. Ou seja, para a historiadora, a docência em história deve ser menos sobre denúncia e mais sobre as operações intelectuais em torno do conhecer e do produzir ciência sobre um período.

Nesse sentido, é perceptível, na análise realizada, quando se refere à temática da ditadura militar no Brasil, seja nos assuntos ou nos documentos e nas abordagens, que a olimpíada busca um equilíbrio ao criar questões que não relativizam o passado ditatorial – para não incorrer em riscos de interpretação como "*então não foi tão ruim assim*" e que, ao mesmo tempo, conduzem a reflexões sobre ações de sujeitos em seus contextos.

São 39 questões que se referem à ditadura militar na prova. Os anos de 2011, 2012 e 2015 tiveram uma ou duas questões na edição, enquanto nas outras sete edições são três a quatro questões. Chamo a atenção para a edição de 2014, na qual, em razão de o tema da prova ser ditadura militar, havia nove questões. Desse modo, entende-se que até 2019 o tema da ditadura esteve no radar de preocupação dos elaboradores. Das questões, observou-se que, no geral, é possível organizá-las em três eixos de assuntos recorrentes: estrutura e funcionamento, com 17 questões; resistências na ditadura, com 16 questões; interface entre memória e ditadura, seis questões.

Os documentos usados nas questões são variados: artigos de revistas (quatro), charges (duas), textos literários (seis), depoimentos (quatro), documentos oficiais (nove), fotografias (quatro), letras de música (seis) e trechos de jornal (dois). Desse modo, percebe-se como preocupação o uso de documentos oficiais, letras de música e textos literários.

Por se tratar de uma prova eliminatória, entende-se que a ONHB espera dos estudantes atingir as alternativas com a pontuação maior. Por essa razão, vê-se que, por meio dessas alternativas, é possível mapear os objetivos da ONHB ao levar a ditadura militar para a sala de aula.

Vejamos alguns casos de alternativas com a maior pontuação sobre o tema da estrutura e funcionamento do regime.

> Na argumentação de Magalhães Pinto, a ditadura apresentava-se como necessária e incontornável e o general Arthur Costa e Silva, como vítima desse processo [segunda edição, questão 21, fase 2, 2010].

> As agências mais atuantes na repressão política durante o período da ditadura eram o DEOPS paulista e os DOI-CODIs I (Rio de Janeiro) e II (São Paulo) e tinham suas equipes compostas por agentes oriundos das Forças Armadas e das polícias civis e militares estaduais. Estas agências tinham como função prender militantes políticos contrários ao regime e foram responsáveis pela tortura, morte e desaparecimento de inúmeros presos políticos, estando eles ligados ou não a movimentos contra a ditadura [sexta edição, questão 12, fase 2, 2014].

> A reforma educacional visava a legitimação do governo autoritário do período [nona edição, questão 27, fase 3, 2017].

> O decreto enfraquecia o poder legislativo em favor de um executivo forte e para controlar os espaços políticos, de maneira típica aos regimes autoritários [10ª edição, questão 45, fase 4, 2018].

Essa amostragem nos possibilita o entendimento dos usos feitos pela ONHB para elaborar questões que cheguem à escola para a discussão sobre a dinâmica e o aparato legal da última ditadura. Dito isso, entende-se que o uso tem por objetivo o esclarecimento das estratégias dos militares para a manutenção do poder durante a ditadura. Essas questões colocam em perspectiva a participação de múltiplos agentes, como os Estados Unidos. Há também questões sobre as ações do Deops, inclusive na formulação de documentos falsos sobre a morte de Rubens Paiva. Outro tema recorrente é o uso do aparato legal, como leis de censura, trechos do AI-5, entre outros.

Dessa forma, esse aspecto do passado ditatorial brasileiro se apresenta, nessas questões, como uma memória literal, ou seja, que se encerra em si. Elizabeth Jelin (2002), em *Los trabajos de la memoria*, diferencia as memórias exemplares e a memória literal. As primeiras dizem respeito ao que se aprende sobre o presente por meio de uma memória, enquanto a memória literal se encerra em si mesma. Assim, percebe-se que a chave de interpretação sobre essas questões busca o esclarecimento sobre um passado que se encerrou, ou seja, a tríade *memória, verdade e justiça* encaixa-se em *verdade*.

No eixo de assuntos que envolvem *resistência*, vale notar que essa não é uma abordagem apenas ao tratar da ditadura militar, mas também relações de gênero, do trabalho e étnico-raciais. No que é específico das discussões da ditadura militar e resistências, joga-se luz à ação de sujeitos para enfrentar a ordem, principalmente no campo artístico, com destaque para as músicas.

> O contexto de organização da campanha pela anistia demonstra uma primeira grande organização da sociedade civil em torno dos direitos políticos e civis cassados entre 1964 e 1968 pelo regime militar [terceira edição, questão 34, fase 3, 2011].

> Apresenta "o amanhã" como uma revanche dos que foram calados pela ditadura e o "você" como os militares no poder. *Essa é uma questão sobre a música Pesadelo* [sexta edição, questão 2, fase 1, 2014].

> O projeto Henfil fez parte de uma série de crônicas e cartuns publicadas semanalmente por Henfil na Revista *Isto É*, entre os anos de 1977-1980. Em pleno processo de abertura política, o autor fazia uso do humor para apresentar um retrato crítico do panorama social e político do Brasil dos anos 1970 [nona edição, questão 37, fase 4, 2017].

> A casa de Violeta e Pierre em Paris oferecia um polo de resistência política e afetiva, um diferencial na densa experiência do exílio [11ª edição, questão 28, fase 4, 2019].

A abordagem das experiências de resistência não busca atrair o estudante por meio da emoção "e talvez de compaixão, e dar a tarefa por encerrada" (Alberti, 2015:293). Pelo contrário, o uso de fontes documentais torna rica a forma de olhar para um tema que gera controvérsias em sala de aula. Desse modo, ao encontro de Verena Alberti, a ONHB sinaliza para estudantes e professores olharem as diversas estratégias de resistência dentro de contextos e fugindo de explicações maniqueístas. A realização das fases da olímpiada, ao longo de uma semana, permite que estudantes possam consultar outros textos, debater com colegas e professores, o que possibilita que temas como resistência não sejam tratados de maneira superficial.

Na tríade *verdade, memória* e *justiça*, na ONHB, os contornos sobre memória são representativos e pode-se afirmar que são variados os *lugares de memória*, tomando o conceito cunhado por Pierre Nora, que a olimpíada apresenta aos estudantes e professores: placas de homenagem, construções, dicionários, historiografia, arquivos. O tema que coloca o passado e o presente sem fronteiras tão rígidas é menor na abordagem da ditadura militar. Embora não seja possível saber se existe uma razão específica, pode-se inferir que o próprio tema da memória e das disputas em torno dos usos do passado, no espaço escolar, não é tão recorrente. Se ocorre, é por saberes dos próprios docentes, haja vista que os currículos não sinalizam de maneira clara para essa abordagem.

> O acesso à história da Guerrilha do Araguaia foi dificultado por ações do Regime Militar, empenhado em definir os contornos da memória nacional [oitava edição, questão 33, fase 3, 2016].

> A redescoberta, pela Comissão Nacional da Verdade e da Justiça, em 2011, de um relatório desparecido por décadas aponta para a dificuldade de acesso aos documentos referentes à Ditadura Civil-Militar, causada em parte pelas disputas em torno das memórias sobre o regime ditatorial [10ª edição, questão 9, fase 1, 2018].

Ainda que possa, em comparação com os outros dois temas, parecer menos recorrente, a memória, em 2014, ganhou expressividade em grande parte da prova, já que seu tema era "Memórias da Censura".

> Nessa tarefa, as equipes vão falar sobre a censura ocorrida naquela época a partir de memórias do período. Sua tarefa é entrevistar uma pessoa que viveu naquela

época e produzir um texto baseado nessa entrevista, apoiado por informações históricas.

Esse é um trecho da orientação para a produção da tarefa que tem como documento privilegiado o testemunho oral. Na próxima parte, serão discutidos os resultados possíveis da análise sistemática das produções.

Um arquivo alternativo: memórias da censura

Em primeiro lugar, é fundamental entender que a proposta da tarefa da edição 2014 buscou que estudantes trabalhassem tal qual historiadores. Ou seja, analisar uma fonte (no caso, oral) e, por meio desta, produzir uma escrita sobre um tema em um espaço (a cidade dos estudantes) e em um tempo (a experiência com a censura durante a ditadura).

Esse movimento é uma experiência ímpar para o ensino e a aprendizagem em história. Michel de Certeau (1982),[4] no livro *Escrita da história*, para dar conta do que produzem os historiadores ao fazerem história, trabalha com a categoria operação historiográfica. Grosso modo, pode-se aproximar a proposta da tarefa dos preceitos da categoria:

> Encarar a história como uma operação será tentar, de maneira necessariamente limitada, compreendê-la como a relação entre um *lugar* (um recrutamento, um meio, uma profissão etc.), *procedimentos de análise* (uma disciplina) e a *construção de um texto* (uma literatura) [Certeau (1982:66].

Ora, na tarefa,[5] temos os estudantes/a escola, como sendo o *lugar*; os *procedimentos de análises*, métodos indicados na orientação da tarefa pela ONHB; e a *construção do texto*, aspectos que serão analisados a seguir. A marca do lugar é evidente, muitas vezes, nas leituras do texto, pois é sabido que o espaço escolar

[4] Essa discussão é potente, mas, por conta da organização do capítulo, optou-se por escolher o referido autor, entre tantos outros possíveis, como Marc Bloc e Jacques Le Goff.

[5] Pela ausência de referências bibliográficas claras para a elaboração da tarefa, não é possível mapear ou fornecer certezas sobre as referências utilizadas pela organização para estruturar a metodologia proposta aos estudantes.

preza por uma escrita de cunho dissertativo, o qual tem mais espaço que outros gêneros textuais. Na leitura dos textos se identifica, por meio da escolha das palavras pelos estudantes, uma textura estudantil, que, por vezes, é carregada de emoção, conferindo e dando legitimidade a quem os constrói: adolescentes.

A análise de 100 entre aproximadamente 4 mil tarefas se apresenta um verdadeiro arquivo, composto por olhares de alunos e professores sobre censura e repressão. Desse modo, como quer Jelin, pode-se compreender esse material produzido em 2014 como algo em direção ao que a autora chamou de *arquivo alternativo*:

> aquela acumulada pelos órgãos de direitos humanos, baseadas, quase sempre, nas denúncias de vítimas, testemunhos pessoais e em registros da imprensa, assim como nos próprios testemunhos orais de vítimas e vestígios nas audiências de comissões e julgamentos [Jelin, 2017:168, trad. livre].

Sabe-se que a ONHB não é um organismo de direitos humanos, mas está claro que suas propostas se baseiam no dever de memória, sobretudo no que se conhece como "nunca mais". Ou seja, conhecer o passado para não o repetir. Sabe-se também que no Brasil não houve julgamentos sistematizados, como é o caso de onde escreve Jelin, a Argentina. Assim, sabendo desses dois pontos, ainda se vê como possível tomar o laborioso trabalho da ONHB como um arquivo alternativo, pois incorre no levantamento de testemunhos de experiência com a censura e a repressão, acerca do passado ditatorial. Tais testemunhos, por vezes, não estão registrados em instituições que tratam do tema.

Os textos escritos pelos estudantes obedeceram a uma série de orientações, cuja íntegra se faz necessário trazer neste capítulo. A regra geral é escolher uma pessoa, entrevistá-la e, em seguida, produzir um texto sobre a entrevista. No geral elas orientam sobre a forma, como conduzir uma entrevista, e o conteúdo, com sugestões de como abordar.

> 1) Recolha os dados sobre a pessoa: nome, ano em que nasceu e local onde nasceu, e onde a pessoa vivia na época da ditadura civil-militar. Você pode gravar ou anotar. É importante levar um roteiro já pronto da entrevista, mas abrir espaço para que a pessoa fale de coisas que ela for lembrando durante a conversa; 2) Os entrevistadores (a equipe) devem tirar uma foto junto do seu entrevistado. Pode ser uma foto simples,

usando máquina digital ou o celular. Lembre-se de pedir autorização por escrito para utilizar esta imagem; 3) Para o sucesso da entrevista, é preciso reservar um tempo, ter calma (não afobar o entrevistado) e estar em um lugar silencioso.

O que perguntar na entrevista? Damos aqui alguns exemplos:
1) Informe-se sobre a atividade que a pessoa exercia naquela época (profissão ou escola); se vivia com os pais, com a família, sozinho ou com amigos, se já tinha a própria família; 2) Informe-se como era o cotidiano desta pessoa quando não estava no trabalho ou na escola. O que fazia para se divertir (cinema, bailes, televisão, clube), o que gostava de ler ou de escutar (rádio, discos); qual era o seu cantor, cantora ou grupo musical preferido? 3) Agora vamos ao cerne da entrevista: quais as memórias [que] esta pessoa entrevistada tem da experiência da censura durante o período da ditadura civil-militar: Ela sabia que havia censura? Ela se lembra de algum episódio que a marcou? O seu cotidiano (ou o cotidiano das pessoas com que ela viva) foi afetado de alguma maneira?

A estrutura e as escolhas narrativas são livres, o que abre espaço para a criatividade e diferentes usos da documentação produzida no momento da escrita. Desse modo, foi possível apreender algumas marcas. Alguns textos trazem reflexões, a partir dos entrevistados, entre o passado ditatorial e o presente. Geralmente esses textos são marcados por posicionamentos declarados de repulsa, por parte dos autores estudantis, em relação à ditadura ou a apoiadores dela. Outros textos são marcados por apresentações restritas a dados biográficos, focando na narração da vida de quem lhe concedeu a entrevista. Há ainda textos que apresentam análises das entrevistas relacionando-as com os conhecimentos sobre ditadura militar. As escolhas linguísticas variam entre a clareza e a objetividade de alguns textos, tal qual um texto dissertativo, em contrapartida a escritas em tons poéticos, com frases de efeito e, por vezes, explicitando o cuidado com o entrevistado ou a entrevistada.

Os textos produzidos estão sob a tutela da organização que, em razão da escrita deste capítulo, disponibilizou-os mediante o envio de uma autorização para fins científicos. A qualidade de *arquivo alternativo* reside no fato de que, por meio da análise das tarefas, é possível cartografar memórias da censura, pois contêm nome dos entrevistados, cidade, estado e algumas informações da vida pessoal, como profissão. Esses dados já eram esperados pela própria organização, haja vista a orientação dada. Para além dos dados técnicos, o conteúdo apresentado pelos estudantes não se restringe apenas ao tema da tarefa, pois as produções analisadas transbordam o tema.

Nesse caso, outro dado relevante é a composição, envolvendo a maior parte dos estados do país: Acre, Paraná, Espírito Santo, Roraima, Santa Catarina, Piauí (um); Amazonas, Amapá (dois); Alagoas, Bahia, Distrito Federal, Pernambuco (três); Maranhão, Rio Grande do Sul (quatro); Paraíba, Rio de Janeiro (cinco); Rio Grande do Norte (10); São Paulo (16); Ceará (20). Desse modo, compreende-se que o conjunto analisado se refere à pluralidade de regiões do Brasil, justamente pela característica da olimpíada, que se preocupa com a participação sobretudo de escolas públicas, já que essas têm valores de inscrição diferentes das escolas privadas. Sobre a questão espacial, vale notar que uma grande contribuição da análise desse material é trazer à tona visões e experiências desse período em cidades do interior do país e não somente das capitais.

Os personagens do conjunto de tarefas produzidas são, em sua maioria, homens. Nas 100 tarefas, apenas 23 são mulheres. Recorrendo a Jelin, a qual tem um expressivo estudo sobre gênero e memória de sobreviventes na última ditadura argentina, são possíveis algumas considerações sobre o assunto. Em primeira mão, nota-se a recorrência de que os homens entrevistados, ou citados por suas esposas, ocupavam espaços institucionais durante a ditadura, fosse no campo da política formal, como vereadores ou prefeitos, fosse nas Forças Armadas. Por outro lado, apresentam-se homens universitários, sendo este grupo o que mais relata sobre repressão e censura.

Quanto às personagens femininas das tarefas analisadas, pode-se afirmar que são leitoras. Como o tema é censura, muitas delas relatam sobre censura a livros de seu interesse, assim como no ambiente de escolarização. Pelas tarefas, as mulheres narram cenas que as colocam em um lugar de trânsito, ou seja, não estão estereotipadas na visão de mulheres submissas ou que sofrem, mas sim agenciadoras de suas trajetórias como universitárias ou mesmo trabalhadoras.

É comum, na maioria dos textos, que os estudantes registrem outros tipos de repressão, principalmente prisões ou perseguições. Desse modo, ainda que haja um direcionamento por parte da olimpíada, há um indício de que os estudantes escolhem registrar pontos que lhes interessam e os atravessam. É possível perceber esse aspecto, pois os caminhos "desvirtuados" por vezes são acompanhados de reflexões sobre como a ditadura funcionou com múltiplas formas de repressão e violência, como pode ser visto nas seguintes tarefas:

Nesse mesmo ano, Luciano entrou na UFPE, cursando Medicina, e a princípio foi convidado a fazer parte do Diretório Acadêmico. Durante a entrevista, Luciano nos revelou que depois do AI-5 ser validado, o Reitor da UFPE não aguentou a insistência do general e assinou o termo que decretava a cassação de alguns estudantes de Medicina, muitos dos que foram cassados eram atuantes na política: "Ao chegar à faculdade, fui chamado para a sala do Reitor, logo depois para o anfiteatro de anatomia, onde 200 e poucos alunos estavam. Tive a iniciativa de pegar um giz e escrevi no quadro negro: "Não aceitaremos as cassações'. Foram sete minutos de aplausos e gritos intensos. Foi algo que me marcou muito" [tarefa 19].

Depois de se livrar da prisão, fugiu para o interior de Pernambuco, clandestinamente, junto com sua esposa. "Apesar de muito torturados, nunca entregamos nossos companheiros. Fui anistiado em 1979, junto com minha esposa, porém o Zeca, segundo o registro oficial dos militares, cometeu suicídio, mas suspeitamos de que, na verdade, ele não resistiu às torturas, já que a Comissão da Verdade nunca revelou nada sobre os fatos ocorridos" [tarefa 12].

"Eles só queriam informações e os que torturavam fisicamente eram psicopatas." Descreveu assim os militares. Fez menção à Igreja Católica, dizendo que esta apoiou o golpe e que os padres ao rogarem sempre pediam a Deus que os livrasse dos comunistas. Além disso, relatou emocionado que dois de seus três filhos também foram capturados [tarefa 21].

M. F. S. A., de 68 anos, atualmente é um médico aposentado e participante do projeto "Memória Oral por Verdade e Justiça". Ainda estudante de Medicina da Universidade Federal do Ceará (UFC) na época em que ocorreu o golpe civil-militar de 1964, ele integrava muitos movimentos contra a ditadura. Chegou a ser preso e levado de Fortaleza (CE) para Campina Grande (PB) onde foi torturado. Após certo período encarcerado, M. F. fugiu, e para isso teve que adotar uma identidade falsa, com o nome de Antônio Felipe dos Santos. Mesmo assim, foi pego e preso novamente, dessa vez sendo levado para Recife (PE), onde ficou em uma prisão clandestina [tarefa 28].

Assim, o binômio censura e repressão, para os estudantes e os entrevistados, é indissociável. Ainda que possam tomar a censura como um tipo de repressão, os textos indicam a repressão dissociada da censura quando se manifesta no campo da tortura e da violência física. Nesse sentido, são raros os casos que tratam os impactos psicológicos da prisão, tortura ou perda de um parente ou amigo próximo por questões políticas. Um caso emblemático que aparece em uma das tarefas é o da sobrinha de frei Tito. O impacto da tortura e da prisão do tio, na família, não é registrado ou mesmo falado pela entrevistada.

As experiências registradas sobre a censura apresentam uma extensa e intensa atuação de interferência do governo ditatorial na vida pública e privada: teatro, televisão, rádio, jornais, cinema, biblioteca em universidades, livros científicos, literatura. Quando narradas essas experiências, geralmente elas vinham acompanhadas de comentários sobre proibições de outro cunho, por exemplo, circular em lugares públicos em grupos, ou mesmo com falas sobre o fim da liberdade de expressão. Nesse caminho, há citações ao trabalho de censores, quando os textos apontam que os entrevistados sabiam do processo para liberar uma música, um filme, ou mesmo a divulgação de uma matéria no jornal. Outra experiência citada em muitas entrevistas é a autocensura, ou seja, a naturalização e normalização da censura no cotidiano. Os que narram sobre isso tecem comentários do quanto um governo pode interferir em todos os aspectos da vida, inclusive na mentalidade.

Ao fim da tarefa, os estudantes deveriam registrar uma canção que eles entendessem que fosse representativa da tarefa e selecionar um trecho dela. Das 100, 54 escolheram músicas de Chico Buarque, sendo *Apesar de você* a mais citada, com 25 citações. Algumas tarefas apresentam outros cantores, mas, mesmo naquelas que se realizaram em outros estados, vê-se a preferência em citar um cantor e compositor sudestino.

Por todas as razões apresentadas, pode-se afirmar que, em 2014, a ditadura foi proposta pela ONHB como um passado sensível. Abriram-se as fronteiras entre passado e presente e, assim, estudantes foram colocados em posição de produção de um material a partir de uma guinada a memórias difíceis.

Considerações finais

Helenice Rocha, ao analisar a coleção dos livros didáticos de PNLD 2011 para o ensino fundamental, identifica alguns dos principais temas que constroem as narrativas sobre ditadura militar: a contextualização das motivações do golpe, aspectos econômicos do período, focando no milagre econômico, assim como os acontecimentos relacionados à direita. Dessa forma, vê-se que os temas estão em sintonia com as referências curriculares brasileiras.

Considerado isso, a partir da análise das questões propostas pela ONHB, verificou-se que a prova acrescenta perspectivas às aulas de história, por meio de temas, documentos e propostas que não estão de maneira direta e clara nas narrativas dos livros didáticos ou mesmo em propostas curriculares oficiais. Isso ocorre, justamente, por se tratar de um projeto de divulgação científica voltado ao ensino de história, ou seja, tem seu funcionamento próprio e vem somar, de forma significativa, ao ensino de história, já que a renovação em livros e currículos não acompanha, de maneira sincrônica e imediata, as renovações na produção historiográfica.

Se *mexer em casa de marimbondos* é enfrentar o que se quer esconder e calar, então, pode-se afirmar que esta proposta é o cerne da ONHB. Nas produções estudantis analisadas, foi possível mapear, pelo registro no texto, conflitos de estudantes que discordaram de entrevistados que elogiavam a ditadura, ou mesmo estudantes que usaram tons pejorativos para se referir a organizações de resistência. Ainda que se possa tecer esses comentários, não se tem uma pesquisa aprofundada sobre essas disputas que ocorrem no espaço escolar.

Um caso emblemático nesse sentido ocorreu em 2019, durante a primeira fase da 11ª edição. Os colégios pertencentes ao Sistema Colégio Militar do Brasil (SCMB) foram vetados de darem continuidade à olimpíada pelo próprio Exército, em nota do Departamento de Educação.[6] O caso ganhou a imprensa nacional, já que esses colégios, desde a primeira edição, foram premiados e alcançaram grandes resultados. Na época, a primeira fase contava com questões envolvendo temas de gênero e sexualidade, produções artísticas femininas, história da alimentação e da arquitetura, relatos de viajantes no período colonial, além da presença indígena nas universidades.

Em tempos de negacionismos, redes sociais e mundo digital, a possibilidade de produzir conhecimento histórico por meio de documentos selecionados por historiadoras e historiadores fortalece a importância da ciência histórica no debate sobre temas sensíveis.

6 Para saber mais, acessar: <www.olimpiadadehistoria.com.br/noticias/ler/140>.

Fontes consultadas

Edições anteriores da Olimpíada Nacional em História do Brasil (ONHB). Disponíveis em: <https://drive.google.com/drive/folders/0B24Pob8ON I7TbnY3cVVlNmtfUlk?usp=sharing. Acesso em: mai./jul. 2020.

Tarefa da sexta edição, disponibilizada pela organização, mediante apresentação de termo de compromisso e sigilo, apenas para uso científico.

Referências

ALBERTI, Verena. História e memória na sala de aula e o ensino de temas controversos. In: QUADRAT, Samantha Viz; ROLLEMBERG, Denise (Org.). *História e memória das ditaduras do século XX*. Rio de Janeiro: FGV Ed., 2015, p. 283-300.

______. Ditadura militar brasileira nas aulas de história. *Tempo e Argumento*, Florianópolis, v. 13, n. 33, e0102, mai./ago. 2021.

CAIMI, Flávia. Fontes históricas na sala de aula: uma possibilidade de produção de conhecimento histórico escolar? *Anos 90*, Porto Alegre, v. 15, n. 28, dez. 2008, p. 129-150.

CERTEAU, Michel.de. *A escrita da história*. Rio de Janeiro: Forense Universitária, 1982.

JELIN, Elizabeth. *Los trabajos de la memoria*. Madrid: Siglo Veintiuno, 2002.

______. *La lucha por el pasado*: cómo construimos la memoria social. Madrid: Siglo Veintiuno, 2017.

MENEGUELLO, Cristina. Olimpíada Nacional em História do Brasil: uma aventura intelectual? *História Hoje*, v. 5, n. 14, 2011, p. 1-14.

REIS, Daniel Aarão. Ditadura, anistia e reconciliação. *Revista Estudos Históricos*. Rio de Janeiro, v. 23, n. 45, jan./jun. 2010, p. 171-186.

ROCHA, Helenice. A ditadura militar nas narrativas didáticas. In: ______; REZNIK, Luis; MAGALHÃES, Marcelo. (Org) *Livros didáticos de história*: entre políticas e narrativas. Rio de Janeiro: FGV Ed., 2017, p. 245-268.

TERCEIRA PARTE

A interlocução da história – historiadores e professores – com políticas públicas

14. "No fim, sobraram as telas": corpos e vozes docentes em aulas remotas de história

Rafael Monteiro

Em 2020, quando ensaiávamos modos de enfrentar as nefastas consequências da disseminação da Covid-19, muitos disseram que testemunhávamos o fim de um mundo. Precisaríamos reinventar outro. Ali, naquele momento, as telas tornaram-se elementos que mediaram e estruturaram muitas relações, entre elas, aquelas que aconteciam nas escolas do Brasil e do mundo. Este texto está interessado em aspectos relativos a essas telas e às aulas de história, trazendo reflexões desenvolvidas em uma pesquisa de doutorado atualmente em curso.

Neste capítulo, focalizaremos as dimensões do corpo e da voz (oralidade) docente no ambiente remoto. Nosso objetivo é traçar possíveis relações entre tais dimensões, reconhecendo sua importância para a expectativa docente do fenômeno "aula" e os aspectos sensíveis que as permeiam, sobretudo neste momento específico das relações humanas (das quais professores e estudantes não escaparam).

Assumimos como pressuposto que

> discutir tudo que acontece de relevante no mundo público ('assuntos relacionados ao noticiário político ou internacional') não só é importante para o ensino de história, mas está no âmago da educação e do ensino de qualquer disciplina [Penna e Silva, 2016:168].

A despeito de concepções de educação que desejam encerrar a criticidade nas escolas, sobretudo em aulas de história, abordaremos, ao longo deste texto, algumas iniciativas docentes que revelam o compromisso ético da disciplina, especialmente em um momento de acirramento de injustiças históricas e das desigualdades.

Para construir nossas apreciações, partiremos das observações das aulas remotas e síncronas de um professor de história do ensino médio de uma escola pública da Região Metropolitana do Rio de Janeiro. Num primeiro momento, apresentaremos o contexto de atuação docente durante a pandemia de Covid-19, destacando políticas públicas e outras iniciativas que culminaram na adoção do "ambiente remoto" como alternativa para continuidade do ano letivo em 2020. Em seguida, refletiremos acerca do investimento desse professor na preservação de aulas síncronas, em que pese a centralidade da oralidade, num momento em que as aulas poderiam acontecer mediante a postagem de materiais didáticos escritos. Desdobramos, no terceiro tópico, algumas considerações a respeito do modo como o ambiente remoto síncrono possibilitou a entrada em assuntos candentes no presente, assim como os projetos tecidos na relação entre o professor e aquele grupo de estudantes.

Breve contextualização sobre as aulas remotas

Estávamos nos primeiros dias de março de 2020. O ano letivo mal começava em boa parte das escolas do Brasil. Escutávamos notícias de que a vida seguia sob certos cuidados em outros lugares do mundo: as pessoas retornavam mais cedo para suas casas ou saíam delas apenas para tarefas essenciais, as escolas fechavam na tentativa de mitigar a circulação de um certo vírus ainda pouco conhecido. As notícias de longe chegavam há algumas semanas. Em um mundo conectado por telas, redes e aeroportos, não demoraria até que o SARS-CoV-2 chegasse ao Brasil e nos acometesse também com (centenas, milhares de) consequências e restrições. Então, ainda ali, naquelas primeiras semanas de março, as escolas do Brasil fechavam as portas para as atividades presenciais, comprometendo a dinâmica habitual do processo de ensino-aprendizagem da maioria delas: professores e estudantes no mesmo tempo e espaço, no chão da escola.[1]

Em 18 de abril de 2020, o Conselho Nacional de Educação (CNE) elaborou as diretrizes que deveriam orientar as escolas da educação básica e as instituições superiores na condução das aulas remotas, entendendo-as como alternativa para

[1] De acordo com dados levantados por Alexandre Duarte e Alvaro Hypolito (2020), o Brasil contava, em 2020, com 182.468 estabelecimentos de ensino, entre os quais 99,7% afirmavam ter o modo presencial como única modalidade de mediação didático-pedagógica.

mitigar os problemas da suspensão das aulas presenciais e garantindo assim a continuidade do ano letivo. O parecer CNE/CP nº 5/2020 (Brasil, 2020) autorizava a modalidade remota no ensino básico, reforçando a autonomia das escolas, redes e instituições de ensino. Tal parecer listava uma série de alternativas para viabilização dessas aulas nesse não tão novo, mas certamente inesperado, modelo: meios digitais, videoaulas, plataformas virtuais, redes sociais, programas de televisão ou rádio, material didático impresso e entregue aos pais ou responsáveis (Brasil, 2020:8-9). Se, por um lado, tal medida pode ser compreendida como razoável diante da situação inesperada e calamitosa, por outro, pode ser encarada como um mecanismo que acentuou as desigualdades sociais, sobretudo no que diz respeito ao acesso à internet.

Assim, vimos, através de pesquisas e diferentes relatos docentes, que as aulas aconteceram de maneira consideravelmente fragilizada, especialmente por dois motivos. Primeiro, porque os alunos, sobretudo aqueles das escolas públicas, não dispunham de materiais necessários para o bom acompanhamento das aulas, como computadores, *tablets*, celulares ou mesmo boa conexão de internet. Segundo, porque as instituições não conseguiram adaptar seus currículos ao ensino remoto (Sales e Evangelista, 2021).[2] Quer dizer, não houve uma reflexão sólida sobre aquilo que deveria compor a organização curricular, assim como não houve políticas complexamente elaboradas para garantir aos alunos a possibilidade de acompanhar as aulas remotas de suas casas. Segundo Sales e Evangelista (2020), tais desafios comprometeram a relação docente/estudante de maneira significativa, assim como os sentidos que os segundos atribuem à escola. Afinal, não podemos ignorar que a escola não é apenas uma instituição de transmissão daquilo que as disciplinas curriculares têm a ensinar, mas também é um importante espaço de socialização e subjetivação (Biesta, 2012). A respeito do ensino de história, de maneira particular, falamos ainda do modo como essa disciplina contribui para a formação das diferentes identidades a partir da alteridade em relação ao passado.

O que no primeiro momento parecia uma solução provisória, estendeu-se por semanas, meses... quase anos. Em alguns casos, as aulas presenciais só retomaram em dezembro de 2021. Esse é o exemplo das turmas de terceiro ano

---

2 Ver "Trabalho Docente em Tempos de Pandemia – Relatório técnico" elaborado pelo Grupo de Estudos de Política Educacional e Trabalho Docente da Universidade Federal de Minas Gerais (GESTRADO/UFMG), 2021.

do ensino médio do professor Luís, cujas experiências no ensino remoto serão alvo das nossas reflexões.

Em diálogo com essa conjuntura, gostaríamos de indicar que, neste trabalho, não estamos compreendendo as aulas remotas experienciadas durante a pandemia como "ensino a distância" (EAD). Isso porque nessa modalidade de ensino são utilizadas metodologias próprias, desde sua concepção, implicadas com as características intrínsecas ao modelo (Moran, 2011). Aliás, professores criticam, justamente, a ausência de propostas apresentadas pelos sistemas de ensino para a realização das aulas que aconteceram durante a pandemia. Alexandre Duarte e Alvaro Hypolito (2020) apresentam a discrepância entre o Decreto nº 9.057/2017, que regulamenta e define a modalidade de EAD, e a realidade vivida por professores e professoras nas escolas brasileiras. Os autores analisam que, embora a LDB determine que o trabalho docente deve ser realizado sob condições de trabalho adequadas, isso está longe do que aconteceu ou acontece na maioria das escolas brasileiras, sobretudo as da rede pública.

A dificuldade de acesso às tecnologias de informação e comunicação (TIC) escancaram problemas que os docentes já enfrentavam, notadamente acentuados pela imposição do ambiente remoto. Ou seja, estamos falando de um cenário precário em relação ao acesso dos estudantes, mas não podemos ignorar que professores também estiveram limitados por uma realidade material, para não falarmos do desgaste físico e emocional. Diante desse panorama, professores precisaram manipular seu conjunto de saberes de outra forma, ora conservando aspectos da prática que realizavam no chão da escola, ora inventando novas "formas de fazer" nesse/sobre esse novo cotidiano.

Em nossa perspectiva, entendemos que, além daquilo que é objeto do ensino do professor de história, existe também um modo de fazer que merece nossa atenção, pois ele atribui sentido à "aula de história" não somente pelo conteúdo ou temas que mobiliza, mas pela maneira como o faz. Isto é, professores de história do ensino básico estavam habituados a certo modelo e expectativa do que compreendem como uma aula de história, que precisou ser reestruturada para um novo formato. Estamos falando de um modelo que não é aprendido na formação, mas resultado de uma experiência repetida e aprimorada em uma rotina coletiva, relativa à cultura escolar, e individual, pois reflete escolhas e particularidades de cada professor.

No que tange a essa problemática, refletimos sobre a importância e a centralidade da oralidade, da corporalidade e do encontro na aula de história, com os quais os professores constroem representações do passado em suas aulas. Entendemos que essa oralidade corporificada é inventiva e evidencia um modo de fazer próprio daquele que o faz na relação com aqueles a quem se dirige, e que fora comprometida/reinventada no momento em que focamos nossa análise.

A voz do professor: alternativa à deficiência leitora ou retomada do encontro?

> Então sei lá, proclamação da República, então eu formulava um texto, tentava escrever, claro, como se eu tivesse dando aula, da forma mais didática e simples possível, até porque eu sei que são alunos que têm dificuldade de leitura, então tudo era leitura. E aí eu postava as atividades. E aí quando eu voltava tinha assim: 40 alunos na turma e três devolviam. Eu fazia o texto, fazia um questionário no final e aí eles me devolviam. E aí era assim: dois, três me devolviam. E isso me desestimulou. O modelo me desestimulou e aí eu não postava com a regularidade que eu deveria postar. Porque eu via colegas postando toda semana e aquilo se acumulando, se acumulando, e os alunos pouco devolvendo. No ensino médio, você tinha o modelo duplo: você tinha as aulas ao vivo, aquelas aulas no Google Meet, e tinha a questão da postagem. Tinha professor que não dava aula, só postava coisas. Então assim, eu acho que para esse aluno nas aulas ao vivo, eu acho que deu para fazer um trabalho interessante. [...] Mas desses alunos muitos não frequentavam porque não tinham interesse, porque tinham a plena consciência de que seriam aprovados, mas muitos, e eu acredito que a grande maioria, não tinha condições de acessar. E para esses eu acho também que foi um 2020 falho em matéria de conteúdo, porque eu acabei me dedicando mais àqueles que estavam *on-line*, aqueles que estavam ao vivo. Eu acabei me dedicando, de preparar aula, de pensar aula, para esses alunos. Ensinar na pandemia foi um desafio muito grande. Eu me senti um professor pior no geral, a não ser para esses poucos alunos que iam no *on-line*. Mas no geral eu me senti um professor pior. E isso me incomodou porque dar aula em 2020 foi isso: me fez um professor pior por causa de todos esses desafios [professor Luís, 2021].[3]

[3] Codificamos o nome do professor, em respeito ao que foi acordado junto ao Comitê de Ética da Universidade Estadual do Rio de Janeiro (Uerj), que concedeu as permissões necessárias ao andamento da pesquisa de doutorado atualmente em curso, da qual este texto é um pequeno fragmento. A referida pesquisa foi autorizada através do Parecer nº 4.398.893.

Quando convidado a refletir sobre as aulas remotas durante a pandemia, Luís é categórico ao dizer, logo de início, que considera que foi "um professor pior" para seus alunos do ensino fundamental. Isso porque o professor, em um momento de reflexão sobre sua prática, analisa que não conseguiu alcançar os estudantes em sua maioria. Ele conclui que o método majoritariamente adotado em uma das escolas onde trabalha, da rede municipal, não estava funcionando: ele e os colegas postavam materiais didáticos nas plataformas virtuais, mas recebiam pouco ou nenhum retorno dos estudantes, sobretudo à medida que o tempo passava e o ano letivo avançava. Então ele foi, aos poucos, desistindo de elaborar tais materiais. Por outro lado, com os estudantes do ensino médio, em uma escola da rede estadual, o professor compreende que conseguiu desenvolver um trabalho mais satisfatório. Com estes últimos, foi possível realizar encontros semanais, antes mesmo de o Estado adquirir pacote de dados ou instituir o Google Meet como plataforma oficial para a realização de aulas síncronas. Nesse caso, o professor e os estudantes contavam com seus próprios recursos materiais.

Contudo, embora as aulas tenham acontecido de maneira sistematizada (semanalmente, com cerca de duas horas de duração), antes e depois das diretrizes do Estado, a realidade é que apenas uma parcela muito pequena dos estudantes comparecia aos encontros. Quando compareciam, mantinham suas câmeras fechadas durante todo o tempo. O professor justifica que essa realidade se explica porque os alunos têm vergonha das suas casas, onde teoricamente estão assistindo às aulas, e porque não têm recursos ou materiais que lhes permitam fazê-lo de forma satisfatória.

À medida que a nossa entrevista avança, o professor aponta que os estudantes têm muita dificuldade de leitura e que, por isso, a postagem de materiais na plataforma consistia em um recurso potencialmente falho. Helenice Rocha (2006, 2010) pesquisou sobre as representações de professores de história no que diz respeito à capacidade de escrita de seus estudantes, incluindo a leitura, concluindo que os professores da rede pública atribuem uma deficiência na leitura e na escrita que limitaria o processo de ensinar e aprender história. Afinal, a disciplina desenvolveu-se em torno de um processo reflexivo que culmina numa escrita. Ainda, a pesquisadora constata que a escola ocidental se formalizou de tal modo que, quando os alunos chegam em determinada etapa escolar, espera-se que eles já tenham sido "alfabetizados" e, portanto, aptos a ler e escrever, desconsiderando a alfabetização como processo contínuo. Ou seja, quando as crianças chegam ao sexto ano do ensino fundamental, imagina-se que elas já tenham desenvolvido certas habilidades cognitivas que lhes deem fluência na aprendizagem das disciplinas, sobretudo naquelas que detêm forte relação com a escrita, como é o caso da história. No entanto, Rocha nos provoca a pensar que o texto histórico, mesmo o escolar, possui características próprias, o que significa que esse texto pode demandar capacidades leitoras específicas que os estudantes talvez não possuam porque ainda não foram confrontados com esse tipo de texto

Portanto, existe um cenário enfrentado não só por Luís, mas por professores de história (sobretudo da escola pública) de maneira geral que devemos considerar: o que pensam os professores sobre as aulas de história, especialmente no que se refere ao aprendizado de seus alunos, quando a aula está majoritariamente exposta em um suporte escrito? Ou quando as aulas remotas se desprendem da oralidade/corporalidade habituais e estruturam-se num texto escrito, como aconteceu em boa parte das aulas durante a pandemia, especialmente nas escolas públicas?

Luís nos aponta uma pista ao dizer que busca se aproximar de uma oralidade na elaboração desses materiais escritos. Poderíamos considerar que a tentativa de recuperar a dimensão da oralidade quer preservar uma fluência ou naturalidade que estaria presente nos encontros síncronos das aulas fora das telas. Ou seja, podemos inferir que existe um esforço em retomar uma característica da aula comprometida pelo fechamento das escolas. Esse aspecto nos insta a duas reflexões: a oralidade não somente como alternativa à suposta deficiência leitura dos estudantes, mas também como preservação do encontro.

A oralidade do professor como alternativa à suposta deficiência leitora dos estudantes

> Assim, a gente sempre valoriza as outras disciplinas na formação do aluno, mas os problemas de interpretação, de leitura, num modelo de aula em que você só posta textos, nisso ficava muito evidenciada a carência de formação. E muitas vezes na sala de aula você acaba mascarando isso porque eu tô falando e eles não estão lendo... eu escrevo no quadro, então eles estão anotando o que eu estou escrevendo... eu quase não peço para eles lerem porque a aula é muito corrida, *então nesse tipo de aula, quando o cara só tem que ler, aí fica nítido*. Então as aulas presenciais muitas vezes mascaram [essa deficiência], porque assim, meu modelo de aula, e a maneira

> como eu acho que tem de ser uma aula de história, é de mais conversa, de escrever menos no quadro e conversar mais, debater mais, isso sempre ficou muito mascarado [professor Luís, 2021, grifo meu].

Neste texto, quando nos referimos à oralidade, estamos falando da tentativa de preservação da aula síncrona, quando o professor está compartilhando um mesmo momento (no tempo e no espaço entretelas) com seus estudantes. No excerto anterior, podemos identificar a atribuição de uma deficiência leitora que comprometeria o aprendizado em história, predominantemente, através da leitura de um material escrito, segundo a compreensão desse professor. Nesse cenário, Luís tem o compromisso de escrevê-lo, enquanto os estudantes assumem a responsabilidade de lê-lo. É nesse momento que, para o professor, se escancara o problema da deficiência da leitura e as aulas síncronas se tornam uma alternativa. O professor visualiza a possibilidade de ensinar história de uma maneira em que a leitura perde destaque, dando à sua própria oralidade (e corporalidade) a evidência necessária para que seu público consiga, de alguma forma, aprender.

Flavia Caimi, Leticia Mistura e Pedro de Mello (2021), em reflexão sobre aulas de história que aconteceram durante a pandemia, consideram que os estudantes não identificam alteração no que compreendem ou aceitam como fenômeno "aula de história" quando esta é transportada para algum formato no espaço virtual. Isso porque o conjunto de representações que caracterizam uma "aula de história" não sofre alterações significativas quando seu suporte é alterado. Em uma perspectiva estável da aula de história, teríamos (1) o conteúdo histórico, que pode estar presente tanto na fala do professor como em outros materiais didáticos, e (2) os movimentos e gestos dos agentes envolvidos, sobretudo dos professores e estudantes, cabendo aos primeiros a palavra "incessante, assertiva e diagnóstica" e aos segundos "a espera atenta e a reprodução" (Caimi, Mistura e Mello, 2021:13). Quando o fenômeno da aula predomina sob tais aspectos, parece não haver prejuízo quando esta acontece fora da escola e do contato físico e presencial. Os estudantes não se ressentiriam da ausência de interação porque esta não parecia elementar mesmo antes das aulas pré-pandemia.

No entanto, se considerarmos a questão da oralidade como estratégia ao problema da leitura que aqui estamos traçando, a perda dessa interação parece constituir um fator dificultador do processo de ensino do professor. Isso porque a interação é justamente o momento em que a oralidade ganha sua força, em que a narrativa emana da expressividade do seu corpo, à medida que a aula, sujeita a inúmeras alterações no seu curso, acontece. Sendo assim, desconfiamos que os professores não compartilham da mesma opinião dos estudantes focalizados pelos autores supracitados: nossa aposta é que, para eles, a transferência do suporte da aula de história, em que pese a ausência de interação com seus estudantes, compromete o próprio sentido que atribuem àquilo que entendem como "aula de história".

Como mencionamos, o professor Luís se esforça em manter suas aulas síncronas, ou seja, em preservar a interação instantânea entre ele – estudantes – objeto de conhecimento. O contrário também é verificado, já que, aos poucos, abandona a criação dos materiais didáticos cujo suporte é exclusivamente o texto escrito.

Segundo Mikhail Bakhtin (2004), os gêneros do discurso são resultados da estabilização de expectativas a respeito de um enunciado. Para ele, o conteúdo temático (assunto), o estilo (as maneiras particulares de escrita) e a construção composicional (estrutura formal), conjuntamente mobilizados, configuram uma estética a partir da qual um gênero discursivo passa a ser reconhecido. Ou seja, determinados temas estão diretamente relacionados a uma forma de apresentação, a um "estilo" possível. Se consideramos o fenômeno "aula de história" como um gênero discursivo particular, podemos entender que, se alguns elementos estiverem ausentes, as expectativas a respeito do modelo de uma aula podem ser, de alguma maneira, frustradas. É nesse sentido que entendemos a oralidade como parte daquilo que o professor espera que seja uma aula de história; afinal, sabemos da predominância dessa oralidade no ambiente escolar.

Luís afirma que esse momento da sua atuação profissional evidenciou aquilo de que já suspeitava: que seus colegas de trabalho não estavam muito interessados em saber se os alunos aprenderam ou não, já que postavam os materiais didáticos nas plataformas e não se preocupavam com uma devolutiva. Nesse sentido, o professor supõe que, nas aulas síncronas, tem maior domínio sobre o processo de ensino/aprendizagem em história, já que os alunos não precisam ler para compreender aquilo que é o objeto do seu ensino.

A oralidade como manutenção do encontro

Se por um lado a oralidade driblaria o possível problema da deficiência de leitura, por outro, podemos intuir que ela buscou ser preservada porque mantém consigo um valor performativo que caracteriza certa "essência" da aula de história – para usarmos uma categoria evocada pelo próprio professor durante a entrevista. Ou, se oralizar é importante porque os alunos não atingiram a capacidade leitora necessária, ela também o é porque é o traço imperativo do encontro.

Se a narrativa dos historiadores se constitui, sobretudo, em um suporte textual escrito, aquela dos professores de história que estão no ensino básico acontece pela articulação entre a linguagem e a própria voz. Essa voz, por sua vez, está conectada de maneira inseparável a um corpo. Ao observar as aulas de Luis, foi possível perceber momentos de suas explicações em que essa voz ganha ritmo ou entonações distintas, numa tentativa flagrante de fornecer elementos sensíveis e poéticos à narrativa. As vozes e os corpos dos professores não se apresentam friamente, mas, ao contrário, ganham expressividade à medida que identificam a necessidade de se dirigir aos alunos de uma "outra forma" – que à luz de Paul Zumthor (2018), entendemos como uma "forma poética". Em uma aula, à medida que sua explicação sobre as eleições de 1930 avança, o professor diz: "isso é importante, vou voltar à tela principal para explicar melhor a vocês" (professor Luís, 2021). Ele estava compartilhando sua tela, anotando algumas datas no "quadro" (uma janela do Microsoft Word®), quando se deu conta de que precisava *ver* os estudantes para que aquela explicação ganhasse sentido, ou ainda, ganhasse expressividade e força. Quer dizer, não bastava oralizar, mas apresentar-se corporalmente. Nessa perspectiva, podemos identificar a forte relação entre os elementos oralidade e corporalidade na aula de história.

Segundo Paul Zumthor (2018), para ir ao sentido de um discurso é necessário atravessar as palavras, considerando que elas resistem, possuem espessura e que, justamente por isso, precisam da abertura à uma intervenção corporal para que sejam compreendidas. Ele afirma:

> É nesse sentido que se diz, de maneira paradoxal, que se pensa sempre com o corpo: o discurso que alguém me faz sobre o mundo (qualquer que seja o aspecto do mundo de que ele me fala) constitui para mim um corpo a corpo com o mundo. O mundo me toca, eu sou tocado por ele; ação dupla, reversível, igualmente válida nos dois sentidos [Zumthor, 2018:71].

Para o medievalista, existe uma natureza poética no envolvimento do historiador (e, portanto, da historiografia) com seu objeto de pesquisa, isto é, existe um encontro entre uma pessoa e suas fontes, mediado por certa espacialidade e temporalidade. O trabalho do historiador é o esforço intelectual de dar sentido a esse encontro, que, embora aparentemente cognitivo, conserva os traços de um envolvimento poético.

Nesse sentido, se avaliamos as aulas de história como texto e os professores como autores (Mattos, 2007), considerando as proximidades e diferenças entre as historiografias acadêmica e escolar (Penna, 2013), podemos entender que existe um encontro instantâneo entre o texto que emana da sua oralidade/corporalidade com o público para ao qual esse texto se dirige. Concordamos com Caimi, Mistura e Mello (2021) que o fenômeno "aula" pode acontecer de diferentes formas, mas não podemos desconsiderar que as aulas de história no ensino básico acontecem, predominantemente, na instantaneidade do encontro entre professor – objeto de conhecimento – e estudantes.

Estamos falando que existia uma performance da aula de história que precisou ser repensada. Entendemos performance como um momento específico da recepção, no qual o enunciado é realmente recebido: um contexto comunicacional que integra tempo, lugar, finalidade da transmissão, a ação do locutor e, em ampla medida, a resposta do público. Ou seja, a performance ultrapassa as análises das regras textuais do processo comunicacional, considerando que existem dimensões poéticas e sensíveis que deflagram o encontro desses diferentes elementos.

Durante a entrevista, Luís nos relata que a aula síncrona lhe permitiu preservar aquilo que considera a "essência" da aula de história:

> Então assim, mesmo antes de o estado fazer essa coisa do Google Meet, eu já tinha plena consciência de que eu deveria falar com eles. E eu acho que história se aprende no debate, entendeu? Na discussão, na troca de ideias, mesmo que na hora eles não falem, mas depois eles vêm falar comigo sobre determinado tema que eu falei. Então eu acho assim, a aula de história colocando texto, texto, texto, mata a aula de história, mata aquilo que é essência da aula de história. [...] A questão de optar pela aula ao vivo sempre foi natural para mim. Eu nunca fiquei na dúvida. *A outra é mais fácil, né, só postar lá toda semana. Se alguém do estado vir vai ver que eu postei lá.... É muito mais fácil, mas pra mim isso nunca foi um ponto de dúvida. Eu sempre achei "eu tenho que dar aula, eu tenho que falar com eles. Eles têm que me ouvir, me ver. O máximo que eu puder fazer uma aula parecer com uma aula presencial, eu tenho que fazer"* [professor Luís, 2021, grifo meu].

Quer dizer, para o professor, existe uma característica da aula presencial que precisou ser preservada no ambiente remoto, sem a qual ela perderia sua essência. No limite, ele atribui ao fenômeno "aula" aquilo que caracteriza o encontro: uma voz que quer ser escutada, um corpo que quer ser visto por outro (seus estudantes). Quando Luís interrompe o compartilhamento da tela no meio da explicação e diz "deixa eu voltar para ver vocês", deduzimos que existe um movimento naturalizado pelo professor: certas explicações demandam um encontro desses corpos, ainda que mediado por telas, ainda que os corpos de seus ouvintes sequer apareçam. O que podemos avaliar desse exemplo é que o corpo desse professor *deseja* se fazer presente para outro, de uma forma ou de outra, driblando de alguma maneira a virtualidade que se impõe. Entendemos que essa oralidade/corporalidade está próxima da compreensão da linguagem dialógica para Bakhtin (2019:51), que afirma:

> O que ocorre, de fato, é que, quando me olho no espelho, em meus olhos não olham olhos alheios; quando me olho no espelho não vejo o mundo com meus próprios olhos desde o meu interior; vejo a mim mesmo com os olhos do mundo – estou possuído pelo outro.

A *essência* da aula de história: passados, presentes e projetos

Luís afirma que quando a aula de história está somente no suporte escrito, ela perde sua *essência*. Então pedimos para ele falar um pouco mais sobre o que seria essa *essência*.

> Então, eu acho que história é... eu falo pra eles, eu falei para as minhas turmas esse ano, eu quero que eles saiam da sala... eu quero dar a eles instrumentos para que eles possam lidar com o mundo que eles vão enfrentar fora da proteção dos muros da escola. Eles que estão no terceiro ano, no ano que vem saem da escola, então é de alguma maneira dar ferramentas para que eles possam entender e atuar de alguma maneira sobre esse mundo que eles vão enfrentar. Sobre a realidade que eles vão enfrentar. E aí eu falo pra eles: "Olha, eu quero que vocês saiam da minha aula com raiva, eu quero que vocês saiam da minha aula putos, mas não é a raiva pra sair ba-

> tendo em alguém." É a chama da indignação. *E eu acho que essa é a essência da aula de história: o cara tem que sair incomodado.* O mundo é ruim. É uma merda. Mas não para que ele caia em depressão, mas para que aquilo incomode ele [professor Luís, 2021, grifo meu].

O professor estabelece uma relação direta entre o encontro com os estudantes e a "essência" da aula de história, que seria a chama da indignação, um incômodo com um mundo que desafia a existência. Ou seja, a essência da aula de história se relaciona ao passado à medida que dele são despontados os aspectos que limitam e desafiam a vida no presente. Mas não só isso: fora do encontro, essa "essência" estaria comprometida, como se para preservá-la fosse necessário que professores e estudantes estivessem no mesmo espaço/tempo. Entender a relação entre o ensino de história e o tempo em que vivemos não é algo novo, já que, como afirma Monteiro (2015), o ensino de história remete às questões do/no tempo presente, dentro da autonomia relativa de cada professor. Em nossa compreensão, tal presente afeta diretamente o currículo e a cultura escolar, mas também está relacionado à subjetividade e sensibilidade dos diferentes atores escolares.

Quer dizer, se o tempo em que vivemos pode demandar dos sujeitos um posicionamento diante dele, no caso dos professores de história, isso acontece também nas múltiplas inferências que realizam em sala de aula. No presente, temos um aparelho sensível que enquadrou, historicamente, nossa existência em certos lugares sociais (Rancière, 2009). Por outro lado, os conteúdos curriculares, ainda que constituídos no presente e envoltos pelos projetos que se pretendem com suas elaborações, remetem ao passado. Os professores, então, realizam inferências diversas, evidenciando que o presente é uma camada temporal espessa, cujas dobras revelam também outras temporalidades. Estamos próximos daquilo que Reinhart Koselleck (2014) chamou de "estratos do tempo": temporalidades se confundindo e se sobrepondo, fugindo à regra do passado, presente e futuro como momentos estanques.

Disso resulta uma invenção particular do passado que é influenciado pelo encontro e pelos projetos tecidos com os estudantes. Se o professor estivesse se dirigindo a um grupo de estudantes de escolas particulares de outras camadas sociais, a invenção desse passado poderia ter outras nuanças e conotações. Observamos, durante as aulas, que a classe social dos estudantes informa, de alguma maneira, como o professor conduz suas aulas e inventa o passado. Ele aponta como a classe média interferiu em questões políticas ao longo do período republicano brasileiro, denotando as diferenças entre este grupo e o grupo ao qual pertencem os estudantes, presumidamente pobres. Ou seja, se o professor estivesse se dirigindo a outro grupo de estudantes, talvez existisse uma busca de adequação naquilo que é a essência da aula de história, o que significa dizer que essa "essência" não vem a ser um essencialismo que paralisa as muitas possibilidades de uma aula, mas de um posicionamento ético diante de um auditório presumido. Sobre a aula de história repousaria o engajamento em, de alguma maneira, reinventar o presente e imaginar a possibilidade de um novo futuro (para o professor e esses estudantes).

Fernando Seffner e Nilton Mullet (2018) definem "temas sensíveis" como aqueles que aconteceram no passado e deixaram alguma residualidade no presente, como na relação entre o racismo estrutural da sociedade brasileira e a escravidão. Para eles, esses temas precisam ser ensinados nas escolas na forma de uma experiência – que cause incômodo, indignação. O que pensam os autores se relaciona ao sentido atribuído pelo professor sobre o que deveria ser a aula de história, já que, como percebemos no excerto da entrevista em análise, o professor afirma desejar que os estudantes saiam da escola indignados. Isso implica dizer que a aula de história não acabaria no espaço/tempo de uma aula, seja no chão da escola, seja entretelas, mas romperia o tempo escolar e serviria às múltiplas esferas da vida. Penna e Silva (2016) nos lembram que é a escola pública a instituição de ensino que acolhe a maior parte dos estudantes brasileiros. No caso de professores de história, parece existir um compromisso em sublinhar essa característica e um compromisso da escola como lugar para todos. Mas, assim como a escola que os acolhe, outros lugares e instâncias públicas da vida social também lhes pertencem. Nesse sentido, o ensino de história assumiria um compromisso ético e político, mas também estético, quando contribui para a possibilidade de estar no mundo de outras formas (Monteiro, 2020).

De nossa parte, entendemos que a potência do encontro é o que permite tanto que a aula de história ganhe o nível de expressividade desejado pelo professor quanto aquilo de que falam Seffner e Mullet (2018). Em outras palavras: é na aula de história, síncrona, que ele consegue se expressar de maneira sensível. O professor deseja que a aula não seja apenas um texto a ser lido, potencialmente memorizado e apreendido, mas uma experiência que vai permanecer, ainda que expressivamente sustentada na oralidade. Como nos ensina Merleau-Ponty (1971), nosso corpo é a fonte primeira do sentido que vamos emprestar ao mundo; ou seja, é o corpo que significa e interpreta: todo humano sentido (significado) está intimamente vinculado ao que já foi sentido (captado sensivelmente) pelo corpo. É claro que um texto lido também pode despertar a sensibilidade, mas recuperamos aqui a dimensão da performance sobre a qual falamos na seção anterior, que considera a relevância do momento exato da recepção do enunciado e sua expressividade poética e sensível.

Não podemos ignorar que o professor está inserido em uma cultura escolar que construiu suas próprias tradições e significados (Julia, 2001). Entretanto, gostaríamos de considerar que, durante as aulas remotas, professores e estudantes vivenciaram certa disrupção no modo como essa cultura se constituiu no tempo. Afinal, houve um deslocamento da formalidade do acontecimento de uma aula, que se transportou para as telas. Todo deslocamento envolve a criação de novos começos, ainda que temporários, ainda que não se preservem no tempo, como na noção de "táticas", elaborada por Michel de Certeau (2014).

Como vimos, mesmo antes de o Estado assumir as diretrizes oficiais para a realização de aulas síncronas, o professor já o fazia. Em outros termos, podemos entender que, antes de um compromisso que o vincula à escola, existia um compromisso que o vincula aos estudantes, ou melhor, aos projetos que ele deseja construir com eles e com o sentido que atribui a sua profissão. De acordo com Maurice Tardif e Claude Lessard (2005), a atividade docente é prática de interações humanas. Entre os sentidos atribuídos à "aula de história" estão presumidas as interações e a receptividade dos estudantes, que a informam ou a sustentam.

Podemos considerar que tais motivos levam o professor a se reunir com os estudantes em encontros síncronos, mesmo antes de qualquer sistematização desse tipo de atividade pelo Estado ou pela escola em que trabalha. Compreendemos que ele realiza um trabalho autônomo, ora respeitando, ora driblando certos aspectos da cultura escolar, como a própria organização curricular, inventando uma forma de representar o passado à medida que diferentes fenômenos aconteciam e o instavam a mudar seu itinerário.

Durante a entrevista, o professor afirma que um desafio que se impõe à volta das aulas presenciais é que muitos alunos não participaram das aulas virtuais e, portanto, possuem uma lacuna que dificultaria o aprendizado de determinados conteúdos curriculares. Por exemplo: quando está tematizando a abolição da escravidão e se esforça em desmitificar a figura da princesa Isabel como heroína, ele nota a dificuldade de os alunos perceberem o que foi o horror da escravidão, já que eles não tiveram aulas sobre esse conteúdo curricular.

Luís parte de uma perspectiva cronológica da história, que estrutura o currículo escolar vigente, e desconsidera que os alunos podem ter representações outras sobre a escravidão que foram adquiridas nos diferentes espaços e produtos que mobilizam o passado. No entanto, quando tivemos a oportunidade de acompanhar suas aulas remotas, a cronologia não parecia tão imprescindível ao professor: ele estava dando aulas sobre o Estado Novo de Getúlio Vargas quando o americano George Floyd foi assassinado. Na ocasião, não hesitou e disse aos alunos que o episódio era muito grave e que, portanto, a próxima aula seria sobre as questões raciais nos Estados Unidos durante a Guerra Fria. Nessa aula, o professor passeou não só por aquele momento da história, mas também pela questão racial na formação das 13 colônias e episódios de racismo cotidianos das sociedades americana e brasileira. Quer dizer, aquele momento convidou o professor a fazer uma interrupção no percurso habitual, sem considerar se os alunos tinham ou não referenciais necessários para compreender a temática abordada.

Induzimos que essa disrupção não seria possível no caso de postagens dos materiais didáticos (escritos) na plataforma, pois esse foi um *insight* do professor que talvez não pudesse ser registrado em suportes oficiais. Nesse caso, as temáticas candentes ao cotidiano (no espaço público) e à sensibilidade do professor induziram o percurso dessas aulas. Certamente esse não foi um percurso seguido por todos os professores de história naquele momento, mas as temáticas e questões sociais de interesse do professor o levaram a inferir da "Guerra Fria" a possibilidade de trabalhar com a temática racial.

O que podemos ver na fala de Luís é que existe certo cuidado e compromisso com seus estudantes, indicando-nos que a aula de história não tratou (ou não trata) apenas de ensinar ou aprender os objetos do conhecimento prescritos no currículo. Houve preocupação também em sustentar certo vínculo afetivo, um cuidado que o professor desejava direcionar aos alunos e alunas, sobretudo em um contexto sociopolítico que parecia delimitar de forma ainda mais feroz o espaço das experiências e horizontes de expectativas partilhados. Entendemos que ali estavam sendo construídos projetos, no sentido antropológico do termo: traçava-se uma possibilidade de futuro coletivo diante de um cenário que parecia estagnar nossas vidas, dentro das nossas casas e das nossas telas. Como nos lembra Gilberto Velho (1999:27-28), é fundamental entender a natureza e o grau maior ou menor de abertura ou fechamento das redes sociais em que se movem os atores. Posso me inspirar em algum varão de Plutarco, mas tenho de levar basicamente em conta os meus contemporâneos com quem terei de lidar.

Considerações finais

Neste texto, analisamos alguns aspectos relativos à oralidade em aulas de história durante a pandemia do SARS-CoV-2 (2020), quando as instituições escolares e seus professores engendraram novos "modos de fazer" no mundo virtual. Partimos das experiências de um professor de história da rede estadual de ensino do Rio de Janeiro, assim como das elaborações desse professor a respeito das suas aulas nesse momento. Tivemos o objetivo e o cuidado de destacar aquilo que fora apontado por ele, no que diz respeito a essa oralidade, entendendo que o investimento do professor na preservação de aulas síncronas passou por duas crenças: (1) os alunos têm dificuldades leitoras e, portanto, a postagem de materiais nas plataformas consistiria num método potencialmente frágil e (2) a preservação da aula síncrona zela pela manutenção do encontro, cuidado e projetos que o professor tece com os estudantes.

Nosso objetivo não foi realizar uma defesa das aulas síncronas em detrimento daquelas que acontecem no modelo EAD. Contudo, diante de uma crise democrática em que a importância da escola e dos professores é questionada, entendemos que é nossa responsabilidade, enquanto pesquisadores e profissionais da educação, reforçar aquilo que nos lembra Penna (2019:17): "[o] problema é que a escola não possui uma importância apenas na instrução dos jovens, mas constitui um elemento central na rede de proteção destas crianças e adolescentes". A escola é um lugar de cuidado, proteção e de projetos que se constroem no tempo, e professores de história parecem se engajar na construção de um presente e de um futuro de forma particular. Isso porque, entre outros motivos, encontram nas dores do presente, historicamente desigual, passados sensíveis que se relacionam diretamente com ele.

Esses estudantes, pertencentes a diferentes classes sociais, dispõem não somente de recursos tecnológicos desiguais, mas também de outras materialidades distintas, como o tempo de que dispõem para estudar, o conforto, ou mesmo a atenção de um adulto que possa orientá-los em suas casas. Nesse sentido, podemos dizer que existem dimensões estética e política no ensino de história. Estética porque professores estão interessados naquilo que a dimensão sensível tem a oferecer para o ensino, quer dizer, desejam provocar determinadas experiências que possam resultar em uma transformação dos estudantes e, consequentemente, em sua atuação na vida em sociedade (no espaço público). Política porque tal transformação envolve um embaralhamento dos lugares sociais, causando uma fissura no ordenamento ao qual foram submetidos no passado e que persiste até os dias de hoje. Na perspectiva de Jacques Rancière (2011), a "política" acontece quando os indivíduos percebem a possibilidade de iniciar novas formas de ver, sentir e pensar diferentes daquelas que lhes foram designadas e permitidas ao longo da história.

Portanto, compreendemos que o professor Luís, como tantos outros, considera que esses aspectos conferem maior credibilidade ao seu trabalho. Não nos esqueçamos de que ele afirma que, de uma maneira geral, não foi um bom professor para a maioria dos estudantes. Relacionamos a isso certa familiaridade do professor com essa maneira de fazer; isto é, ele está há mais de 15 anos em sala de aula, expressando-se através da voz e do corpo. Embora ele afirme que postar materiais na plataforma seja mais fácil, entendemos que esse tipo de prática compromete a aceitação do sentido que o professor atribui à aula de história. Ele afirma que as aulas nas escolas mascaram o problema da deficiência na leitura que percebe em seus alunos, porque elas acontecem, de maneira predominante, na oralidade. Ora, se ele busca preservar a centralidade da oralidade nas aulas virtuais, poderíamos dizer que continua a mascarar esse possível problema. Embora essa seja uma explicação forjada pelo professor com base na realidade da sua prática, apreendemos que ele também busca preservar o encontro, a performance poética e sensível das vozes e corpos.

Tratando-se de análises preliminares, tais questões já nos sugerem outros necessários caminhos. Entendemos que a oralidade nem sempre é estéril e deseja ser meramente transmissiva, ou somente associada à relação transmissão/memorização. Essa oralidade também tem nuanças, emana de um corpo, pode penetrar e criar espaços sensíveis e poéticos que mobilizam dimensões do conhecimento para além da memorização. Esses elementos, em aulas de história, contribuem para a criação de novos mundos, mesmo quando aquele que nos abriga parece desabar sobre nós.

Fontes

PROFESSOR LUÍS. Entrevista cedida a Rafael Monteiro, jan. 2021.

PROFESSOR LUÍS. Observação de aulas, por Rafael Monteiro, jun./dez. 2020.

Referências

BAKHTIN, Mikhail. *Marxismo e filosofia da linguagem*. 11. ed. São Paulo: Hucitec, 2004.

______. *O homem ao espelho*: apontamentos dos anos 1940. São Carlos, SP: Pedro & João Ed., 2019.

BIESTA, Gert. *Para além da aprendizagem*: educação democrática para um futuro humano. Rio de Janeiro; Autência, 2012.

BRASIL. *Parecer CP/CNE nº 05/2020*. Reorganização do calendário escolar e da possibilidade de cômputo de atividades não presenciais para fins de cumprimento da carga horária mínima anual, em razão da Pandemia da Covid-19. Brasília, DF: MEC, 2020.

CAIMI, Flavia; MISTURA, Letícia; MELLO, Pedro de. Aprendizagem histórica em contexto de pandemia: o que pode ser e conter uma aula de história? *Fronteiras: Revista Catarinense de História*, Florianópolis, n. 37, 2021.

CERTEAU, Michel de. *A invenção do cotidiano*. 22. ed. Rio de Janeiro: Vozes, 2014 (1. Artes de fazer).

DUARTE, Alexandre; HYPOLITO, Alvaro. Docência em tempos de Covid-19: uma análise das condições de trabalho em meio à pandemia. *Revista Retratos da Escola*, Brasília, v. 14, n. 30, 2020, p. 736-752.

GESTRADO/UFMG, Grupo de Estudos de Política Educacional e Trabalho Docente. *Retratos da Escola*, v. 14, n. 30, 2021, p. 700-716 (Relatório Técnico). Disponível em: <https://retratosdaescola.emnuvens.com.br/rde/article/view/1256>. Acesso em: 20 set. 2022.

JULIA, Dominique. A cultura escolar como objeto histórico. *Revista Brasileira de História da Educação*, Campinas, SP, n. 1, jan./jun. 2001.

KOSELLECK, Reinhart. *Estratos do tempo*: estudos sobre história. Rio de Janeiro: Contratempo, 2014.

MATTOS, Ilmar Rohloff de. Mas não somente assim! Leitores, autores, aula como texto e o ensino-aprendizagem de história. *Tempo: Revista do Departamento de História da UFF*, v. 11, 2007, p. 15-26.

MERLEAU-PONTY, Maurice. *Fenomenologia da percepção.* Rio de Janeiro: Freitas Bastos, 1971.

MONTEIRO, Ana Maria. Aulas de história: questões do/no tempo presente. *Educar em Revista*, Curitiba, n. 58, 2015, p. 165-182.

MONTEIRO, Rafael. Professores de história sob a perspectiva de estética e política em Jacques Rancière. *Clio: Revista de Pesquisa Histórica*, v. 38, n. 1, 2020, p. 9-26.

MORAN, José Manuel. Desafios da educação a distância no Brasil. In: ARANTES, V. M. (Org.). *Educação a distância*: pontos e contrapontos. São Paulo: Summos, 2011.

PENNA, Fernando. *Ensino de história*: operação historiográfica escolar. Tese (doutorado em educação) – Programa de Pós-Graduação em Educação, Universidade Federal do Rio de Janeiro, Rio de Janeiro, 2013.

______. A defesa da "educação domiciliar" através do ataque à educação democrática: a especificidade da escola como espaço de dissenso. *Linguagens, Educação, Sociedade*, Teresina, PI, n. 42, 2019.

______; SILVA, Renata. As operações que tornam a história pública: a responsabilidade pelo mundo e o ensino de história. In: MAUAD, A.; ALMEIDA, J. R.; SANTHIAGO, R. *História pública no Brasil*: sentidos e itinerários. São Paulo: Letra e Voz, 2016, p. 167-177.

RANCIÈRE, Jacques. *A partilha do sensível.* São Paulo: Ed. 34, 2009.

______. *O que significa estética.* 2011. Disponível em: <www.proymago.pt/Ranciere-Txt-2>. Acesso em: 5 set. 2019.

ROCHA, Helenice. *O lugar da linguagem no ensino de história*: entre a oralidade e a escrita. 2006, 462 f. Tese (doutorado em educação) – Faculdade de Educação, Universidade Federal Fluminense, Niterói, 2006.

______. A escrita como condição para o ensino e a aprendizagem de história. *Revista brasileira de História*, São Paulo, v. 30, n. 60, 2010.

SALES, Shirley; EVAGELISTA, Gislene. Amor, coragem! Dilemas e possibilidades na relação com estudantes em tempos de pandemia. *Retratos da Escola*, v. 14, n. 30, 2021.

SEFFNER, Fernando; MULLET, Nilton. Ensino de história: passados vivos e educação em questões sensíveis. *História Hoje*, São Paulo, v. 27, n. 13, 2018.

TARDIF, Maurice; LESSARD, Claude. *O trabalho docente*: elementos para uma teoria da docência como profissão de interações humanas. Petrópolis: Vozes, 2005.

VELHO, Gilberto. *Individualismo e cultura*: notas para uma antropologia da sociedade contemporânea. 5. ed. Rio de Janeiro: Jorge Zahar, 1999.

ZUMTHOR, Paul. *Performance, recepção e leitura*. São Paulo: Ubu, 2018.

15. Que passados, que memórias? A temática africana e afro-brasileira sob tensão nas aulas de história

Karla Andrezza Vieira
Cristiani Bereta da Silva

E nas Igrejas nem um sino a badalar
Pois sabiam que os fiéis também não tavam lá
E os fiéis não saíram pra rezar
Pois sabiam que o padre também não tava lá
E o aluno não saiu para estudar
Pois sabia o professor também não tava lá
E o professor não saiu pra lecionar
Pois sabia que não tinha mais nada pra ensinar
No dia em que a Terra parou...
[Raul Seixas, 1977]

Em dezembro de 2019 ouvíamos as primeiras notícias sobre a existência de um vírus letal, causador de uma síndrome respiratória aguda, denominado SARS--CoV-2. A partir da China, a contaminação multiplicou-se em escala planetária de maneira vertiginosa. No Brasil, os primeiros casos foram identificados em fevereiro de 2020 e apesar das resistências em relação aos saberes científicos por parte do governo federal (mas não somente), políticas de combate à pandemia foram implementadas. Entre elas, a ampliação dos leitos hospitalares, o distanciamento social e o uso obrigatório de máscaras faciais em espaços públicos. Em paralelo a essas medidas emergia um cenário caótico, de morte e de luto. Retrospectivamente, desde aqui, nesse futuro presente, pensar naquele presente passado nos trouxe o sentimento de que vivemos *o dia em que a Terra parou.*

Santa Catarina, assim como outros estados, protagonizou uma série de medidas sanitárias para o combate da Covid-19. Em 17 de março de 2020, decretou-se emergência e vários serviços foram suspensos, como a circulação do transporte coletivo e atividades públicas/privadas consideradas não essenciais (Santa Catarina, 2020). Estávamos em quarentena. A todo momento, novas ações governamentais eram divulgadas e, em poucos dias, as unidades de ensino precisaram se reconfigurar.[1] Na ocasião, a Secretaria do Estado de Educação recorreu à antecipação do recesso escolar e, em meio a isso, apresentou um projeto de ensino em regime não presencial. No dia 2 de abril, profissionais da educação foram convocados a participar de um processo de formação aligeirado (*on-line*), objetivando a adaptação às novas ferramentas, plataformas, postagem de planejamentos e alimentação da rotina burocrática da gestão escolar. Em 6 de abril, reiniciava o trabalho com os estudantes, em regime especial de ensino não presencial, contemplando atividades mediadas por docentes em plataformas virtuais (Google Class) e em formato impresso para estudantes sem acesso à internet.[2]

Foi neste contexto político e de crise sanitária, com diferentes escalas de afecções, que as seis propostas de aulas de história sobre a temática africana e afro-brasileira, selecionadas para análise neste texto, foram produzidas. Elas conformam parte de um conjunto de fontes mais amplo, que inclui ainda entrevistas orais com docentes, observações de aulas e propostas curriculares estaduais vigentes entre as décadas de 1990 e 2000 em Santa Catarina, reunidas para o desenvolvimento de uma tese de doutorado em história, ainda em curso e com objetivos mais abrangentes que os privilegiados aqui. A pesquisa para a tese, da qual nossa análise é recorte, também não passou ilesa pela pandemia e precisou de ajustes metodológicos a partir de 2020; afinal, as aulas e demais atividades escolares passaram a ser em regime não presencial. Observações etnográficas do espaço escolar, por exemplo, não foram possíveis, ao menos da forma como projetadas inicialmente. Mas, em que pese a necessidade dos ajustes, o objeto não se alterou: a abordagem da temática africana e afro-brasileira nas aulas de história das escolas públicas estaduais localizadas na região da grande Floria-

---

1 A suspensão das aulas foi iminente, contudo, destacamos que a equipe gestora e demais profissionais da educação seguiram nas unidades de ensino reorganizando os trabalhos, disponibilizando as atividades impressas aos estudantes e amparando as famílias, inclusive com a distribuição de "*kits* alimentação" conforme as orientações da Secretaria de Estado da Educação, seguindo os protocolos sanitários.

2 Esse regime especial de aulas foi regulamentado pela Portaria nº 924 (Santa Catarina, 2020). Vale considerar que sua implantação não ocorreu em linha reta, por exemplo, em algumas Coordenadorias Regionais de Educação de Santa Catarina, os encaminhamentos foram construídos junto aos docentes e de acordo com as especificidades das escolas. Portanto, é possível inferir que antes mesmo da publicação oficial sobre o ensino em regime de atividade não presencial, o movimento pedagógico seguia seu curso, buscando se adaptar à nova conjuntura.

nópolis.[3] Assim como também o principal objetivo da pesquisa, que consiste em perceber as tensões e conflitos que atravessam as práticas pedagógicas e a produção de material didático de professores e professoras a partir das agências da Lei nº 10.639/2003.

As seis propostas didáticas, privilegiadas para discussão, foram desenvolvidas em cinco unidades de ensino localizadas na região da Grande Florianópolis (SC). As análises compartilham reflexões que nos unem como docentes e pesquisadoras que têm em comum o mesmo objeto de pesquisa: ensino de história no tempo presente.[4]

Quadro 1

ORGANIZAÇÃO DAS PROPOSTAS DIDÁTICAS SELECIONADAS

Propostas	Temas	Docentes	Unidades de ensino	Localização
1	A evolução humana.	Joseana de Siqueira	EEB[5] Dom Jaime de Barros Câmara	Ribeirão da Ilha, Florianópolis.
2	Reinos africanos na era das navegações.	Vitor Gasparetto	EEB Severo Honorato	Pântano do Sul, Florianópolis.
3	As religiões de matriz africana no Brasil.	Márcio Antônio Lacerda	EEB. Padre Anchieta	Agronômica, Florianópolis.
4	Dia da Consciência Negra.	Silvana Rosa Dionísio	EEB. Henrique Estefano Koerich	Ponte do Imaruim, Palhoça.
5	A escravidão negra: da África para o Brasil	Silvana Rosa Dionísio	EEB Henrique Estefano Koerich	Ponte do Imaruim, Palhoça.
6	A construção do racialismo durante o século XIX e suas implicações atualmente	Fabiolla Falconi Vieira	EEB. Professora Laura Lima	Monte Verde, Florianópolis.

Fonte: Elaboração das autoras (2022).[6]

Com Ana Maria Monteiro (2007:3) aprendemos que ensinar história requer pensamentos e saberes fronteiriços. Entre história e educação, por exemplo, situa-se um lugar da "necessidade de ensinar saberes referentes ao passado, ao mesmo

3 A Região Metropolitana de Florianópolis compreende uma única área urbana que congrega os municípios vizinhos de Águas Mornas, Antônio Carlos, Biguaçu, Governador Celso Ramos, São José, Palhoça e Santo Amaro da Imperatriz.

4 As autoras são vinculadas ao Grupo de Pesquisa Ensino de História, Memória e Culturas (Udesc/CNPq), que conta com financiamento da Fapesc por meio de chamadas públicas de apoio à infraestrutura dos grupos de pesquisa da Udesc.

5 Escola de Educação Básica.

6 A visibilidade dos nomes dos docentes foi consentida por meio de termo próprio. O projeto de doutorado foi submetido e aprovado pelo Comitê de Ética da Udesc, Parecer nº 3.293.440/2019.

tempo em que se contribui para desenvolver o pensamento e a reflexão crítica dos alunos, cidadãos atuantes na sociedade em que vivem". A organização de um enredo, a indicação das questões problemas, a seleção dos materiais didáticos são aspectos constitutivos de uma racionalidade construída pelos professores e que é constantemente revista. Nessa perspectiva, sinalizamos que concebemos a formação docente como espaço de construção permanente. É um processo aberto e inacabado, que se dá não apenas por meio de um curso de licenciatura, de pós-graduação ou no exercício da profissão, mas ao longo da vida nos muitos espaços que configuram nossa existência e que nos interpelam, subjetivam. Consideramos que as propostas de aula analisadas são datadas, foram produzidas num determinado tempo e sob determinadas condições. Na interação com os estudantes, um mesmo material pode ser retificado, reelaborado, ressignificado, pois é parte dos saberes próprios da docência, portanto não devem ser pensados como capazes de definir todo o trabalho de um professor, de uma professora, muito menos sua competência e atuação diária.

Deve-se destacar que foram os docentes que gentilmente disponibilizaram os materiais usados em suas aulas de história para a pesquisa. Em contato via *e-mail*, no mês de agosto de 2021, solicitamos as propostas didáticas que assumiam como eixo central das discussões, a temática africana e afro-brasileira. Em resposta, chegaram até nós as seis propostas objeto desse texto. Assim, é preciso lembrar que antes de qualquer seleção realizada pelas pesquisadoras, houve uma anterior feita por quem se dispôs a divulgar seu trabalho. Escolhas, distinções... Tratamos aqui de ordens diferenciadas de seleção, capazes de dimensionar escalas variadas e, ao mesmo tempo, convergentes de um mesmo processo relacionado à operação historiográfica. Poderíamos discorrer, por exemplo, sobre o processo de transformação de um *documento* em *monumento* (Le Goff, 2003). Pois bem, os docentes não construíram essas propostas para que se tornassem fontes de uma pesquisa histórica. São as práticas de nosso ofício – marcadas por novas economias, sentidos e relações – que reestruturam, por um imperativo de eleição, a documentação. Desse modo, ressignificamos as proposições elaboradas pelos professores, tornando-as fontes históricas privilegiadas ao escrutínio deste trabalho.

Com o professor Ilmar Rohloff de Mattos (2006), compartilhamos da ideia de que toda aula de história é um texto. Ela é produzida a partir de escolhas particulares feitas num vasto campo de possibilidades de textos historiográficos, jornalísticos, didáticos, também de filmes, programas de televisão... Escolhas que evidenciam entrecruzamentos complexos de culturas escolares, históricas, políticas; de tempos passados e futuros contidos no presente; de memórias individuais e coletivas, privadas e públicas. De forma oral, articulada ou não a outros suportes textuais, audiovisuais, uma aula é uma narrativa que resulta de uma seleção criadora feita por um leitor singular – o docente, sujeito que se torna, por meio dessa operação, um contador de histórias e um autor de história.

Entendemos, assim, que uma aula também pode ser pensada como uma imitação criadora da experiência temporal viva que se expressa na linguagem, na narrativa. A correlação "entre a atividade de narrar uma história e o caráter temporal da experiência humana" foi enfrentada por Paul Ricoeur (2010:93). Para ele, trata-se de uma "forma de necessidade transcultural" que dá sentido à nossa própria existência, ou seja, tornamos o tempo humano, damos sentido a ele quando narramos uma história, quando compomos uma intriga, uma trama. Os docentes constroem suas "aulas como textos" (Mattos, 2006) e eles (os textos) seguem sendo reconstruídos pelos estudantes. A compreensão desse processo encontra apoio nas reflexões sobre a tripla *mimesis*: prefiguração (*mimesis* I), configuração (*mimesis* II) e refiguração (*mimesis* III), "mediante as quais a experiência prática dá a si mesma obras, autores e leitores" (Ricoeur, 2010:95). Uma história só pode ser narrada se houver uma prefiguração, uma "pré-compreensão do mundo da ação: de suas estruturas inteligíveis, de seus recursos simbólicos e de seu caráter temporal" (Ricoeur, 2010:96). Ninguém narra o que não conhece, não compreende. Quando os docentes constroem suas aulas, uma história ou histórias tomam forma, nelas configuram-se ações. Nelas o agir e o sofrer de sujeitos individuais e coletivos do passado são representados usando recursos mediados do seu mundo e as estruturas que permitem sua inteligibilidade. Quando ele/ela dá sua aula, finalmente, histórias e tempos são refigurados. É na sala de aula, por meio de textos expressos oralmente ou de forma escrita, que ocorre a intersecção entre a história narrada, o mundo do texto e o mundo do estudante, do leitor. Nesse momento a "ação efetiva se desdobra e desdobra sua temporalidade específica" (Ricoeur, 2010:123). Quando interpretamos histórias, mediatizamo-as também por configurações e refigurações, processo que se abre para que novos mundos sejam capazes de refazer nossas compreensões sobre outros, sobre nós. Voltamos à pré-compreensão e estabelecemos novas relações com as outras *mimesis*. Neste texto ficamos com a refiguração.

Num primeiro olhar, mais panorâmico, sobre os títulos das propostas didáticas, observa-se que as temáticas apresentadas perpassam enredos enveredados pela escravidão e as discussões sobre raça e racismo que a modernidade legou. Ganham centralidade, ainda, aspectos que envolvem as dinâmicas culturais das populações de origem africana. Sem sobressaltos, a celebração do Dia Nacional da Consciência Negra conforma a paisagem desenhada para as aulas de história. No que tange à estrutura dos materiais, boa parte configura interpretações textuais. Datações muito marcadas e eventos contados em linearidade perduram às abordagens e perspectivas adotadas nas proposições. Há escassez de investimentos em recursos visuais, audiovisuais e sonoros. A tratativa da análise documental aparece timidamente, e as atividades contemplam, no geral, a métrica pergunta e resposta. O conhecimento se coloca, muitas vezes, como reprodução e não como lugar para tecer a crítica. Sem desconsiderar a conjuntura tumultuada do presente em que foram construídas, pode-se dizer que, em seu conjunto, as propostas inserem-se no campo da duração com indícios de estabilidades, de tempos mais longos, que persistem ao ensino de história (Caimi, Mistura e Mello, 2021).

Porque compreendemos que essas propostas didáticas são narrativas, que as "aulas são textos", assumimos que elas podem apresentar estruturas temporais variadas de tempos longos coexistindo com tempos mais curtos. Ou seja, que é possível que sejam observados vestígios de estratos de tempo que mudam rapidamente articulados a outros que se transformam mais lentamente. Diferenciá-los constitui oportunidade para que possamos observar não apenas a contemporaneidade do não contemporâneo (Koselleck, 2014) nessas aulas, mas também como esses tempos se combinam e se entrecruzam com a memória, seus usos, abusos e ideias de justiça e de dever (Ricoeur, 2007). Acreditamos que essas narrativas podem nos dizer muito sobre como nos apropriamos de tempos e memórias para significar o presente e perspectivar futuros. Trataremos aqui do tempo, ou melhor dos tempos que essas narrativas nos trazem. Não é sobre um tempo ontológico, unívoco, linear, vazio. É sobre pensar em histórias que se realizam no tempo e, que por isso, resultam em combinações complexas entre as três dimensões temporais: passado, presente, futuro. É sobre compreender as aulas de história materializadas no presente no qual se entrecruzam e se sobrepõem experiências. Sobre perceber que as inscrições para o ensino da temática africana e afro-brasileira cabe à razão. Que passados, que memórias são dadas a ver nas narrativas didáticas elaboradas por docentes? Essas são as inquietações privilegiadas aqui, e que significam essa empreitada.

Sobre o dever de memória

> O Dia da Consciência Negra é celebrado em 20 de novembro e representa a luta dos negros contra a discriminação racial. A celebração relembra a importância de refletir sobre a posição dos negros na sociedade. Afinal, as gerações que sucederam a época de escravidão sofreram diversos níveis de preconceito. A data foi estabelecida pelo projeto de Lei nº 10.639, no dia 9 de janeiro de 2003. No entanto, somente em 2011 a lei foi sancionada (Lei nº 12.519/2011) pela presidente Dilma Rousseff [Dionísio, 2020a].

O enunciado da atividade proposta pela professora Silvana sobre o Dia da Consciência Negra articula elementos comuns observados nas narrativas construídas sobre as populações africanas e afro-brasileiras nas aulas de história. Ressignificados a partir da Lei nº 10.639/2003 e do texto das Diretrizes Curriculares Nacionais, de 2004, podem ser pensados como modalidades de memória determinados pelo presente, nesse caso, um dever de memória. Fenômeno político de interdito do esquecimento, com o objetivo de reconhecer e fazer justiça a grupos que tiveram experiências passadas de opressão e de violência. O dever de memória emerge na Europa, com adesão particular da França, no contexto do pós-guerra, como forma de reparação às vítimas do holocausto. Pautado por movimentos organizados, ganhou força nos espaços acadêmico e midiático impulsionando e tensionando diferentes ações por parte do Estado. Outros países acabaram também sendo impactados pela ideia contida no dever de memória e passaram a estabelecer suas próprias políticas reparatórias, indicando conflitos, disputas e, por vezes, mais radicalmente, as chamadas "guerras de memória". O historiador italiano Enzo Traverso (2007) lembra, por exemplo, que todas as guerras do final do século XX desde o golfo ao Afeganistão, passando por Kosovo, foram justificadas pela evocação de um dever de memória.

No Brasil, a Lei nº 10.639/2003 é tributária das lutas do Movimento Negro. Ao instituir a obrigatoriedade do ensino da história e da cultura africana e afro-brasileira em estabelecimentos educacionais de todo o território nacional, aciona perspectivas de memórias reparadoras. O Estado, em 2003, vê-se intimado a acolher as pautas e as reivindicações daqueles que experenciaram/experenciam a violência em seus corpos. As memórias (intencionalmente) esquecidas disputam na ação pedagógica seu litígio. Esse deslocamento recruta não apenas um olhar para o passado, mas impõe a construção de projetos de futuro. Estará lá na frente, como expectativa, então, a superação do racismo. É, portanto, uma política de dever de memória de quem foi subalternizado e desumanizado, oportunizando trazer para a superfície a voz de quem foi duramente silenciado historicamente. À justiça caberá a responsabilização e a punição dos culpados.

Para os movimentos sociais, é algo que ultrapassa o enfrentamento do que lembrar e esquecer, posto que condiciona obrigações numa dimensão política e ética da sociedade como um todo. Contudo, ao se tornar uma questão política, de mandato ético e como uma forma de se fazer justiça, o dever da memória carrega ambiguidades, evidencia conflitos entre memórias individual, coletiva e histórica, frequentemente se transformando, assim, em fonte de abuso. O conhecimento histórico escolar comporta referencialidades cruzadas com a memória, mas o objeto de ensino é a história. Quando a memória passa a ser o objeto de ensino, as disputas, os conflitos, os usos e abusos correm o risco de serem naturalizados, de se tornarem a-históricos. Esse é um dos grandes desafios a serem enfrentados pelos docentes num presente saturado de agoras e de passados que não passam (Silva, 2016). O problema do dever de memória nas aulas de história (e não necessariamente nos discursos dos grupos que os usam em defesa de suas pautas) é deixar escapar que essas memórias são representações coletivas de um passado forjado num presente, dependente de estratégias políticas, simbólicas. É cair na armadilha de que a continuidade histórica que lhes dá uma significação e uma direção são construções do presente mediadas por variadas disputas de poder.

Ao tratar do dever de memória, ou melhor, dos conflitos que lhe são inerentes, Ricoeur (2007:99) indica o imperativo de se atravessar "as planícies áridas da epistemologia do conhecimento histórico", único caminho capaz de subsidiar o historiador na compreensão de suas dinâmicas e, principalmente, distanciar-se criticamente das memórias vivas dos sobreviventes e mesmo do olhar do juiz. Nessa perspectiva, compreender passados sensíveis requer que o professor não perca de vista que o trabalho com a memória requer exercício historiográfico. Trazer para o terreno da pesquisa a dimensão das estruturas externas que permeiam a valorização de determinadas memórias em detrimento de outras.

As políticas de memória demandadas pelas populações de origem africana tingiram os currículos escolares e das instituições de ensino superior. Consoante a Lei nº 10.639/2003, o documento das Diretrizes Curriculares Nacionais orienta para a construção de pedagogias sedimentadas no reconhecimento e na valorização das histórias/culturas de quem carrega as marcas da cor. Assume, portanto, a perspectiva de fortalecimento da identidade de ser negro. As pautas identitárias manipulam a memória ao fixar, no âmbito da narrativa, experiências e passados comuns de grupos que vislumbram o estabelecimento de suas ideologias. Essas, afinal, não poderão mais cair no esquecimento. O interdito de alguns esquecimentos em detrimento de outros não deixa de ser também um uso abusivo da memória, por mais nobre que seja a causa.

Compreendemos, a partir de Ricoeur (2007), que o abuso da memória é um abuso do esquecimento. Isso porque antes do abuso há o uso, pois a função mediadora da narrativa comporta inelutavelmente uma dimensão seletiva, "é impossível lembrar-se de tudo, é impossível narrar tudo". Aqui pode-se observar "a relação estreita entre memória declarativa, narratividade, testemunho, representação figurada do passado histórico" (Ricoeur, 2007:455). Ao se eleger um herói ou uma heroína, suas ações, ao demarcar relevâncias por meio de datas ou outros marcos, configuram-se esquecimentos de outros sujeitos, de outros marcos, de outras relevâncias. A seletividade é parte estruturante da matriz de uma narrativa. "As estratégias do esquecimento" são enxertos de configuração que possibilitam "sempre narrar de outro modo, suprimindo, deslocando as ênfases, refigurando diferentemente os protagonistas da ação assim como os contornos dela" (Ricoeur, 2007:455) As narrativas, em suas camadas de configuração e de refiguração, constituem identidades pessoais e coletivas "estruturando nossos vínculos de pertencimento, o perigo maior, no fim do percurso, está no manejo da história autorizada, imposta, celebrada, comemorada – da história oficial" (Ricoeur, 2007:455). Com isso é importante atentar para potenciais armadilhas de se pensar como novo, renovado, narrativas que configuram camadas antigas de tempo, de tradições, de memórias.

Nas diretrizes, percorre-se ainda as reflexões acerca da diversidade cultural existente em nosso país. Desse modo, a implementação do ensino da história e da cultura africana e afro-brasileira deve ser de interesse negro e não negro. Uma educação para as relações étnico-raciais é o que se pretende efetivar. Nessa direção, "pedagogias de combate ao racismo e a discriminações construídas para a educação das relações étnico/raciais positivas têm como objetivo fortalecer entre os negros e despertar entre os brancos a consciência negra" (Brasil, 2004:16). Certamente uma proposição complexa, dadas as estruturas de poder permeadas historicamente por um conteúdo extremamente racializado e de difícil transposição. É nesse campo de embates e controvérsias que o texto chega aos professores do chão da escola.

Do ponto de vista historiográfico, o material vem sendo submetido incessantemente a críticas de pesquisadores. Seja pela concepção teórica que envolve o documento no que se refere aos processos de identificação dos sujeitos e ao conceito de cultura, seja pela via temática selecionada para investida, seja pelas conexões do enredo com os movimentos sociais, as diretrizes tensionaram as pesquisas no campo. Entre as esferas pedagógicas e as historiográficas insinuam-se caminhos entrelaçados, aqueles que intentam para essa escrita. É preciso pensar a agenda afirmativa no ensino de história como um dever de memória que, por sua vez, compromete a apreensão das noções históricas.

Pode-se inserir a proposta didática "A evolução humana", desenvolvida pela professora Joseana, na EEB Dom Jaime de Barros Câmara, nessa discussão. A proposição destinada ao grupo do sexto ano do ensino fundamental sugere a ressignificação de olhares sobre o continente africano, ao localizar a origem e a evolução humana nessa territorialidade. A tratativa não é nova no âmbito do currículo prescritivo. Contudo, ao apresentar a África como o berço da humanidade, percebe-se uma reconfiguração positivada da análise. Os pensamentos positivados são convergentes às prerrogativas das Diretrizes Curriculares Nacionais (Brasil, 2004). Assim, orienta-se para que a história do referido continente ultrapasse as fronteiras da miserabilidade, da enfermidade e da discriminação tão recorrente nas narrativas.

Discursos identitários positivados para África encontraram terreno e Joseana parece querer difundir e reforçar junto aos estudantes a ideia de que de África partimos todos nós:

> A evolução da espécie humana foi iniciada há pelo menos 6 milhões de anos. Nesse período, uma população de primatas do noroeste da África se dividiu em duas linhagens que passaram a evoluir independentemente. O primeiro grupo permaneceu no ambiente da floresta tropical e originou os chimpanzés. O segundo grupo se adaptou a ambientes mais abertos como as savanas africanas, dando origem ao Homo sapiens. Por isso o continente africano é chamado de berço da humanidade [Siqueira, 2020:1].

Ao dividir conosco sua proposta, a professora Joseana busca confirmar sua ação didática frente à instituição dos marcos legais. Contudo, alguns enfrentamentos são necessários a esse debate. Por exemplo, a tratativa de um território ancestral comum à espécie humana incorre em terreno perigoso. A escrita do material está delineada por desígnios de primitividade a um continente habitado por populações em estágios inferiores de desenvolvimento. Estão em Charles Darwin, um naturalista britânico do século XIX, as explicações para a origem da humanidade, e foi fazendo uso de sua teoria (reinterpretando-a para a esfera social) que europeus justificaram a espoliação em solo africano (Hernandez, 2005). Um passo para a frente, um passo para trás, a depender das elaborações realizadas por parte dos estudantes. Sendo a atividade desenvolvida em regime não presencial, não se sabe sobre a colheita. Estereotipias são insistentes, e a questão do ambiente natural repleto de savanas não foge à tradição narrativa dirigida para o continente.

Em "Reinos africanos na era das navegações", proposta didática construída pelo professor Vitor para uma turma de sétimo ano do ensino fundamental na EEB Severo Honorato, registram-se as potencialidades, grandiosidades e riquezas do Congo, do Mali e de Gana:

> Durante a era das navegações, os europeus entraram em contato com novas culturas e descobriram novos territórios. Ao contrário da visão preconceituosa que muitos pensam, que os lugares que receberam as indesejadas visitas dos colonizadores europeus eram povoados por indígenas tolos, pacíficos e subdesenvolvidos. Muitos desses locais eram grandes reinos e impérios, muitas vezes maiores e mais fortes que as grandes cidades europeias. Nesse material iremos estudar sobre três importantes governos africanos da Idade Moderna: os reinos do Congo, Mali e Gana [Gasparetto, 2020:1].

Vitor trava uma severa crítica ao colonialismo europeu durante a chamada era das navegações. Diz aos estudantes que os povos e as culturas das terras exploradas foram tratados com inferioridade e preconceito. Tais concepções, segundo a narração de Vitor, intentam para uma sub-representação de indígenas e africanos. Desse modo, registrar a existência de impérios tais quais (ou maiores e ainda mais fortes) a Europa desenhou torna-se a razão da proposta didática. O trecho destacado encontra conformidade no interior das reconfigurações do ensino da história e da cultura africana e afro-brasileira diante da implementação dos marcos legais. Novamente aqui, o dever de memória tensionando a produção do conhecimento histórico. As populações de origem africana no Brasil, protagonistas das lutas para a construção de políticas afirmativas, desejam se reportar ao lugar ancestral sob aspectos de positivação. Desse modo, a escrita da história, as leituras e usos do passado são forçosamente transformados pela pauta antirracista (Pereira e Roza, 2012).

No afã do debate, não escapam às aulas de história narrativas sobre o modo de ser e estar no mundo das populações de origem africana e afro-brasileira. Márcio, professor da EEB Padre Anchieta, na atividade intitulada "As religiões de matriz africana no Brasil", indicada a estudantes do sétimo ano do ensino fundamental, traz para a superfície a questão religiosa como um direito a memória:

> A história das religiões de matriz africana no Brasil é uma história de muitas lutas e sofrimentos. A população negra chegou ao Brasil na forma de mão de obra escrava, sendo retirada de sua terra natal e separada de seus costumes. Os primeiros negros enfrentaram uma enorme repressão contra seus costumes e religiões, como uma tentativa de apagar sua memória [Lacerda, 2020:1].[7]

Nessa perspectiva o estudo das religiões de matriz africana carrega o peso do dever de memória que se dá a ver e a ler, principalmente no sentido de evidenciar o racismo religioso na narrativa histórica. O processo de constituição das religiosidades de matriz africana coaduna-se com as forças de resistência frente à opressão do sistema escravista e problematiza a égide da cultura cristã que se impôs no Brasil junto ao empreendimento colonizador. Além disso, toca transversalmente numa questão bastante controversa na escola, que em nome da laicidade, destituiu a importância das múltiplas formas de ser e estar no mundo dos sujeitos subalternizados. Por outro lado, manifestações religiosas cristãs católicas, evangélicas e neopentecostais são aceitas com mais naturalidade, ao passo que práticas culturais religiosas das populações de origem africana são rechaçadas. "Vigiadas pela Igreja e pelo Estado, desautorizadas e desqualificadas por parte da sociedade, tuteladas e, muitas vezes, reconfiguradas" (Pereira e Roza, 2012:103), as formas de existir a partir de referencialidades africanas e afro-brasileiras foram capturadas.

---

7 O trecho sofreu pequenos ajustes quanto a pontuação e concordância textual.

Nas tintas da lei figuram ainda experiências versadas sobre o Dia Nacional da Consciência Negra. A professora Silvana, da EEB Henrique Estefano Koerich, fez essa elaboração em sua proposição didática. O objetivo do trabalho consistia, nas palavras da docente, em reconhecer a importância do dia 20 de novembro e a representatividade de Zumbi dos Palmares. Na introdução da discussão do material, um cartaz com a imagem de um jovem negro que tem seu corpo atravessado pelas cores da bandeira do Brasil, convida o grupo do sétimo ano do ensino fundamental à reflexão.

Figura 1

Cartaz alusivo ao Dia Nacional da Consciência Negra

Fonte: Dionísio (2020a).

As investidas realizadas por Silvana objetivam inculcar a construção de memórias como política de dever e de justiça. Pode-se pensar que há também nessas ações um regime de memória que liga o dever de lembrar a certa "obsessão comemorativa", em que tudo se transforma em memória, ela está no "espaço público a partir de museus, prêmios literários, filmes, séries televisivas e outras manifestações culturais etc." (Traverso, 2007:67). A pertinência de se abordar, em aulas de história, temas como o das religiões de matriz africana ou mesmo da importância das lutas travadas por sujeitos individuais e coletivos não deve encobrir o fato de que esses temas caminham por terrenos que não raro permitem abusos de memórias que inquerem ressarcimentos e visibilidades.

A Lei nº 10.639/2003 atingiu sua maioridade e os efeitos dela tocaram veementemente as experiências docentes. Contudo, ainda imperam perspectivas sedimentadas em referencialidades eurocentradas. Na proposta didática da professora Joseana, o conceito de evolução darwiniano aplicado ao continente africano ampara discursos fundamentados na raça e no racismo que serviram como justificativa ao empreendimento colonizador. Na proposta do professor Vitor, a exaltação de histórias imperiais na espacialidade africana constitui-se quase como um espelhamento de civilidade à moda europeia. Ou seja, padrões conceituais estabelecidos na e pela Europa são incorporados na tratativa dos reinos africanos, organização do Estado e sistemas econômicos, por exemplo. Como se outras experiências, mais aldeãs, não figurassem importância, legitimidade histórica. Efeitos da colonialidade do poder, tal qual postulou Aníbal Quijano (2005), que ecoam no presente, na constituição das subjetividades docentes e no currículo escolar.

As temporalidades estão postas à mesa. As metáforas empregadas por Koselleck (2014), para inferir sobre as diversas camadas do tempo histórico (com durações e origens distintas), que operam em processos simultâneos, podem ser problematizadas na documentação. A estratificação temporal permite pensar que passados históricos podem ser contemporâneos ao que é contemporâneo. Ou, melhor dizendo, no sentido dessa atitude historiadora, compreender que a temática africana e afro-brasileira nas aulas de história foram atravessadas/impactadas por um quadro de transformações políticas nas primeiras décadas do XXI, mas que estas convivem com estruturas mais longas e que podem transcender o espaço de experiência dos sujeitos, como o pensamento moderno colonial.

Está no espaço da experiência a condição para a trama histórica, em que pesem, inclusive, os aspectos conceituais que envolvem as fontes apresentadas. Estão nas propostas didáticas do professor Márcio e da professora Silvana noções de cultura que só podem ser pensadas no tempo e com o tempo. Ao forjarem constituições identitárias em perspectivas de positivação e que marchem sobre a pauta da diversidade, hibridizações, diálogos e fronteiras culturais deixam de ser percebidas (Bhabha, 1998). Quando Márcio discute as religiões de matriz africana ou quando Silvana discorre sobre a importância da cultura negra, aprisionam a categoria. Martha Abreu e Hebe Mattos (2008) chamaram a atenção para as errâncias em relação à reprodução de essencialismos culturais no texto das diretrizes que, por sua vez, reverberam nas práticas pedagógicas de professores e professoras de história. Apostar na diferença e não na diversidade cultural, não tem sido tarefa de fácil resolução. Olhar para a diferença cultural é derrubar a hegemonia dos projetos globais (Fanon, 2008). Eis um passado que não passa.

Sobre passados que não passam

As temáticas da escravidão e do racismo, no que diz respeito às populações de origem africana, foram também indicações para um trabalho acerca das discussões étnico-raciais na escola. As propostas "A escravidão negra: da África para o Brasil" e "A construção do racialismo durante o século XIX e suas implicações atualmente", das professoras Silvana e Fabiolla, respectivamente, confirmam que as narrativas sobre os africanos e afro-brasileiros estão sentenciadas a essas experiências. Como um passado que não quer passar, o eurocentrismo assombra as proposições das duas professoras.

Desenvolvida em uma turma de sétimo ano do ensino fundamental, na EEB Henrique Estefano Koerich, a proposta da professora Silvana percorreu o itinerário do tráfico negreiro a partir das conexões entre Europa, África e Brasil. A canção *Todo camburão tem um pouco de navio negreiro* (Marcelo Yuka, álbum O Rappa, de 1994) e a imagem icônica do quadro de Johan Moritz Rugendas, de 1830, foram as referências que impulsionaram as reflexões.

Figura 2
Reprodução de quadro de Johan Moritz Rugendas, 1830

Fonte: Dionísio (2020b).

Já em terras brasileiras, como postulado pela professora, o próximo passo da atividade era perceber as influências da cultura dos povos de origem africana no Brasil, a partir do vídeo *500 anos: dos grilhões ao quilombo*, episódio 4, uma produção do Ministério da Educação, de 2000. A narrativa da brutalidade do sistema escravista, aspectos culturais e resistências, com destaque para a formação do quilombo dos Palmares, por meio da manipulação de bonecos, confere a tônica do aparato disponibilizado aos estudantes que respondiam ao trabalho em ambiente virtual. Ao fim e a cabo, discutir a escravidão no tempo presente, como algo permanente em nossa sociedade, incorporou-se ao enredo. Para tal, requisitou-se uma pesquisa (no universo virtual e no livro didático) para tecer as características da escravização moderna.

As histórias que contam sobre a escravização das populações de origem africana são como feridas de difícil cicatrização. Tratam de passados dolorosos e por vezes controversos no âmbito do ensino escolar. Para Verena Alberti (2014), uma discussão complexa, posto que, para além de produzir espanto, o estudo sobre memórias subalternizadas deve provocar indagações e contribuir para o desenvolvimento do pensamento histórico dos estudantes. A professora Fabiolla, em atividade endereçada à turma de segundo ano do ensino médio da EEB Professora Laura Lima, situa-se nessa dimensão. Ao propor a discussão sobre a reafirmação da raça e do racismo como motor para a campanha imperialista no continente africano, Fabiolla intenta para enredos sensíveis.

> Durante o século XIX, a Europa criou uma série de conceitos científicos que serviram para dividir os seres humanos em subcategorias, [...] [que] denominamos [...] raças, que colocavam os europeus como seres humanos mais "evoluídos" que os outros. Dessa forma, sua cor (branca), sua cultura, sua forma de ver o mundo, sua economia e sua política foram ao longo do tempo sendo exaltadas e definidas como as melhores e mais corretas de serem vividas [Vieira, 2020:1].

Ancorada em documentações produzidas no século XIX (aparentemente recortadas de um livro didático para compor a atividade, mas sem indicação da fonte), a professora procura ferramentas para sustentar a narrativa. O documento I, intitulado "O dever das raças superiores", apresenta pequeno excerto de um discurso do ministro francês Jules Ferry, de 1885, sobre o dever das "raças superiores" de civilizar os "inferiores". O documento II, chamado de "As raças em um livro escolar", apresenta uma pequena imagem em preto e branco de uma representação das "quatro raças humanas: branca, vermelha, amarela e negra". Ela é seguida da informação de que faria parte de um livro escolar publicado na França, em 1877, que difundia as diferenças físicas entre "as raças" ao mesmo tempo que exaltava a supremacia da branca sobre as demais. O documento III, "A função de cada raça", é um fragmento de um texto de autoria do pensador francês Ernest Renan (1823-1892). Em linhas gerais traz a ideia dos papéis sociais a serem desempenhados por cada "raça" numa sociedade produtiva. Chineses seriam uma raça de operários, e negros de trabalhadores da terra, submetidos aos senhores europeus. Os documentos IV "Resposta de um chefe africano" e V "Resposta de outro chefe africano" trazem dois trechos de discursos e seriam o contraponto aos anteriores, posto que representam a resistência de lideranças africanas frente ao ambiente colonizador. Machemba, rei dos *yaos* de Tanganica, oferece resposta negativa às ofensivas de um comandante alemão em 1890. Wodogo, rei dos Mossi do Alto Volta, lança voz para um capitão francês em 1895.

Concebido como documento na organização da atividade, o trecho de um verbete retirado da Wikipédia intitulado *Raça*, subsidiou as análises a serem realizadas pelos estudantes.[8] O material apresenta em que terrenos do discurso científico localizam-se as práticas racializadas difundidas pelo colonialismo europeu. Percorre ainda as transformações do conceito de raça ao longo dos séculos XX e XXI, bem como as tentativas de superação das perspectivas biológicas e genéticas, inserindo na engrenagem das diferenças os aspectos étnicos/culturais. Fabiolla propõe que estudantes reflitam sobre a desnaturalização do termo: "Segundo o documento VI (verbete da Wikipédia), as 'raças humanas' são naturais ou artificiais?"

Os passados históricos mobilizados pelas docentes enfrentam questões socialmente vivas. Não são, portanto, passados que se encerram na narrativa didática escolar. As duras estatísticas acerca do genocídio da população negra, o encarceramento de seus corpos em sistemas prisionais, os elevados índices de evasão escolar de crianças e jovens que carregam a insígnia da cor demandam constantemente que o presente/passado seja aberto, cutucado, tensionado. O Movimento Negro está vigilante e grita para que o legado da escravidão seja

8 O verbete indicado está disponível em: <https://pt.wikipedia.org/wiki/Raça>. Acesso em: 19 mar. 2022.

superado, já que a "carne mais barata do mercado continua a ser a carne negra". Nessa direção, atinente às prerrogativas dos marcos legais para o ensino da história e da cultura africana e afro-brasileira, as propostas das duas professoras cumprem a agenda da resistência dos grupos injustiçados, a saber, as leituras sobre o quilombo dos Palmares e as respostas nada amistosas de um chefe africano frente ao colonialismo europeu, respectivamente.

As aulas articulam passado e presente em seus enunciados ao mesmo tempo que não abandonam padrões de linearidade dos eventos. Em breve passagem, as propostas das professoras Silvana e Fabiolla problematizaram o presente como um contínuo do passado histórico. Silvana solicita que os estudantes investiguem sobre a escravidão moderna. Fabiolla discorre sobre os impactos dos discursos racializados no agora. Uma concepção calcada numa certa ideia de progresso da história, a que já fomos advertidos, mas que segue estável na maioria das propostas.

Outro fator de estabilidade compreende a questão da organização didática baseada em estudos textuais, cujas narrativas aparecem como encerradas em si mesmas. Observou-se essa dinâmica nas propostas 1, 2, 3 e 4 (ver quadro 1). Desse modo, estudantes encontram pouco espaço para inferir sobre os materiais disponibilizados. Todas as atividades cumpriram um inventário de perguntas e respostas, quase sempre de fácil decifração. É possível encontrar de modo sequenciado, inclusive, as soluções para as questões colocadas.

Quadro 2

Atividade: As religiões de matriz africana no Brasil

Com base nos textos acima, responda às perguntas a seguir:

1. O que são a umbanda e o candomblé? Qual a diferença entre as duas?
2. O que são os orixás?
3. O que é um sincretismo?
4. De onde surgiram as religiões afro-brasileiras? Por que elas foram perseguidas por tanto tempo?
5. Quem são as figuras de Olodumaré e Olorum nas religiões afro-brasileiras?

Fonte: Lacerda (2020).

Segundo Flávia Caimi, Leticia Mistura e Pedro de Mello (2021), a reprodução do conhecimento é um fator de estabilidade que incorre nas aulas de história, mesmo em contextos não pandêmicos. Na proposta da professora Fabiolla, é possível visualizar certas rotas de fuga quando se aposta em análises documentais. Uma prática que pode acionar operações mentais mais profundas, críticas. Todavia, dirigir um trabalho que se utiliza de fontes históricas requer localizá-las no espaço/tempo, requer exercícios que enfatizem perguntas a elas, requer cruzamentos com outras documentações. Já a professora Silvana destacou-se pelo repertório variado de recursos didáticos, como letra de música, pinturas, vídeos, fotografia e outros textos, mas não os explorou como documentos históricos. As imagens selecionadas nas propostas 2 e 3, surgem como ilustração e não como problematização. Em "Reinos africanos na era das navegações", a representação do poder de Congo diante da presença portuguesa confirma os elementos da paisagem escrita.

Figura 3
Rei Manicongo recebendo representantes do Império português na década de 1480

Fonte: Gasparetto (2020).

No conjunto das proposições didáticas, as subversões em relação ao eurocentrismo são quase invisíveis, muito embora intencionem para a realização de uma crítica colonial. Não fugiram da clássica divisão quadripartite dos passados históricos e as temáticas indicadas aos estudantes estão fundidas ao pensamento ocidental. Trata-se da colonialidade do saber que impera na disciplina, e esta é ardilosa por tramar sobre as subjetivações dos indivíduos (Mignolo, 2003).

Os materiais didáticos denunciam a força da tradição historiográfica e pedagógica nas aulas de história. Evidencia-se o escasso investimento na utilização das tecnologias, movimentação das plataformas, das salas de aula em ambientes virtuais e de tantos outros recursos disponíveis *on-line*. Pode-se considerar as condições adversas dos sujeitos escolares sobre a operacionalidade, bem como sobre o acesso a outras ferramentas. No entanto, entendemos que a centralidade das aulas, ainda pautada fortemente nos livros didáticos em detrimento de outros suportes, é outro fator de estabilidade nas práticas pedagógicas de professores (Caimi, Mistura e Mello, 2021). Também as experiências locais, aquelas que tecem diálogos e aproximações com as dinâmicas das unidades de ensino envolvidas na ação didática, aparecem subsumidas nos enredos criados. Apenas na proposta da professora Fabiolla, uma indagação se dá a ver: "O que você aprende na escola sobre a diversidade de pessoas existente em nosso planeta?" (Vieira, 2020). Talvez essa subsunção possa ser lida como efeito dos projetos globais em detrimento de perspectivas locais e de fronteira (Fanon, 2008), mas dada a impossibilidade de saber como os estudantes interagiram e forjaram novos sentidos a partir dessa "aula-texto" não há como afirmar com segurança. O que é possível dizer é que numa sala de aula não é raro que histórias de vida, experiências singulares coletivas ou individuais sejam trazidas à cena como contraponto, como analogia, numa tentativa de seguir com a narrativa, de conformá-la mais próxima, como atribuição de sentido ao que foi apresentado pelo docente. O local quase sempre aparece aí, assim como outras dimensões temporais, outras ambiguidades...

Considerações finais

Certamente que a precarização do trabalho docente, os problemas de infraestrutura e o baixo investimento numa formação de qualidade na educação básica – acentuados e bastante visíveis na pandemia – denotam um contexto multidimensional que não deve ser esquecido ao se pensar na produção das aulas aqui analisadas. Retomamos Raul Seixas para dizer que muito embora tenhamos sentido que houve um dia, num passado recente, em que *a Terra parou*, as atividades nas escolas não pararam – aulas foram construídas e chegaram de diferentes maneiras aos estudantes. No *dia em que a Terra parou*, lecionar de modo não presencial foi realidade. Essas aulas trazem as marcas desse momento histórico, ainda não capazes de mostrar a força de elementos do passado que se repetem e agem sobre o presente. Por isso, pode-se dizer que há uma espessura histórica no presente, pois é nele que se articulam expectativas de mudanças às durações, às permanências. A estabilidade nas práticas pedagógicas, as apropriações de discursos de longa duração, assentadas em percepções biologizantes ou em um modelo de civilização, o europeu, a essencialização de uma certa identidade, "ser negro", ou de um continente, África, entremeiam-se a perspectivas de mudanças e de futuros alternativos.

No experimento mental proposto por Koselleck (2014:231) "todas as dimensões temporais estão contidas em um presente específico" e, a partir deste, "elas podem ser desdobradas, sem que possam, contudo, ser remetidas ao mesmo presente". As propostas analisadas trazem, sim, estruturas de repetição articuladas a mudanças. Estruturas de repetição contribuem para refigurar o sentido de ordem, estabilizam sociedades, portanto. Um mínimo de repetição é necessário para a constituição e organização dos âmbitos político, social ou econômico, é ela, inclusive, que dá condições de correções, renovações, mudanças, por fim. "Mesmo as artes, por mais originais que possam ser, vivem do reaproveitamento de possibilidades preexistentes. Toda recepção contém ou revela repetições" (Koselleck, 2014:14). Não nos lembramos de tudo e não somos capazes de expressar na linguagem, na narrativa, tudo que uma história foi, que é. Escolhemos, e quando escolhemos reformulamos a partir do que conhecemos. Nessa encruzilhada, as três dimensões da mimese, porque convocam inelutavelmente o tempo, dão a ver e a ler histórias sobre a experiência humana, singular, geracional, histórica. Histórias que se acumulam, que se repetem, mas que são também retificadas e, por isso, mudam, transformam-se. As propostas analisadas mostram que as memórias e histórias das populações de origem africana não estão sob clausura, estão sendo reformuladas, reconstruídas por professores autores convocados ao dever de memória, convocados também por um dever ético e de ofício de atuar na construção de projetos de futuro alternativos, melhores que os apresentados no passado. Certamente, essa expectativa é de agora, de hoje, desse presente, depois do *dia em que a Terra parou*. Assim urge um pouco mais de pistas. É preciso estar à espreita.

Referências

ABREU, Martha; MATTOS, Hebe. Em torno das "Diretrizes curriculares nacionais para a educação das relações étnico-raciais e para o ensino de história e cultura afro-brasileira e africana": uma conversa com historiadores. *Estudos Históricos,* Rio de Janeiro, vol. 21, n. 41, jan./jun. 2008, p. 5-20.

ALBERTI, Verena. O professor de história e o ensino de questões sensíveis e controversas. In: COLÓQUIO NACIONAL HISTÓRIA CULTURAL E SENSIBILIDADES, 4., Caicó, RN, *Anais*... Caicó: Centro de Ensino Superior do Seridó (Ceres) da Universidade Federal do Rio Grande do Norte (UFRN), 2014 (Palestra).

BHABHA, Homi. *O local da cultura*. Belo Horizonte: Ed. UFMG, 1998.

BRASIL. Lei nº 10.639/2003, de 9 de janeiro de 2003. Altera a Lei nº 9.394, de 20 de dezembro de 1996, que estabelece as diretrizes e bases da educação nacional, para incluir no currículo oficial da Rede de Ensino a obrigatoriedade da temática "História e Cultura Afro-Brasileira", e dá outras providências. *Diário Oficial [da] República Federativa do Brasil*, Casa Civil, Brasília, DF, 10 jan. 2003. Disponível em: <www.planalto. gov.br/ccivil_03/leis/2003/L10.639.htm>. Acesso em: 23 jan. 2019.

______. Ministério da Educação. Parecer CNE/CP nº 003/2004. *Diretrizes curriculares nacionais para educação das relações étnico-raciais e para o ensino de história e cultura afro-brasileira e africana*. Brasília,DF: MEC, 2004.

CAIMI, Flávia Eloisa.; MISTURA, Leticia.; MELLO, Pedro Alcides Trindade de. Aprendizagem histórica em contexto de pandemia. *Fronteiras: Revista Catarinense de História*, n. 37, p. 9-23, 28 jul. 2021. Disponível em: <https://periodicos.uffs.edu.br/index.php/FRCH/article/view/12463/7981>. Acesso em: 11 de fev. 2022.

DIONÍSIO, Silvana Rosa. *Proposta de atividade*: Dia da Consciência Negra. Palhoça: [s.n.], 2020a.

______. *Proposta de atividade*: A escravidão negra, da África para o Brasil. Palhoça: [s.n.], 2020b.

FANON, Frantz. *Pele negra, máscaras brancas*. Salvador: Edufba, 2008.

GASPARETTO, Vitor. *Proposta de atividade*: Os reinos africanos. Florianópolis: [s.n.], 2020.

HERNANDEZ, Leila Leite. *A África na sala de aula*. São Paulo: Selo Negro, 2005.

KOSELLECK, Reinhart. *Estratos do tempo*. Rio de Janeiro: Contraponto; Ed. PUC-Rio, 2014.

LACERDA, Márcio. *Proposta de atividade*: As religiões de matriz africana no Brasil. Florianópolis: [s.n.], 2020.

LE GOFF, Jacques. *História e memória*. 5. ed. Trad. Irene Ferreira et al. Campinas, SP: Ed. Unicamp, 2003.

MATTOS, Ilmar Rohloff. "Mas não somente assim!" Leitores, autores, aulas como texto e o ensino-aprendizagem de História. *Tempo*, v. 11, n. 21, jul./dez. 2006, p. 5-16. Disponível em: <www.scielo.br/j/tem/a/gN3CCtpfxGm6dBgPb8JkKtp/?format=pdf&lang=pt>. Acesso em: 28 mar. 2022.

MIGNOLO, Walter. *Histórias locais/projetos globais*: colonialidade, saberes subalternos e pensamento liminar. Trad. Solange Ribeiro de Oliveira. Belo Horizonte: Ed. UFMG, 2003.

MONTEIRO, Ana Maria Ferreira da Costa. *Professores de história*: entre saberes e práticas. Rio de Janeiro: Mauad, 2007.

OLIVA, Anderson Ribeiro. A história africana nas escolas: entre abordagens e perspectivas. In: BRASIL. *Educação africanidades Brasil*. Brasília, DF: MEC-Secad/UnB-Cead, 2006, p. 87-107.

PEREIRA, Júnia Sales; ROZA, Luciano Macedo. O ensino de história entre o dever de memória e o direito à história. *Revista História Hoje*, v. 1, n. 1, 2012, p. 89-110.

QUIJANO, Aníbal. Colonialidade do poder, eurocentrismo e América Latina. In: LANDER, Edgardo (Org.). *A colonialidade do saber*: eurocentrismo e ciências sociais. Perspectivas latino-americanas. Buenos Aires: CLACSO, 2005. (Colección Sur Sur).

_____. *Tempo e narrativa*. São Paulo: Martins Fontes, v. 1, 2010.

SANTA CATARINA (Estado). *Decreto nº 515 de 17 de março de 2020*. Declara situação de emergência em todo o território catarinense... *Diário Oficial [do] Estado de Santa Catarina*, Florianópolis, SC, 17 mar. 2020a. Disponível em: <www.sc.gov.br/images/Secom_Noticias/Documentos/VERS%C3%83O_ASSINADA.pdf>. Acesso em: 22 set. 2021.

_____. Portaria nº 924 de 24 de abril de 2020. Regulamenta regime especial de atividades escolares não presenciais... *Diário Oficial [do] Estado de Santa Catarina*, Florianópolis, SC, 24 abr. 2020b, n. 21.255, p. 2. Disponível em:

<www.alertadiario.com.br/articles/ebc9a-diario-oficial-do-estado-de-santa-catarina-2020-04-24-pg-1>. Acesso em: 22 set. 2021.

SEIXAS, Raul. *O dia em que a Terra parou*. Rio de Janeiro: WEA, 1977. Disponível em: <www.youtube.com/watch?v=r1dBW_OFIlQ>. Acesso em: 16 set. 2022.

SILVA, Cristiani Bereta da. Que memória? Que história? Usos do passado e o ensino de história a partir do presente. In: GONÇALVES, Janice. (Org.). *História do tempo presente: oralidade, memória, mídia*. Itajaí, SC: Casa Aberta, 2016, p. 117-139.

SIQUEIRA, Joseana de. *Proposta de atividade*: A evolução humana. Florianópolis, SC: [s.n.], 2020.

TRAVERSO, Enzo. Historia y memoria. Notas sobre un debate. In: FRANCO, Marina; LEVIN, Florência. *Historia reciente*: perspectivas y desafios para un campo en construcción. Buenos Aires: Paidós, 2007, p. 67-96.

VIEIRA, Fabiolla Falconi. *Proposta de atividade*: A construção do racialismo durante o século XIX e suas implicações atualmente. Florianópolis, SC: [s.n.], 2020.

16. Temporalidades e seleções no novo ensino médio: estudos de caso sobre os currículos estaduais (SP, MT e PE)

Mariana Guglielmo

Introdução

Em abril de 2018, o Ministério da Educação (MEC) instituiu o Programa de Apoio à Implementação da Base Nacional Comum Curricular (Pro-BNCC). O objetivo era apoiar as secretarias estaduais e distrital de Educação no processo de elaboração dos novos currículos, inclusive através da liberação de verbas (Brasil, 2018b). Priorizou-se o ensino infantil e fundamental, até porque a Base Nacional do Ensino Médio foi aprovada posteriormente e muito ainda se discutia sobre como os estados trabalhariam com os Itinerários Formativos propostos pelo novo modelo de Reforma.[1] Assim, embora a primeira rodada de produção curricular referente às três primeiras etapas da educação básica tenha finalizado em 2019, o processo para o ensino médio continua em curso. A maioria dos currículos produzidos contou com a participação de professores da rede pública ou de profissionais ligados à União Nacional dos Dirigentes Municipais de Educação (Undime), ao Conselho Nacional de Secretários de Educação (Consed) e à União Nacional dos Conselhos Municipais de Educação (Uncme). O critério de escolha dos redatores não foi exposto de maneira clara por todos os estados, mas é possível inferir que as indicações foram realizadas por essa instância e pelos municípios, respeitando o chamado regime de colaboração previsto na LDB e na Constituição de 1988, em que a União se une a essas duas esferas para apoiar a implementação de políticas. Nesse sentido, apesar de não terem sido publicizados, disputas, embates e acomodações

[1] A reforma do ensino médio foi aprovada em fevereiro de 2017 no processo de construção da BNCC. Nesse sentido, a terceira versão do documento precisou levar em consideração as mudanças instituídas por esse marco legal. Para maiores informações, consultar: Brasil (2017; 2019).

provavelmente também ocorreram no decorrer da produção desses currículos estaduais, envolvendo agentes políticos, técnicos, docentes e organizações do terceiro setor.[2]

É preciso enfatizar, portanto, que esse processo não deve ser compreendido como unívoco, havendo um significativo (ainda que disfarçado) espaço para o caos e para a indeterminação que caracterizam muitas políticas educacionais, como salienta Ball (2014:38), embora esses elementos sejam minimizados em favor de um discurso teleológico que tende a enfatizar a unidade de propósitos.

Como percebido por muitos estudiosos, a Base Nacional Comum Curricular possui uma configuração diferenciada para o ensino médio, pois não apresenta uma lista de objetos de conhecimentos que devam ser trabalhados pelos professores, mas apenas indicações de habilidades e competências que os estudantes precisarão desenvolver, o que permitiria – segundo os próprios formuladores – maior flexibilização curricular e diversidade regional. Os itinerários formativos propostos pela reforma do ensino médio seriam, aliás, a maior expressão dessa intenção. Nesse ponto, é interessante lembrar que se inicialmente a implantação da BNCC tinha o intuito de promover a "elevação da qualidade do ensino com equidade" a partir de uma "referência nacional comum e obrigatória para a elaboração dos [...] currículos e propostas pedagógicas" (Brasil, 2017b:5), a versão final do documento prefere ressaltar que a mesma "por si só não alterará o quadro de desigualdade ainda presente na Educação Básica do Brasil" (Brasil, 2018a:5). Entretanto, ela poderia ser um passo inicial para se repensar a educação, já que teria impactos na formação docente, nos exames nacionais e nos livros didáticos.[3]

---

2 A atuação de algumas instituições privadas ligadas a empresas nacionais ou internacionais pode também ser percebida na construção dos currículos estaduais dos ensinos infantil e fundamental alinhados à BNCC. Em pelo menos três estados – Rio Grande do Sul, Rio Grande do Norte e Maranhão – enxergamos essas ligações. No documento do Rio Grande do Sul, aparecem como colaboradores o Instituto Inspirare e o Movimento pela Base; no Rio Grande do Norte, a Fundação Carlos Alberto Vanzolini prestou consultoria especializada, enquanto a produção do documento contou com um empréstimo do Banco Mundial; já o Maranhão teve apoio técnico do Centro de Gestão Municipal e Políticas Educacionais da Fundação Getulio Vargas. No ensino médio também houve contribuições nesse sentido, conforme se percebe no currículo do estado paulista, um dos primeiros a ser apresentado.

3 As diferenças podem ser observadas nas várias versões do documento. A primeira refere-se à apresentação da versão da BNCC para o nível médio entregue para o CNE e assinada por Mendonça Filho em abril de 2017, enquanto a segunda é o documento final oficial com todas as etapas de ensino da educação básica, sob responsabilidade de Rossieli Soares da Silva.

O currículo do ensino médio do estado de São Paulo foi o primeiro a ser homologado pelo Conselho Nacional de Educação (CNE), em julho de 2020. Quase dois anos depois, em maio de 2022, outros 24 estados já tiveram seus currículos aprovados, enquanto Alagoas e Bahia ainda aguardam o parecer de seus conselhos estaduais de Educação. O processo está, portanto, em vias de finalização.[4] Nosso objetivo é, então, analisar como os conhecimentos relativos à história aparecem em alguns organizadores curriculares produzidos, oferecendo um exame preliminar sobre suas características principais. Qual é o lugar dado aos conteúdos escolares em materiais que devem ter como eixos estruturantes competências e habilidades? Devido à impossibilidade de abordar todas as temáticas, buscamos refletir especificamente sobre o papel da história do tempo presente, indagando qual seria sua função em documentos produzidos num contexto de crescente polarização política. Para isso, escolhemos três estados de diferentes regiões do país, marcados por índices socioeconômicos e educacionais distintos e governados por partidos distantes no espectro político (São Paulo, Mato Grosso e Pernambuco).

A formação geral básica em três currículos estaduais

Comecemos pelo documento paulista. O estado possui uma ativa tradição de construção e debate curricular: é conhecida a atuação da Cenp (Coordenadoria de Estudos e Normas Pedagógicas) na década de 1980, quando houve uma reformulação dos componentes curriculares durante o processo de redemocratização. Em reação ao autoritarismo centralizador característico da ditadura militar, havia uma preocupação com a participação popular e docente no processo, pensando-se o saber escolar como ferramenta para o exercício da cidadania (Barreto, 2000). Essa característica parece ter se mantido, a julgar pela introdução do documento paulista de 2020, em que há uma preocupação evidente em demonstrar que a comunidade escolar esteve envolvida. Para isso, são ostentados números grandiosos: 142.076 estudantes e 18.739 profissionais da educação teriam partici-

[4] Novo Ensino Médio: principais avanços da implementação. Disponível em: <https://observatorio.movimentopelabase.org.br/novo-ensino-medio/>. Acesso em: 29 mai. 2022.

pado de 1.607 seminários regionais em que se debateu como esse documento deveria ser estruturado. Houve 98.856 contribuições para a redação preliminar, disponibilizada para consulta pública de 19 de março a 8 de maio de 2020 (São Paulo, 2020a:17-18). Por fim, concomitantemente à consulta, foram realizados seminários *on-line* para apresentação desse material em que também poderiam ser realizadas sugestões e observações.

Após todos esses supostos momentos de escuta com os profissionais da educação, estudantes e sociedade civil, os redatores do currículo analisaram as contribuições, observações e sugestões, inclusive as contribuições vindas da consulta pública, incorporando na versão preliminar do documento aquelas consideradas pertinentes à natureza de um documento curricular e afinadas com as definições pedagógicas da BNCC. Assim foi elaborada a versão final do Currículo Paulista para o Ensino Médio, encaminhada ao Conselho Estadual de Educação e aprovada em 29 de julho de 2020. Essas consultas públicas na construção dos documentos curriculares seguiram o mesmo padrão da BNCC. Nesse sentido, cabe enfatizar que frequentemente as possibilidades de intervenção e questionamento eram bastante limitadas, de modo que a participação adquire um caráter mais fictício do que real.[5]

Ao analisar os objetivos da área de conhecimento de ciências humanas e sociais aplicadas (CHSA), o documento faz questão de ressaltar que é necessário compreender conceitos e princípios de cada um dos componentes curriculares que dela fazem parte e, para cada um deles, apresenta uma seção indicando seus objetivos. Assim, em história, a formação de um cidadão crítico e reflexivo em relação às atuais condições humanas seriam aspectos primordiais a serem desenvolvidos pela disciplina. No organizador curricular, além das competências e habilidades indicadas pela BNCC para as CHSA como um todo, o quadro traz objetos de conhecimentos por componente e indicações de categorias (tempo e espaço; território e fronteira; individuo, natureza, sociedade, cultura e ética; política e trabalho) que devem ser trabalhadas.[6] Não há separação por série, ou seja, não é indicado o que deve ser explorado na primeira, segunda ou terceira de

5 Fernando Cássio, por exemplo, faz uma análise do processo que envolveu a consulta da primeira versão da BNCC e chama atenção para a dicotomia dos números propagandeados x participação efetiva. Ver Cássio (2017).

6 Essas categorias são enunciadas na Base Nacional Comum Curricular e deveriam nortear temáticas e problematizações da área de ciências humanas e sociais aplicadas (Brasil, 2018a:549).

forma sequencial.[7] Além disso, muitos objetos não possuem indicação temporal e cronológica clara, conforme analisaremos adiante.

Por sua vez, no currículo do Mato Grosso não existem informações sobre o processo de elaboração. Entretanto, na sua introdução há uma preocupação de expor o contexto de mudanças do ensino médio, assim como os programas levados a cabo pelo estado para essa etapa, a exemplo do Ensino Médio Inovador (ProEMI), Ensino Médio Integrado à Educação Profissional (Emiep) e as escolas de educação em tempo integral. Uma particularidade interessante é o trabalho com uma perspectiva de foco nos sujeitos; por isso, existem seções específicas que apresentam "a pluralidade das juventudes mato-grossenses", formadas por indígenas, quilombolas e jovens do campo. São ressaltadas as especificidades curriculares para esses três grupos e apresentado um quadro de habilidades com objetos de conhecimentos específicos e alternativas metodológicas para a parte diversificada do currículo. Ainda que essas modalidades não sejam o foco deste capítulo, é pertinente ressaltar essa especificidade, já que nos outros dois currículos analisados não se nota uma abordagem tão aprofundada.

Os objetivos da área de ciências humanas e sociais aplicadas seriam "entender e explicar a complexidade do ser humano, da psique e de suas criações". Em acréscimo, destaca-se que a

> necessidade que os indivíduos têm de desenvolver melhor entendimento do mundo e da humanidade para melhor navegação social faz da área de CHSA conhecimento essencial para o presente momento social. A interculturalidade, transculturalidade e comunicação global são necessárias para a experiência do mundo digital e para o domínio de ferramentas que se tornaram cada vez mais cotidianas [Mato Grosso, 2021:203].

Ainda dentro de uma abordagem da realidade mato-grossense, o documento faz uma análise diagnóstica do ensino das ciências humanas e sociais aplicadas

---

7 Cabe destacar, porém, que no *site* da Escola de Formação e Aperfeiçoamento dos Profissionais da Educação do estado de São Paulo (Efape) encontramos tal divisão e ainda existe uma separação por bimestre do que o professor deve trabalhar em sala de aula (Currículo Paulista: área de ciências humanas e sociais aplicadas, 2020b). Disponível em: <https://efape.educacao.sp.gov.br/curriculopaulista/wp-content/uploads/2022/01/1.-TEMPLATE-Divis%C3%A3o-Habilidades-Ci%C3%AAncias-Humanas-_revisado.pdf>. Acesso em: 29 mai. 2022.

no Mato Grosso, indicando o desempenho dos estudantes do ensino médio no Enem entre 2014 e 2018 no estado.

Em relação ao organizador curricular, apesar de pontuar que a área de CHSA está pautada por categorias da área – como indicamos ao analisar o currículo de São Paulo –, elas não aparecem no quadro, assim como também não há indicações de quais habilidades e competências devem ser trabalhadas por série. Em relação a essa ausência, pontua-se que

> competências e habilidades podem ser distribuídas nos três anos e podem ser trabalhadas e (re)trabalhadas de forma espiralada em momentos diferentes. Essa maneira de atuar pedagogicamente significa que é possível desenvolver algumas competências e, ao longo da Etapa, abordar determinados assuntos, ou, ainda, é possível explorar ao máximo certas categorias e conceitos. Isto não impede as habilidades possam ser novamente trabalhadas em outras perspectivas ao longo do processo de aprendizagem [Mato Grosso, 2021:221-222].

Dessa forma, a tabela possui indicações de todas as habilidades dispostas na BNCC, habilidades específicas do estado[8] – as quais em geral utilizam a mesma redação disposta na BNCC, mas a associam a um contexto mato-grossense –,[9] objetos de conhecimento e códigos das habilidades prévias, isto é, que teriam sido trabalhadas nos anos finais do ensino fundamental. Aqui, percebemos mais uma vez que os objetos de conhecimento são indicados de forma vaga, ampla e sem precisar a temporalidade.

Já o currículo de Pernambuco indica que a etapa do ensino médio foi construída em parceria com a Undime, mas também "a partir de muitas escutas". O documento expõe que foram realizados seminários em que se discutiu sepa-

[8] Para efeito de comparação, o estado de São Paulo utiliza apenas as habilidades dispostas na BNCC.

[9] Isso ocorre com exceção de apenas duas habilidades indicadas na BNCC: EM13CHS106 (p. 233) e EM13CHS605 (p. 248). Conforme observamos, o texto original da BNCC e a habilidade específica do estado são bastante similares, como é possível notar a partir desse exemplo: Original BNCC – "Analisar situações da vida cotidiana, estilos de vida, valores, condutas etc., desnaturalizando e problematizando formas de desigualdade, preconceito, intolerância e discriminação, e identificar ações que promovam os Direitos Humanos, a solidariedade e o respeito às diferenças e às liberdades individuais" (Brasil, 2018a:577). Habilidade específica do Mato Grosso: "Identificar, refletir e avaliar situações da vida cotidiana, estilos de vida, valores, condutas etc., desnaturalizando e problematizando formas de desigualdade, preconceito, intolerância e discriminação, e analisar as promoções de Direitos Humanos, justiça e solidariedade em Mato Grosso" [Mato Grosso, 2021:244-245].

radamente a formação geral básica (FGB) e os itinerários formativos (IF). Os encontros ocorreram em formato *on-line* e teriam contado com, respectivamente, 1,045 e 1383 participantes. Enquanto a FGB teve a participação das escolas do ensino médio e de técnicos das áreas de conhecimento das gerências regionais de Educação (GRE) da rede pública, os IF contaram também com a participação de instituições de ensino superior, sindicato dos professores e do Conselho Estadual de Educação.

No tópico que trata da transição do ensino fundamental para o médio, indica-se como o documento será organizado: uma vez que no ensino fundamental a BNCC sugere competências e habilidades por componentes, o estado optou por manter o padrão no ensino médio. O texto da área de ciências humanas faz questão de afirmar que

> fica resguardado o campo de cada componente das ciências humanas e sociais, não porque seus objetivos de análise sejam distintos entre si, afinal os fatos sociais não são compartimentáveis ou separáveis em si. A particularidade de cada campo se baseia na existência de pressupostos teóricos, de modo que é a perspectiva sobre o mundo que funda a especificidade entre as disciplinas do campo, e daí resulta, certamente, sua riqueza analítica [Pernambuco, 2021:247-248].

Como no currículo de São Paulo, existe uma seção específica para tratar da história no ensino médio, em que se defende "uma História viva, presente e integrada às práticas e aos conhecimentos de docentes e discentes. A abordagem temática é particularmente nesse sentido, pois permite contextualizações mais significativas, distantes da história factual e positivista". Enfatiza-se ainda que o ensino do componente preza "o protagonismo juvenil, fomentando no estudante a participação no diálogo, na troca de experiências e na busca por soluções que envolvam o coletivo, cuja base é a ética, o respeito às diferenças e a valorização do ser humano" (Pernambuco, 2021:253). Não podemos deixar de notar que esse é um dos documentos que mais buscou incorporar discussões bibliográficas recentes no campo do currículo, citando Ivor Goodson, Maurice Tardif, Antoni Zabala e Tomaz Tadeu da Silva, entre outros (Pernambuco, 2021:16-17; 26).

O organizador curricular apresenta habilidades específicas por componentes elaboradas pelo estado para além das habilidades de áreas indicadas pela BNCC, mas é interessante perceber que nem todas elas são mobilizadas em história, podendo ser abordadas apenas em outros componentes.[10] Além disso, em oposição aos dois outros currículos que temos analisado e à própria BNCC, no currículo pernambucano existe uma indicação do que deve ser abordado em cada série que compõe o ensino médio. Para que as configurações que temos analisado fique mais clara para o leitor, optamos por transcrever abaixo trechos de cada um dos quadros curriculares.

Pernambuco

Quadro 1
ORGANIZADOR CURRICULAR DE PERNAMBUCO

1º ano		
Habilidades de área da BNCC	**Habilidades específicas dos componentes**	**Objetos do conhecimento**
(EM13CHS101) Identificar, analisar e comparar diferentes fontes e narrativas expressas em diversas linguagens, com vistas à compreensão de ideias filosóficas e de processos e eventos históricos, geográficos, políticos, econômicos, sociais, ambientais e culturais.	(EM13CHS101HI01PE) Analisar diferentes narrativas sobre um mesmo acontecimento, considerando as memórias individuais e coletivas, as críticas das fontes históricas e as diferentes correntes teórico-metodológicas do campo historiográfico.	Introdução aos estudos históricos.
(EM13CHS102) Identificar, analisar e discutir as circunstâncias históricas, geográficas, políticas, econômicas, sociais, ambientais e culturais de matrizes conceituais (etnocentrismo, racismo, evolução, modernidade, cooperativismo/desenvolvimento etc.), avaliando criticamente seu significado histórico e comparando-as a narrativas que contemplem outros agentes e discursos.	(EM13CHS102HI02PE) Identificar e analisar criticamente as concepções políticas, culturais e sociais que nortearam a criação de marcos históricos de periodizações, construídas pelos historiadores, visando discutir as circunstâncias nas quais foram criados bem como as diversas implicações de sua utilização.	Pré-história. Antiguidade Oriental. Povos originários de Pernambuco. Idade Média.

Fonte: Pernambuco (2021).

10 Por exemplo, para a área de ciências humanas, a BNCC indica 32 habilidades, mas no componente de história de Pernambuco aparecem apenas 25 delas.

Mato Grosso

Competência específica 1

> Analisar processos políticos, econômicos, sociais, ambientais e culturais nos âmbitos local, regional, nacional e mundial em diferentes tempos, a partir da pluralidade de procedimentos epistemológicos, científicos e tecnológicos, de modo a compreender e posicionar-se criticamente em relação a eles, considerando diferentes pontos de vista e tomando decisões baseadas em argumentos e fontes de natureza científica [Mato Grosso, 2021:220-221].

Quadro 2
ORGANIZADOR CURRICULAR DE MATO GROSSO

Habilidades	Objetos do conhecimento	Habilidades prévias
(EM13CHS101) Identificar, analisar e comparar diferentes fontes e narrativas expressas em diversas linguagens, com vistas à compreensão de ideias filosóficas e de processos e eventos históricos, geográficos, políticos, econômicos, sociais, ambientais e culturais. (EM13CHS101.MT) Identificar, analisar e comparar diferentes fontes e narrativas expressas em diversas linguagens, com vistas à compreensão de ideias filosóficas e de processos e eventos históricos, geográficos, políticos, econômicos, sociais, ambientais e culturais na realidade de Mato Grosso.	• Tipos de fontes: escritas e não escritas; • Cultura material e imaterial; • A construção da História; Patrimônio cultural; • Educação patrimonial; • Pré-História e primeiras civilizações; • A ancestralidade mato-grossense; • Arqueologia brasileira e mato-grossense; • Mesopotâmia; • África antiga; • Hebreus, fenícios e persas; • Civilização chinesa; • Povos pré-colombianos; • O processo histórico do estado de Mato Grosso; • Diversidades de povos e culturas do estado de Mato Grosso; • Trabalho escravo e livre ao longo da história de Mato Grosso; • Imperialismo e neocolonialismo; • Brasil República; • Introdução aos estudos geográficos; • Conceitos básico de geografia: espaço geográfico, paisagens, lugares, territórios e regiões; • Aspectos teóricos metodológicos da geografia; • A ciência geográfica e a representação do espaço; • Noções de orientação geográfica: a informação geográfica e a cartografia; • Linguagem, pensamento, cultura e poder; • Estilos e gêneros de textos filosóficos; • Filosofia e oralidade; • Antropologia filosófica; Mitos, filosofia, senso comum, religião; • Crítica da razão tupiniquim; • Formas de conhecimento; • Indústria cultural; • A Revolução Industrial; • Formação das ciências sociais; • Surgimento da sociologia como ciência; • A construção do pensamento antropológico; • A ciência política; • Estado moderno; • A vida em sociedade.	(EF01HI01) (EF01HI02) (EF01HI05) (EF02HI02) (EF02HI06) (EF02HI07) (EF03HI02) (EF04HI08) (EF06HI02) (EF01GE01) (EF01GE02) (EF01GE03) (EF02GE08) (EF02GE09) (EF03GE06) (EF04GE05) (EF04GE09) (EF06GE08)

Fonte: Mato Grosso (2021).

São Paulo

Quadro 3
ORGANIZADOR CURRICULAR DE SÃO PAULO

Competências	Habilidades	Categoria	Objetos de conhecimento
1. Analisar processos políticos, econômicos, sociais, ambientais e culturais nos âmbitos local, regional, nacional e mundial em diferentes tempos, a partir da pluralidade de procedimentos epistemológicos, científicos e tecnológicos, de modo a compreender e posicionar-se criticamente em relação a eles, considerando diferentes pontos de vista e tomando decisões baseadas em argumentos e fontes de natureza científica.	(EM13CHS101) Identificar, analisar e comparar diferentes fontes e narrativas expressas em diversas linguagens, com vistas à compreensão de ideias filosóficas e de processos e eventos históricos, geográficos, políticos, econômicos, sociais, ambientais e culturais.	Tempo e espaço	Filosofia As origens da filosofia e a atitude filosófica. Os períodos e os campos de investigação da atividade filosófica. Geografia As relações entre espaço, sociedade, natureza, trabalho e tempo. Transformações antrópicas no meio físico em diferentes sociedades. História Memória, cultura, identidade e diversidade. A produção do conhecimento histórico e suas narrativas na origem dos povos do Oriente Médio, Ásia, Europa, América e África. Sociologia Padrões e normas de distintas sociedades: na cultura, no poder, na cidadania e no trabalho.

Fonte: São Paulo (2020a).

Ao observar os objetos de conhecimentos dispostos em cada um dos organizadores, é possível perceber que em Pernambuco se mantém uma divisão tradicional: na primeira série os conteúdos vão da chamada "Pré-História" à Idade Média; na segunda do feudalismo à Revolução Francesa e na terceira do neocolonialismo à crise de 2008. A história do Brasil encontra-se integrada nesse panorama mais amplo. Adota-se uma perspectiva linear de história que, inclusive, foi combatida pela primeira versão do documento de história na BNCC: os embates travados colocavam em campos opostos aqueles que criticam uma tradição historiográfica herdeira do século XIX, que apresenta uma história quadripartite e prioriza as trajetórias das sociedades ocidentais, aos defensores de um ensino voltado para as sociedades e grupos sociais excluídos que tiveram sua história silenciada ou distorcida, favorecendo temporalidades mais recentes. Seria interessante entender quem foram os responsáveis por essa configuração em Pernambuco, para saber até que ponto os docentes interferiram ou não na mesma.

No currículo de Mato Grosso, cuja estruturação é por área, a indicação dos objetos de conhecimentos é extremamente diversificada. Desse modo, é possível trabalhar com temas, cronologias e sociedades completamente diferentes em história dentro de uma mesma habilidade. É perceptível o fato de que vários objetos de conhecimento se repetem, mas integrados a habilidades diferentes, por vezes com ligeiras variações.[11] Conforme destacamos anteriormente, não apenas competências e habilidades poderiam ser (re)trabalhadas de forma espiralada como anuncia o currículo, mas também os conhecimentos poderiam ser (re)visitado inúmeras vezes sob pontos de vistas distintos. Essa estratégia pode ser interessante, mas exige um planejamento cuidadoso para evitar o risco de que os conteúdos sejam apreendidos de forma fragmentada ou mesmo negligenciados: como não há indicações de qual componente deve tratar determinados assuntos, pode-se esperar que uma determinada disciplina o faça, mas o professor possivelmente não trabalhará com um tema por acreditar que outros já o fizeram. Isso exigiria, portanto, um alinhamento entre os docentes da área que, como sabemos, nem sempre ocorre ou é possível, inclusive por questões estruturais, como a atuação em múltiplas unidades escolares e o reduzido tempo disponível para planejamento. É ainda mais preocupante perceber que o material didático que está sendo disponibilizado para o corpo docente e estudantes da rede não dialoga com o currículo estadual, embora seja indicado que ele está alinhado à BNCC, ocasionando assim um descompasso entre o que foi proposto e o que de

---

11 Esse é o caso de "globalização" que aparece no documento como Globalização ou Globalização e mundialização; Globalização e exclusão; Globalização: interações e conflitos; Globalização mundial; Globalização e mundialização; Globalização e desemprego; A globalização e o conceito de cidadania; Globalização e industrialização; Globalização e política: a governança global; Globalização e regionalização; Globalização e organismos internacionais ambientais; Globalização e as práticas transnacionais; Divisão internacional do trabalho e a nova globalização; Globalização e as revoluções científicas e tecnológicas; Globalização e os blocos econômicos; Globalização, direitos humanos, precarização do trabalho; O trabalho em crise na era da globalização; Globalização e os valores pós-materialistas; Globalização como a intensificação das relações internacionais; O processo de globalização; Estado nacional e globalização; Globalização e a economia política: pobreza e desenvolvimento; Religião e política em tempos de globalização; Mato Grosso no contexto da globalização.

fato está sendo implementado pelo próprio estado.[12] Em São Paulo, os objetos de conhecimentos divididos por componentes estão mais conectados às competências e habilidades, mas ainda assim o abandono da cronologia em algumas indicações pode provocar confusões. Por exemplo, ao identificar a necessidade de analisar os "processos migratórios, suas motivações e desdobramento (questões étnicas, xenofobia e conflitos territoriais)", o professor, caso não observe a competência à qual esse objeto está atrelado, poderia abordar a temática tanto através de processos ocorridos na Antiguidade – por exemplo na formação do Império chinês – como nos dias atuais. Entretanto, como esse objeto está inserido na segunda competência da BNCC, "Analisar a formação de territórios e fronteiras em diferentes tempos e espaços, mediante a compreensão das relações de poder que determinam as territorialidades e o papel geopolítico dos Estados-nações", o período priorizado durante a análise deveria abranger os séculos XIX e XX, ainda que isso não seja explicitado. Por outro lado, ao contrário do Mato Grosso, os materiais de apoio encontrados no *site* da Escola de Formação dos profissionais de Educação Paulo Renato Costa Souza (Efape) – sob o título *Currículo em Ação* – estão ancorados no currículo e focam sobretudo em atividades que podem ser resolvidas com os estudantes em sala de aula.[13]

Assim, enquanto o currículo de Pernambuco escolhe remar contra a corrente da BNCC para preservar a linearidade e a divisão quadripartite tradicional com a qual a maioria dos docentes de história estão acostumados, sua contraparte paulista não estabelece uma sequência cronológica ou sequer lógica (os legados da escravidão surgem no primeiro bimestre da segunda série, enquanto o trabalho escravo só aparece no bimestre seguinte), reunindo objetos de conhecimento em temáticas frouxamente organizadas, com escolhas de difícil compreensão: por que as revoluções Mexicana e Russa são expressamente mencionadas, enquanto a Francesa é ignorada? As temporalidades raramente são definidas com precisão, mas a contemporaneidade é privilegiada.

---

12 O material do sistema de ensino da Somos é dividido por série e nele são contempladas todas as áreas de conhecimento, mas encontra-se compartimentalizado por componente curricular. Analisando apenas a organização do primeiro caderno da primeira série, notamos que a divisão das unidades segue uma lógica quadripartite (antiga, medieval, moderna e contemporânea) e eurocêntrica: o estudante começa seus estudos entendendo as origens da humanidade, das primeiras cidades e posteriormente segue para os estudos das primeiras civilizações. Para mais informações, consultar Guimarães (2021).

13 Currículo Paulista: área de ciências humanas e sociais aplicadas (2020b).

A história do tempo presente não aparece expressamente, podendo (ou não) ser abordada em tópicos diversos que tratam de autoritarismo e democracia, a critério do professor. Portanto, ainda que façam indicações sobre esse conteúdo, de maneira geral os currículos analisados não privilegiam e nem sugerem como elementos de nosso inquietante passado recente poderiam ser trabalhados em sala de aula. Preserva-se uma visão tradicional de que a disciplina exige uma ruptura entre passado e presente, privando-a – e aos discentes – da possibilidade de tratar temáticas vivas e urgentes, agindo como se elas não nos pertencessem, pois só o recuo no tempo poderia garantir uma distância crítica. Diante dos problemas que o país e seus estudantes enfrentam no dia a dia, os currículos, no geral, preferem se abster de fazer abordagens mais controversas, inquietantes e incômodas: talvez o real distanciamento e abandono das escolas pelos jovens resulte daí e não de uma suposta falta de escolha em que se aprofundar. Dentro desse quadro, até por temerem represálias ao tomarem posições diante de questões polêmicas, os docentes retraem-se e a crise da nossa disciplina escolar se intensifica.

Além disso, em termos gerais, os currículos não conseguem traçar relações precisas entre competências/habilidades e os chamados conteúdos, que aparecem nos documentos de maneira fragmentada, desconexa e muitas vezes confusa. Para o desenvolvimento do pensamento crítico embasado desses estudantes, ou mesmo a formação de uma consciência histórica, os conteúdos substantivos, bem como sua contextualização, são fundamentais em nossa disciplina. Afinal, como analisar uma fonte, uma notícia ou dados sem compreender o contexto em que foram produzidos e sem conhecer os atores envolvidos no processo? Aqui entendemos conteúdo como "conhecimento científico recontextualizado em meio aos processos de seleção e organização disciplinar ou interdisciplinar que configuram os currículos escolares" (Gabriel e Moraes, 2017:32), não um mero relato de fatos, nomes e datas. Cabe destacar que ainda é necessário realizar escolhas no currículo de história, e elas precisam de critérios claros e de uma cronologia central – não necessariamente quadripartite e linear – para que faça sentido tanto para os professores quanto para os estudantes.[14]

No estágio atual, conseguimos enxergar alguns cenários em relação à reestruturação curricular da formação geral básica nos estados. Os docentes terão acesso

---

[14] As reflexões de Peter Stearns (1987) ajudaram a desenvolver algumas das ideias apresentadas neste parágrafo.

aos materiais que estão sendo distribuídos ou desenvolvidos pelas secretarias de Educação à qual estão ligados e, concomitantemente, aos livros didáticos de editoras diversas que, cabe destacar, foram aprovados pelo Programa Nacional do Livro Didático (PNLD) e encontram-se mais afinados aos pressupostos da BNCC – embora claro, não contemplem a parte diversificada do currículo e não trabalhem da forma como os estados propuseram. Nesse sentido, entre os seis volumes de cada coleção, as propostas das redes e, não podemos esquecer, as próprias avaliações do Enem, que acabam por definir o foco de atenção nessa etapa de ensino, os professores do ensino médio precisarão selecionar, ajustar e estruturar suas aulas: mais do que seus estudantes. São eles que necessitarão desenvolver um senso crítico para escolher seus caminhos em meio a tantas mudanças e opções.

Referências

BALL, Stephen. *Educação Global S.A.*: novas redes políticas e imaginário neoliberal. Trad. Janete Bridon. Ponta Grossa, PR: Ed. UEPG, 2014 [2012].

BARRETO, Elba. Tendências recentes do currículo do ensino fundamental no Brasil. In: _____ (Org.). *Os currículos do ensino fundamental para as escolas brasileiras*. 2. ed. São Paulo: Fundação Carlos Chagas, 2000 [1998], p. 5-42.

BRASIL. *Base Nacional Comum Curricular*. Primeira versão, Ensino Médio. Brasília: MEC/SEB, 2017a.

_____. Lei nº 13.415, de 17 de fevereiro de 2017. Altera as Leis nº 9.394, de 20 de dezembro de 1996, que estabelece as diretrizes e bases da educação nacional, e... *Diário Oficial [da] República Federativa do Brasil*, Presidência da República, Casa Civil, Brasília, DF, 17 fev. 2017b.

_____. *Base Nacional Comum Curricular*. Terceira versão, Ensino Médio. Brasília: MEC/SEB, 2018a.

_____. Portaria nº 331, de 5 de abril de 2018. Institui o Programa de Apoio à Implementação da Base Nacional Comum Curricular – ProBNCC e estabelece diretrizes, parâmetros e critérios para sua implementação. *Diário Oficial [da] República Federativa do Brasil*, Brasília, DF, 6 abr. 2018b.

_____. Portaria nº 1.432, de 28 de dezembro de 2018. Estabelece os referenciais para elaboração dos itinerários formativos conforme preveem as Diretrizes

Nacionais do Ensino Médio. *Diário Oficial [da] República Federativa do Brasil*, Brasília, DF, 5 abr. 2019. Seção 1, p. 94.

CÁSSIO, Fernando. Participação e participacionismo na construção da Base Nacional Comum Curricular. *Nexo Jornal*, 2 dez. 2017. Disponível em: <www.nexojornal.com.br/ensaio/2017/Participa%C3%A7%C3%A3o-e-participacionismo-na-constru%C3%A7%C3%A3o-da-Base-Nacional-Comum-Curricular>. Acesso em: mai. 2022.

FERREIRA, Ângela Ribeiro et al. A BNCC nos estados: implantação, crítica e resistências possíveis. In: ______. (Org.). *BNCC de história nos estados*: o futuro do presente. Porto Alegre: Fi, 2021, p. 11-23.

GABRIEL, Carmen Teresa; MORAES, Luciene Maciel Stumbo. Conhecimento escolar e conteúdo: possibilidades de articulação nas tramas da didatização. In: ______; ______ (Org.) *Currículo e conhecimento*: diferentes perspectivas teóricas e abordagens metodológicas. Petrópolis: De Petrus, 2017, p. 23-42.

GUIMARÃES, Denise de Barros (Coord.). *Maxi ensino médio*: 1 série, caderno 1 multidisciplinar. São Paulo: Somos Sistemas de Ensino, 2021.

MATO GROSSO (Estado). *Documento de referência curricular para o Mato Grosso*: ensino médio (DRC/MT: EM). Cuiabá: Secretaria de Estado de Educação/Ministério da Educação/Conselho Nacional de Secretários de Educação/União Nacional dos Dirigentes Municipais de Educação, 2021.

OBSERVATÓRIO MOVIMENTO PELA BASE. *Novo ensino médio*: principais avanços da implementação. [S.l.]: Observatório Movimento pela Base, [s.d.]. Disponível em: <https://observatorio.movimentopelabase.org.br/novo-ensino-medio/>. Acesso em: 29 mai. 2022.

PERNAMBUCO (Estado). *Currículo de Pernambuco*: ensino médio. Recife: Secretaria de Educação e Esportes, 2021.

SÃO PAULO (Estado). *Currículo paulista*: etapa ensino médio. São Paulo: Secretaria de Educação do Estado, 2020a.

______. *Currículo paulista*: área de ciências humanas e sociais aplicadas, 2020b. Disponível em: <https://efape.educacao.sp.gov.br/curriculopaulista/wp-content/uploads/2022/01/1.-TEMPLATE-Divis%C3%A3o-Habilidades-Ci%C3%AAncias-Humanas-_revisado.pdf>. Acesso em: 29 mai. 2022.

STEARNS, Peter. Periodization in world history teaching: identifying the big changes. *The History Teacher*, v. 20, n. 4, 1987, p. 561-580.

17. Licenciatura de história: percursos históricos e debates em torno da formação de professores

Renata Augusta dos Santos Silva

Desde o final dos anos 1990, a formação de professores tem sido apresentada como um dos setores que precisa ser repensado para tentar superar muitos dos problemas da educação brasileira nos dias de hoje. O professor torna-se alvo privilegiado dos vários produtores de discursos educacionais. Há o diagnóstico de que o professor portador de diploma de licenciatura emitido pelas instituições de ensino superior não estaria bem-preparado para o exercício da profissão docente. O cotidiano escolar é um desafio que muitas vezes não consegue ser enfrentado, recaindo sobre o professor a ideia de descompromisso ou falta de formação adequada para lidar com os alunos.

Além disso, existe o entendimento de que esses professores possuem problemas em suas formações – inicial e continuada –, por isso não saberiam desenvolver no aluno as competências fundamentais para o exercício da cidadania e para o mundo do trabalho. Por sua vez, o aluno, futuro cidadão e trabalhador, precisaria estar bem-preparado para lidar com as novas tecnologias, bem como estar apto a enfrentar as novas organizações no mundo do trabalho. Estas são algumas das questões que fazem parte das preocupações que envolvem a produção das políticas publicas de educação no Brasil.

Nas últimas décadas assistimos a um contexto de intensa produção dessas políticas. Foram elaborados importantes documentos direcionados para a formação de professores e para a educação básica no Brasil. Os principais documentos são: as Diretrizes Curriculares Nacionais de Formação de Professores (DCNFP) e as Diretrizes Curriculares Nacionais dos Cursos de História (DCNH), do início dos anos 2000; a resolução de julho de 2015, que definiu novas Diretrizes Curriculares Nacionais para a formação inicial em nível superior (cursos de licenciatura, cursos de formação pedagógica para graduados e cursos de segunda licenciatura) e para a formação continuada; a Base Nacional Comum Curricular

(BNCC), aprovada no final de 2017 e, mais recentemente, em 2019, a BNC da Formação.

Os estudos de Stephen Ball e Richard Bowe, são um importante caminho para se pensar a produção das políticas educacionais. Os autores colocam que as políticas educacionais devem ser pensadas como ciclos contínuos, constituídos por três contextos principais: o contexto de influência, o contexto da produção de texto e o contexto da prática. Para estes autores,

> esses contextos estão inter-relacionados, não têm uma dimensão temporal ou sequencial e não são etapas lineares. Cada um desses contextos apresenta arenas, lugares e grupos de interesse e cada um deles envolve disputas e embates [Mainardes, 2006:50].

Nesse sentido, a formulação das políticas educacionais é forjada a partir de influências nacionais e internacionais. Como exemplo de influência internacional, Mainardes se refere ao patrocínio do Banco Mundial, que acaba por pressionar para que se imponham algumas "soluções" oferecidas e recomendadas. Podemos citar a ação do Banco Mundial que direciona recursos para a educação em diferentes países, incluindo o Brasil. Uma agenda que pressupõe, entre outras coisas, o estabelecimento de padronizações para garantir a qualidade da educação. Um dos objetivos é pressionar por "soluções" oferecidas e recomendadas para combater o fracasso escolar, expresso nos altos números de reprovação e evasão. A necessidade de formar professores capazes de enfrentar estes desafios se faz cada vez mais presente.

> O World Bank é particularmente importante uma vez que as intenções do banco só podem ser entendidas como uma instância ideológica de promoção de um sistema mundial integrado com as linhas de mercado. Ao lado do World Bank, a Organização para Cooperação e Desenvolvimento Econômico (OCDE), a UNESCO e o Fundo Monetário Internacional (FMI) podem ser considerados agências que exercem influência sobre o processo de criação de políticas nacionais [Mainardes, 2006:52].

A produção de políticas nacionais seria então este segundo contexto. Tais políticas se traduzem na formulação de textos legais oficiais, parâmetros, diretrizes e bases curriculares, por exemplo, comentários ou pronunciamentos formais ou informais. Esses textos resultam de disputas de grupos que atuam em diferentes lugares de produção. Esses textos políticos, apesar de terem um caráter muitas vezes mandatório, carregam em si limitações materiais e inúmeras possibilidades de interpretação.

O contexto da prática seria o terceiro contexto. Momento em que as políticas educacionais estão sujeitas a interpretações e reelaborações, numa relação dialética com os sujeitos, currículos e instituições. Nesse sentido, não são simples "implementações", mas, sim, recriações.

> Os profissionais que atuam no contexto da prática [*universidades, por exemplo*] não enfrentam os textos políticos como leitores ingênuos, eles vêm com suas histórias, experiências, valores e propósitos [...]. Políticas serão interpretadas diferentemente uma vez que histórias, experiências, valores, propósitos e interesses são diversos. A questão é que os autores dos textos políticos não podem controlar os significados de seus textos. Partes podem ser rejeitadas, selecionadas, ignoradas, deliberadamente mal-entendidas, réplicas podem ser superficiais etc. Além disso, interpretação é uma questão de disputa. Interpretações diferentes serão contestadas, uma vez que se relacionam com interesses diversos, uma ou outra interpretação predominará, embora desvios ou interpretações minoritárias possam ser importantes [Ball e Bowe apud Mainardes, 2006:53, grifo meu].

Ball e Bowe nos trazem importantes chaves de leitura para se compreender a complexa articulação entre produção das políticas públicas educacionais e como se dá a prática, um ambiente mediado por influências políticas diversas, internas e externas, por ideologias, negações e consensos.

Diante disso, é importante percebermos a relação complexa, dinâmica e dialética que existe entre as políticas públicas, como as Diretrizes Curriculares Nacionais, as Bases Nacionais Curriculares, por exemplo, e os currículos das licenciaturas. A análise dessas relações envolveria a necessidade de "identificar processos de resistência, acomodações, subterfúgios e conformismo dentro e entre as arenas da prática, e o delineamento de conflitos e disparidades entre os discursos nessas arenas" (Mainardes, 2006:50).

Os esforços recentes no sentido da construção de políticas públicas para educação apontam para um desejo de padronização que vai balizar a reformulação dos currículos de formação e os da educação básica. Alguns estudos nos mostram que ao lado dessa padronização também estaria presente uma política de descentralização segundo a qual são transferidos encargos para as administrações locais e processo de responsabilização de atores educacionais, em que principalmente os docentes aparecem como responsáveis pelo sucesso ou fracasso dos alunos nos exames nacionais. Rocha e Coelho (2021:167) apontam que "objetivo final de uma política assim orientada seria o enfraquecimento das licenciaturas tornando-as espaço de instrumentalização dos docentes no domínio daqueles que preveem currículos nacionais".

As questões apontadas nos sugerem algumas reflexões importantes a respeito não só em torno das políticas educacionais, mas também em torno das licenciaturas. A ideia de que existiria em curso um processo de enfraquecimento das licenciaturas nos coloca a necessidade de problematizarmos as questões que envolvem historicamente a formação de professores e, mais especificamente, as direcionadas à formação do professor de história; nos remete a tentarmos perceber quais os objetivos de uma licenciatura de história, bem como os elementos que caracterizariam uma licenciatura bem-construída, fortalecida.

Esses debates e tensões sobre as mudanças nos cursos de licenciatura apontam a necessidade, cada vez maior, de refletirmos sobre os sentidos e significados das licenciaturas de história, discussão que estaria envolvendo, ao mesmo tempo, uma resistência a essa padronização e a afirmação de um determinado *ethos* de formação.

Os caminhos da docência escolar e a construção dos espaços de formação no Brasil

Durante grande parte do século XIX e início do XX, a docência era exercida por juristas, médicos, bacharéis em direito e letras. Os catedráticos do Colégio Pedro II eram o exemplo maior desse tipo de docência, responsáveis por cadeiras em diferentes áreas do conhecimento. Sem formação docente específica, dotados muitas vezes de notório saber sobre história, por exemplo, ministravam aulas e se consagravam como professores (Monteiro, 2013).

A escolarização das redes públicas e das escolas confessionais convivia com o ensino doméstico. Essa rede doméstica incluía uma ou mais famílias que contratavam um professor e organizavam, assim, uma "escola" que funcionava numa casa de família ou do próprio professor. Esse perfil foi se modificando ao longo da república.

> Isso significa dizer que a escola se transformou numa instituição educacional fundamental para a sociedade brasileira há apenas cerca de 100 anos. Ela é, nesse sentido preciso, uma instituição republicana, projetada para ser a imagem e a referência dos novos tempos que se anunciavam. República e educação escolar estavam associadas à crença na civilização e no progresso, que com toda certeza seriam alcançados, a despeito das dificuldades do caminho [Gomes 2002:387].

A Constituição de 1891 traz como princípios a gratuidade e a obrigatoriedade do ensino primário. A questão da gratuidade seria matéria de regulação das constituições estaduais; a obrigatoriedade, no entanto, se tornou um debate entre aqueles que achavam que tal princípio iria ferir a liberdade individual e aqueles que a defendiam como uma diretriz importante para a "formação do cidadão" republicano. A escola como instituição social exigia, além de prédios especialmente projetados, profissionais preparados para essa tarefa.

> Era preciso que o aluno permanecesse mais tempo na escola e que o professor usasse uma maneira de ensinar considerada adequada: um método. Ser professor era saber, mas também saber ensinar. Prédios, professores formados, alunos em idade apropriada, tempo de permanência na escola, classes seriadas, tudo isso começou a constituir uma "cultura escolar" que sustentou o nascimento do modelo de rede escolar que, em linhas gerais, conhecemos até hoje [Gomes, 2002:387].

Para isso, era necessário refletir e discutir sobre a formação de professores para a escola secundária. Essa foi a tônica dos debates sobre o papel da universidade entre os intelectuais brasileiros nas primeiras décadas do século XX. Ao lado da formação de professores, como objetivo das universidades, estava a preparação da classe dirigente do país.

Nos anos 1930, o governo Vargas incorporou a questão educacional em seu projeto de governo. A criação do Ministério da Educação e Saúde (MES), em 1930, respondia a uma demanda que crescia na sociedade e nos fóruns educacionais. Duas reformas importantes ocorreram em seu governo. Em meio a esse clima de ideias renovadoras, em abril de 1931, a reforma Francisco Campos organizou o Conselho Nacional de Educação. Em seguida, a Constituição de 1934 deu ao conselho a incumbência de criar o Plano Nacional de Educação. O Decreto nº 19.851, de 11 de abril de 1931, organiza o ensino superior e institui o Estatuto das Universidades Brasileiras, que estabelece os padrões de organização do ensino superior em todo o país. Em relação ao ensino secundário, o Decreto nº 19.890, de 18 de abril de 1931, dispõe sobre sua organização e, posteriormente, o Decreto nº 21.241, de 4 de abril de 1932, consolida as disposições sobre esse segmento de ensino.

Nesse período, foram criadas três universidades: a Universidade de São Paulo (USP), em 1934, a Universidade do Distrito Federal (UDF), em 1935, e a Universidade do Brasil, em 1937. Ainda em 1934, foi criado o primeiro curso de formação de professores de história do Brasil, na Faculdade de Filosofia, Ciências e Letras da Universidade de São Paulo.

A ideia principal era de que a universidade tivesse uma tripla função: investigação, ou melhor, criação de conhecimento científico; transmissão dos conhecimentos elaborados; extensão para popularizar os conhecimentos. Sendo assim, estar-se-ia garantindo a formação das elites intelectuais do país – pesquisadores, técnicos e professores. Eram essas concepções que estavam por trás dos projetos da USP e da UDF.

A USP foi criada em um contexto de crise das oligarquias paulistas. No seu projeto, havia um nítido caráter político de ser um centro de renovação e formação das elites intelectuais e políticas. Na sua organização, ficava claro o objetivo de separar formação para as humanidades de formação para a prática docente. A Faculdade de Filosofia, Ciências e Letras (FFCL) era o eixo central da universidade e em torno dela se organizavam as demais escolas profissionalizantes, oferecendo cursos para o magistério àqueles interessados em seguir a carreira docente. Estava posta uma clara distinção entre "cientistas", mais prestigiados, e "educadores", portadores do saber prático. Em relação aos cursos de história e geografia, diferentemente do que ocorria na UDF, na USP esses cursos foram introduzidos de forma unificada, ou seja, o aluno que se formava estava habilitado a lecionar as duas disciplinas.

Com um projeto diferente, baseado nas concepções de Anísio Teixeira, a UDF procurava dar maior organicidade aos cursos e maior centralidade à Escola de Educação que, além de formar os professores em todos os graus, tinha como objetivo ser um centro de pesquisa sobre a formação pedagógica em âmbito nacional.

> Com este objetivo, incorporava a Escola de Professores do Instituto de Educação que passava a denominar-se Escola de Educação, tendo como finalidades, não só prover a formação do magistério em todos os graus, como também "concorrer, como centro de documentação e pesquisa, para a formação de uma cultura pedagógica nacional (art. 4º do Título II do decreto de criação) [Candau, 1987:13].

Os objetivos da UDF em relação à educação e à formação de professores eram, nesse sentido, bem mais amplos do que os do projeto da USP. A ideia era formar uma "cultura pedagógica nacional" baseada na organização de um centro de documentação e pesquisa acadêmica, bem diferente da formação de um saber "prático".

Em estudos sobre a grade curricular do curso de história da UDF de 1937, Marieta de Morais Ferreira aponta a ênfase nos chamados "cursos de integração profissional", que privilegiavam as temáticas pedagógicas como, "introdução ao ensino" e "filosofia da educação".

> Desde os primeiros momentos a UDF foi concebida para formar professores secundários, daí a valorização das disciplinas ligadas à prática de ensino, na formação de professores de História. Deve ser mencionado, no entanto, a articulação entre as cadeiras de conteúdo e as de integração profissional, havendo em alguns casos professores que se responsabilizavam pela docência nas duas áreas, como é o caso de Delgado de Carvalho [Ferreira 2006:147].

No que se refere ao curso de história da UDF, existia uma separação entre história e geografia e tinha a duração de três anos. Ferreira aponta que o curso possuía um projeto inovador em relação aos conteúdos ensinados: a preocupação com o ensino e com a atenção dada à pesquisa.

> A ideia de seus professores era orientá-los de forma que não só desenvolvessem habilidades para o ensino, mas também aprendessem a pesquisar e escrever sobre o Brasil a partir de teorias e métodos [...] Henri Hauser tentou esclarecer esse ponto ao dizer que os professores de História deveriam, de um lado, ser iniciados no trabalho histórico e na pesquisa crítica, de outro, ser preparados para as funções de professores, não como uma preparação pedagógica abstrata, mas como uma preparação que deveria estar diretamente ligada a uma pedagogia especial das ciências históricas [Ferreira, 2013:31].

Em julho de 1935, o ministro Gustavo Capanema formou uma comissão com o objetivo de ampliar a Universidade do Rio de Janeiro. O objetivo era dar continuidade ao projeto de Francisco Campos de 1931. Esse projeto visava ao estabelecimento, em todo o país, de um padrão nacional para o ensino superior.

O início do Estado Novo foi marcado por forte tensão política, que resultou na extinção da UDF e na acusação de Anísio Teixeira ser comunista. A Universidade do Brasil (UB) absorveu muitos dos professores da extinta UDF. Foi criada a Faculdade Nacional de Filosofia na UB, não havendo uma continuidade em relação ao projeto inicial de formação da UDF.

No processo de criação da UB, o ministro de Educação, Gustavo Capanema, excluiu a Escola de Educação no formato existente na UDF. Essa separação pode ser percebida como uma oposição entre formação humanística e formação pedagógica, como uma dimensão técnica e prática afastada dos aspectos filosóficos, o que favorecia o controle do Estado sobre a formação de professores. Tais medidas demonstravam uma descontinuidade em relação às concepções de Anísio Teixeira.

> Pelo decreto-lei nº 1.190, de 4/4/39, que organiza a Faculdade Nacional de Filosofia, erigida como se viu em modelo padrão para as demais escolas, prevê-se a existência de uma seção especial de didática, responsável por um "curso ordinário" com o mesmo nome, cuja duração prevista é de um ano, que se acrescenta ao curso de bacharelado, com duração de três anos, fornecidas pelas demais seções da Faculdade. Este curso compreende as seguintes disciplinas: Didática Geral, Didática Especial, Psicologia educacional, Administração Escolar, Fundamentos Biológicos da Educação e Fundamentos Sociológicos da Educação [Candau, 1987:19].

O modelo de formação de professores que surgiu com esse decreto deveria servir de base para todo o país. A forma organizacional do curso universitário estabelecia que o aluno, após cursar os três anos de bacharelado, faria as disciplinas da seção de didática para obter sua formação pedagógica, previstas para durar um ano.

> Assim foram criados, no Brasil, os cursos de "licenciatura" nas suas diferentes "habilitações", constituindo-se em "categoria institucional" que se implementava mediante a "forma organizacional" conhecida como "3+1". Baseavam-se em uma "necessária" separação entre formação humanística e pedagógica, e assim inventou-se uma tradição que afirma uma concepção tecnicista de pedagogia [Monteiro, 2013:19].

O chamado modelo "3+1", ou seja, três anos de formação específica e um ano de formação pedagógica. A determinação dessa forma organizacional evidenciaria um caráter tecnicista dado à formação pedagógica, acirrando uma aparente oposição entre teoria e prática. Nesse momento, começava a se caracterizar uma nova categoria institucional, que iria se consolidar nos anos seguintes (Goodson, 1997).

Nesse sentido, a possibilidade de criação dos cursos de licenciatura como "categoria institucional" instaurou-se a partir de 1939, quando, através do Decreto-Lei nº 1.190, de 4 de abril, foi criada a Faculdade Nacional de Filosofia, que instituiu a "forma organizacional", conforme a concepção de Capanema, e que a configurou até a realização da "reforma universitária", por meio da Lei nº 5.540/1968. A Lei, entre outras medidas, extinguiu a Faculdade Nacional de Filosofia e viabilizou a criação das faculdades de educação (Monteiro, 2013:29).

A reforma universitária, no final dos anos 1960, reforça essa divisão dos lugares institucionais de formação. As disciplinas específicas seriam oferecidas pelos institutos, faculdades ou escolas e as pedagógicas seriam, assim, oferecidas pela Faculdade de Educação. Após cursar três anos as disciplinas do bacharelado, o aluno faria mais um ano de formação pedagógica. Pensando dessa forma segmentada, construiu-se um entendimento de que a licenciatura corresponderia a apenas um ano da formação universitária: "muitos consideram que, para ser professor, basta dominar conhecimentos de determinada área e técnicas e procedimentos didáticos" (Monteiro, 2013:29).

Esta estrutura de formação, construída nos anos 1930, se aprofundou no final da década de 1960 com a criação da Faculdade de Educação como espaço em que os alunos de licenciatura teriam de cursar as disciplinas pedagógicas. A universidade passava a ter espaços diferenciados de formação – institutos e faculdade de educação. Consolidava-se o modelo "3+1", que marcou a formação de professores a partir de então. Muitos professores que nos dias de hoje possuem vasta experiência no magistério foram formados na vigência desse modelo, imersos num processo de consolidação dessa cultura institucional.

A formação de professores de história

No que se refere ao campo disciplinar da história, com o fim da UDF, o curso da UB reunia a história e a geografia, que só seriam separadas em 1955. Ele era oferecido na Faculdade Nacional de Filosofia (FNFi) e serviria como referência para a organização de diversos cursos no país. Nesse curso, existia uma preocupação com a articulação entre ensino e pesquisa. A tarefa da pesquisa seria delegada a outras instituições, como o Instituto Histórico e Geográfico Brasileiro, por exemplo (Ferreira, 2013). Dessa forma, a função do curso de história seria apresentar os conhecimentos sobre a história do Brasil aos graduandos, que, depois de formados, atuando como professores na escola secundária, iriam transmitir a os seus alunos. Nesse sentido, os primeiros cursos de história tinham uma ênfase muito maior na atividade de ensino do que na atividade de pesquisa.

Nas faculdades existiam os professores catedráticos, ou as cátedras. Esses professores, especialistas em um determinado assunto, organizavam suas disciplinas, muitas vezes de forma autoritária, apresentando uma sequência de fatos e datas, sem nenhum tipo de crítica ou debate e sem fazer referência às pesquisas que originaram aquele conhecimento.

> Entre as conturbações políticas e embates acadêmicos forjou-se, com a FNFi, um modelo de curso Universitário de História que privilegiava a formação de profissionais para o ensino secundário, em que conteúdos enfocados tinham por fim estimular o processo de fortalecimento de identidade nacional. Essa questão, no entanto, gerou inúmeras tensões ao longo das décadas seguintes até que, finalmente, nos anos 1970, a criação dos programas de Pós-Graduação em História tornaria a universidade o espaço por excelência de formação profissional do historiador [Ferreira, 2013:31].

Durante a ditadura militar, momento de intensa repressão e censura, foi implementada a Lei nº 5.692/1971 (Lei de Diretrizes e Bases – LDB), responsável por uma reformulação importante nos currículos, pois limitava enormemente os conhecimentos ligados ao campo das humanidades. História e geografia, no 1º grau, foram reunidas em uma só disciplina: estudos sociais. Para dar conta dessas mudanças, foram criadas as chamadas licenciaturas curtas em estudos sociais. Essas medidas implicavam uma descaracterização do campo específico do conhecimento histórico, impactando também a formação do professor de história.

Outro aspecto presente nos anos 1970 foi a ampliação dos debates em torno da criação de programas de pós-graduação. As décadas seguintes vão assistir a importantes mudanças no que diz respeito ao crescimento dos programas de pós-graduação no Brasil e ao perfil dos professores universitários de história. Segundo Ferreira (2016), a expansão e a consolidação da pós-graduação ocorrida nos anos 1980 e 1990 fez com que a pesquisa fosse mais valorizada do que a docência. A produção do conhecimento historiográfico passava a ser a principal preocupação. As articulações entre ensino e pesquisa ganhavam cada vez mais fôlego. A docência universitária dividia espaço com o trabalho de orientação de monografias, dissertações e teses.

Nas palavras da autora, "o foco das graduações passou a ser formar pesquisadores para ingressar nos programas de pós e não oferecer ferramentas para sua atuação como professores, destino maior dos cursos de licenciatura" (Ferreira, 2016:32). Para Ferreira, esta é uma visão que ainda persiste nos dias de hoje na maioria dos cursos de história. Este aspecto estaria, portanto, constituindo um determinado *ethos* de formação que, aos olhos de uma parcela de professores, precisava ser preservado.

> Os anos 1980 trouxeram novas perspectivas, graças não só a incorporação dos cassados, mas também ao retorno dos que foram obrigados a se afastar em função da repressão. Foi nessa década que os programas de pós-graduação se expandiram de forma expressiva no país, e as atividades de pesquisa ganharam um novo impulso, com apoio as agências de financiamento governamentais. Nesse contexto, o curso de Mestrado em História Social na UFRJ foi reconhecido, e as atividades de pesquisa tornaram-se objeto de maior preocupação. O Departamento de História começou a incorporar uma nova geração de professores que ingressava mediante concurso público, possibilitando a renovação da graduação e associando numa única carreira o professor e o pesquisador [Ferreira, 2013:80].

Esse processo também provocou mudanças na historiografia brasileira. Ainda nos anos 1930, a historiografia brasileira era marcada por um processo em que disciplinarização e profissão universitária não ocorriam ao mesmo tempo, as "atividades ligadas às designações de 'professor' de história e 'historiador' demoraram muito para se unirem, fazendo parte da mesma dinâmica hoje incompleta". (Nicodemos, Santos e Pereira 2018:39) Ferreira nos lembra que essas designações – professor e historiador – representavam dois campos com fronteiras bastante distintas. Este cenário se modificava nas décadas de 1960 e 1970, período em que houve uma organização dos cursos com foco na construção do conhecimento histórico. O campo de uma historiografia brasileira se consolidava (Ferreira, 2013).

O processo de redemocratização do país, a partir dos anos 1980, foi marcado por transformações importantes na área da educação em seus diversos níveis. As novas tecnologias da informação e da comunicação são apontadas como elementos que vão influenciar não só as relações entre as pessoas e a organização do mundo do trabalho, mas também o exercício da cidadania.

Após inúmeros debates, as licenciaturas curtas em estudos sociais foram extintas com a aprovação da Lei de Diretrizes e Bases da Educação Nacional (LDBEN) nº 9.394, de 20 dezembro de 1996. A nova lei foi permeada por conflitos ideológicos e por tensões entre grupos da sociedade civil: empresários, centrais sindicais e intelectuais.

Tem início um amplo processo de revisão da educação. As primeiras ações direcionaram-se à educação básica, com a elaboração dos Parâmetros Curriculares Nacionais (PCN). No final dos anos 1990, o ensino superior começava a ser alvo das políticas públicas. O parecer CNE nº 776/1997 sugere mudanças dos currículos mínimos dos cursos de graduação e menciona a falta de liberdade das instituições em elaborarem suas atividades de ensino. O conteúdo do parecer nos revela em grande medida os debates sobre educação no período e aponta para uma necessidade de mudança na concepção de formação docente.

Os debates e disputas nesse "território contestado", o da formação de professores, estão muito longe de serem concluídos com mínima resolução. Perguntas surgem:

> A quem compete afinal formar os professores? Qual a forma organizacional mais adequada aos cursos de licenciatura? Às Faculdades/Institutos de formação específica ou às Faculdades/Departamentos de Educação? Ou a instituições superiores criadas com esse fim? [Monteiro, 2013: 29].

Tais questionamentos apontam para a necessidade de aprofundar as pesquisas a respeito dos cursos superiores que formam professores. O que haveria de formação pedagógica nas disciplinas específicas e o que haveria de específico e de pesquisa nas disciplinas pedagógicas? Como são construídos os currículos desses cursos? A partir de que diretrizes externas e internas? O professor seria formado somente no âmbito das licenciaturas? Poderíamos falar, separadamente, de licenciatura? E ainda: O que seriam as licenciaturas como categoria institucional? Quais os lugares de formação de professores?

"A briga das diretrizes" ou a disputa na construção de um novo *ethos* de formação

No final dos anos 1990 e início dos anos 2000, os debates e políticas se direcionaram para os cursos de formação de professores da educação básica. Resultaram desse processo as Diretrizes Curriculares Nacionais para a Formação de Professores (DCNFP) e as diretrizes de e para os cursos disciplinares, como história, geografia, filosofia, entre outros. As Diretrizes Curriculares Nacionais dos Cursos de História (DCNH) tiveram como base um documento proposto pela Associação Nacional dos Professores Universitários de História (Anpuh). Contudo, alguns pontos seriam modificados, gerando uma imensa insatisfação dos historiadores, que repudiaram tais mudanças. Havia um entendimento de que se rompia a proclamada indissociabilidade, provocando uma divisão na formação promovida nos cursos de graduação em história.

O documento oficial do MEC vinculava as DCN dos cursos de história às Diretrizes para a Formação de Professores (Parecer CNE/CP nº 9/2001), documento oficial de organização de todas as licenciaturas no Brasil. Esse parecer estabelece que as instituições de ensino superior passam a ter cursos de licenciatura com terminalidade própria e deveriam se submeter às Diretrizes para a Formação Inicial de Professores da Educação Básica em cursos de nível superior (Brasil, 2001a).

Esse aspecto desagradou alguns membros da Anpuh. A associação decidiu contestar o texto final, observando que ele propõe uma cisão entre a formação do historiador e a do professor de história, rompendo a desejada indissociabilidade entre ensino e pesquisa. O XXI Simpósio Nacional de História da Anpuh, ocorrido em julho de 2001, aprovou uma moção de repúdio. Segundo Bustamante (2002), a associação condenou as Diretrizes Curriculares para a Formação de Professores por "não respeitar 'o princípio da indissociabilidade entre ensino, pesquisa e extensão, bem como entre licenciatura e bacharelado'". A autora coloca que havia o receio de que elas acabassem por alargar o fosso entre Bacharelado e Licenciatura, em prejuízo de uma formação mais completa, complexa e integrada de um profissional de História, como apontada na proposta inicial das Diretrizes Curriculares do Curso de História, que seguiu em linhas gerais um documento do MEC, datado de 1986 [Bustamante, 2002].

Estaria havendo aí uma espécie de "briga" entre Anpuh e MEC por causa das Diretrizes Curriculares para a Formação de Professores e entre pesquisadores da área de ensino de história. O foco desse debate está no entendimento do que estaria na essência da formação do historiador. Selva Fonseca e Regina Couto colocam a cisão entre formação de professor e historiador feita pelos cursos de graduação, apontando que a maior parte dos formandos vai para área do magistério. O questionamento de Fonseca e Couto (2008) aponta o sileciamento em relação à formação do professor de história. À luz de todo esse debate Aryana Costa argumenta que seria perigoso reduzir os cursos de graduação aos campos de trabalho. Para Costa (2009:9),

> [...] quando se condiciona os cursos de graduação por conta do campo de trabalho, como o ensino no caso do historiador, corremos o risco de cair em um reducionismo perigoso. Se este é o principal campo de trabalho para este profissional não significa que sua formação deva se restringir ao "dar aulas de História", quase um tecnicismo que pensamos ter sido superado há algum tempo e que certamente a autora do texto desaprovaria. Afinal de contas, este professor saberá que devido à configuração atual da História ele precisará transitar por vários territórios (discussões teórico-metodológicas da área, outros espaços e temas "apropriados" pela História como museus e patrimônio histórico, as relações interdisciplinares etc.) que extrapolam os momentos de ensino, se pretende lidar plenamente com a disciplina.

Para a autora, haveria um reducionismo perigoso em curso ao associar os cursos de graduação às áreas de trabalho, como a do ensino, por exemplo. Se por um lado existe o perigo deste reducionismo apontado pela autora, por outro existe a necessidade cada vez mais urgente de refletirmos sobre a existência ou não de um equilíbrio entre o binômio ensino/pesquisa nos cursos de graduação em história. Em outras palavras, existe a necessidade de refletirmos se este referido binômio indissociável estaria compondo duas faces equilibradas de uma mesma moeda.

Esses debates que envolvem diferentes concepções de formação nos cursos de história demonstram a dificuldade de atribuirmos um significado para os cursos de licenciatura e mesmo para os cursos de bacharelado. A discussão sobre teoria e prática, por exemplo, abre caminho para questionamentos do tipo: de que teoria e prática estaríamos falando quando nos referimos a formação do historiador pesquisador? Os significados desse binômio seriam os mesmos quando pensamos na formação historiador professor?

Um aspecto que percebemos nas pesquisas é a dificuldade de perceber a dimensão de pesquisa que existiria nas licenciaturas. A formação de professores parece estar sempre diretamente ligada às questões práticas. Quais seriam as prerrogativas para se formar um professor pesquisador? Essa ideia só seria possível se pensarmos na dimensão da pesquisa historiográfica?

É importante trazermos para este debate a ideia de que existe também a pesquisa relacionada à docência, ao ensino de história, ligada à formação de um professor reflexivo, formado nas licenciaturas de história, que, como historiador professor, ao mesmo tempo se dedica a entender a construção do conhecimento histórico, que utiliza procedimentos teóricos e metodológicos próprios da escrita da história e, também, como professor de história, se torna um pesquisador da sua prática profissional, um professor reflexivo, que tem de dar conta de uma epistemologia própria do ensino de história e dos desafio do seu cotidiano de trabalho. Um professor que pesquisa e produz conhecimento.

As diretrizes aprovadas nos últimos anos apontam para os desafios dos cursos de licenciatura em história. As mudanças nos cursos, no decorrer dos anos 2000, trazem a questão das licenciaturas com terminalidade própria.

> De acordo com essas resoluções, o curso de licenciatura deve ter um projeto pedagógico próprio e acesso direto pelos estudantes já no vestibular. Decreta-se o fim dos cursos "3+1".
>
> As reformas curriculares realizadas por indução dessas resoluções buscam integrar as disciplinas pedagógicas ao currículo do curso. A "racionalidade prática" substitui a "racionalidade técnica" na forma da lei. A lógica das competências orienta a ação de formação a ser realizada. A necessidade de superar a distância entre teoria e prática é enfrentada com base nessas orientações e na ampliação da carga horária de atividades práticas e de estágio. Do mínimo de 2.800 horas exigido, 1.000 são horas de atividades práticas.

> A "forma organizacional" foi novamente modificada. Mas questionamos: a "categoria institucional" licenciatura sofreu uma reconceitualização? Foi efetivamente modificada? [Monteiro, 2013:38].

As palavras de Monteiro apontam para uma necessária conceitualização nova das licenciaturas. De maneira geral, as discussões perdem essa dimensão. Ao formar professores, as licenciaturas estariam perdendo necessariamente aquilo que fundamenta o profissional de história: "exercício da pesquisa". Para pensar em novos significados para as licenciaturas, temos de redimensionar o conceito de pesquisa e de professor pesquisador e não apenas colocar a licenciatura como o lugar da prática, aquele cujo objetivo fundamental seria o de aprender a "dar aulas de história" como um tecnicismo que, como coloca Costa, teria sido "superado há algum tempo"; o lugar em que se formaria o profissional prático e não o pesquisador. Ou, ainda, que abandonaria, assim, a essencialidade da sua formação como aponta o documento das diretrizes ("a formação do profissional de História se fundamenta no exercício da pesquisa"). A formação de professores não estaria, necessariamente, forçando a perda daquilo que fundamenta o profissional de história: o exercício da pesquisa.

Esse debate se relaciona com o que Goodson (1997:29) nos fala sobre as mudanças curriculares. O autor coloca que essas mudanças deveriam ser analisadas sempre levando em conta a inter-relação dos seus aspectos internos e externos, pois "quando o *interno* e o *externo* estão em conflito (ou dessincronizados), a mudança tende ser gradual ou efêmera". Ele entende que uma harmonização simultânea é difícil e a estabilidade ou conservação curricular anterior é comum. Existiria uma divergência entre as mudanças organizacionais propostas e as categorias institucionais. Os estudos de Goodson contribuem para o entendimento das reformas curriculares, na medida em que apontam a necessidade de que as mudanças na forma de organização dos cursos de graduação e na educação básica devem ser acompanhadas de uma mudança também na categoria institucional. Em outras palavras, é necessário que também se modifique ou se construa uma nova cultura institucional, no sentido de práticas aceitas e consolidadas. Somente dessa forma se estaria garantindo uma transformação de fato fundamental.

Quando refletimos, a partir das ideias de Goodson, sobre a consolidação das categorias institucionais, podemos perceber que um dos elementos em disputa é a construção de um determinado *ethos* de formação. Essa construção estaria passando pela criação de categorias institucionais que poderiam buscar redefinir ou manter os percursos de formação que até então têm sido centrados no modelo 3+1.

Um dos fatores que se encontra em disputa nesse processo é a construção de um determinado *ethos* de formação. Ao se afastar da indesejada licenciatura curta, construiu-se uma falsa polarização entre teoria e prática, entre formação de pesquisador e formação de professor, no âmbito dos cursos de graduação em história. Tal polarização não foi constituída agora – mesmo na configuração do chamado 3+1, modelo anterior às diretrizes, ela já ocorria. O documento da Anpuh repudia essa separação no processo de formação dos cursos de história que culminaram na proposta atual de formação para a licenciatura com terminalidade própria, pois estaria reafirmando a separação e contrariando a concepção de "formação de um profissional de História capacitado ao exercício do trabalho do historiador em suas múltiplas dimensões, o que supõe o domínio da natureza do conhecimento e práticas essenciais a sua produção e difusão" (Brasil, 2001b:9).

O documento aponta ainda que as diretrizes implementam textualmente uma "transposição do saber acadêmico para a área da educação" e que estaria, com isso, inviabilizando o "movimento inventivo da articulação entre diferentes saberes (históricos e educacionais) pelos sujeitos envolvidos". Um desdobramento disso seria a instalação de uma "hierarquização de saberes", o professor seria apenas um reprodutor de conhecimento. Essa colocação gera um estranhamento, visto que as últimas Diretrizes para a Formação de Professores colocam claramente a formação do professor a cargo dos cursos de história, que teriam de pensar a questão da prática desde o início do curso.

> O planejamento e a execução das práticas no estágio devem estar apoiados nas reflexões desenvolvidas nos cursos de formação. A avaliação da prática, por outro lado, constitui momento privilegiado para uma visão crítica da teoria e da estrutura curricular do curso. Trata-se, assim, de tarefa para toda a equipe de formadores e não, apenas, para o "supervisor de estágio". [...] A ideia a ser superada, enfim, é a de que o estágio é o espaço reservado à prática, enquanto na sala de aula se dá conta da teoria [Brasil, 2001b:9].

As perguntas a fazer são: Por que teríamos de, necessariamente, pensar em "saberes hierarquizados"? Ou como pura transposição do saber acadêmico? Pensá-los como hierarquizados já pressupõe uma determinada visão de que existiriam saberes mais importantes que outros. Como construir um currículo que não hierarquize os saberes?

O saber da experiência profissional tem um papel muito importante na constituição da docência, contudo existem outros aspectos teóricos e práticos que deveriam ser construídos dentro dos cursos de formação. Nos cursos de graduação em história as disciplinas específicas também são responsáveis por tal formação. Cabe ressaltar a defesa de que a formação do professor de história e a prática do magistério podem e devem ser fundamentadas na pesquisa.

Essas indagações trazem para o centro do debate os sentidos e significados das licenciaturas de história hoje. A tarefa de pensar sobre as licenciaturas estaria, portanto, envolvendo operações complexas que passam pela questão das políticas públicas, mas não se resumem a ela, passam também pelas dinâmicas internas dos cursos e suas relações com a escola e com o ensino de história. Tais reflexões abrem espaço para pensarmos a construção de novas identidades para as licenciaturas, construção de um novo *ethos* de formação. Mas quais seriam os caminhos a percorrer?

Referências

BRASIL. *Parecer CNE/CP nº 9/2001*, aprovado em 8 de maio de 2001a. Disponível em: <http://portal.mec.gov.br/cne/arquivo s/pdf/009.pdf>. Acesso em: out. 2019.

_____ *Parecer CNE/CES nº 492/2001*, aprovado em 3 de abril de 2001b. Disponível em: <http://portal.mec.gov.br/cne/arquivos/pdf/2001/pces1363_01.pdf>. Acesso em: out. 2019.

BUSTAMANTE, Regina Maria da Cunha. Reflexões sobre o profissional de História: legislação e currículo da UFRJ. In: ENCONTRO REGIONAL DE HISTÓRIA, X., 2002, Rio de Janeiro. *Anais*... Rio de Janeiro: Anpuh-RJ, 2002. Disponível em: <www.principo.org/reflexes-sobre-o-profissional-de-histria-legislaco--e-currculo-v2.html>. Acessado em: 5 abr. 2018.

CANDAU, Vera (Coord.). *Novos rumos da licenciatura*. Brasília: Inep; Rio de Janeiro: Ed. PUC-Rio, 1987 (Pesquisa).

COSTA, Aryana Lima. As prescrições para a formação de historiadores no Brasil. In: SIMPÓSIO NACIONAL DE HISTÓRIA, XXV., 2009, Fortaleza. *Anais*... Fortaleza, CE: Anpuh, 2009. (Mimeo).

FERREIRA, Marieta de Moraes. Notas sobre a institucionalização dos cursos universitários de história no Rio de Janeiro. In: GUIMARÃES, Manoel Luiz Salgado (Org.). *Estudos sobre a escrita da história*. Rio de Janeiro: 7 Letras, 2006.

_____. *A história como ofício*: a constituição de um campo disciplinar. Rio de Janeiro: FGV Ed., 2013.

_____. O ensino da história, a formação de professores e a pós-graduação. *Anos 90*, v. 23, n. 44, 2016.

GOMES, Ângela de Castro. A escola republicana: entre luzes e sombras. In: GOMES, Ângela de Castro; PANDOLFI, Dulce Chaves; ALBERTI, Verena (Org.). *A república no Brasil*. Rio de Janeiro: Nova Fronteira, 2002.

GOODSON, Ivor. *A construção social do currículo*. Lisboa: Educa, 1997.

MAINARDES, Jefferson. Abordagem do ciclo de políticas: uma contribuição para análise de políticas educacionais. *Educação e Sociedade*, v. 27, n. 94, 2006.

MONTEIRO, Ana Maria. Formação de professores: entre demandas e projetos. *Revista História Hoje*, v. 2, n. 3, 2013.

NICODEMOS, Thiago Lima; SANTOS, Pedro Afonso C.; PEREIRA, Mateus Henrique de Faria. *Uma introdução à história da historiografia brasileira*. Rio de Janeiro: FGV Ed., 2018.

18. Experimentando o fazer docente: as potencialidades do estágio supervisionado em história

Maria Aparecida da Silva Cabral

Introdução

Ninguém se forma no vazio.
Formar-se supõe troca, experiência, interações sociais, aprendizagens, um sem fim de relações [Moita, 2007:115].

A escolha da epígrafe acima diz muito sobre os caminhos que pretendemos seguir na condução deste texto, construído a partir de reflexões de desafios e problematizações que tangenciam nossa prática como professora/pesquisadora no Curso de Licenciatura em História, na Faculdade de Formação de Professores da Universidade do Estado do Rio de Janeiro (FFP/Uerj),[1] há 10 anos, ministrando aulas de estágio supervisionado. Em nossa trajetória, aprendemos a valorizar os percursos formativos e percepções de jovens que em um curto espaço de tempo transformaram-se em professores.

A realização de um curso superior em licenciatura de história é marcada por diversos ritos que acabam por instituir e conformar práticas e comportamentos dos futuros professores dessa área de conhecimento, ainda que tais ações não sejam explicitamente propostas com essa finalidade, isto é, ao longo desse processo formativo, tais licenciandos experienciam um conjunto de situações que os capacitam para o exercício profissional, seja no âmbito da pesquisa, ou do ensino. Isso significa considerar que a apropriação dos saberes profissionais se forja no

---

1 O trabalho em comento tem sido desenvolvido na Universidade do Estado do Rio de Janeiro (Uerj). O mesmo foi tema em produções anteriores. Cf. Cabral (2021a; 2021b),

campo da experiência,[2] a partir do momento em que esses licenciandos entram em contato com os modelos referenciais e epistemológicos do campo da história e da educação, ao mesmo tempo que dialogam com outros saberes adquiridos na esfera social e institucional.

Nesse paradigma, o estágio supervisionado adquire centralidade na formação de professores, situando-o a partir das questões que permeiam o cotidiano escolar e a prática dos docentes em sala de aula, em diálogo com as ferramentas conceituais produzidas e epistemologias do conhecimento produzidas no âmbito da universidade. Temos acompanhado mudanças substanciais nos currículos de formação de professores com a inserção de uma carga horária maior destinada à prática, bem como a ressignificação do lugar dos estágios supervisionados nos cursos de licenciatura.[3] Essa transformação impacta a configuração curricular ao instituir um "lugar" e um "tempo", indicando novos horizontes para a superação da famosa dicotomia entre a teoria e a prática na formação do professor de história.

Analisamos as práticas do estágio supervisionado em ensino de história entre os anos de 2018 e 2019, ancorando-nos em pesquisas recentes no campo da história ensinada em nosso país, como as de Monteiro (2013) e Monteiro, Gasparello e Magalhães (2007), acerca dos saberes e fazeres docentes; Mattos (2006), a respeito da aula de história como uma criação docente; Bittencourt (2008), sobre as finalidades da história escolar e o papel do livro didático, Rocha e Coelho (2013), com a tematização da formação de professores na relação com as demandas do tempo presente.

Nossa atenção volta-se para o percurso formativo dos licenciandos de história nas atividades de estágio supervisionado, problematizando algumas ações desenvolvidas nesse lugar. As produções de licenciandos, sujeitos em formação,

---

2 Acreditamos que o conceito de experiência, tal como anuncia o historiador E. P. Thompson em suas análises, nos aponta possibilidades interpretativas interessantes sobre os processos formativos pelos quais passam os sujeitos, ao centralizar a experiência como um lugar constituidor de sujeitos sociais, sendo um vetor de mudanças sutis ou radicais dos modos de fazer e pensar a educação.

3 Nessa perspectiva, compartilhamos das assertivas de Tardif (2011:23) quanto à necessidade de os cursos de formação de professores na atualidade promoverem novas articulações entre os conhecimentos produzidos nos âmbitos das disciplinas de referência e os tidos como pedagógicos, ou práticos, rompendo uma visão "aplicacionista" da formação profissional, como uma forma de renovação desses processos formativos. No caso brasileiro, especialmente nos últimos 20 anos, temos acompanhado alguns indícios na construção de políticas educacionais, que tentam estabelecer relações mais horizontalizadas entre as dimensões da teoria e da prática nesse currículo de formação de professores.

para alunos do ensino médio, também são tematizadas, principalmente as aulas (regências), que são compreendidas aqui como experimentos do fazer docente, uma espécie de vivência do que é "estar professor" em uma sala de aula.

A formação de professores de história em debate: desafios e perspectivas

No início do século XXI, a formação de professores no Brasil tem sido tema recorrente nos debates públicos sobre os rumos da educação brasileira, em razão do seu papel estratégico nos processos das reformas educativas. É bom lembrar que, de tempos em tempos, a política de formação de professores no Brasil é questionada por setores da sociedade, ora colocando sob suspeita o papel da Universidade acusada de não formar adequadamente profissionais para a escola, ora responsabilizando os próprios professores, que não se veem preparados para lidar com as diversas demandas contínuas projetadas para a educação.

Nos discursos institucionais difundidos sobre essa questão, as sucessivas reformas visam qualificar a formação do professor, considerando-o como elemento fundamental nesse cenário desafiador. Um dos aspectos da política de formação de professores, desde o início do século XXI, adotada pelo Ministério da Educação e pelo Conselho Nacional de Educação, é a explicitação da necessidade da parceria entre escola de educação básica e universidade na busca da superação das dificuldades em torno do processo de ensino e da aprendizagem dos conhecimentos necessários à formação cidadã de crianças, adolescentes e jovens matriculados em todo o território nacional.

Importa sublinhar que as expectativas projetadas à formação de professores são múltiplas, representam as mais diferentes forças sociais que a tensionam, como concepção, projeto e materialidades, vindo de diferentes lugares institucionais, como universidades, ou instituições de ensino superior, responsáveis pela formação de tais profissionais, das escolas de educação básica, das famílias etc. Os próprios professores recém-formados, quando se veem diante do cenário escolar e das dificuldades apresentadas pelos estudantes da educação básica, passam a questionar a preparação que receberam no espaço da universidade. É o que diz Ana Maria Monteiro (2013), em artigo sobre esse assunto.

Certamente, um caminho longo precisará ser percorrido para se conquistar a proximidade entre o que se ensina na universidade e o que se espera de um bom professor em termos de expectativas sociais. Ainda assim, programas e ações têm sido pensados no campo das políticas públicas educacionais visando à superação dessa distância, e uma ação com esse foco é a ampliação significativa, em currículos de formação de professores, de carga horária para os componentes destinados à prática profissional, o que para nós não somente representa uma mudança que impacta a tradicional relação entre os conteúdos teóricos e os de prática, mas reaviva disputas em torno da configuração desses novos cursos, à medida que evidencia os diferentes projetos de formação de professores.

Apesar disso, é preciso mencionar que ainda há desafios a serem enfrentados no campo da história em relação às hierarquizações instituídas entre os conhecimentos produzidos na história e os da educação. Especialmente, nessa primeira área de conhecimento, a formação de professores – lugar de confluências de saberes, práticas e tensões –, tem sido objeto de reflexão não somente daqueles que atuam nos cursos de licenciatura, mas também de pesquisadores. Sobre esse ponto, destacamos os trabalhos de Caimi (2006, 2013), Mesquita e Zamboni (2008), Fonseca e Couto (2008), Monteiro (2013), Oliveira e Freitas (2013), entre outros.

Flávia Caimi (2006), preocupada com questões relacionadas à aprendizagem da história na educação básica, aponta alguns elementos para pensarmos os desafios que perpassam a formação dos professores de história no tempo presente. Ao indagar acerca dos modos pelos quais essa formação se dá na prática, Caimi questiona a permanência de certa premissa nos meios acadêmicos que induz ao pensamento de que basta dominar os conhecimentos históricos produzidos e sistematizados na área de referência para ser um bom professor. Evidencia também a necessidade de formar um professor de história questionador do seu fazer, que se coloque à disposição para investigar sua prática, o contexto onde está inserido e, fundamentalmente, compreenda os processos cognitivos de aprendizagens dos estudantes.

Essa mudança evidencia a complexidade desse cenário das políticas públicas sobre os currículos dos cursos superiores de história, como assinala Renata A. Silva (2021:135). Segundo essa autora, "[...] em muitos casos existiu uma forte tensão entre os agentes formuladores dessas políticas para a formação e as universidades, com seus professores, coordenações e departamentos".

Reconhecendo que os contextos das reformas curriculares nesses últimos anos têm se constituído em oportunidades para a rediscussão dos processos formativos, que estão sendo oferecidos aos licenciandos de história, apostamos na necessidade do debate sobre a reconfiguração do currículo dessa área de conhecimento que supere as representações sobre a docência, o ensino e a prática profissional, tida muitas vezes como mero "lugar de aplicabilidade técnica" de conhecimentos produzidos nas universidades. Talvez essa seja uma maneira de colocar a prática em um lugar central nesse debate de reorganização dos cursos de licenciaturas (Gabriel e Senna, 2021; Carvalho e Costa, 2021; Silva, 2021), o que significa uma "rearticulação da prática", nos dizeres de Renata A. Silva (2021:134).

Nesse sentido, concordamos com Selma G. Fonseca e Regina Célia do Couto (2008) quando destacam o indício dessa prevalência do lugar do historiador em relação ao professor de história, o que pode ser notado nas Diretrizes Curriculares do Curso de História de 2001. Tal documento valoriza a formação de um graduado capacitado ao ofício de historiador "em todas as suas dimensões", dominando a "natureza do conhecimento histórico" e práticas de sua produção e divulgação. Essa secundarização aponta não somente os embates construídos nesse campo, mas cria hierarquizações entre aqueles que se tornam pesquisadores e aqueles que têm como destino profissional as escolas de educação básica – o que, na concepção de Eri V. Cavalcanti (2018), parece ser um contrassenso, pois "umas das forças que atribui sentido e significado à História é seu ensino". Itamar Freitas (2013), em algumas de suas reflexões, indica a necessidade de os historiadores repensarem os currículos de história ao defender que as discussões do ensino não se restrinjam ao final do curso e a uma disciplina, a exemplo da didática, reforçando um posicionamento político, alegando que a defesa da manutenção da própria profissão que se quer ver reconhecida legalmente, passa pelo cultivo das discussões do ensino e do currículo no interior da própria disciplina.

Entretanto, o que ainda temos visto é a predominância de uma parcela significativa de historiadores alheios às lutas políticas presentes nos processos históricos, que conferem legitimidade (ou não) a determinados conhecimentos. Dessa forma, compartilhamos das visões desses dois autores sobre um reposicionamento das questões do ensino e da formação do professor nos cursos de história, por compreendermos que essas dimensões de atuação do profissional dessa área "se constituem em forças potenciais para o reconhecimento e a legitimidade da própria História" (Cavalcanti, 2018:253).

Lembrando que a condição da história no contexto atual é bastante desfavorável, e sinais disso podem ser percebidos não somente na redução de investimentos em pesquisas nessa área, mas, sobretudo, nas políticas curriculares educacionais, que cada vez mais desprestigiam o conhecimento histórico escolar, ora com a retirada da história do formato disciplinar no currículo do ensino médio, ora com a diminuição da carga horária dessa disciplina no ensino fundamental. Argumenta Cavalcanti (2018:253-254) que "independente da pesquisa que desenvolvemos, da temática que estudamos, da instituição em que atuamos, somos professores atuando na docência e tendo o ensino como parte obrigatória e principal de nossa profissão".

Apostamos em uma formação de professores de história contextualizada e dinâmica, intimamente conectada com as problemáticas curriculares e os sentidos de escola, sobretudo, que ressignifique lugares de tradição dos conhecimentos acadêmicos tanto na história, quanto na educação. É nesse lugar que situamos alguns dos nossos interesses de pesquisa, sobre a produção de currículos, formação de professores, debruçando-nos sobre tensões que envolvem as situações concretas *de como* e *por quais* caminhos ocorrem os processos formativos dos futuros professores. Assim, consideramos tratar, a seguir, a temática da formação de professores de história a partir da análise de um caso, que é nosso local de inserção profissional e vinculação acadêmica.

Notas preliminares sobre a *matriz curricular* vigente na Licenciatura em História da FFP/Uerj e debates sobre a reforma curricular induzida pela Resolução CNE/CP nº 2/2015

Com Goodson (1997), Sacristán (1998) e Forquin (1992) aprendemos que o currículo é campo de disputas políticas, lugar de lutas para inovações, mas também de permanência das tradições instituídas na busca pela hegemonia cultural de algumas visões epistemológicas em detrimento de outras. E, no caso da obrigatoriedade de uma reconfiguração dos cursos de formação de professores, por meio das DCN de 2015, que demarca o lugar e a importância das discussões sobre a prática do professor nas licenciaturas com a exigência da inclusão de mais duas temáticas como libras e direitos humanos e educação inclusiva, todas essas questões vieram à tona. No que concerne aos limites dessa discussão, cabe questionar de que maneira essa reforma direcionou debates e reflexões em torno da relação entre os saberes tidos como pedagógicos e os relacionados ao campo da história, em nosso local de atuação, indagando-nos sobre as múltiplas interações e processos que dão sentido ao que realizamos como professores e pesquisadores da história ensinada.

O Curso de História, vinculado ao Departamento de Ciências Humanas, da Faculdade de Professores da Universidade do Estado do Rio de Janeiro – DCH/FFP-Uerj, localiza-se no município de São Gonçalo, Região Metropolitana do Rio de Janeiro, e é ofertado como licenciatura na modalidade presencial, sendo reconhecido em 1998.[4] Sua missão e seus objetivos foram construídos em consonância com a legislação no que tange aos cursos superiores no Brasil e aos documentos da área de história, que estabelecem parâmetros em relação ao perfil dos egressos, as competências e as habilidades, a estruturação do curso, os conteúdos curriculares, carga horária mínima de curso, estágios, atividades complementares, entre outros.

No processo de construção da matriz curricular da licenciatura em história em 2006, manteve-se a clássica divisão por subáreas de conhecimentos pelas temporalidades história antiga, medieval, moderna e contemporânea, além das temáticas história do Brasil, história fluminense, história da África, história da América e teoria da história, incluindo-se componentes voltados à prática do ensino (laboratórios de ensino de história e estágios supervisionados) e da pesquisa (laboratórios de pesquisa histórica e monografias). Os conhecimentos das ciências humanas e sociais estão em parte garantidos com a presença da sociologia, antropologia e filosofia, além do módulo pedagógico constituído pelos componentes curriculares da educação.[5]

---

4 Parecer nº 284/CEE/RJ/1998 – *Doerj*, 9 nov. 1998. Em 2006, total de horas do curso: 3470; total de créditos do curso 196, sendo: obrigatórios: 168; eletivos restritos: 16; eletivos universais: 12; atividades acadêmico-científico-culturais: 200 horas.

5 Para verificar informações detalhadas quanto à carga horária destinada a cada componente curricular, créditos e distribuição por ano de curso, consultar o *site* do curso. Disponível em: <www.ppghsuerj.pro.br/graducao-em-historia/>. Acesso em: 11 jun. 2022.

Figura 1
Fluxograma da matriz curricular em 2006

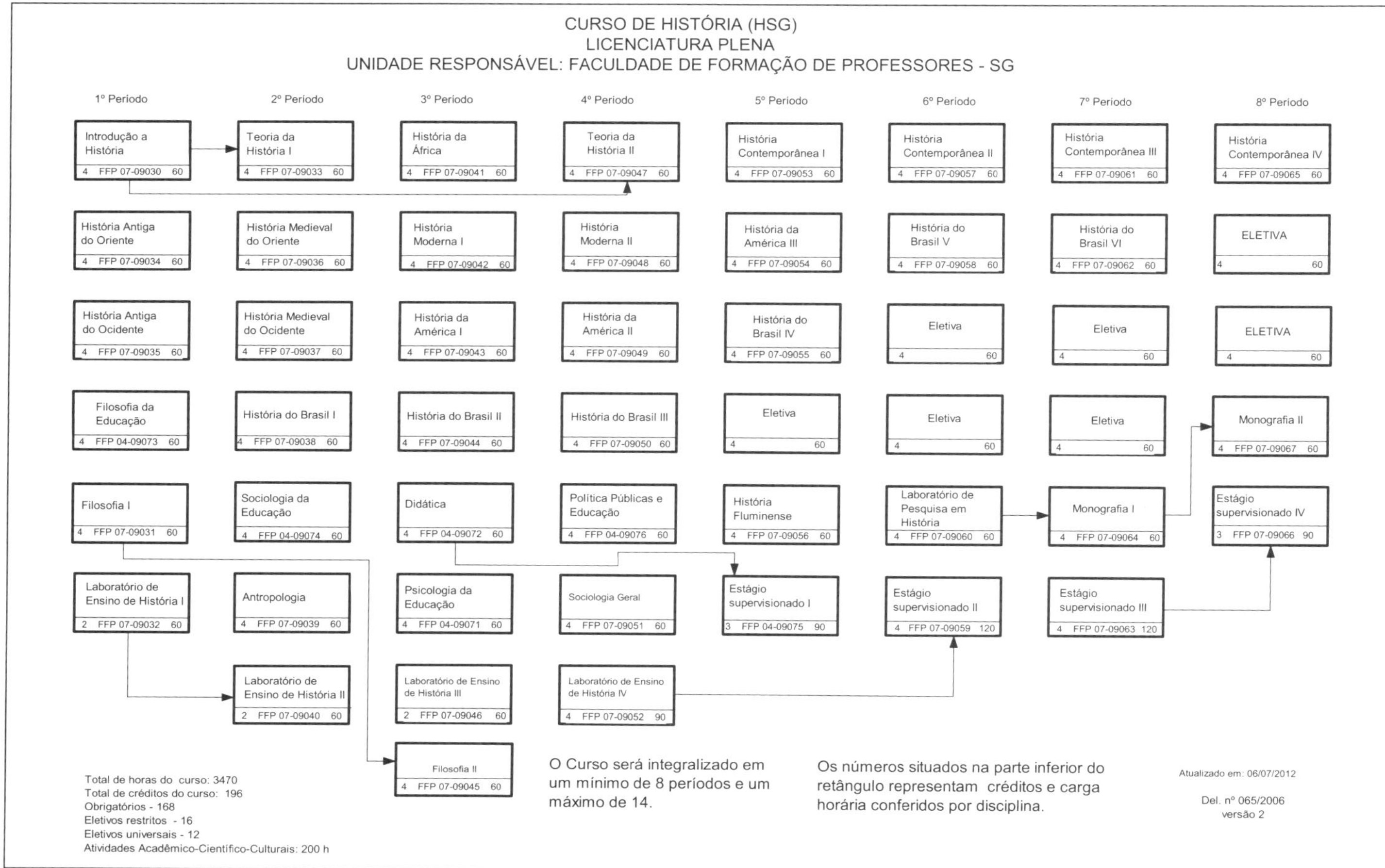

Fonte: Departamento Pedagógico da Uerj. Disponível em: <www.dep.uerj.br/fluxos/historia_licenciatura_ffp.pdf>. Aceso em: abr. 2022.

Entre 2015 e 2018, houve inúmeras discussões no âmbito da universidade para a implantação da nova reforma.[6] O Fórum de Licenciaturas foi instituído pela Sub-Reitoria de Graduação (SR-1), atual Pró-Reitoria de Graduação (PR-1) com a finalidade de debater o processo de reforma curricular no âmbito da instituição, além de produzir documentos norteadores que apresentassem parâmetros para suas unidades acadêmicas, departamentos e cursos no tocante a esse processo. Esse movimento induziu o Departamento de Ciências Humanas a reorganizar sua matriz curricular, conforme ilustra a figura 2.

Nas duas propostas de curso, os estágios supervisionados permaneceram organizados em quatro componentes curriculares, sendo divididos em I – atividades na instituição escolar, sob a responsabilidade da educação, e os demais vinculados à história: II – ensino fundamental; III – ensino médio e IV – outras instituições educativas, sendo concentrados na segunda metade do curso, isto é, a partir do quinto período.

Após a realização de alguns seminários, reuniões setoriais com outros departamentos e produção de vários documentos sobre a matriz curricular, foi possível a construção de um consenso no departamento quanto ao Curso de História que seria possível de se construir naquele momento, todavia esse processo foi repleto de tensões, embates e desafios entre os professores. O ato de revisitar o curso ofertado em 2006, com o intuito de selecionar prioridades em termos de conteúdos, recortes temporais, espaciais e teórico-metodológicos, por si só demandou uma reflexão entre o modelo priorizado e as expectativas dos estudantes dessa área de conhecimento quanto à integralização dos componentes curriculares, tornando-se uma questão que mobilizou a todos.

À medida que esse processo avançava, outras resistências foram aparecendo, apontando os limites da autonomia dos cursos quanto à definição dos conteúdos pedagógicos que poderiam constar no módulo pedagógico, pois os saberes considerados do campo educacional são ofertados pelo Departamento de Educação, que também se mostrou bastante resistente à reorganização do módulo pedagógico,

6 A Resolução nº 2, de 1 de julho de 2015, que definiu as DCN para a formação inicial de professores e formação continuada, determina a obrigatoriedade do ensino de libras, assim como educação inclusiva. No desenho institucional da Uerj, o primeiro será ofertado pelo Departamento de Letras, fazendo parte dos conteúdos do núcleo teórico, e a segunda fará parte do módulo pedagógico organizado pelo Departamento de Educação.

Figura 2

Fluxograma da matriz curricular aprovada em 2018

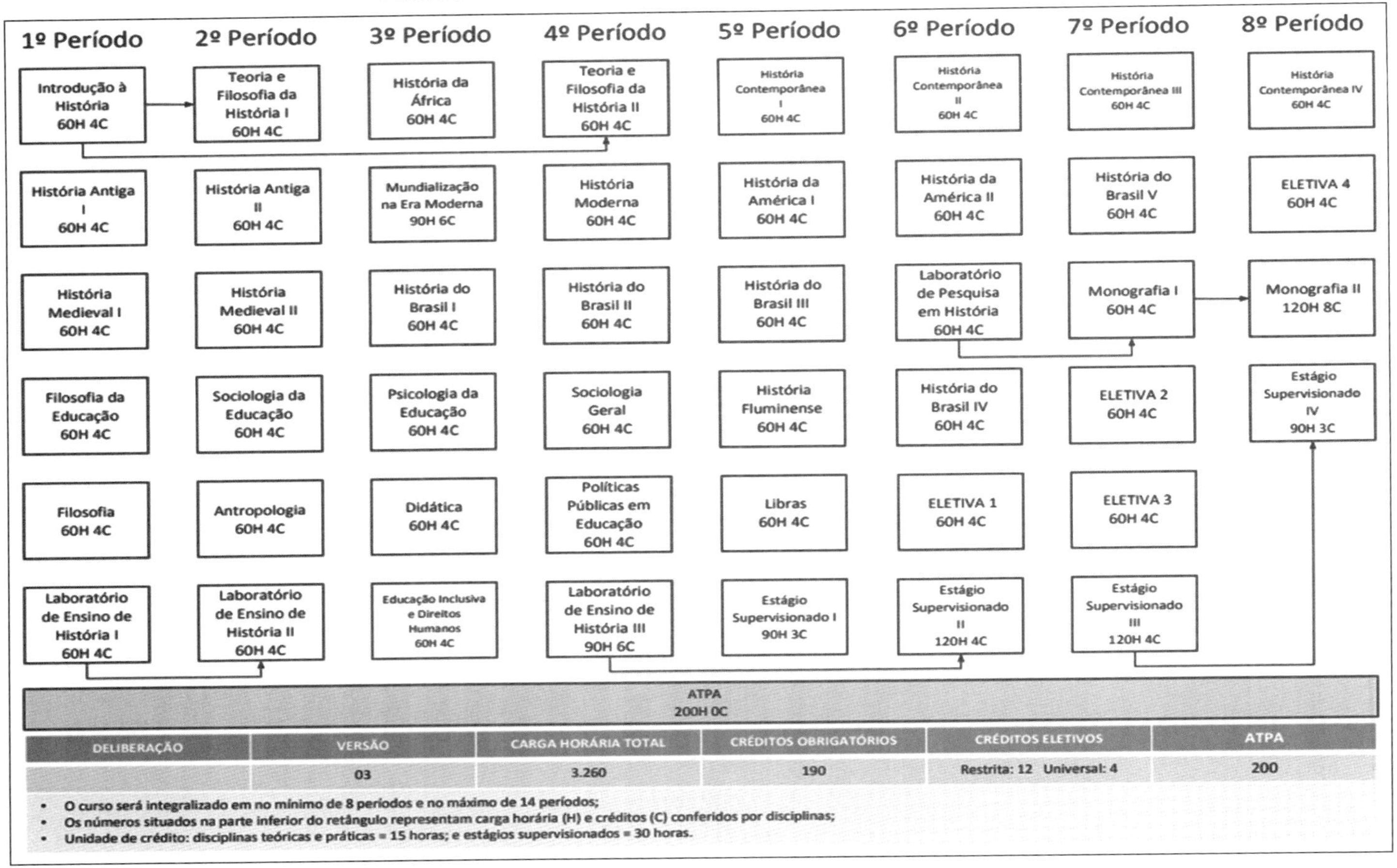

Fonte: Documento "Processo de Reforma Curricular" (2018).

indicando a pouca disposição para mudança de paradigmas e práticas no âmbito de alguns componentes curriculares. Sabemos que em se tratando da formação de professores, estamos falando de um território contestado e repleto de disputas entre campos disciplinares, ou seja, os conhecimentos da área de referência e os saberes da educação.

Especialmente na história, a defesa da manutenção de determinadas temáticas e seus recortes temporais e espaciais acabaram retomando alguns dos velhos dilemas entre a formação do professor de história e a do historiador, além das clássicas dicotomias entre licenciatura/bacharelado, ensino/pesquisa, teoria/prática para mencionarmos algumas das situações que geraram muitos embates no âmbito do departamento e para além dele. Esses fenômenos já foram analisados em diferentes regiões do país, como indicam as pesquisas de Mesquita e Zamboni (2008); Fonseca e Couto (2008); Monteiro (2013); Oliveira e Freitas (2013) e, mais recentemente, Cavalcanti (2018).

Ainda assim convém assinalar que, mesmo diante desse quadro, adequações foram realizadas em relação aos conhecimentos históricos. Destacamos a ressignificação da divisão entre oriental e ocidental nas histórias antigas e medievais, a reorganização de história da América I e moderna I em mundialização na era moderna e a diminuição de uma história do Brasil. Já os saberes voltados à formação de professores passaram a ter uma menção explícita no projeto pedagógico do curso quanto à sua dimensão pedagógica, assim como as práticas como componente curriculares.

Neste ano de 2022, ainda vigora a matriz curricular de sua primeira reforma ocorrida em 2006, entretanto um novo desenho curricular está em fase de implantação na instituição, sendo este resultado da aprovação de uma segunda reforma curricular consensuada no Departamento de Ciências Humanas e na Faculdade de Formação de Professores em 2018.[7]

Um dado importante que precisa ser considerado é o reposicionamento da discussão sobre a prática docente no Curso de História, aliado a crescente interesse de pesquisadores e professores em questões da história escolar: produção de materiais didáticos, fortalecimento de espaços de pesquisas e ressignificação das práticas construídas na instituição escolar por professores de educação básica.

---

7 Resolução CNE/CP nº 2, de 2015.

Algumas pesquisas no campo do ensino de história têm se dedicado a tematizar o estágio supervisionado na formação do professor dessa área de conhecimento, convergindo a respeito da potência desse componente curricular obrigatório na qualificação do professor ao destacarem a articulação dos conhecimentos da história e da educação, além do incentivo à pesquisa na prática docente (Silva, 2018:87; Carvalho e Costa, 2021:204).

Prosseguimos para a terceira parte desta discussão, trazendo a configuração do estágio supervisionado do Curso de História da FFP da Uerj, com ênfase na apresentação dos objetivos e de seu formato institucional.

Apontamentos sobre a configuração do estágio supervisionado em história na Faculdade de Formação de Professores da Universidade do Estado do Rio de Janeiro

O estágio supervisionado nos cursos de Licenciatura desde 2015 passa a ser um componente obrigatório na formação de professores, sendo entendido como um lugar para a articulação entre os conhecimentos teóricos e os da prática.[8] Das 3.200 horas propostas para os cursos, 400 horas devem ser destinadas para prática do estágio, demonstrando uma preocupação com aspectos da profissionalidade dos recém-egressos de tais cursos (Resolução CNE/CP nº 2/2015). Na Uerj a licenciatura em história tem uma carga horária total de 3.470 horas, sendo 420 destinadas aos estágios supervisionados. Ao longo do Curso de História, os licenciandos fazem quatro estágios supervisionados, sendo dois deles voltados à imersão em sala de aula (Estágio II – ensino fundamental e Estágio III – ensino médio), com acompanhamento do professor de história da escola, preferencialmente das redes públicas de ensino, e supervisão do professor da universidade.

Desde 2006, o currículo de história na FFP prioriza apresentar a discussão sobre a docência desde o momento de ingresso nesse curso, possibilitando ao licenciando o contato com as temáticas da docência durante todo o seu percurso formativo, como demonstram os fluxogramas nas figuras 1 e 2. Na primeira

8 Sobre isso, ver a Resolução CNE/CP nº 2, que institui as Diretrizes Curriculares Nacionais para a formação inicial em nível superior (cursos de licenciatura, cursos de formação pedagógica para graduados e cursos de segunda licenciatura) e para a formação continuada.

metade desta trajetória, estão concentrados os componentes teóricos e práticos oferecidos pelo Departamento de Ciências Humanas e Educação e na segunda metade estão alocados os estágios supervisionados. De acordo com o projeto pedagógico do Curso de História, os estágios supervisionados almejam, em primeiro lugar, o estreitamento da parceria entre a universidade e as escolas de educação básica, e, em segundo lugar, promover práticas significativas da docência, disponibilizando aos futuros professores de história ferramentas conceituais e metodológicas para o enfrentamento das problemáticas do ensino e da aprendizagem. Nessa direção, tal documento indica que:

> A articulação com as escolas de ensino básico é uma perspectiva orientadora fundamental para as licenciaturas. Nela está presente o enfrentamento de um debate fundamental que é o diálogo da universidade com os profissionais da escola básica, bem como a valorização do espaço escolar como lugar de conhecimento e de pesquisa para o profissional educador. Espaço este que o desafia cotidianamente, mas que desafia também os pesquisadores universitários para que respondam com propriedade às demandas educativas da sociedade.
>
> É neste aspecto que a nosso ver os licenciandos sentir-se-ão desafiados a enfrentar a relação teoria-prática como elemento constituinte da prática docente, uma experiência fundamental à ação educativa na escola [Projeto Pedagógico do Curso de História da FFP/Uerj, edição atualizada em 2013].

Diferente do que ocorre em algumas instituições públicas referenciadas em nosso país,[9] as discussões sobre ensino de história e seus estágios supervisionados estão contempladas no Departamento de Ciências Humanas, por meio da oferta e responsabilização dos componentes curriculares obrigatórios e eletivos, o que significa certo avanço no debate sobre a formação do professor no âmbito da própria história, facilitada, certamente, pelo desenho institucional da FFP/Uerj, o que possibilita aos professores que atuam nos estágios supervisionados e laboratórios de ensino de história a vinculação no departamento de seu curso específico.

---

9 Para aprofundar esse assunto, ver as discussões de Carvalho e Costa (2021).

No âmbito da Uerj os estágios supervisionados são estruturados nos cursos, atendendo às resoluções e deliberações internas da instituição[10] que estabelecem parâmetros sobre como esses componentes curriculares obrigatórios podem ser organizados. Uma característica dessa instituição é o estabelecimento de um quantitativo máximo para as turmas, pois o professor da universidade acompanha os estagiários em várias atividades nas escolas de educação básica.[11] Essa condição de trabalho é um diferencial no estado do Rio de Janeiro, favorecendo a realização de uma supervisão de todos os alunos matriculados nesses componentes *in locus*, isto é, nas escolas parceiras da região de São Gonçalo e municípios vizinhos.

As atividades do estágio voltadas para a imersão em instituições educativas formais são divididas em quatro etapas, acontecendo ao mesmo tempo no espaço da universidade, com a realização de encontros entre o professor dessa instituição e a escola de educação básica. As atividades concentram-se em leituras de textos e documentos legais sobre a finalidade do ensino de história, discussões sobre a *cultura escolar* e temas voltados ao ensino e aprendizagem da história, debates e orientações acerca dos instrumentos para a coleta de informações, da observação e produção de materiais, seleção de turmas para a imersão do estágio e construção de atividades de regência ou produtos didáticos que serão apresentados aos estudantes da educação básica no momento de encerramento desse ciclo.

O momento da imersão é constituído de observação, coparticipação (monitoria) em atividades de planejamento e compreensão das rotinas que envolvem o fazer docente; em seguida, realiza-se a proposição de uma aula ou oficina no espaço da sala de aula com a presença do professor da universidade e também do professor de história da escola, e, por fim, constrói-se um relatório. As ações que organizam o estágio supervisionado encontram-se detalhadas no diagrama a seguir.

10 A Deliberação Uerj nº 21/2005 institui o Programa Uerj de Formação de Professores para a Educação Básica, alterando o Programa Uerj de Formação de Professores para o Ensino Básico, define a carga horário mínima para os cursos de licenciatura e define parâmetros para a estruturação das práticas como componentes curriculares, estágios e demais conteúdos teóricos. Particularmente sobre o estágio supervisionado há a Deliberação Uerj nº 16/2019, que o regulamenta. O documento na íntegra poderá ser obtido no site da Uerj. Disponível em: <http://catalogo-redesirius.uerj.br/sophia_web/index.html>. Acesso em: mar. 2022.

11 Ver Deliberação Uerj nº 16/2019. "Art. 8º – As turmas de Estágio Supervisionado terão, no máximo, 15 (quinze) alunos."

Figura 3

CIRCUITO DO ESTÁGIO SUPERVISIONADO

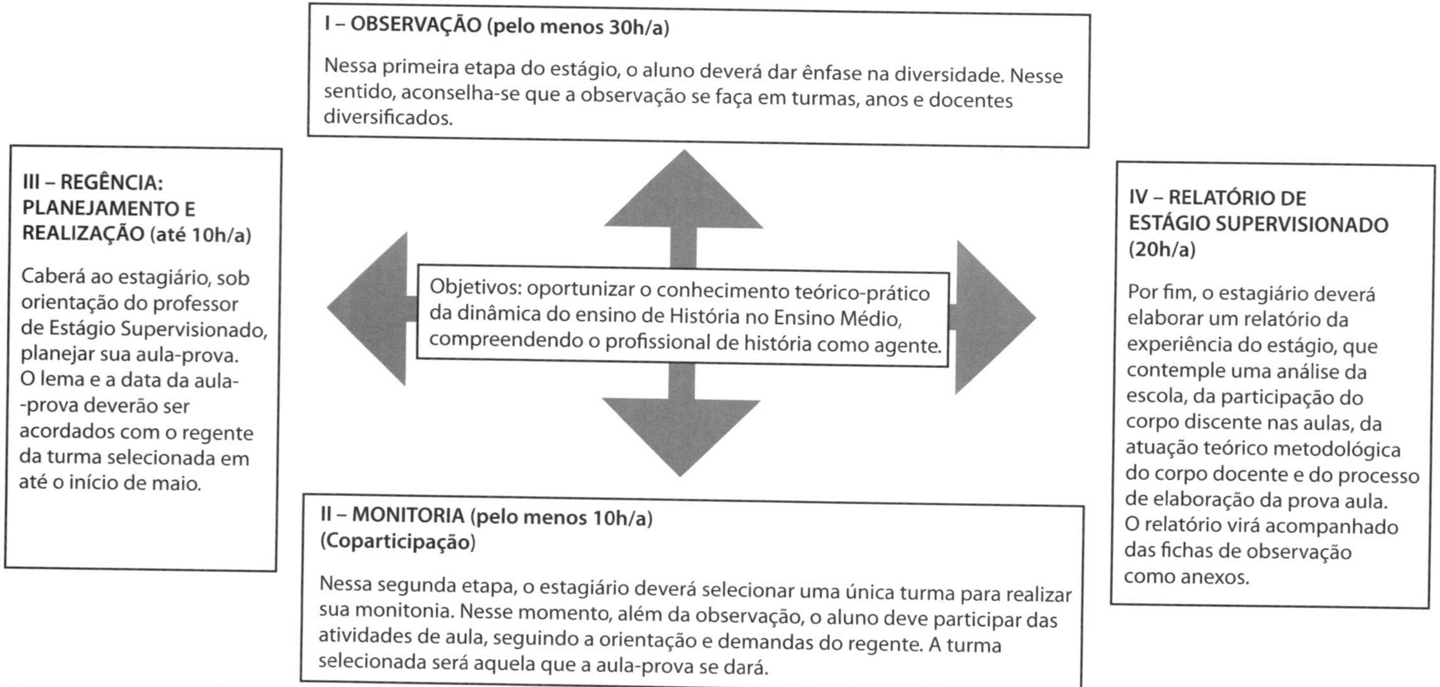

Fonte: Diagrama construído pela autora (2022).

Visando à produção de um material qualitativo pensado como fontes documentais, produzimos fichas de observação, vistas como registros que permitem guardar memórias das práticas, além de serem instrumentos de problematização nas aulas no espaço da universidade. Quando esclarecemos o preenchimento desses materiais, estimulamos os licenciandos a refletirem sobre o que priorizamos "olhar" em uma aula de história.

Roteiros e ferramentas que podem auxiliar na produção de registros são disponibilizadas aos licenciandos. A seguir, apresentamos um formulário que denominamos ficha de observação, que é um instrumento utilizado para o auxílio do registro das aulas de história nas turmas estudadas.

No exercício de nossa prática como docente de estágio supervisionado, observamos, por parte dos licenciandos de história, a tendência de associar materiais de registros da prática escolar a meros encargos burocráticos. Provavelmente, uma hipótese para tal postura esteja no fato de que estes ingressam nesse componente curricular com certas concepções arraigadas e, por que não dizer, equivocadas sobre os assuntos voltados à educação e, por consequência, ao ensino de história, concepções estas que, em nenhum momento do curso, foram tensionadas por colegas dos componentes curriculares do campo da historiografia. Diante dessa realidade, temos insistido em modificar práticas ao promovermos situações experienciais que problematizam os instrumentos de que dispomos para transformá-los em ferramentas básicas do trabalho pedagógico.

Figura 4
Ficha de observação

UNIVERSIDADE ESTADUAL DO RIO DE JANEIRO
FACULDADE DE FORMAÇÃO DE PROFESSORES
Departamento de Ciências Humanas

ESTAGIO SUPERVISIONADO III
Profª Maria Aparecida da Silva Cabral
TURMA ____

FICHA DE OBSERVAÇAO[1]

I – Dados Gerais

1.1. ESTAGIÁRIO:		
1.2. ESCOLA:		
1.3. REGENTE:	1.4. TURMA:	1.5. Nº DE ALUNOS:
1.6. TEMA DA AULA:		
1.7. DATA : ____/____/20____ a ____/____/20____		1.8. Nº DE AULAS:

II – Objetivo da aula:

III – Conteúdos da aula:

IV – Sobre o desenvolvimento das aulas:

4.1 – Os conteúdos apresentados atenderam aos objetivos propostos no plano de aula?

( ) SIM ( ) NÃO

4.2 – Os conteúdos apresentados foram quantitativamente satisfatórios?

( ) SIM ( ) NÃO

4.3 – Os conteúdos apresentados foram qualitativamente satisfatórios?

( ) SIM ( ) NÃO

4.4 – Houve adequação do tempo às propostas?

( ) SIM ( ) NÃO

[1] Deverá ser preenchida para cada conjunto de aulas de mesma temática assistido.

1

UNIVERSIDADE ESTADUAL DO RIO DE JANEIRO
FACULDADE DE FORMAÇÃO DE PROFESSORES
Departamento de Ciências Humanas

4.5 – Foram propostos exercícios/atividades?

( ) SIM ( ) NÃO

4.6 – Indique com um X as estratégias utilizadas pelo regente.

	Aula expositiva		Quadro negro e giz
	Utilização de textos		Exercícios
	Confecção de mural		Elaboração de mapas
	Charges/gravuras		Elaboração de jornal
	Retroprojetor/transparência		Elaboração de maquetes
	Trabalho com sucata		Outra(s)
	Técnica de grupo - Qual?		
	Recursos audiovisuais - Qual?		
	Uso da linguagem da arte - Qual?		

4.7 – Ocorreu algum fato relevante que mereça ser registrado?

( ) SIM ( ) NÃO

Qual?

V – Avaliação geral da observação

São Gonçalo, ______ de ________________ de 20____ .

ESTAGIÁRIO PROFESSOR SUPERVISOR

2

Fonte: Material usado no estágio supervisionado em história.

Saberes mobilizados por licenciandos em processos formativos e potencialidades do estágio supervisionado na produção de sentidos sobre a docência em história

Dizer que o saber dos professores é temporal significa dizer, inicialmente, que ensinar supõe aprender a ensinar, ou seja, aprender a dominar progressivamente os saberes necessários à realização do trabalho docente.
[Tardif, 2011:20].

Iniciamos essa última parte da discussão trazendo a problemática dos saberes abordada por Tardif (2011:32) em suas investigações sobre a relação que professores estabelecem com os saberes que transmitem no ato de ensinar algo a alguém, pois a categorização de saberes docentes tem nos ajudado a pensar a complexidade dos processos formativos e os modos como os sujeitos se relacionam com conhecimentos, podendo ser mobilizada a problematização da construção das práticas docentes. Os saberes docentes, na ótica desse autor, se configuram a partir de várias fontes e lugares: disciplinares, curriculares, profissionais e experienciais. O professor, nessa perspectiva, é o sujeito que se relaciona com os saberes que tem a ensinar, fazendo mediações e seleções do que precisa ser ensinado, com o foco nas aprendizagens do que ele compreende ser importante para cada situação.

Isso nos leva a crer que a finalidade principal dos estágios supervisionados é possibilitar que os licenciandos, por meio da imersão no espaço da sala de aula, tenham a compreensão dos sentidos e objetivos da ação docente durante a realização de aula de história, percebam os desafios apresentados pelos estudantes da educação básica em relação à aprendizagem do conhecimento histórico e as estratégias dos professores nesse processo.

Acreditamos que os licenciandos em história *formam-se* futuros professores dessa disciplina a partir de processos relacionados à recepção/construção/apropriação de saberes e de experiências resultantes das mais diversas comunidades sociais. Dessa forma, o primeiro exercício proposto é a observação atenta das aulas de história, visando educar o olhar para a desnaturalização das práticas consideradas triviais, a partir de um roteiro com questões a respeito dos professores e suas ações e dos estudantes.

Em linhas gerais, adentrar a sala de aula possibilita aos licenciandos a experiência do processo de trabalho dos professores e da organização escolar, uma vez que os primeiros são instigados a pensar nos objetivos de uma aula de história e nas seleções realizadas pelo professor no ato do ensino, assim como nas interações estabelecidas entre estudantes e professores surgidas nesse ambiente. É nesse lugar privilegiado que o licenciando entra em contato com a especificidade da profissão docente, observando na prática os sujeitos dessa instituição chamada escola, lidam com as normatizações e as flexibilizações no processo educativo, vivenciando toda pluralidade de saberes e práticas.

O olhar atento para a dinâmica da sala de aula é um dos temas que discutimos nesses encontros na universidade antes da imersão na escola e que precisa, o tempo todo, ser instigado. Nesse momento, conversamos sobre a especificidade da *cultura escolar*[12] e da prática docente do professor de história, que se constrói no "chão da escola", em diálogo com as prescrições curriculares. No estado do Rio de Janeiro, há o documento norteador da Seeduc, intitulado "Currículo mínimo" (Rio de Janeiro, 2012), com os conhecimentos apreendidos nos cursos superiores e saberes e experiências dos próprios professores regentes das turmas observadas. Chamamos a atenção para a compreensão do fazer docente de história na relação com o auditório (a turma), enxergando esse lugar potente para se pensar as ênfases e as omissões em uma aula, as reações dos estudantes em face de determinadas temáticas.

Para romper com a ideia muito presente no imaginário universitário de que a escola é o lugar da reprodução imediata do que é produzido em outras instâncias e que, portanto, os professores são meros divulgadores das ciências acadêmicas, cabendo apenas a vulgarização por meio da didática, investimos em muitas problematizações no espaço do estágio supervisionado, com vistas a produzir entendimentos de que uma aula de história tem autoria (Mattos, 2006), e que a atuação do professor é criativa (Pérez Gómez, 1998), lugar por excelência da artesania.

Se o espaço da sala de aula é constituído de presenças, movimentos, invenções, recriação de saberes e práticas que circulam; espaço privilegiado para trocas e

---

12 A cultura escolar, a partir da conceituação de Dominique Julia (2001), é mobilizada como uma categoria-chave para a leitura da especificidade das práticas escolares produzidas (na) e (para) a escola, com o objetivo de formar crianças, adolescentes e jovens, preparando-os para o convívio em uma sociedade urbana e letrada, sendo usada em nossas investigações a respeito da especificidade do processo de escolarização.

tensionamentos a partir dos direcionamentos de um professor na relação com os estudantes, logo, a visão reducionista e instrumental sobre a ato de ensinar e aprender história na educação básica deve ser superada. Nessa perspectiva, a afirmação Pérez Gomez (1998:86) a respeito de que "o ensino não é um meio para conseguir certos objetivos fixos, previamente estabelecidos, mas o espaço no que se realizam os valores que orientam a intencionalidade educativa" faz sentido nessa busca da construção de outros enfoques e instituição de novas práticas no que tange à produção da docência.

A experiência da observação em turmas nas salas de aula e o convívio com os professores de educação básica, que assumem a tarefa de acolher, orientar e supervisionar tarefas no âmbito da sala de aula, também contribui para que esse licenciando reveja posições e teça novos olhares a respeito do que é o espaço escolar, como se organiza, isto é, a partir de quais parâmetros sociais e legais e, principalmente, da sala de aula. É importante mencionar que temos realizado parcerias exitosas com professores de história de várias localidades em São Gonçalo, alguns deles inclusive egressos do curso da FFP/SG.

Para além desse acolhimento que se traduz de maneira metafórica com "a abertura da porta da sala de aula para o licenciando da universidade" e tudo o que ele representa, o professor de história da educação básica torna-se coformador, e suas ações são fundamentais nesse processo formativo. O licenciando beneficia-se muito dessa relação com este professor, pois ao mesmo tempo que troca experiências, aprende aspectos sobre como esse profissional lida com as questões do conhecimento histórico, convive com as questões pedagógicas, acompanhando ainda a realização do trabalho em equipe. Em tempos de desvalorização dos profissionais de ensino e da educação em nosso país, reafirmamos as colocações de Tardif (2011:31) quanto ao papel e a importância dos professores nos processos formativos em uma sociedade.

Após a realização da observação e produção de registros, os licenciandos se dedicam ao momento de coparticipação ou monitoria, que trata de ações que auxiliam os professores na realização de tarefas em sala de aula ou em situações de planejamento. As atividades de coparticipação destinam-se ao acompanhamento mais sistemático do docente. Os licenciandos podem acompanhar a preparação das aulas, apresentar a seleção de materiais, auxiliar na correção de atividades propostas pelo professor, tecer comentários nos momentos de explanação do conteúdo, acompanhar reuniões de planejamento dos docentes, entre outras ações.

O terceiro momento é o da preparação de uma atividade a ser desenvolvida no horário da aula em uma turma do ensino médio a partir da definição do conteúdo histórico que o professor está trabalhando no momento da realização da regência. Especificamente, na produção do plano de aula que o licenciando envia ao professor com certa antecedência para avaliação é possível realizar ajustes, destacando diversos aspectos mobilizados pelo futuro docente. Trata-se de uma construção do licenciando a partir de diálogos travados com diversos sujeitos: professor da universidade.

Entre 2018 e 2019, os temas sobre o Golpe Militar de 1964 e os desdobramentos políticos e sociais da ditadura militar no Brasil, a Era das Navegações, a Primeira República, a Era Vargas, o Estado Novo, o período entreguerras e a ascensão do nazifascismo são os assuntos mais trabalhados por licenciandos nas aulas.

Expectativas são projetadas em torno do que os alunos devem aprender em história, por que e para quê. É nesse momento, ainda, que os licenciandos se veem obrigados a pensar acerca das diversas possibilidades de abordagem de um tema (acontecimento histórico), que materiais podem utilizar, que questionamentos devem fazer para os alunos da educação básica, que conexões podem estabelecer com as questões do tempo presente e que atividades devem preparar a partir de sua exposição, lidando com a complexidade do fazer docente. Há um momento reflexivo sobre a linguagem e a comunicação.

A aula do licenciando é resultado de múltiplos diálogos e apropriações realizadas por meio das leituras feitas, das escritas produzidas e das vivências no espaço da universidade e da escola, e para além destes. Essas escritas são marcadas pelas conexões com a cultura escolar, a cultura escrita, a cultura profissional docente, além da cultura histórica (usos do passado). Um dilema é a adequação do que precisa ser abordado (conteúdo histórico) no tempo determinado, cronometrado pela hora-aula do currículo escolar.

O que estamos propondo é pensar a prática como práxis, isto é, um processo de reflexão, que é desconstruído e reconstruído, levando a uma orientação da realidade escolar. A aula de história produzida pelo licenciando é uma proposição autoral, se fazendo a partir de múltiplas influências; advém do campo da experiência, das representações que este constrói, do público escolar e da formação adquirida na universidade, isto é, é forjada a partir do diálogo com o campo específico (disciplinar) e com o campo educativo.

As produções escritas, como planos de aulas, roteiros da aula expositiva e relatórios acerca da experiência do estágio em escolas, são marcadas pelas normas institucionais, mas não só por elas; são registros do vivido, apontando para aspectos fundamentais do cotidiano escolar. Possibilitam ainda a reflexão dos atos do fazer docente, pois é preciso indagar sobre as maneiras concretas de escrever. São entendidas por nós como escritas ordinárias porque se referem a pessoas e práticas comuns. Outra dimensão não menos relevante é refletir sobre a escola como um lugar onde são produzidos muitos textos, por isso é um local privilegiado da cultura escrita.

Considerações finais

O estágio supervisionado, em sua prática, é um lugar estratégico para a problematização de questões relacionadas ao alicerce da prática e da competência profissional no campo da educação, uma vez que possibilita a aprendizagem de conteúdos históricos selecionados, que devem ser priorizados na formação dos estudantes de educação básica, assim como os processos de ensino e aprendizagem da história escolar; a organização de roteiros e planejamentos do que deve ser ensinado, por que e com qual finalidade, porque é no ensino que se mobiliza uma gama variada de saberes, adaptando-os, ressignificando-os para a realização do trabalho docente.

Um dos objetivos da nossa discussão é provocar o debate sobre a importância do estágio nos cursos de formação de professores de história, problematizando seu lugar em um Curso de Licenciatura em História. A imersão no espaço escolar, a produção/preparação de uma aula são vivências que podem instigar outros modos de pensar o fazer docente e o ensino de história. Trata-se de um momento, do nosso ponto de vista, privilegiado para o exercício da profissão docente, pois envolve processos de autoria por parte do licenciando, leituras/compreensão do espaço escolar, principalmente da sala de aula, isto é, como se organizam. Aprendem-se os sentidos do que é ensinar e aprender história para adolescentes e jovens em situação de escolarização.

A regência ou aula é uma das etapas/atividades do estágio em escolas que têm por objetivo proporcionar ao licenciando aprendizagens quanto à seleção de conteúdos e à organização de um roteiro para a exposição didática, possibilitando que o mesmo compreenda que o trabalho docente envolve diversas ações que vão desde o planejamento com o estabelecimento dos objetivos a serem alcançados em relação às informações históricas, formas de atingi-lo, seleção de temas e suas problematizações por meio da metodologia selecionada, materiais didáticos, até o processo avaliativo. Em uma aula de história, ainda que os licenciandos não se deem conta da complexidade dessa operação, muitas ações são realizadas, como o recorte do tema, a abordagem e a adequação do discurso para o público escolar. A aula é compreendida como experimentos do fazer docente, uma espécie de vivência do "estar professor" em uma sala de aula. As regências dos licenciandos são atividades previstas em disciplinas destinadas à preparação profissional, apontam para questões relevantes acerca dos saberes em circulação nos cursos de licenciatura e para os modos como estes são apropriados por esses licenciandos.

Referências

BITTENCOURT, C. M. F. *Ensino de história*: fundamentos e métodos. São Paulo: Cortez, 2008.

CABRAL, M. A. S. Saberes em circulação nas aulas de história: um olhar sobre as regências de licenciandos em estágios supervisionados. In: SIMPÓSIO NACIONAL DE HISTÓRIA: HISTÓRIA, VERDADE E TECNOLOGIA, 31., 2021, Rio de Janeiro. *Anais*... São Paulo: Anpuh-Brasil, 2021a. Disponível em: <www.snh2021.anpuh.org/resources/anais/8/snh2021/1628822221_ARQUIVO_cc154f01977723de3e8386c72516fd24.pdf>. Acesso em: set. 2022.

_____; SANTOS, Ana Maria Marques. Desafios e perspectivas na formação inicial do professor de história para a educação básica: o lugar do estágio supervisionado. In: JORNADA INTERNACIONAL DE POLÍTICAS PÚBLICAS– TRABALHO ALIENADO, DESTRUIÇÃO DA NATUREZA E CRISE DE HEGEMONIA: CONSCIÊNCIA DE CLASSE E LUTAS SOCIAIS NA SUPERAÇÃO DA BARBÁRIE?, X., 2021, São Luís, MA. *Anais*... São Luís: UFMA, 2021b. Disponível em: <www.joinpp.ufma.br/jornadas/joinpp2021/images/trabalhos/trabalho_submissaoId_1151_1151612e39d245851.pdf>. Acesso em: set. 2022.

CAIMI, Flávia Eloisa. Por que os alunos (não) aprendem história? Reflexões sobre ensino, aprendizagem e formação de professores de história. *Tempo* [on-line], v. 11, n. 21, 2006, p. 17-32.

_____. Professores iniciantes ensinando história: dilemas de aula e desafios da formação. *Revista História Hoje*, v. 2, n. 3, 2013, p. 87-107.

CARVALHO, A.; COSTA, W. O estágio supervisionado como espaço de formação docente: escola e universidade em diálogo. In: GABRIEL, C. T; MARTINS, M. L. (Org.). *Formação docente e currículo*: conhecimentos, sujeitos e territórios. Rio de Janeiro: Mauad X, 2021, p. 197-210.

CAVALCANTI, E. V. A história encastelada e o ensino encurralado: reflexões sobre a formação docente dos professores de história. *Educar em Revista*, Curitiba, v. 34, n. 72, nov./dez. 2018, p. 249-267.

FONSECA, Selva Guimarães; COUTO, R. Célia do. A formação dos professores de história no Brasil: perspectivas desafiadoras do nosso tempo. In: ZAMBONI, Ernesta; FONSECA, Selva Guimarães (Org.). *Espaço de formação do professor de história*. Campinas, SP: Papirus, 2008, p. 101-130.

FORQUIN, J. C. Saberes escolares, imperativos didáticos e dinâmicas sociais. *Teoria & Educação*, Porto Alegre, n. 5, 1992, p. 28-49.

FREITAS, Itamar. Reformas educacionais e os currículos nacionais para o ensino de história no Brasil republicano (1931/2009). *Cadernos de História da Educação*, Uberlândia, UFU, v. 12, n. 1, 2013.

GABRIEL, C. T.; SENNA, B. Formação profissional docente: um significante vazio em disputa. In: _____; MARTINS, M. L. (Org.). *Formação docente e currículo*: conhecimentos, sujeitos e territórios. Rio de Janeiro: Mauad X, 2021, p. 43-60.

GOODSON, I. *A construção social do currículo*. Lisboa: Educa, 1997.

JULIA, D. A cultura escolar como objeto histórico. *Revista Brasileira de História da Educação*, n. 1, jan./jun. 2001, p. 9-43.

MATTOS, I. R. Mas não somente assim! Leitores, autores, aulas como texto e o ensino-aprendizagem de história. *Tempo* [on-line], v. 11, n. 21, 2006, p. 5-16.

MESQUITA, I. M.; ZAMBONI, E. A formação de professores na trajetória histórica da Associação Nacional de História (Anpuh). In: ZAMBONI, Ernesta; FONSECA, Selva Guimarães. *Espaço de formação do professor de história*. Campinas, SP: Papirus, 2008, p. 131-162.

MOITA, Maria da Conceição. Percursos de formação e trans-formação. In: NÓVOA, A. (Org.). *Vidas de professores*. Porto: Porto Ed., 1995, p. 111-140.

_____. Percursos de formação e de trans-formação. In. NÓVOA, Antônio. *Vida de Professores*. Coleção Ciências da Educação. Porto Editora. 2007.

MONTEIRO, A. M. Formação de professores: entre demandas e projetos. *Revista História Hoje*, v. 2, n. 3, 2013, p. 19-42.

_____; GASPARELLO, Arlette Medeiros; MAGALHÃES, Marcelo de Souza (Org.). *Ensino de história*: sujeitos, saberes e práticas. Rio de Janeiro: Mauad X, 2007.

OLIVEIRA, M. D.; FREITAS, I. Desafios da formação inicial para a docência em história. *Revista História Hoje*, v. 2, n. 3, 2013, p. 131-147.

PÉREZ GÓMEZ, A. I. Os processos de ensino e aprendizagem: análise didática das principais teorias da aprendizagem. In: SACRISTÁN. J. G; PÉREZ GÓMEZ, A. I. *Compreender e transformar o ensino*. 4. ed. Trad. Ernani F. da Fonseca Rosa. Porto Alegre, RS: Artmed, 1998, p. 27-51.

RIO DE JANEIRO (Estado). Secretaria de Estado de Educação. *Currículo Mínimo – História*. Rio de Janeiro: SEE, 2012.

ROCHA, H. A. B.; COELHO, W. N. Apresentação do dossiê "O lugar da formação dos professores nos cursos de história". *Revista História Hoje*. v. 2, n. 3, 2013, p. 15-18.

SACRISTAN, J. G. O currículo: os conteúdos do ensino ou uma análise da prática?. In: _____; PÉREZ GÓMEZ, A. I. *Compreender e transformar o ensino*. 4. ed. Trad. Ernani F. da Fonseca Rosa. Porto Alegre, RS: Artmed, 1998.

SILVA, M. Martins. O estágio supervisionado em história como espaço de experiências de ensino e pesquisa. In: GIL. C. Z. V.; MASSONE, M. R. (Org.). *Múltiplas vozes na formação de professores de história*. Porto Alegre, RS: EST Ed., 2018, p. 83-106.

SILVA, Renata A. dos Santos. Professores de história: desafios da formação ou um ethos em debate. In: GABRIEL, C. T; MARTINS, M. L. (Org.) *Formação docente e currículo*: conhecimentos, sujeitos e territórios. Rio de Janeiro: Mauad X, 2021, p. 133-146.

TARDIF, M. *Saberes docentes e formação profissional*. 12. ed. Petrópolis: Vozes, 2011.

Autores

Adriana Soares Ralejo
Doutora em educação pelo Programa de Pós-Graduação em Educação da Universidade Federal do Rio de Janeiro. Professora da Universidade Federal do ABC (SP). Atua como pesquisadora do Grupo de Estudos e Pesquisas em Ensino de História e Formação de Professores (GEHPROF/FE/UFRJ).

Ana Maria Monteiro
Doutora em educação, é professora titular da Faculdade de Educação da Universidade Federal do Rio de Janeiro. Integra o quadro permanente do Programa de Pós-Graduação em Educação e do Programa de Pós-Graduação em Ensino de História/UFRJ/Capes. É bolsista de produtividade de pesquisa do CNPq. É líder do Grupo de Pesquisa em Ensino de História e Formação de Professores / GEHPROF/UFRJ/ DGP/CNPQ e participa do Grupo de Pesquisa Oficinas de História, do Laboratório de Estudos e Pesquisas em Ensino de História/LEPEH e do Laboratório de Estudos Curriculares/LaNEC. Suas pesquisas, nas áreas do currículo e ensino de história, focalizam a relação dos docentes com os saberes que ensinam, em diferentes contextos curriculares de atuação e formação, no contemporâneo e em perspectiva histórica. É autora de artigos, livros e capítulos, entre outros: *Professores: entre saberes e práticas* (2001); *Professores de História: entre saberes e práticas* (2007); *Formação de professores: entre demandas e projetos* (2013); *"Conhecimento poderoso": um conceito em discussão* (2013); *Aulas de História: questões do/no tempo presente* (2015), e organizou coletâneas, entre elas *Cartografias da pesquisa em Ensino de História* (2019), com Adriana Ralejo. No período de 2008 a 2015 exerceu a função de Diretora da Faculdade de Educação da UFRJ.

Angela de Castro Gomes
Mestra e doutora em ciência política pelo Iuperj. Professora titular de história do Brasil na Universidade Federal Fluminense (UFF). Professora emérita do Centro de Pesquisa e Documentação de História Contemporânea do Brasil da Fundação Getulio Vargas e pesquisadora emérita pela Faperj na Universidade Federal do Estado do Rio de Janeiro (Unirio). É autora de artigos, capítulos e livros como: *A invenção do trabalhismo* (2005); *Essa gente do Rio: modernismo e nacionalismo* (2022); *História e historiadores* (2013), *Brechó: estudos de história política e historiografia* (2022) e *Trabalho escravo contemporâneo: tempo presente e usos do passado* (2018, com Regina Beatriz Guimarães Neto). É organizadora de coletâneas como *Direitos e cidadania* (2007, 2 vols.) e *Intelectuais mediadores* (2016, com Patrícia Hansen).

Carmen Teresa Gabriel
Professora titular da UFRJ, atua na graduação e na pós-graduação da Faculdade de Educação (PPGE) e do Instituto de História (PPGHIS-ProfHistória) da UFRJ. Pesquisa nas áreas de currículo, formação de professores e ensino de história e tem produções na forma de artigos em periódicos bem qualificados das áreas de educação e de história, bem como em capítulos de livros. É bolsista de produtividade pelo CNPq /1D e Cientista do Nosso Estado (CNE/Faperj).

Cristiani Bereta da Silva
Professora titular na área do ensino de história na Universidade do Estado de Santa Catarina (Udesc). Atua na graduação e nos programas de pós-graduação em história (PPGH) e em ensino de história (ProfHistória). Pesquisa sobre ensino de história do Brasil e história local, além de ideias históricas apropriadas a partir de espaços não formais e extraescolares. Tem produções relacionadas a esses temas, destacando-se o livro *Ensinar história: práticas culturais e políticas nos tempos dos exames de admissão ao ginásio* (2020). Bolsista produtividade em pesquisa do CNPq.

Flávia Eloisa Caimi
Professora aposentada do Programa de Pós-Graduação em Educação da Universidade de Passo Fundo (RS).

Helenice Rocha
Professora da Universidade do Estado do Rio de Janeiro (Uerj). Historiadora e doutora em educação pela Universidade Federal Fluminense. Atua na graduação e na pós-graduação da Uerj e do ProfHistória. Coordenadora do Grupo de Pesquisa Oficinas de História. É organizadora de inúmeros livros e autora de artigos sobre o tema do ensino de história. É Procientista da Uerj e pesquisadora do CNPq.

Karla Andrezza Vieira
Professora de história da rede estadual de Santa Catarina (Udesc), efetiva e lotada na Escola de Educação Básica Dom Jaime de Barros Câmara, no município de Florianópolis, atuando nas modalidades de ensino fundamental e ensino médio. Pesquisa sobre ensino de história em interface com a temática africana e afro--brasileira na educação básica. É doutoranda do Programa de Pós-Graduação em História do Tempo Presente da Udesc (2018-2022). Bolsista Uniedu (SC).

Letícia Mistura
Professora da educação básica, atuando na rede pública estadual do Rio Grande do Sul.

Marcelo Henrique Leite
Doutorando no Programa de Pós-Graduação em História da Universidade Federal do Estado do Rio de Janeiro (Unirio). Ensino de história, museus e ditadura militar são seus temas de pesquisa. É associado ao Grupo de Pesquisa Oficinas de História.

Marcelo Magalhães
Professor da Universidade Federal do Estado do Rio de Janeiro (Unirio), atua no Curso de Licenciatura em História, no Programa de Pós-Graduação em História e no Mestrado Profissional em Ensino de História (ProfHistória). Doutor em história pela Universidade Federal Fluminense. É autor de vários artigos, capítulos e livros sobre ensino de história e Brasil republicano.

Maria Aparecida da Silva Cabral
Professora adjunta da Faculdade de Formação de Professores da Universidade do Estado do Rio de Janeiro (FFP/Uerj). Atua no Curso Licenciatura em História, no Mestrado Profissional em Ensino de História (ProfHistória) e no Programa de Pós-Graduação em História Social (PPGHS). É pesquisadora do Grupo Interinstitucional Oficinas de História. Tem experiência na educação básica: docência e gestão pedagógica e no ensino superior com formação de professores desde 2000. Desenvolve pesquisas nos seguintes temas: ensino de história na educação básica, currículo, produção de material didático, narrativas históricas e linguagens, formação de professores, estratégias didáticas, ensino secundário, aluno, educação e república e disciplinarização.

Maria da Glória de Oliveira
Professora associada na Universidade Federal Rural do Rio de Janeiro, com atuação docente, pesquisa e produção nas áreas de teoria da história, história da historiografia, escritas biográficas, gênero e colonialidade.

María Paula González
Doutora em didática das ciências sociais. Pesquisadora e professora adjunta da Universidad Nacional de General Sarmiento (UNGS). Pesquisadora categoría independiente do "Consejo Nacional de Investigaciones Científicas y Técnicas" (CONICET), Argentina.

Mariana Guglielmo
Doutoranda no Programa de Pós-Graduação em História da Universidade Federal do Estado do Rio de Janeiro (Unirio). Atua como pesquisadora na Fundação Getulio Vargas (FGV). Foi professora no ensino básico nas redes privada e pública, assim como na Escola Superior de Ciências Sociais da FGV.

Mauro Cezar Coelho
Professor associado na Universidade Federal do Pará, atua na Faculdade de História, no Programa de Pós-Graduação em História e no Programa de Pós-Graduação em Currículo e Gestão de Escola Básica. Pesquisa sobre o ensino de história, com ênfase no livro didático, na questão indígena e nos processos de formação docente, temáticas sobre as quais tem produzido artigos, capítulos e livros.

Nilton Mullet Pereira
Professor titular da Universidade Federal do Rio Grande do Sul (UFRGS), na área de ensino de história. Professor do Mestrado Profissional em Ensino de História na UFRGS. Pesquisa a aprendizagem das relações, com o projeto "Aprendizagem em História como Arte de Criar Encontros Alegres". Tem publicações na área de ensino de história e de ensino de história medieval.

Rafael Monteiro
Doutorando no Programa de Pós-Graduação em História Social da Universidade do Estado do Rio de Janeiro (Uerj), mestre e graduado pela mesma instituição. Doutorado sanduíche na Universidade Vincennes-Saint Denis, Paris 8, com bolsa PDSE-Capes. Foi tutor presencial de disciplinas pedagógicas do consórcio Cederj, pesquisador do ensino de história, integrante do grupo de pesquisa interinstitucional Oficinas de História e produtor do subprojeto de divulgação científica História para Você. Tem produções sobre linguagens, estética e política no ensino de história.

Rafaela Albergaria Mello
Doutoranda no Programa de Pós-Graduação em Educação da Universidade Federal do Rio de Janeiro. Atua como professora de história na Secretaria de Estado de Educação do Rio de Janeiro. Bolsista nota 10 da Faperj.

Rebeca Gontijo
Professora na Universidade Federal Rural do Rio de Janeiro, atua na área de teoria da história. Pesquisa e tem produções sobre história da historiografia brasileira.

Renata Augusta dos Santos Silva
Professora da educação básica e da pós-graduação (especialização em ensino de história) do Colégio Pedro II. Doutora em história pela Universidade Federal do Estado do Rio de Janeiro (Unirio). Mestre em história pela Universidade Federal Fluminense (UFF). Integrante do Grupo Oficinas de História e do Núcleo de Pesquisa e Ensino de História do Colégio Pedro II (Nupeh). Pesquisadora do campo do ensino de história e da formação de professores.

Silvia Finocchio

Doutora em ciências sociais pela FLACSO (2007) e professora de história na Universidade de Buenos Aires (1982). É professora titular de história geral da educação na UNLP. É professora associada de Ddidática e práticas de ensino (história) na UBA. Foi diretora de história da UBA (2017-2020). É pesquisadora e coordena a pós-graduação em currículo e práticas escolares na FLACSO Argentina. Foi professora visitante em diversos países da Europa e América Latina. Trabalhou como consultora da UNESCO e da OEI para fornecer assistência técnica em diferentes países da América Latina e do Caribe. Foi consultora em várias ocasiões e atuou como diretora de currículo e formação de professores no Ministério da Educação da Argentina (1999-2001). Entre suas publicações, destaca-se *La escuela en la historia argentina* (Edhasa, 2009).

Sonia Wanderley

Professora titular do Instituto de Aplicação da Uerj – CAp. Atua no ensino básico, na graduação, com a licenciatura de história, e na pós-graduação na Faculdade de Formação de Professores (FFP/UERJ, PPGHS e ProfHistória). Atualmente, é diretora do Centro de Tecnologia Educacional (CTE). Sua pesquisa se concentra nos campos da história pública e do ensino de história, principalmente sobre didática da história, narrativas históricas, aprendizado histórico e mídias e história, áreas nas quais têm artigos e capítulos publicados nacional e internacionalmente. Faz parte dos grupos de pesquisa Oficinas de História, Leddes e LEH/CAp.

Thays Merolla Piubel

Doutoranda no Programa de Pós-Graduação em Educação da Universidade Federal do Rio de Janeiro. Atua como professora de história na Secretaria Municipal de Educação de Maricá (RJ). É professora de didática e prática de ensino de história na Faculdade de Educação da Universidade Federal do Rio de Janeiro.

Este livro foi impresso nas oficinas gráficas da Editora Vozes Ltda.,
Rua Frei Luís, 100 – Petrópolis, RJ.